第二辑

新闻传播史论丛

主编　蒋建国

复旦大学出版社

编 委 会

Contents | # 目录

广 播 史 研 究

媒 介 史 研 究

新闻教育史研究

专 题 史 研 究

地方新闻传播史研究

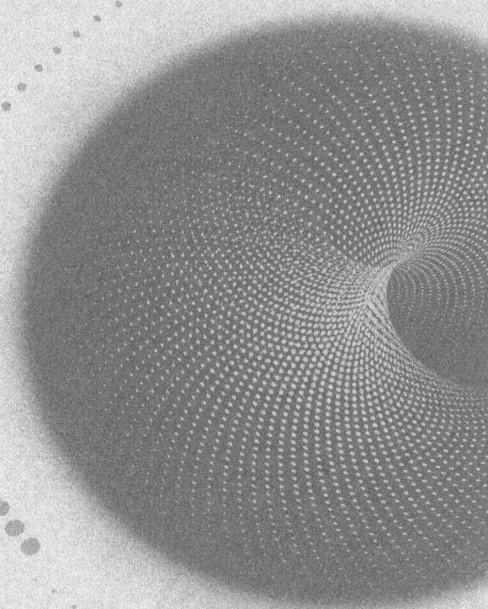

我国近代中文地方新闻纸的
肇始、发展及特点

倪延年①

[摘　要]　本文依据"我国近代中文地方新闻纸"的基本内涵,提出"创刊于公元1861年11月下旬(清咸丰十一年十月)的《上海新报》是我国近代中文地方新闻纸之肇始"的观点。在此基础上,梳理了我国近代中文地方新闻纸从肇始到基本普及的发展历程,并探讨了我国近代中文地方新闻纸肇始及发展的主要特点。

[关键词]　近代;地方新闻纸;发展;特点

引言

我国第一篇记载地方新闻事业发展概况的文献应是自1904年8月6日到1907年7月1日在《东方杂志》第1卷第6期到第7卷第5期上连载的《各省报界汇志》。第一篇研究我国地方新闻史的文献应是1917年6月15日至同年12月15日在《东方杂志》第14卷第6号、7号及12号上连载的姚公鹤的《上海报纸小史》。我国第一本研究地方新闻史的著作应是浙江临海报人项士元1930年由之江日报社出版的《浙江新闻史》。那么,我国近代第一份中文地方新闻纸是哪种报纸呢? 实际上也就是我国近代中文地方新闻纸什么时间开始起源的问题。笔者尚未见到专门的研究和结论,本文即初步探讨一下这个中国地方新闻史研究的基础性问题。

一、"我国近代中文地方新闻纸"概念的内涵

探讨"我国近代中文地方新闻纸"的起源问题,首先必须弄清楚这一概念的基本内涵。我们认为,"我国近代中文地方新闻纸"这一概念的基本内涵主要包括以下几个方面:

首先,"我国"是指我们的祖国"中国",即现在的"中华人民共和国",是"工人阶级领导

---

①　倪延年,南京师范大学新闻与传播学院教授,博士生导师,南京师范大学民国新闻史研究所所长。

的、以工农联盟为基础的人民民主专政的社会主义国家"①。"国家"则是指"有疆域、人民、独立地位和主权的不同于地区的政治实体"②。换而言之,只有在中央政府有效行使主权及由中央政府授权的地方政府有效行使管理权的疆域,才是具有完整意义的"我国领土"。中国中央政府在 1997 年 7 月 1 日对香港地区、1999 年 12 月 20 日对澳门地区恢复行使主权后,香港地区和澳门地区才成为完整意义上的中国领土。1842 年 8 月 29 日,清朝政府被迫和英国政府签订《江宁条约》(中英《南京条约》),规定"今大皇帝准将香港一岛给予大英帝国君主暨嗣后世袭主位者常远据守主掌,任便立法治理"③。与此情形相似,清政府全权大臣奕劻、孙毓汶与葡萄牙政府代表罗沙 1887 年 12 月 1 日在北京签署包含 54 个条款和两个附约的《中葡和好通商条约》,葡萄牙殖民者巧言哄骗获得"永居管理澳门"的权力,并在 1910 年通过的第一部《葡萄牙共和国宪法》中将中国的领土澳门单方面规定为葡萄牙的海外领土。因此在 1997 年 7 月 1 日(1999 年 12 月 20 日)中国政府恢复行使主权前,中国政府是无法在香港和澳门地区行使主权的——尽管香港和澳门被英、葡殖民者强占的时间和中国历朝政府对港澳地区行使完全主权的漫长历史相比显得微不足道。

其次是"近代",主要是指清中叶以降的中国在遭受西方帝国/殖民主义军事、政治、文化、宗教等方面侵略后,社会性质迅速从纯粹的封建君主专制社会堕落成为半殖民地半封建社会的历史阶段。尽管在 20 世纪 40 年代,东西方帝国主义国家先后宣布撤销设在中国大中城市的各国租界和公共租界,但外人在华"治外法权"并未彻底消除:中国政府对制造了震惊全国的"沈崇事件"的罪犯——美国海军伍长皮尔逊未能依法惩治,美国政府在他回国后居然还宣布他无罪并恢复其伍长职务;美国海军陆战队仍公开驻扎在中国青岛、北京等城市;美国大兵开着军用吉普在中国大街横冲直撞;东西方帝国主义国家军舰/飞机仍然在中国内河港口/机场任意停靠和起降——这一过程从鸦片战争结束开始,直到以蒋介石为"总统"的南京国民政府被人民解放军推翻、中华人民共和国中央人民政府在北京宣告成立为止。

再则是"中文",本文中是"汉语"的习惯性说法,是中华民族大家庭各兄弟民族在长期生产、生活、交往过程中形成的多民族语言中的一种语言文字。"中华民族语言文字"包含汉语、藏语、蒙古语、维吾尔语、朝鲜语等中华民族大家庭各民族的语言文字。

最后是"地方新闻纸"。"地方"是我国中央以下各级行政区域的统称④。"地方新闻"是相对于全国新闻、国际新闻而言的区域性新闻⑤,即特定区域发生的具有传播价值的新

---

① 《中华人民共和国宪法》(1982 年)。
② 辞海编辑委员会:《辞海》(第六版缩印本),上海:上海辞书出版社,2010 年,第 668 页。
③ 中英《南京条约》(第 3 条),转引自孟庆琦、董献仓:《影响近代中国的不平等条约》,北京:中国人事出版社,2012 年,第 15 页。
④ 辞海编辑委员会:《辞海》(第六版缩印本),上海:上海辞书出版社,2010 年,第 355 页。
⑤ 童兵、陈绚:《新闻传播学大辞典》,北京:中国大百科全书出版社,2014 年,第 45 页。

闻事件信息,包括政务新闻、商业新闻、金融新闻、教育新闻、军事新闻及其他突发性、娱乐性甚至灾害性的社会新闻等。"地方新闻纸"则是以刊载地方新闻为主、向特定地方的受众传播、为地方政治经济教育服务的有固定题名、较短出刊周期、散页出版且计划无限期发行的新闻消息出版品。

总而言之,"中国近代中文地方新闻纸"是指我国在鸦片战争失败被动进入西方主导的"近代化"阶段后出现的,以汉语为记载新闻信息的手段,题名体现地域特征、内容具有地域特点、受众以当地读者为主并采用散页形式连续发行的单张新闻出版品。

二、"我国近代中文地方新闻纸"肇始之探讨

中国近代中文地方新闻纸肇始的标志应是我国第一种近代中文地方新闻纸的诞生。那么,哪种新闻纸是中国第一种近代中文地方新闻纸呢?

著名的新加坡籍中国近代新闻史学者卓南生通过研究发现:1815 年至 1874 年是中国近代中文报业从诞生、萌芽到成长的重要演变时期。这 60 年基本上可以分为两个阶段。第一个阶段是宗教月刊时期,即从 1815 年伦敦布道会在马六甲创办《察世俗每月统记传》开始至 1857 年创刊于上海的《六合丛谈》在 1858 年停刊为止。第二个阶段是"新报"的萌芽与成长期,以 1857 年底附属于香港英文报《孖剌报》、每周出版三次的中文报纸《香港船头货价纸》(后易名《香港中外新报》)创刊开始,至 1874 年中国人出资自办成功的中文日报也是中国首家政论报纸《循环日报》诞生为止。我们认为这一判断是符合中国近代新闻史的发展实际的。卓南生进一步归纳:宗教月刊的编者是清一色的西方传教士;基本上是以书本式形态编印,每期线装一册;基本上以传教为目的;先是在中国以外的马六甲、巴达维亚发行,然后转移到英国进行殖民统治的香港和上海等通商口岸;目的无非是要把刊物传入中国国内,影响中国读者,从而改变中国人对西方宗教与西方事物的看法;所有刊物几乎都是免费赠阅[①]——这些特征与本文探讨的"我国近代中文地方新闻纸"肇始的主题似乎关系不大,故略而不论。

中国近代报刊在宗教月刊之后进入"新报"阶段,这应当是我国第一种近代中文地方新闻纸出现的阶段。1833 年在我国澳门地区出现了一种名为《澳门杂文篇》的周刊,是第一种在名称上出现中国地名的周刊。该刊由约翰·马礼逊主办,澳门亚本印刷厂承印。英文名称为 *The Evangelist and Miscellanea Sinica*,有中英文对照栏目。发行对象为外籍基督教传教士。天主教澳门总主教对马礼逊办的这个刊物表示不满。澳门的葡萄牙总督取得东印度公司的同意,派员查封了亚本印刷厂,因此仅出四期,即被迫停刊[②]。尽管现时的澳门是在中国政府的有效管治下,但该刊物由传教士约翰·马礼逊主办,是"成册"

① ［新加坡］卓南生:《中国近代报业发展史:1815—1874》(增订版),北京:中国社会科学出版社,2002 年,第 205 页。

② 史和等:《中国近代报刊名录》,福州:福建人民出版社,1991 年,第 358 页。

的周刊而非"单页"新闻纸,发行对象为外籍基督教传教士,可见基本上以传教为目的。所以我们认为传教士约翰·马礼逊在1833年澳门创刊的《澳门杂文篇》不具备"我国近代中文地方新闻纸"的基本特征,不属于我国近代中文地方新闻纸。

1854年5月(清咸丰四年四月)①,在(中英)《南京条约》规定为"五口通商"口岸之一的浙江宁波出现了一种名为《中外新报》(英文刊名 *Chinese and Foreign Gazette*)的中文期刊。鸦片战争后,第一个到达宁波传教的是美国基督教浸礼会传教士玛高温(Dr. D. J. Macgowan)。他1843年秋从香港到福州,然后在宁波落脚。经过几年行医布道后获得当地官绅认同,于1854年5月创办了宁波第一种近代中文报刊《中外新报》。该报"以圣经之要旨为宗旨",旨在"广见闻、寓劝诫",且"序事必求实际,持论务期公平"。内容涵盖新闻、宗教、科学、文学等方面,其中大部分是新闻。所刊新闻多以新闻发生的地点为题,如宁波、上海、广东、安南、暹罗、日本、新加坡、天竺等,亚洲以外的国际新闻则笼统地以"外国新闻"为题,或以欧罗巴、亚美利加、亚非利加等为题。所载国内新闻有相当一部分报道太平军和捻军动态,以及对英法联军入侵的报道,因此该刊实际上是一种以报道国内外新闻为主的时事性期刊。名为月刊,实为不定期刊,每期八页,1861年停刊②。后来玛高温去日本,改由应思理(E.B. Inslee)接办,出至11期而止③。尽管《中外新报》创办出版于浙江宁波,自称为"月刊"(史和等记为"半月一期"),内容以报道国内外新闻为主,也刊载"探得"的新闻(即报人采访获得的新闻),因而具有明显的近代中文报刊基本属性。但有以下几点值得我们思考:首先,《中外新报》从1854年创刊至1861年停刊的7年间一共才出版了11期,周律之认为"名为月刊实为不定期刊"。戈公振认为"新闻纸"基本属性之一是"定期性",并把"定期性"列为"新闻纸"性质之首,断定"以定期性之有无,为报纸正式构成之特色"④。而《中外新报》却不是"定期性"而是"不定期性"出版。其次,该报在7年间"共出版11期"。日本国会图书馆收藏有"五册翻印本",可知这11期不是以单页的"新闻纸"形态出版流传,而是以成册的"期刊"形态出版流传,所以它不具备新闻纸"散页出版"的外观特征。因此我们认定,1854年由美国基督教浸礼会传教士玛高温在宁波创办,断断续续出版到1861年停刊时一共出版了11期的《中外新报》,不具备"新闻纸"的基本特征,所以也就不属于"我国近代中文地方新闻纸"。

1857年11月3日,已在港英当局实际管治下的香港,出现了一种名为《香港船头货价纸》的中文周三次刊,内容以船期、货价、行情和广告等商业讯息为主。该报以小型版式印刷,主要读者为商家,发行采取派报制,遍派香港商店。卓南生认为它"可以说是中国的

---

① 关于该刊创刊时间,戈公振《中国报学史》(上海书店出版社版,第60页)称"咸丰四年发行于宁波"。史和等《中国近代报刊目录》(第79页)载:"1858年12月19日(清咸丰八年十一月十五日)创刊于宁波。"周律之《宁波最早的一份近代报刊——〈中外新报〉》中称该刊创刊于1854年5月,名为月刊,实为不定期刊,每期八页,1861年停刊。

② 周律之:《宁波最早的一份近代报刊——〈中外新报〉》,宁波市政协文史资料委员会:《宁波新闻出版谈往录》,1993年,第14—17页。

③ 史和等:《中国近代报刊名录》,福州:福建人民出版社,1991年,第79页。

④ 戈公振:《中国报学史》,上海:上海书店出版社,2013年,第9页。

第一家以商业新闻为中心的报纸"或"中国第一家以报纸形态出版、两面印刷的近代化中文报纸"①。史和等的记载则是：1858 年(清咸丰八年)，香港英文报纸《孖剌报》增出中文晚刊《香港中外新报》(前身为 1857 年创刊的《香港船头货价纸》，19 世纪 70 年代改用本名)。该报开始时为两日刊，不久改为日刊，白报纸印刷，每日一张，约容四号字 15 000 字，篇幅狭小。除告白外，新闻占三分之一。设有论说、中外新闻、羊城新闻、选录京报和督抚辕门抄，偶尔附有民间琐事。另外每晨派送用南山贝纸印的船期、行情表一张。至光绪年间始扩充为两张。光绪末年再次扩大篇幅，直到 1919 年始停刊②。关于《香港中外新报》与《香港船头货价纸》之关系，卓南生认为：《香港中外新报》约在 1857 年或 1858 年创刊，初为周三次刊，后改为日刊。在改为日刊之前，每周二、四、六出版"新闻纸"(即"新报")，一、三、五发行"行情纸"。1872 年 5 月 4 日以后，二、四、六发行的新报不再附录"行情录"，而改为"行情纸另行刊印"。这一来，《香港中外新报》实际上是每日(礼拜日除外)发行"行情纸"。至于"新闻纸"则照旧每周出版三次。第二年即 1873 年，《香港中外新报》终于发展成为日报，时在该报创刊十四五年之后③。无论是按照卓南生的观点，还是按照史和等人的记载，我们都承认《香港中外新报》具有"近代中文地方新闻纸"的基本特点。然而最根本的一点是：此时的香港是在由英国女王任命的香港总督为最高行政长官的港英当局管治下，所以无论是《香港船头货价纸》还是《香港中外新报》都不具备"我国近代中文地方新闻纸"的本质属性，因而不能认定为"我国近代中文地方新闻纸"的肇始标志。

1861 年 11 月(咸丰十一年十月)④，同样是"五口通商"口岸之一的上海出现了一种名为《上海新报》(英文名称为 *The Chinese Shipping List & Advertiser*)的中文周刊，直译应为《中文船期广告纸》⑤。创刊号载发刊词称，"大凡商贾贸易，贵乎信息流通。本行印此新报，所有一切国政军情，市俗利弊，生意价值，船货往来，无所不载"⑥。创刊时为周刊，1862 年 5 月起改为周二、周四、周六出版的周三次刊。该报用白报纸两面印刷，是国内最先用白报纸印刷的报纸。新闻多半译自英文《北华捷报》和《字林西报》，也转载一些香港报纸和"京报"上的新闻。因是外人所办，加上和上海会防局的特殊关系，所以能获得清朝军队和太平军双方的战时新闻，有时比英文《北华捷报》还翔实迅速，且有意使用"探

　　① ［新加坡］卓南生：《中国近代报业发展史：1815—1874》(增订版)，北京：中国社会科学出版社，2002 年，第115 页。
　　② 史和等：《中国近代报刊名录》，福州：福建人民出版社，1991 年，第 79 页。
　　③ ［新加坡］卓南生：《中国近代报业发展史：1815—1874》(增订版)，北京：中国社会科学出版社，2002 年，第105—106 页。
　　④ 关于该报创刊时间，马光仁主编《上海新闻史：1850—1949》(第 36—37 页)称"发刊于 1861 年底或 1862 年初"，"1862 年初《上海新报》发刊"；方汉奇主编《中国新闻事业编年史》(上册，第 38 页)载"1861 年 11 月下旬，华东地区最早的中文日报《上海新报》在上海创刊"；史和等编《中国近代报刊名录》(第 46 页)载"由英商匹克乌得(Edwin Pickwoad)于 1861 年 11 月下旬(咸丰十一年十月)创刊"。本书从史和说。
　　⑤ 马光仁：《上海新闻史：1850—1949》，上海：复旦大学出版社，1996 年，第 36 页。
　　⑥ 方汉奇：《中国新闻事业编年史》(上册)，福州：福建人民出版社，2000 年，第 39 页。

得""探报""探称"及"八月初一辰刻到法华探回称"等①吸引眼球的字眼,使该报"一时颇为畅销"②。《上海新报》历任主笔为伍德(M. F. Wood,一说为华美德)、傅兰雅(J. Fryer)和林乐知(Yong J. Allen)。另有一名中国助编董明甫。伍德、林乐知是美国监理公会派遣来华的传教士,傅兰雅是英国教会的传教士。1872 年 4 月 30 日(清同治十一年三月二十三日),英国商人安纳斯脱·美查(Ernest Major)集股筹资《申报》,并迅速与《上海新报》展开竞争。《上海新报》为同《申报》竞争,于 1872 年 7 月 2 日(清同治十一年五月二十七日)改为日报(周日停报),但由于白报纸成本高昂,《申报》又以"同是英商所办,何苦自相矛盾"游说字林洋行高层并获认可,1872 年 12 月 31 日(清同治十一年十二月初二)《上海新报》自动宣告停刊。《上海新报》创刊于 1861 年,毫无疑问已进入中国鸦片战争之后"近代"阶段;尽管《上海新报》创办于上海租界,但"租界"在法理上仍是中国政府享有国家主权和治权的领土(只是清政府把使用权"租界"给在华外国人,而主权仍由清政府所有),所以它是创办在中国疆域内;报纸名称中包含具有鲜明地方色彩的"上海";报纸内容中相当一部分是上海地区读者关心的时事政治新闻尤其是清朝军队和太平军的战时新闻;尽管创刊时为周刊,但半年左右即改为周三次刊,1872 年 7 月 2 日更是改为日报(周日停报),成为名副其实的"新闻纸"。可见《上海新报》具有"我国近代中文地方新闻纸"的全部属性和特征,且目前所知创办时间最早,所以《上海新报》应是完整意义上"我国近代中文地方新闻纸"的肇始。

三、"我国近代中文地方新闻纸"肇始后之发展

《上海新报》1861 年 11 月(清咸丰十一年十月)创刊,标志着"我国近代中文地方新闻纸"的正式肇始。在此之后,全国沿海省市的中文地方新闻纸陆续创刊。下面综合有关信息择要叙述之。

1870 年(清同治九年),英国传教士福特莱尔在宁波主持创办《宁波日报》。该报每天出八开一张,用铅字排版,用竹纸印刷。尽管该报创办人是英国人,但它在中国宁波出版发行,刊名中也含有"宁波"地名及"日报"刊期,所以应属于"中文地方新闻纸"。但该报"内容大都宣传教义",和"新闻纸"有一定距离。因出刊时间较短,发行数量也少,无传世实物③。

1872 年(清同治十一年)广州第一种近代中文地方新闻纸《采新实录》正式创刊。因广州有"羊城"之称,所以又有人称其为"羊城《采新实录》"。1873 年 1 月 14 日上海《申报》转载《香港华字日报》《记羊城〈采新实录〉之创设》一文,称"广东省城《采新实录》之倡,

---

① 马光仁:《上海新闻史:1850—1949》,上海:复旦大学出版社,1996 年,第 38 页。
② 史和等:《中国近代报刊名录》,福州:福建人民出版社,1991 年,第 46 页。
③ 《浙江省新闻志》编纂委员会:《浙江省新闻志》,杭州:浙江人民出版社,2007 年,第 69 页。

已告蒇矣。阅其文，则寸管淋漓；迹其事，则黜华尚实"。内容上"或颂圣主得贤良之选，或述居官有折狱之明。或参舆论之是非，博访务期于闻达。或序邻封之交际，尽言不弃于刍荛"①，也就是朝政人事新闻、官场断案新闻、社会舆论热点和社会民众交流等方面。《广州市志》（卷十六）中的报业志称《采新实录》为"中国人在广州办的第一种近代中文报纸"②。

1873 年 8 月 8 日（清同治十二年闰六月十六）③，艾小梅创办的日报《昭文新报》在湖北汉口创刊。后因销行不畅，改为二日刊，继而又改为五日刊。因"读者寥寥，不到一年即停刊"④。据《申报》报道，该报"仿香港、上海之式而作"，"其始每日发行，遍售各埠。然汉皋向无此举，今骤仿行，未免人情未习，取阅者不能全集。后遂改为五日一期，装订成书，改用白鹿纸，墨色亦较腴润。其所采录则奇闻轶事居多，间有诗词杂作，与本馆新报（即《申报》）亦属相辅而行，为博览者所不废"⑤。据此可以得知，该报因日刊销行不畅，在改为二日刊后又改为五日刊，且以"装订成书"形式发行，成为"奇闻轶事居多，间有诗词杂作"的以文学为主的五日刊。

1887 年（清光绪十三年），由英国传教士布德（C. Bund，亦译为"博德"）主持创办的第一种中文报纸《厦门新报》，在（中英）《南京条约》列为"五口通商"口岸之一的福建厦门正式创刊。该报和此后不久由传教士打马字（Talmage）在 1888 年（清光绪十四年）用闽南语罗马拼音文字出版的《漳泉公会报》（一说为《漳泉圣会报》）、英国传教士傅氏创办的《厦门报》及英国牧师山雅各 1902 年 4 月 28 日（清光绪二十八年三月二十一日）创办的《鹭江报》一样，都由外国教会创办，外国人任主理，由中国人主编，内容除宣传宗教教义、报道宗教消息外，很重视论说和社会新闻报道，具有报纸反映社会舆论和交流社会消息的某些特征，对当时社会产生一定的影响⑥。1991 年出版的《中国近代报刊名录》称该刊为英国传教士布德 1886 年（光绪十二年）创办的"中文月刊"；2009 年出版的《厦门新闻志》则称《厦门新报》是传教士创办的一种主要的中文报纸。

1893 年 5 月（清光绪十九年四月），江西商人周崧甫创办的日报《汉报》在湖北汉口问世。该报每日刊载论说一篇，还有上谕、电稿、新闻等。间或选载其他报刊文章，也接受馆外投稿。每天一大张。主要在省内发行，还分销到日本东京、天津、上海、南京、广东、福州、安庆、长沙等地。除发行正张《汉报》外，每日还发行"京报全录"，作为附张，随报附送。1905 年扩版至两大张，不久即因火灾停刊。后由知县朱彦达（益敬）接办，1906 年 3 月（清光绪三十二年二月）恢复出版。1907 年 10 月被清政府改为官办并入《湖北日报》⑦。

① 陈玉申：《〈羊城采新实录〉探略——对一则新见史料的释读》，《青年记者》2019 年 8 月上。
② 广州市地方志编纂委员会：《广州市志》（卷十六），广州：广州出版社，1999 年，第 859 页。
③ 方汉奇：《中国新闻事业编年史》（上册），福州：福建人民出版社，2000 年，第 54 页。
④ 湖北省报业志编纂委员会：《湖北省报业志》，北京：新华出版社，1996 年，第 115 页。
⑤ 《记汉口新报改章事》，《申报》1873 年 10 月 2 日。
⑥ 《厦门新闻志》编纂委员会：《厦门新闻志》，厦门：鹭江出版社，2009 年，第 3 页。
⑦ 史和等：《中国近代报刊名录》，福州：福建人民出版社，1991 年，第 130 页。

1895 年 1 月 26 日(清光绪二十一年正月初一),德国人汉纳根创办的日报《直报》在天津创刊。实际主持者是国人编辑杨荫庭。由天津《直报》馆出版发行,日出四版一张。该报设有上谕恭录、评论、新闻等栏目。创刊之初就因连续刊载严复的五篇文章产生了较大的社会影响。在戊戌变法期间曾转载张之洞的《劝学篇》。1904 年因登载袁世凯所属部队溃散叛变的新闻,被袁世凯查禁停刊①。

1896 年 4 月 28 日(清光绪二十二年三月十六日),具有变法维新思想并曾在外国传教士办的报纸做过编辑的黄乃裳在福州创办《福报》并自任主笔。这是福建人自己创办的第一种报纸。该报每期刊载一篇千余字的论说,鼓吹变法维新,学习西方,发展民族工业,富国强兵,抵御外侮。除在福建省内发行外,还在上海、台湾、新加坡、马来亚设有售报点。它的创办,打破了外国人独霸八闽报坛的局面,在福建新闻史上具有特殊的意义②。

1898 年(清光绪二十四年)戊戌政变前不久,安徽芜湖有人招股集资筹办《皖报》,聘湖南《湘报》报人担任主笔。宗旨为"开风气、拓见闻、联官民、达中外","虽名为皖报,实为务实维新之报"。设有论说、电旨、公牍、本省新闻、外埠新闻、各国新闻、翻译泰西各报等栏目,另纸附登广告。该报日出一张,零售 7 文,月价 200 文,外埠酌加邮费③。

1901 年 9 月 8 日(清光绪二十七年七月二十六日),清朝政治文化中心北京出现了第一种近代报纸《京话报》,该报由黄中慧创办并主持出版发行事务。大概由于报纸言论或所载新闻开罪了当局,仅仅"出六期后被查禁",因此在当时没有多大影响。在《京话报》之后创刊的是朱淇主办的《北京报》。该报创刊于 1904 年 7 月(清光绪三十年六月),报馆设在北京崇文门内船板胡同。遗憾的是该报也仅仅出版了一年一个月左右,1905 年 8 月被迫停刊。朱淇又于 1905 年 8 月 16 日创办《北京日报》,报馆还是在船板胡同,同时出版《北京日报早刊》。1933 年 10 月停刊④。

1900 年(清光绪二十六年),广东南海人朱淇创办了《胶州报》。该报是山东省创刊最早的一家民营中文报刊。设有谕旨、论说、电讯、北京新闻、各省新闻、德国新闻、各国新闻、山东新闻、本埠新闻等栏目。1903 年 5 月被清政府收买,由山东巡抚周馥派候补道朱钟琪主持报馆事务⑤。

1903 年 10 月 9 日,云南第一张报纸《滇南钞报》创刊于昆明。设有谕旨恭录、宫门抄、折奏照录、文牍摘要、本省辕门抄、论说摘要。事实汇记、外省新闻、各国新闻、省城市价、广告等栏目。1908 年 3 月停刊,改出《云南政治官报》⑥。

1904 年 11 月 3 日(清光绪三十年九月二十六日),《成都日报》创刊,由四川官报书局

　　① 史和等:《中国近代报刊名录》,福州:福建人民出版社,1991 年,第 208 页。
　　② 福建省地方志编纂委员会:《福建省志·新闻志》,北京:方志出版社,2022 年,第 1 页。
　　③ 《安徽省志·新闻志》编委会办公室:《安徽新闻百年大事:1898—1998》,合肥:黄山书社,1999 年,第 1 页。
　　④ 北京市地方志编纂委员会:《北京志·新闻出版广播电视卷·报业·通讯社志》,北京:北京出版社,2006年,第 42 页。史和等《中国近代报刊名录》记载:"定为旬刊,实为半月刊。有光纸铅印,线装本,每册三十页左右。"
　　⑤ 山东省地方志编纂委员会:《山东省志·报业志》,济南:山东人民出版社,1993 年,第 19—20 页。
　　⑥ 王作舟:《云南新闻史话》,昆明:云南大学出版社,2008 年,第 1 页。

编印发行。每日出版两张四版,主要栏目由谕旨、宫门抄、辕门抄、朱批恭录、紧要时事、省内新闻、省外新闻、京外新闻、外国新闻、告白等。一直出版至1911年12月2日停刊。辛亥革命期间成立的大汉四川军政府在该报基础上出版《四川军政府官报》[1]。

1904年10月17日(清光绪三十年九月初九),卞小吾(名鼒,字小吾)创办的《重庆日报》正式出版。为打破清政府对报纸出版的阻扰,卞小吾邀请日本报人竹川藤太郎出任《重庆日报》主干(社长)。该报用土宣纸印刷,日出一张四版,包括论说、要闻、本埠新闻、国际新闻、国内新闻、文化娱乐、广告等栏目。该报大力宣传民主革命,反对封建专制,引起清政府重庆当局的严重不满。1905年6月1日,卞小吾被拘捕,《重庆日报》被查封[2]。

1907年6月8日(清光绪三十三年四月二十八日),贵州地区最早的日报《黔报》在贵阳创刊。创办人余德楷,编辑及发行人周培艺,王谟、杨清源等先后任主笔。倾向于预备立宪,宗旨为"研究宪政之预备,赞助教育之发达,调查商务之状况,鼓吹实业之知识"。所载新闻主要剪自京沪大报,偶有快邮传递稿件。贵州宪政预备会成立后,周培艺受排挤后退出。报纸后被立宪派人士掌握,成为宪政预备会机关报。1912年3月,亲立宪派的滇军进入贵阳后,该报主持人陈廷棻避居安顺,报纸即停刊[3]。

1907年8月4日(清光绪三十三年六月二十六日),《吉林白话报》创刊。主笔安镜全。报社设在吉林省城东关外官报局。间日出版,每号六页,八开单面印刷。该报在政治倾向上宣传君主立宪。以"宣上德、通民隐,开通风气,改良社会,使一般人民咸具普遍之知识,以预备立宪国民之资格"为宗旨。设有电传、宫门抄、本城新闻、京师及各省新闻、各国新闻等栏目,用白话文写作[4]。

1908年11月3日(清光绪三十四年十月初十),大连地区最早的中文日报《泰东日报》创刊。该报由中国人的工商界组织大连华商公议会发起,并由中国商人集资创办,首任社长为刘肇亿。后来该报资金持有者将资金"转让"给第二任社长日本人金子平吉,遂为金子平吉个人所有。金子平吉任社长期间,聘中国人傅立鱼任编辑长。报纸在傅立鱼主持下,屡屡发表对中国人民有利的进步文章和新闻报道。1928年7月,傅立鱼被日本当局逮捕并判死刑,后改判驱逐出大连地区。报纸被日本人彻底控制[5]。

1908年12月(清光绪三十四年十一月),《滨江日报》创刊,创办人是奚少卿。报馆设在哈尔滨道外傅家店。出版一年多,于1910年9月6日(清宣统二年八月初三)停刊[6]。

1909年(清宣统元年),无锡第一份日报《锡金日报》由秦毓鎏、孙保圻、吴廷枚、蒋哲

① 王绿萍:《四川近代新闻史》,成都:四川大学出版社,2007年,第159—161页。
② 蔡斐:《重庆近代新闻传播史稿(1897—1949)》,重庆:重庆出版社,2017年,第57—59页。
③ 史和等:《中国近代报刊名录》,福州:福建人民出版社,1991年,第363页。
④ 同上书,第146页。
⑤ 大连市史志办公室:《大连市志:报业志》,大连:大连出版社,1998年,第25页。
⑥ 史和等:《中国近代报刊名录》,福州:福建人民出版社,1991年,第349页。

卿等集资创办。每日出报四开八版一张。设有社论、国事要闻、地方新闻、教育新闻、专件、邑评、小说、词林等栏目。1910 年 9 月,该报是赞同上海《时报》和《神州日报》在南京发起创立"全国报界俱进会"的 43 个单位之一①。无锡光复后,秦毓鎏、孙保圻、吴廷枚分任锡金军政府正副司令,无暇办报,由蒋哲卿接办②。

至此,除少数省份(如西藏)还没有出现近代中文地方新闻纸以外,全国大部分省和重要城市都出现了近代中文地方新闻纸,有些省份或城市还先后创办了多种地方新闻纸。我国近代中文地方新闻纸的基本格局已经形成。

四、"我国近代中文地方新闻纸"肇始及发展之特点

回眸我国近代地方新闻纸肇始到在全国各省/地区基本普及的历史进程,我们大致可以发现以下几个特点:

第一,我国近代中文地方新闻纸是出现在西方列强依靠坚船利炮打开中国国门,纷至沓来的西方传教士意图通过办报(办学校、医院)传播西方宗教的大环境下,学习或模仿西方近代报纸的产物,而不是在中国传统雕版刻印图书的基础上诞生的。尤其要说明的一点是,中国近代中文地方新闻纸的发展也与近代科学技术的引进、发展和普及直接相关,这从一些报纸创刊时采用石印后改为铅印,或先是用土纸印报后改用有光纸印报的变化上可见一斑。

第二,我国近代中文地方新闻纸的发展与中国社会思潮和政局变化有明显的关系。鸦片战争的失败导致中国社会沦为半殖民地半封建社会,洋务运动、戊戌变法、预备立宪及资产阶级革命给社会成员思想带来的变化,都及时地反映到地方新闻纸这一社会讯息载体上。进入 20 世纪后的一些地方新闻纸本身就是由保皇派、立宪派乃至革命党人创办的,他们把宣传各自的政治理想信念自觉地融入办报实践活动。

第三,我国近代中文地方新闻纸的发展呈现一种"落水成波"的路径。基本路径是从首先被迫开放的五个通商口岸起步,以水波状态向四周扩散,逐步向我国内地发展,慢慢地形成全国近代中文地方新闻纸的基本格局。这一路径大致是先是沿海城市或地区,后推进到经济文化比较发达的中心城市或地区,然后才是经济文化欠发达的城市或地区。

第四,由于中国地域广阔,经济发展差异很大,民众的文化普及程度也不相同,不同省份中文地方新闻纸的发展速度不尽相同。即使是在同一个省内,不同地区地方新闻纸的发展速度和水平也不一样。如在"五口通商"口岸之一的上海(属清廷江苏省),1861 年就出现了我国第一种近代中文地方新闻纸《上海新报》,而在我国西藏地区则在 1907 年出现

① 张晓锋等:《江苏新闻史　上卷(1898—1937)》,南京:江苏人民出版社,2021 年,第 59 页。
② 徐梁伯、蒋顺兴:《江苏通史:晚清卷》,南京:凤凰出版社,2012 年,第 268 页。

第一种藏文报纸《西藏白话报》后,直到 1951 年 8 月 28 日,人民解放军第十八军独立支队进军西藏途中在青海香日德创办的《草原新闻》才正式出版。该报随人民解放军强渡通天河,翻过唐古拉山,在 1951 年 12 月 1 日举行拉萨入城式的当天宣布终刊①。两个时间点之间正好相隔 90 年。

①　周德仓:《西藏新闻传播史》,北京:中央民族大学出版社,2005 年,第 134—135 页。

移植与尝试：中共早期城市办报中的工人通讯员

——以上海为中心*

田中初①

摘　要：在围绕新民主主义革命时期工农通讯员展开的研究中，工人通讯员是一个被忽视的群体。然而，在马恩列斯的无产阶级党报理论与实践中，工人通讯员反而是工农通讯事业的主体。早期的中共领导人认识到工人群众在城市新闻传播中的作用，要求各级党组织发动工人以通讯员的身份介入新闻采写活动。在有限的办报条件下，上海地区的党报党刊较多地开展了相关的实践尝试，虽然成效有限，但仍不失为此后蔚为壮观的工农通讯事业的开山之石。以上海为例对中共早期城市办报中的工人通讯员展开回梳，既有拾遗补缺之意，同时也试图丰富革命情境中工农通讯事业的"工人面相"。

关键词：中共；城市办报；工人通讯员；上海

近些年来，作为对新闻事业要体现"人民性""群众路线"的回应，新民主主义革命时期的工农通讯员这种"老现象"，越来越成为新闻传播史研究的"新问题"。已有的研究从多种角度进行了探讨，但也还存在一些值得进一步挖掘的领域。比如，新民主主义革命长期扎根乡村地区，农民成为革命的主要依靠力量，因此，在对工农通讯员的研究中，农民通讯员自然就成为实际的关注焦点，而对工人通讯员则缺少留意。然而，在马恩列斯的无产阶级党报理论和实践中，工人通讯员却在工农通讯员群体中居于中心地位。基于中国新民主主义革命的特色，农民通讯员虽然比工人通讯员更为突出，但工人通讯员也同样不容忽视。如果把此一时期中共领导下的新闻事业分为城市办报和农村办报两种类型，那么在城市办报的社会语境中工人通讯员显然更为凸显。新民主主义革命时期的中共城市办报主要可以分为两个时期：一是中共建党前后的一段时期（大体是 20 世纪 20 年代初到 30年代初）；二是解放战争时期，随着大小城市的不断解放，中共领导下的新闻媒体纷纷进城。本文以中共早期城市办报中的工人通讯员为视点展开回梳，既有拾遗补缺之意，同时

---

　　*　本文系国家社科基金后期资助项目"人民群众成为新闻传播者——工农通讯员研究"（项目编号：23FXWB027）的阶段性研究成果。

　　①　田中初，浙江工商大学人文与传播学院教授。

也试图丰富中国革命情境中工农通讯员新闻实践的"工人面相"。之所以选择以上海为中心，是因为彼时的上海是中国最大的城市，既是产业工人的集中地，也是党的新闻事业的相对发达地，所以具有典型的样本价值。

一、溯源：无产阶级党报视域中的工人通讯员

马克思主义新闻观从源头开始，其价值立场一直是人民群众的立场①。而人民群众的立场，很自然地就把新闻出版与人民群众关联到了一起。1843 年，马克思提出"人民报刊"的观点，认为报刊应该是人民日常思想和感情的公开表达者（尽管在当时的条件下，马克思认为这样的目标是充满激情的、夸大的甚至还有些失当），人民报刊应具有人民性，体现人民精神，是"历史的人民精神的英勇喉舌和它的公开形式"②。人民报刊要始终维护广大人民的利益、传递人民群众的声音，由此就需要广大人民参与报刊的新闻采写活动。在这一点上，恩格斯的观点与马克思一致，他坚决反对"小资产阶级观点一点一点地偷运到德国党的机关报中来"，因为这样将会导致无产阶级机关报变味、变色，而报纸上多刊登一些来自工人的通讯，将会使报纸的面貌得到改善③。马克思、恩格斯没有把自己的观点停留在空洞的言辞说教上，而是用现实行动去诠释"人民报刊"。1848 年 5 月创办《新莱茵报》时，马克思、恩格斯注重通讯员的作用，在 1848 年 6 月 1 日的创刊号头版，马克思在编辑部声明中透露，报纸编辑部曾经和通讯员一起商讨过正式创刊时间④。在后来的办报实践中，他们极力动员和组织工人参加报刊工作，在工人中普遍地利用"通讯员"这一角色来组成撰稿队伍，并重视对工人通讯员的培养⑤，从而被认为创建了无产阶级新闻史上最早的通讯员制度⑥。他们的党报思想提出要发动工人阶级参与办报实践，目的就是让工人通讯员更好地成为人民日常思想和感情的公开表达者。所以在 1879 年，他们认为党的机关报不能持有工人因缺少教育而"不能自己解放自己"的立场，而应该坚持"工人阶级的解放应当是工人阶级自己的事情"的战斗口号⑦。由于马克思、恩格斯认为现代社会革命的主体是以工人为代表的无产阶级，所以反映在发展通讯员的过程中自然关注的是工人通讯员。

　　①　支庭荣：《马克思主义新闻观：理论视角、内在逻辑和价值关怀》，《新闻与传播研究》2022 年第 1 期。

　　②　《关于新闻出版自由和公布省等级会议辩论情况的辩论》，中共中央马克思恩格斯列宁斯大林著作编译局：《马克思恩格斯全集》（第一卷），北京：人民出版社，1995 年，第 155 页。

　　③　《恩格斯致约翰·菲力浦·贝克尔》，中共中央马克思恩格斯列宁斯大林著作编译局：《马克思恩格斯全集》（第三十四卷），北京：人民出版社，1972 年，第 409 页。

　　④　［德］马克思：《〈新莱茵报〉编辑部声明》，《新莱茵报》1948 年 6 月 1 日。（该资料由陈力丹教授馈赠，特致谢意）

　　⑤　邵华泽：《马克思主义新闻观及其在当代中国的运用和发展》，北京：人民出版社，2009 年，第 400 页。

　　⑥　李俊：《中国共产党党报通讯员制度的历史演变》，《新闻研究资料》1990 年第 1 期。

　　⑦　［德］马克思、恩格斯：《给奥·倍倍尔、威·李卜克内西、威·白拉克等人的通告信》，北京：人民出版社，1976 年，第 23 页。

工人通讯员的社会角色后来通过苏俄革命的实践而基本定型,其中列宁发挥了特别重要的作用。列宁一生中编办的报刊多达 30 余种,在这一过程中,他充分肯定了工人的力量,认为办好无产阶级报刊,就要与工人读者建立直接联系,工人报刊没有最广大的革命无产阶级群众直接参加是不可思议的①,由此就特别重视吸纳工人参与办报活动。1895—1896 年间,俄国彼得堡工人阶级解放斗争协会印发了一些传单,列宁就肯定了当时工人为传单提供信息的做法,认为"最落后的工人中都发展了真正的'发表'欲"②。1899 年,列宁曾指出,"在我们工人中间流传着向社会主义报纸寄送自己写的通讯的优良习惯"③。1900 年,列宁主持创办了《火星报》,他在编辑部声明中提出需要广大的有觉悟的工人在报纸上"多揭露俄国专制制度的一切罪恶","把我们的宣传鼓动工作和组织工作的范围加以扩大,内容加以充实"④。在《火星报》的创刊号上,列宁把与该报联系的工人称为"工人通讯员",强调他们是布尔什维克报纸的一股新生力量。为此,报纸先后发展了数十位工人通讯员⑤。从报刊的群众性原则出发,列宁认为"运动直接参加者"在报刊上发表言论具有特别意义⑥。在编辑出版布尔什维克机关报《前进报》时,他提出要让更多的工人同志为报纸写稿,如果没有工人通讯员的来稿,党的机关报将名不副实⑦。1910 年10 月,在《工人报》出版之际,列宁向各地工人发出恳求,希望他们支持报纸的出版工作,积极为报纸提供材料,在报纸上反映情况和表达意见,只有这样《工人报》才有可能站稳脚跟和保证出版⑧。俄国革命胜利后,1919 年列宁给《真理报》下达了一项任务:要千方百计地动员工人给报纸写稿。他认为如果人数众多的工人都不过问苏维埃的报刊工作,那么任何革命建设都不可能进行到底,因此他要求《真理报》把编辑派到基层,说服工人为报纸写稿⑨。

列宁去世后,继承者斯大林对工农通讯员的地位和作用进一步予以提升。早在 1912年,斯大林就在《真理报》上发表文章提倡"工人写作"⑩。在列宁提出把工人通讯员作为社会批评者的基础上,斯大林更重视工人通讯员的这一职能。在 1924 年 5 月党的十三大的中央委员会组织报告中,斯大林认为工人通讯员在揭发和纠正社会缺点方面所产生的

① 〔苏〕瓦列茨基等:《列宁怎样办报》,辛方兴、木易春、杭志高译,北京:新华出版社,1985 年,第 164—165 页。
② 〔苏〕包里索夫:《工农通讯员问题》,葛烈勃涅夫等:《报纸编辑部的群众工作》,北京:生活·读书·新知三联书店,1950 年,第 94 页。
③ 〔苏〕格列布涅夫:《布尔塞维克报纸的伟大的力量》,《人民日报》1948 年 12 月 22 日。
④ 〔苏〕列宁:《〈火星报〉编辑部声明》,杨春华、星华:《列宁论报刊与新闻写作》,北京:新华出版社,1990 年,第 83—87 页。
⑤ 〔苏〕鲍利索夫:《工农通讯员》,《时代》1950 年第 16 期。
⑥ 〔苏〕瓦列茨基等:《列宁怎样办报》,辛方兴、木易春、杭志高译,北京:新华出版社,1985 年,第 39 页。
⑦ 〔苏〕列宁:《关于党内多数派机关报的出版问题》,杨春华、星华:《列宁论报刊与新闻写作》,北京:新华出版社,1990 年,第 229 页。
⑧ 〔苏〕列宁:《关于出版〈工人报〉的通告》,杨春华、星华:《列宁论报刊与新闻写作》,北京:新华出版社,1990年,第 252 页。
⑨ 〔苏〕瓦列茨基等:《列宁怎样办报》,辛方兴、木易春、杭志高译,北京:新华出版社,1985 年,第 43 页。
⑩ 终南:《我们报纸的力量在于与群众联系》,《东北日报》1948 年 10 月 27 日。

作用，"比行政压力的力量大得多"，所以党要尽量地把他们组织起来，让工人通讯事业有更好的发展前途①。他认为，报纸能"向我们工作中的缺点展开猛烈而热情的攻击"，因此，对来自报纸的批评就不能拒绝，否则，就会把成千上万工人通讯员和农村通讯员的嘴巴堵住②。在他的重视下，工人通讯员组织成为报纸开展批评的"一支极重要的政治力量"③。当然，斯大林如此重视工人通讯员所担负的舆论批评职责，与他所处的时代以及个人执政风格是高度相关的。

作为一种非正式的新闻采写人员，通讯员是伴随着近代报刊的发展而出现的。无产阶级政党在领导革命的过程中，特别设定工农通讯员的角色，其实是体现了无产阶级革命所依托的社会力量，也就是要专门从工农群众中发展为无产阶级新闻事业服务的一批非正式的、业余的新闻采写人员。而其中对工人通讯员的强调，则彰显了工人阶级作为领导阶级在新闻传播活动中的特别地位。

二、移植：中共对工人通讯员的认识与规约

由于共产国际的密切指导以及部分中共领导人留学苏俄的背景④，"在很短的时间里受到列宁主义社会革命理论影响的中国共产党人，其头脑当中的马克思主义，不可避免地会'充满了俄国的味道'"⑤。在此背景下，在新民主主义革命时期，苏俄模式对中共领导下的新闻事业发展影响最为直接，中共对待工农通讯员这一社会角色的观念和做法自然也在效仿苏俄模式之列。

作为中共中央的第一任总书记，陈独秀有非常丰富的报刊从业经历。在他的具体实践中，"重宣传轻新闻、重智识阶级轻工农群众"的办报思想无疑深刻影响了中共的早期报刊⑥。无产阶级革命倚重工农阶级，为何陈独秀会在办报过程中轻视工农群众呢？有学者如此分析：虽然工农阶级始终被中共视为报刊的核心受众，但由于工农阶级普遍"不识不知"，要提升他们的文化水平与政治觉悟，需要经过一个漫长的、潜移默化的过程。而若以知识分子为目标受众，通过他们去影响工农群众，则可以起到循序渐进的转变风气、开启民智的作用，进而为直接向工农阶级进行革命宣传创造条件。因此，知识分子就成为早

① ［苏］斯大林：《舆论的力量》，李清芳：《斯大林论报刊》，北京：新华出版社，1985年，第212页。

② ［苏］斯大林：《报纸的作用是不可估量的》，李清芳：《斯大林论报刊》，北京：新华出版社，1985年，第285—286页。

③ ［苏］斯大林：《报刊要善于正确地进行批评》，李清芳：《斯大林论报刊》，北京：新华出版社，1985年，第291页。

④ 中国共产党成立后，迅速加入了总部设在莫斯科、实际上是在列宁等人领导下的共产国际组织，成为共产国际的一个支部。按照共产国际的组织规则，中国共产党不仅必须"无条件地遵守最严格的国际纪律"和"毫不迟疑地"执行共产国际的任何指示，而且还必须接受共产国际派出的具有"最广泛的权力"的全权代表的监督和指导。

⑤ 杨奎松：《马克思主义中国化史话》，北京：社会科学文献出版社，2000年，第2—3页。

⑥ 陈龙：《中国共产党办报模式研究(1921—1949)》，北京：中国社会科学出版社，2024年，第9页。

期中共报刊的主要宣传对象①。既然报刊的主要宣传对象不是工农群众,那么对工农通讯员的认识自然也就难以做到准确和深入了。

1927年八七会议上,陈独秀被撤销中共中央总书记职务,随后瞿秋白开始主持党中央的工作将近一年时间。瞿秋白精通马克思主义理论和列宁的党报理论,1928年他不再担任党的主要领导人之后,一度又在上海同鲁迅一起领导左翼文化运动。此间,他非常重视工农群众参与办报问题。1932年3月,他在《谈谈工厂小报和群众报纸》一文中介绍了如何发展工人通讯员,认为工厂小报要组织自己的通讯员队伍,最好在工厂的每一个部门、工人住宅的每一个区域都有自己的通讯员,要对他们进行系统的教育,让他们学习写消息和简短的文章,这样就能够按时报告发生在自己身边的新闻②。他还建议要发起工农通讯运动,用大众文艺来实行广大的反对青天白日主义的斗争,工人和农民要在运动中学习到运用自己的言语的能力③。1933年,他还给远在中央苏区的《红色中华》提出建议,希望用工农兵通讯运动推动报纸的发展④。1934年2月,瞿秋白到达中央苏区后兼任《红色中华》报社长。在他的重视下,报纸的工农通讯工作成效显著,只不过此时距离红军撤离中央苏区已经为时不远。

1928年6月,工人身份的向忠发成为党的总书记,自然对工人通讯员也格外重视。他曾在《红旗》创刊100期之际撰文《党员对党报的责任》,认为党员对党报的第一个责任就涉及工农通讯员方面:"第一,便是做党报的通讯员,尤其是工厂农村中的通讯员。""党报在群众中的通讯网,是绝对而必需的工具。做这种通讯员正是每个党员的责任。地方党部与支部训练工农通讯员是最主要的教育工作之一。党首先应唤起全党同志深刻认识这一工作之迫切,必须使不识字以及不能写字的党员亦能逐渐做到采访消息,报告消息,使能缮写的同志代为写出。训练工农通讯员是提高党员文化程度的最实际的方法之一。"⑤向忠发写这篇文章的时候,面对的是除上海之外"支部同志中工农通讯员一个没有"的事实,所以在强调党员要做党报的通讯员基础上,特别提出农村工厂中的党员要做工农通讯员,为此,党员还要做好发展、培养工农通讯员的任务。

在中共领导的新闻实践中,许多要求和做法都直接受到主要领导人的影响。他们的思想认识会通过通知、意见、规定、制度等各种形式传递到各级党组织,经过高级、中级干部理解吸收之后,再转化到具体的新闻实践中。这可以从党组织发布的一系列决议和指示或者以报刊名义发表的公告、通知中得到体现。

1921年7月中国共产党在上海成立,此后约有十年时间中国共产党一直把上海作为

① 陈龙:《中国共产党办报模式研究(1921—1949)》,北京:中国社会科学出版社,2024年,第12—13页。

② 蓝鸿文、许焕隆:《瞿秋白评传》,北京:人民日报出版社,2000年,第219页。

③ 《瞿秋白文集:文学编》(第一卷),北京:人民文学出版社,1985年,第482页。

④ 狄康:《关于〈红色中华〉报的意见》,《中央苏区文艺丛书》编委会:《中央苏区文艺史料集》,武汉:长江文艺出版社,2017年,第258页。

⑤ 《党员对党报的责任》(一九三〇年五月十日),中国社会科学院新闻研究所:《中国共产党新闻工作文件汇编》(下卷),北京:新华出版社,1980年,第131—132页。

中共中央所在地,上海也由此成为党的新闻出版中心,《向导》《热血日报》《布尔什维克》《红旗》《红旗日报》等一批报刊先后创办。这些报刊在编辑出版时,都把发展通讯员作为党报工作的一项任务①。北伐战争期间,中共承担了非常重要的面向民众的宣传鼓动任务。1926年7月中共制定的《关于宣传部工作议决案》中,专门单列"工农通信问题"一节,提出党要了解并指导群众的情绪,就必须在宣传工作上"亟亟实行工农通信的决议"。为此,文件概括了从工人中挑选通讯员、派学生去记录工农谈话、委托工农干部写通讯等组织工农通讯的方法,并要求宣传部门通过编写通讯问题清单的办法给予工农通讯员以具体的指导②。决议中把工农通讯的工作方法列得如此详细,体现了中共借此谋求与工农群众更密切联系的意图。大革命失败以后,鉴于白色恐怖的严峻形势,党的六大于1928年在莫斯科召开。此次会议总结了大革命失败的经验教训,认为当时中国革命的重心不应该是在各地组织武装暴动,而应该是做好群众的动员,为将来的革命积蓄力量。为此出台的《宣传工作决议案》指出,在白色恐怖之下,口头的宣传与鼓动缺少条件,各种形式的刊物宣传就有极为重大的意义,为此必须组织每日出版销行全国的工农报纸。在此过程中,"工农通讯员对于改善一般政治报纸与党报有极大的作用",因此,各级党组织应当尽量扩展工农通讯员的工作,而工农通讯员对于报纸"应当特别出力"③。1929年6月,中共六届二中全会在上海召开。会议通过的《宣传工作决议案》批评了"忽视宣传工作"的错误观念,强调"宣传教育是实现党的任务的经常的基本工作"。决议案第四部分"建立支部的宣传工作"指出,"为要求使党报能达到极通俗而适合于工农群众的需要,并且能迅速反映各方面工农群众的生活与意识",要求每个党支部至少要选定一位同志担任工农通讯员给党报提供新闻,并通过定期召开会议的方式对工农通讯员进行工作指导和检查,要经常注意对他们的培养和训练④。决议提出的培养工农通讯员是地方党支部的"应尽责任"有特别意义,它至少表明:工农通讯员是需要培养的,在此过程中党组织应承担起责任,这为后来的"全党办报""群众办报"打下了逻辑统一的基础。

　　20世纪30年代初,在对列宁的党报是"集体的宣传者、鼓动者和组织者"思想理解的基础上,中共十分重视报纸的宣传鼓动作用,工农通讯工作也相应得到强调。1930年6月,为支持《红旗日报》的出版发行,上海市工人联合会要求广大工人群众都成为《红旗日报》的读者和通讯员⑤。1930年9月中共六届三中全会通过的《组织问题决议案》认为,党报是鼓动群众、说服群众、组织群众的利器,因此,除中央党报之外,各省委与各地方党部

---

　　① 《上海新闻志》编纂委员会:《上海新闻志》,上海:上海社会科学院出版社,2000年,第463页。

　　② 《关于宣传部工作决议案》,中共中央文献研究室、中央档案馆:《建党以来重要文献选编(一九二一——一九四九)》(第三册),北京:中央文献出版社,2011年,第289—290页。

　　③ 《宣传工作决议案》(1928年7月),中央档案馆:《中国共产党第二次至第六次全国代表大会文件汇编》,北京:人民出版社,1981年,第302页。

　　④ 《中共六届二中全会宣传工作决议案》,中国社会科学院新闻研究所:《中国共产党新闻工作文件汇编》(上卷),北京:新华出版社,1980年,第42—43,52—53,56页。

　　⑤ 《工人拥护本报愈益具体积极》,《红旗日报》1930年10月6日。

都要尽力出版地方党报,各支部也要尽量出版工厂农村小报。为了办好各级党报,就有必要设立全国的工农通讯员系统,利用他们实现党报与工农群众的密切联系①。虽然在此前,中共中央在1929年12月和1930年5月分别颁布过《中央党报通信员条例》和《中共中央党报通讯员条例》②,但这只是要求每个省的省委指派一名通讯员定期向党报提供信息。显然,这种信息传递对反映实际工作是非常有限的,于是决议提出要建立中央党报的通讯网,并由党报委员会起草详细计划指定各地发展工农通讯员和读报班③。因此,在强调党对群众的组织领导背景下,工农通讯员显然有更大的存在价值。

为了强化报纸的"组织者"作用,与中央文件呼应,一些地方党组织先后做出了相关的决议,其中都涉及发展工农通讯员的问题。如江苏省委1931年3月提出,为充实中共中央的《红旗日报》与江苏省委的机关报《群众日报》的消息,上海各级党部必须努力发展工农通讯员的运动,方能使党报深入群众并在群众中树立党报的领导作用。为此,江苏省委提出上海的工农通讯员在3个月内至少要发展到200人④。与此同时,湖北、山东、河北等地省委纷纷就发展工农通讯工作提出了具体的要求。从各地的一致反应来看,中共组织体系的完备性、纪律性保障了工农通讯工作要求的下行和渗透,为基层传播、基层动员创造了条件。

三、尝试:城市办报中工人通讯员的参与

中国共产党正式成立之前,工人群众已经开始尝试参与共产主义报刊的实践。当时共产主义组织创办的报刊主要有三种:一是由原资产阶级民主报刊转化而来的报刊,如《新青年》;二是以共产主义知识分子和革命知识分子为对象的理论刊物,如《共产党》月刊;三是面向工人宣传马克思列宁主义的通俗性刊物,如《劳动界》《劳动音》《劳动者》等⑤。这些报刊大多受共产国际和苏俄的指导和帮助,由于强调工人阶级的领导地位,所以面向工农群众的报刊,已经开始注意吸引工人群众参与办报的问题。如上海共产主义小组1920年创办的《劳动界》周刊在第二、第三册首页刊登了《本报欢迎工人投稿》的启示,提出刊物将尽力调查、记载工人阶级的境况,"很欢迎工人将自己要说的话任意投稿到本报来,本报决计赶快登载"⑥。周刊专门设有读者投稿、通信等栏目,便于刊登读者的来

---

① 《组织问题决议案》,中共中央文献研究室、中央档案馆:《建党以来重要文献选编(一九二一——一九四九)》(第7册),北京:中央文献出版社,2011年,第489页。

② 《中共中央通知第七十二号——中央党报通信员条例》《中共中央党报通讯员条例》,中国社会科学院新闻研究所:《中国共产党新闻工作文件汇编》(上卷),北京:新华出版社,1980年,第62、64页。

③ 《中共中央政治局关于党报的决议》,中国社会科学院新闻研究所:《中国共产党新闻工作文件汇编》(上卷),北京:新华出版社,1980年,第71—72页。

④ 《江苏省委关于党报的决议》,《红旗周报》1931年3月10日。

⑤ 钱承军:《建国前中国共产党报刊研究》,北京:中国文联出版社,2009年,第2—3页。

⑥ 《本报欢迎工人投稿》,《劳动界》第二册,1920年8月22日。

稿和来信，从 1920 年 9 月 26 日出版的第七册开始专设"工人投稿"栏目①。类似的情形在广州的《劳动者》以及北京的《劳动音》中均有出现，而这样的"邀请"也得到了回应。《劳动界》1920 年第五册曾刊出过上海杨树浦路电灯工厂员工文焕写给陈独秀的一封信，信中表达了工人们的怨恨："我们苦恼的工人，多是劳动界的一分子，从前受资本家的压逼，不晓得有多少年了！他们要我们工人长，不敢不长；要我们工人短，不敢不短；要我们东就东，要我们西就西；有话不能讲，有冤无处伸！"而《劳动界》的问世给他们带来了期盼，"我们苦恼的工人，有话可以讲了，有冤可以伸了"，《劳动界》成为"我们工人的喉舌，救我们工人的明星"②。据统计，《劳动界》一共刊登了工人来稿三十来篇，虽然对这些稿件是否真出于工人之手尚有存疑③，但其中有些稿件写作比较质朴，出自工人之手的可能性还是比较大的。如《劳动界》第十六册刊登工人量澄所写的《工人应该觉悟的地方》，文中写道：现在我们"工人"和"资本家"决战的，一天多似一天，压力大，抵抗力愈大，好像有占优胜地位的日子来了的样式。究竟弄到这个样子，没有别点原因，就是：一是受经济上的压迫，苦境难堪；二是人口过多，劳动家的生产，仅足以供资本家的挥霍；三是人智发达，因而发生觉悟心④。不管这篇文章是不是工人的真实写作，但在作者前面特别冠以工人身份，就已经表明了刊物和编辑的一种导向。这些共产主义小组创办的报刊注意到了发动工人写稿的问题，虽然它还是中国共产党正式成立之前的一种自发行为，但对建党之后的报刊实践具有启发意义。

建党初期，党所领导下的报刊不多，但新闻事业起步之时就开始发动工农群众（这一阶段主要是城市工人）来参与办报。1921 年 7 月召开的中共"一大"，把开展工人运动列为首位，因此对宣传工作就要求每一地区可视其需要发行一份工会杂志、一份日报或一份周报。此后的 8 月，在中国劳动组合书记部的领导下，一批工人报刊公开出版⑤。其中创办于上海的《劳动周刊》成为党领导下的第一张全国性的工人报刊。这个周刊的一个重要特点，就是工人们的来稿都如实刊登，甚至有许多错别字的稿件也照登不误，以求接近工人，鼓励他们"都拿材料来供给这个唯一的言论机关"⑥。此外，作为中国劳动组合书记部的机关报，在北京出版的《工人周刊》被工人群众誉为"劳动者的喉舌"。它设置的"工人谈话""工人之声"栏目中也有来自工人的报道。如南口火车房高步安是"一名老作工的工人"，"对于工人所受的痛苦，知道最详"，所以要说几件"最显著的最近的"工人受苦的事情

① 首篇文章是海军造船所工人李中所作的《一个工人的宣言》。文中宣示：俄国已经是工人的俄国，意国将是工人的意国了，英国将是工人的英国了。这个潮流，快到中国来了。我们工人就是这个潮流的主人翁，这个潮流的主人翁，就要产生工人的中国。李中：《一个工人的宣言》，《劳动界》第七册，1920 年 9 月 26 日。

② 《劳动界》第五册，1920 年 9 月 12 日。

③ 李红：《工人阶级的"喉舌"与"明星"——论〈劳动界〉的宣传导向及影响力》，苏智良：《中共建党与上海社会》，上海：上海人民出版社，2011 年，第 44 页。

④ 量澄：《工人应该觉悟的地方》，《劳动界》第十六册，1920 年 11 月 28 日。

⑤ 郑保卫：《中国共产党新闻思想史》，福州：福建人民出版社，2004 年，第 9、42 页。

⑥ 杨新正：《中国新闻通讯员简史》，北京：人民日报出版社，2014 年，第 42 页。

给大家听①。工人金太瑞投稿《工友们快快解放罢》,认为"现在人类中,最痛苦的就是工友们",所以工友们要联合起来,"一致努力,推翻资本家和军阀,我们工友们才有快活的日子"②。大革命时期,党通过组织工农通讯来培养干部,从此工农通讯员制度逐步完善。在此背景下,工人通讯员继续得到重视,如中华全国总工会省港罢工委员会在广州出版的《工人之路》第 350 期在头版刊登《本刊征求工友投稿》:"本刊为工人刊物,现为多载一切工人新闻,使或为真正工人喉舌起见,决议改良内容,特别欢迎工友投稿,并已请准干事局,购便赠品多种答赠投稿者,希望各工友多多投稿,一经登出,当有赠品。"赠品包含毛巾、袜子、手巾、笔、书等物品,每星期结算一次③。

　　大革命失败后,党领导下的一批报刊如《红旗日报》《上海报》等继续出版,它们依靠地下党组织、赤色工会和一些进步团体,在工厂、学校中秘密发展工人通讯员。创刊于 1929 年 4 月 17 日的《上海报》(1930 年 8 月与党的另一政治机关报《红旗》合并)是中共中央宣传部在上海出版、面向工人的通俗小型报。由于该报紧密结合工人运动,因此发展了一批工人通讯员。有文章作了统计,《上海报》从 1929 年 4 月到 12 月,在本埠共建立了 62 名通讯员,内工厂通讯员 53 名,农民通讯员 1 名,学校通讯员 8 名。从 12 月到 1930 年 4 月,已增至通讯员 76 名。其中永安三厂、申新二厂、同兴一厂、鸿章厂、内外棉九厂、内外棉十四厂、内外棉五厂、溥益二厂、喜和纱厂、崇信纱厂、大丰纱厂、申新厂、老怡和纱厂、恒丰老厂等纱厂有工人通讯员 15 名,市政行业的闸北水电、公共租界电力公司老厂、公共租界电话局、公共租界电力机务车务处、法电机务处、华电车务处、公共汽车、无线电、电泡厂等单位有工人通讯员 15 名。其他还有铁路 1 名,邮务通讯员 4 名,商务印书馆 3 名,造船厂 1 名,兵工厂 2 名,绢丝厂 1 名,棉织厂 2 名,码头苦力 2 名,麻袋厂 1 名,翻砂厂 1 名,制茶厂 1 名,印刷厂 1 名,铁厂 3 名,估衣店 1 名,煤炭 2 名,药业 3 名,金银业 1 名,农民 1 名。从中可以看出《上海报》的通讯员队伍中,来自工人群体的通讯员占了绝大多数。该文在总结《上海报》一年中的采访和发行工作时,肯定了工农通讯员的作用,认为一个属于工农群众的革命报纸,如果没有工厂、农村、兵营中的通讯员供稿给报纸的编辑,"它必不能成为劳苦群众中最有威权的活跃的报纸"④。为了培养工人通讯员,《上海报》在《上海报一周年纪念册》中专门列出《采访须知》,第一部分告知工人通讯员所需要的新闻,如工人罢工事件、赤色工会的工作、工人组织的新闻、产业状况的调查等内容。第二部分介绍了采访新闻的方法,包括新闻的原料、平常的采访与突发事件的采访、新闻如何记述、访员平日应该注意的事件等内容⑤。求实所作的《本报一年工作之回顾》还总结了《上海报》发

---

① 高步安:《工人的苦况》,《工人周刊》1922 年 2 月 5 日。
② 金太瑞:《工友们快快解放罢》,《工人周刊》1922 年 2 月 19 日。
③ 《本刊征求工友投稿》,《工人之路》1926 年 6 月 16 日。
④ 为人:《一年来的采访与发行工作》,李求实:《红藏:进步期刊总汇 1915—1949 上海报(3)》,湘潭:湘潭大学出版社,2014 年,第 43—44 页。
⑤ 《采访须知》,李求实:《红藏:进步期刊总汇 1915—1949 上海报(3)》,湘潭:湘潭大学出版社,2014 年,第 62 页。

展工人通讯员取得的成绩：当初只希望在上海有 30 个经常性的工人通讯员，而通过一年的努力，竟有将近 100 名经常性的通讯员。当然，这些工人通讯员也面临采访时间缺少、写作能力缺失、新闻鉴别能力缺乏等难题，所以作者希望以通讯网的方式来进行合作写稿、集中写稿，"这一新的工作方式已经有部分的实行，我们希望不久可以有普遍的实现"①。在当时的条件下，工人通讯员不仅因文化基础薄弱而难以参与新闻采写，还可能会因写稿暴露身份而带来被工厂开除等不利后果，所以《上海报》的工人通讯事业能取得这样的成绩实属不易。

　　1928 年 11 月创刊的《红旗》也注重工人通讯员的来稿。1930 年 3 月，《红旗》第 82 期刊发过一位女工的来稿《上海女工的生活状况》，反映上海烟厂、纱厂等工厂女工悲惨的劳动和生活状况。这篇文章很长，文笔也比较熟练，看起来并不像是一位女工所写，但是文章开始的编者按说："女工阿毛这一篇稿子，我们很少修改而将原文发出的。……我们认为这确是真正由上海女工心窝里说出的话，确是代表着广大上海女工群众的呼声。我们愿意全国以及上海的工友们，以后继续不断的赐给我们以这样的稿件。"②从这样的编者按中可以看出，即使文章是在编辑的润色之下修改而成，但至少表明了一种对工人来稿的热切期待。1930 年 8 月，《红旗》与《上海报》合并出版《红旗日报》。虽然《红旗日报》也开展了工人通讯的工作，但上级党组织似乎对于此项工作尚不满意，认为在有 80 万产业工人的上海却只有工人通讯员 80 多人，"这是党的工作中最严重的损失"③。1931 年 3 月，《红旗日报》又分为《红旗周报》和《群众日报》分别出版。《红旗周报》在一篇论述工厂小报的文章中，更加表明报纸与工人通讯员的密切关系。该文认为，工厂小报最好要在工厂的每一个部门、这一工厂的工人住宅的每一个区域都有自己的通讯员，这样就能够按时地报告当地的新闻。为此，工厂里的通讯员要学习写消息、写简短的文章④。虽然现实困难很多，但《红旗周报》对工农通讯员的期待还是充满理想、乐观的色彩。

　　在中共早期城市办报的过程中，如果说一些中央级的大报还能开展工农通讯工作的话，那么一些基层报纸面临的情况则要困难得多。当时的一篇文章反映了实情："我们报纸的编辑和我们的同志，特别是领导区小报的同志至今还没有注意到工人通讯员运动的工作，严重点说，对待这个工作始终是怠工。""省委的《真话报》只有 14 个工厂通讯员。《真话报》沪西站通讯员做了一个月工作，没有得到区委全体同志实际的帮助，所以没有一个工厂开展工人通讯工作。在缺少工厂消息以及党的最新文件而导致稿荒的情况下，有的时候区委报纸连正常出版都感到困难。其他各区的情况也差不多如此。"显然，这种情形是不能令人满意的，

　　① 求实：《本报一年工作之回顾》，李求实：《红藏：进步期刊总汇 1915—1949 上海报(3)》，湘潭：湘潭大学出版社，2014 年，第 35、38 页。

　　② 阿毛：《上海女工的生活状况》，钟明：《中国工运大典(1840—1997)》，北京：中国物资出版社，1998 年，第 371 页。

　　③ 江南省委扩大会议：《关于〈红旗日报〉工作大纲的决议》，中央档案馆、江苏省档案馆：《江苏革命历史文件汇集(1930 年 4 月—12 月)》，内部资料，1985 年，第 453 页。

　　④ 范亢：《谈谈工厂小报和群众报纸》，《红旗周报》1932 年 3 月 11 日。

所以,文章指出:"这种现象是不许继续存在的,中央和省委再三指示,每一个布尔什维克党的党员都要做发展和训练工农通讯员的工作,要将这个工作放在每日工作的日程上,要使得我们的报纸真正成为群众的报纸,真正是群众化的报纸,我们必须坚决的执行这个指示。"①不过,限于白区办报的种种制约,要达到这样的目标是相当困难的。

四、余论

综观中共早期城市办报历程,在由引领知识分子转向鼓动工人群众的过程中,办报纸成为办刊物的一种扩充,并成功探索出以新闻为主要内容、以群众为主要读者的鼓动报模式②。也正是由于鼓动性报纸的出现,客观上就有了对工农通讯员的强烈需求:工农通讯员是革命群众报纸的柱石,他们绝对不光是消息的供给者,而是革命群众报纸接近群众和群众斗争的主力军。没有这个主力军,革命的群众报纸一定不能够负起它的任务——组织群众和指导群众③。因此,工人通讯员是在苏俄模式的直接影响下,在对工农群众革命鼓动的现实需求下,在城市办报的环境中应运而生的。如同中国革命走过的道路一样,基于当时的革命条件,移植和仿效成为最现实的起步方式。

不过,由于党报发展规模有限、党的领导者和党报工作者的认识理解尚不到位(很多时候只是被动执行,缺乏基于理解的创造性实践)、工人群众文化素养低下、国民党统治的白区环境严酷等多重原因,工人通讯员群体既未能实现规模上的扩张,也未能产生明显的实际影响。况且,通讯员的身份赋予工人群众参与新闻采写的权利,但新闻采写毕竟需要一些基本的专业技能,对于文化水平低下的工人群众来说,如果缺少具体有效的引导、培养措施,事实上他们也很难介入新闻传播活动之中。从实际情况看,这一阶段的工人通讯员多是新闻线索、新闻信息的提供者,是表征的主体而非自我实践的行动主体。因此,中共早期城市办报中吸纳工人通讯员参与只能说是一种尝试,其积极意义在于让马恩列斯的报刊理论在中国实现"落地",为日后波澜壮阔的工农通讯事业拉开发展的帷幕。到了后来的农村革命根据地时期,由于办报环境相对稳定,办报数量增多,物资调配、人力动员等都有了较大的改善,在以农民为主体的工农通讯员发展壮大过程中,中共摸索、总结出一套细密有效的工作机制。于是,到了解放战争时期,随着各个大中城市相继解放,这套工作机制又在城市环境中得到推广,工人通讯员队伍的快速扩展成为农村办报向城市办报转变过程中的一道特别景观。当然,这是另外一项围绕工人通讯员话题的接续研究。

---

① 祥生:《反对轻视工人通讯员的工作》,《列宁生活》(23、24 期合刊),1933 年,档案号 D2-0-122-13,上海市档案馆藏。

② 胡雪莲、杜贺:《中共中央党媒从刊到报的转变及意义(1921—1949)》,《安徽大学学报》(哲学社会科学版) 2023 年第 1 期。

③ 祥生:《反对轻视工人通讯员的工作》,《列宁生活》(23、24 期合刊),1933 年,档案号 D2-0-122-13,上海市档案馆藏。

走向地方：清末广东边缘知识人的社会动员[*]

黎　藜　马　俊[①]

摘　要：中国从封建社会演进到现代社会，是一个社会整体的迈进。从精英知识群体到社会大众，在中国社会的整体迈进中，在地知识人是地方社会转型的重要推动者。本文以清末广东地方知识人与地方社会的互动为研究对象，力图探讨地方社会向现代性的迈进中，在地知识人如何推动地方社会的演进。清末广东蓬勃的新式教育产生了一批新式知识人，这些接受了新思想的在地知识人在实现个人转型的同时，也肩负起拯救国家危亡的责任。他们借助报刊及其他通俗方式推动新思想在下层社会的传播，借助对地方社会事务的参与进行社会动员，推进社会进步。近代中国借助在地知识人参与及构建的在地知识传播网络，推动新的思想在地方社会及中下层群体间的传播，进而建构起了一个近代中国知识与思想传播的巨大网络，推动中国社会向现代社会的迈进。

关键词：地方社会；在地知识人；启蒙

清末废除科举之后，新式学堂兴起，产生了大量学堂学生。这些数量巨大的新式教育的受教者，介于精英知识群体与社会大众之间，成为罗志田所说的"边缘知识分子"[②]。在地方社会中，学堂学生取代旧士人，成为地方新的知识人群体。这些地方知识人在清末社会巨变中，成为地方社会的中坚。他们积极参与地方社会运动，建构了清末的地方社会公共空间。在清末社会思潮的涌动中，他们也成为思想自上而下传播的中介，是精英思想走向地方的中介。

本文拟以广东地方学堂学生与社会的互动为案例，力图探索以下问题：近代中国走向现代性的过程是一个整体演进的历程，边缘知识分子是新的思想从精英阶层走向底层社会的重要力量，在新思想走向下层的过程中，边缘知识分子推动的路径是什么？推动是一种自觉还是自发？新思想走向底层社会，对于中国社会的整体演进起到了什么作用？

---

*　本文为国家社科基金项目"辛亥时期岭南革命报刊社会动员研究"（项目编号：18BXW015）的阶段性成果。

①　黎藜（1976—），女，四川成都人，广州大学新闻与传播学院教授，博士生导师。马俊（1981—），湖南湘潭人，广州华立科技职业学院艺术与传媒学院教授（通讯作者）。

②　罗志田：《权势转移：近代中国的思想与社会》（修订版），北京：北京师范大学出版社，2014年，第131页。

一、新式学堂与新知识群体的兴起

清末新式学堂之兴,起于洋务运动时期。洋务派致力于新式学堂的创办,京师同文馆、上海广方言馆、广州同文馆、福建船政学堂、广东实学馆等都是早期新式教育的尝试。洋务运动时期新式学堂的设立是基于实际需要,"今通商为时政之一,既不能不与洋人交,则必通气志,达其欲,周知其虚实情伪,而后能收称物平施之效"①,以培养翻译与实业人才为主,并未涉及学制的变革。甲午战争后,对洋务教育的反思使推广新式学堂被提上议事日程。1896 年,李端棻在《请推广学校折》中对洋务教育的缺陷进行了详细分析,还提出扩展并推广新式学堂教育的意见,"夫二十年来,都中设同文馆,各省立实学馆、广方言馆、水师武备学堂、自强学堂,皆合中外学术相与讲习,所在皆有。而臣顾谓教之之道未尽,何也? 诸学皆徒习西学、西语、西文,而于治国之道,富强之原,一切要书,多未肄及,其未尽一也……天下之大,事变之亟,必求多士,始济艰难"②。废科举、办新学成为朝野上下共同的认知,"今之同文馆、广方言馆、水师学堂、武备学堂、自强学堂、实学馆之类,其不能得异才何也? 言艺之事多,言政与教之事少。其所谓艺者,又不过语言文字之浅,兵学之末,不务其大,不揣其本,即尽其道,所成已无几矣。又其受病之根有三:一曰科举之制不改,就学乏才也。二曰师范学堂不立,教习非人也。三曰专门之业不分,致精无自也……夫国家之设学,欲养人才以共天下,而其上才者仅如此,次下者乃如彼,此必非朝廷作人之初意也。今朝士言论,汲汲然以储才为急者,盖不乏人,学校萌芽,殆自兹矣。其亦有洞澈病根之所在,而于此三端者少为留意已乎"③。尤为重要的是,此时对新学的认知已经提升至以新学兴国的高度,"国势之强弱,视乎人才之盛衰,而造就人才,必自广设学校始"④。新式学堂不再仅仅被当作培养专门技艺人才的场所,而是成为救国图存的根本之道,被赋予了"政学"之名,"今日之学,当以政学为主义,以艺学为附庸。政学之成较易,艺学之成较难,政学之用较广,艺学之用较狭,使其国有政才而无艺才也,则行政之人,振兴艺事,直易易耳。即不尔而借才异地,用客卿而操纵之,无所不可也。使其国有艺才而无政才也,则绝技虽多,执政者不知所以用之,其终也,必为他人所用。今之中国,其习专门之业,稍有成就,散而处于欧墨各国者,固不乏人,独其讲求古今中外治天下之道,深知其意者,殆不多见。此所以虽有一二艺才而卒无用也"⑤。

---

① 《同治元、二年间(1862、1863)郑观应〈上海设立同文馆〉》,朱有瓛:《中国近代学制史料》,上海:华东师范大学出版社,1983 年,第 577 页。

② 《光绪二十五年五月初二日(1896.6.12)李端棻请推广学校折》,朱有瓛:《中国近代学制史料》,上海:华东师范大学出版社,1983 年,第 593 页。

③ 梁启超:《论学校一·总论》,《时务报》1896 年第 6 册。

④ 《光绪二十一年十二月初九日(1896.1.23)御史陈其璋请整顿同文馆疏》,朱有瓛:《中国近代学制史料》,上海:华东师范大学出版社,1983 年,第 590 页。

⑤ 高时良、黄仁贤:《洋务运动时期教育》,上海:上海教育出版社,2007 年,第 39 页。

正是在这样的思想认知下，晚清政府对学制进行了大规模的改革，先后推出了壬寅学制和癸卯学制，此后中国各种新式学堂如雨后春笋般涌现。两广总督陶模、岑春煊都是新学的积极提倡者，广东地区的新式学堂教育发展迅速。1901年，两广总督陶模与广东巡抚德寿联名上折，"为政之要，首在得人；取人之方，不外学校科举。三代以上，只有学校，并无科举。汉代博士弟子，犹不失为学校本义，其后设科策士，遂开科举之渐"①，陶模是最早向朝廷上奏折倡言废科举、兴学校的地方大员②。1902年，陶模将广雅书院改为两广大学堂，推动了广东新式教育的发展。陶模在广东任上对新学新政的支持赢得了舆论的赞誉，他去世后，《新民丛报》有如此评语："陶模昔任边陲，无所表见。及移节两广后，曾数上奏议，言人所不敢言。士论颇许之。"③继任总督岑春煊也是清末新政的支持者。担任两广总督期间岑春煊创办了两广学务处，作为两广新式教育的专门负责机关，并先后派遣多批留学生赴欧美、日本留学。岑春煊还在广州设立"游学预备科"，考选中学已有根底且粗通学略之学生180人。在内地预备两年后精选120人派赴日本，"直入彼之高等师范学校本科留学"，与日本学生同班学习。"合计预备两年，本科毕业三年，五年后即有高等师范可用。"为防止此议半途而废，岑春煊还特地奏请清廷"饬下总理学务处立案，将来两广无论如何为难，此举不得中辍，庶于两广学务有所裨益"④。在几任粤督的大力推动下，广东新式教育迅速发展，大致包括各类官办学堂、私立学校和教会学校。

1910年《广东教育官报》刊载了各类官办学堂统计表。至1908年，广东有各类官办学堂1 436所，各类学堂统计详见表1：

表1　清末广东新式学堂统计表⑤

名　　称	数　　量	名　　称	数　　量
半日学堂	6	师范学堂	10
蒙养院	1	实业学堂	10
小学堂	1 379⑥	专门学堂	3
中学堂	27	总计	1 436

---

①　《两广总督陶模、广东巡抚德寿：奏请变通科举折》，璩鑫圭、唐良炎：《学制演变》，上海：上海教育出版社，2007年，第25页。

②　关晓红：《陶模与清末新政》，《历史研究》2003年第6期。

③　《呜呼刘坤一、呜呼陶模》，《新民丛报》1902年第18号。

④　《署两广总督岑等会奏筹设两广游学预备科造就高等师范折》，《东方杂志》1905年第2卷第9期。

⑤　根据《广东教育官报》刊载的1908年广东各类学堂统计表统计，包括：《广东省专门学堂统计表》，《广东教育官报》1910年第1期；《广东师范学堂统计表》，《广东教育官报》1910年第2期；《广东省实业学堂统计表》，《广东教育官报》1910年第2期；《广东普通学堂统计表》，《广东教育官报》1910年第3期。

⑥　小学堂分为三类，其中初等705所，两等538所，高等136所，共计1 379所。

　　清末学制规定了蒙养院、小学堂、中学堂、大学堂四个层级,这四个层次的学校在广东都比较完备,其中接受普通教育的小学堂数量最多,达到 1 379 所。此外,还有各级师范学堂10 所,农业、工业、商业等实业学堂 10 所,高等、方言、法政等专门学堂 3 所。其次,从新式学堂的地理分布也可见出广东地区新式学堂的普及。广东普通学堂地理分布详见表 2:

表 2　清末广东普通学堂分布统计表①

地　　方	学　　堂				
	半日学堂	蒙养院	小学堂	中学堂	总计
省　　级	1	1	12	2	16
广　　州	2	0	338	7	347
肇　　庆	0	0	55	2	57
罗　　定	0	0	20	0	20
南　　雄	0	0	9	1	10
韶　　州	0	0	24	1	25
连　　州	0	0	17	1	18
惠　　州	0	0	81	1	82
潮　　州	2	0	415	1	418
嘉应州	0	0	200	5	205
高　　州	0	0	24	3	27
雷　　州	0	0	6	1	7
阳　　江	0	0	20	0	20
廉　　州	0	0	26	1	27
钦　　州	0	0	1	0	1
琼　　州	0	0	101	1	102
崖　　州	1	0	30	0	31
总　　计	6②	1	1 379	27	1 413

---

　　① 本表数据来源:《广东普通学堂统计表》,《广东教育官报》1910 年第 3 期。

　　② 半日学堂数量,《广东普通学堂统计表》原表总计为 6 所,但实际刊载数量只有 5 所,根据《广东省普通学堂学生统计表》(《广东教育官报》1910 年第 3 期)所载,漏掉了崖州的一所半日学堂,该学堂学生人数为 35 人。

《奏定学堂章程》中规定,"中学堂定章各府必设一所,如能,州县皆设一所最善"①。广东基本达到了这一要求,16个州中,仅罗定、阳江、钦州、崖州四个规模较小的州府没有中学堂,中学堂总数达到27所。新式小学堂则遍布所有州府,几乎所有的县都设有新式小学。尤为值得注意的是,普通学堂并未集中于广州,潮州府的小学堂数量达到415所,远远超过广州府,嘉应州与琼州的小学堂数量也非常多。师范学堂的分布也不局限于省城广州,嘉应州与阳江各有一所完全初级师范学堂。与此同时,各类新式学堂的学生数量也激增,1908年,广东共有各类新式学堂学生76 171名,分类统计见表3:

表3　清末广东新式学堂学生统计表②

名　　称	数　　量	名　　称	数　　量
半日学堂	539	师范学堂	1 020
蒙养院	88	实业学堂	8 811
小学堂	61 015	专门学堂	1 640
中学堂	3 058	总计	76 171

据1908年十二省教育统计③可知,学堂数量排在前五位的分别是陕西、湖北、浙江、山西和广东,而学生数量广东仅次于湖北位居第二。同一时期,内地的安徽学堂数量为503所,东北的黑龙江则仅76所,仅是广东普通州府的水平。从上述统计可见,广东官办新式学堂教育发展极为迅速,成绩显著。广东新式教育的发展,一方面受到清政府新学政策的引导,另一方面则得益于粤督岑春煊的大力提倡。"岑春煊在督抚任中,兴学成绩斐然……其时清廷兴学明诏已颁,严饬各府与直隶州限期成立中学堂、各县限期成立高等小学堂。各府州县知道岑春煊是令出必行的人物,自然不敢怠慢,即将地方上原有的书院学社一类公地划作学堂地址,开办费和常年费也筹有定款。"④《广东教育官报》登载了广东兴学的分年度计划——《本司呈报学部分年筹备教育事宜文附表》⑤,这份计划表要求到宣统八年时,各州县所有中学堂学生数额需达到300人以上,要求各州县必须设立女子师范学堂,并需附设小学、蒙养院、保姆讲习所,不仅重视实业教育,也非常重视普通教育,女子教育也得到了极大的重视。此计划表颁布的第二年(1911年),清政府就覆亡了,但新

---

① 《奏定学堂章程》,《广东教育官报》1910年第1期。
② 根据《广东教育官报》刊载的1908年广东各类学堂学生统计表统计,包括:《广东省专门学堂学生统计表》,《广东教育官报》1910年第1期;《广东师范学堂学生统计表》,《广东教育官报》1910年第2期;《广东省实业学堂学生统计表》,《广东教育官报》1910年第2期;《广东省普通学堂学生统计表》,《广东教育官报》1910年第3期。
③ 《光绪三十四年十二省教育统计表》,《广东教育官报》1910年第4期。
④ 沈琼楼:《广州的书院与学堂》,广州市政协文史资料委员会:《广州文史》(第52辑),广州:广东人民出版社,1998年,第38页。
⑤ 《本司呈报学部分年筹备教育事宜文附表》,《广东教育官报》1910年第1期。

学实践的蓬勃之势则展露无遗。

兴办新式学堂,培养了一大批新的知识人群体,他们成为社会新的力量。但新知识群体的建构,并不是一个以"新"易"旧"的简单更迭,而是经历了新旧交融的过程,以此实现知识人群体的整体转型。科举废除后,旧读书人失去了科举仕进之路,一部分人重新进入新式学堂或留学接受教育,转变成为新的知识人。但社会底层的读书人则往往徘徊在新旧之间。这一时期,兴学与毁学的新闻常常同时见诸报端,新旧知识人的纷争也是知识人转型中的一个重要特征。

成为新式学堂教员延续职业生涯是废科举后底层读书人的一种生存方式,"聘教习二员,一为附生周纪常,一为附生黎文锦。至体操一门,与本城各初等学堂,通为公请一员,以省费云"①。但过渡时期旧读书人向新职业身份的转向,往往需要经过一番改造,师范讲习所就是这样一种职业身份改造的中介,而新旧交替中的师范讲习所也引来了不少的争议。旧读书人对新式教育充满抵制,"据学务处示,未经注册之学堂,其蒙师一律应考,拨入讲习所,并移警局查报。于是警兵日到催促填册,大有牵衣之势。两蒙师知不能免,又不甘后生哥教育",于是半夜逃遁②。而社会也对这种简单粗暴的身份转变颇有微词,"君等过了数个月,即得文凭,文凭一得,又贴报条,何荣如之"。社会大众对新式教育也充满敌视。1898年,广州新式学堂时敏学堂开办,作为新事物的学堂遭到了社会大众的嘲弄与反对,当时就读时敏学堂的学生邹伯健在回忆时敏学堂时,曾述及学堂学生们被围观与指责的经历③。类似学生被辱的新闻时常见诸报端,"城西清平学堂,有数学生放学,路经牛乳桥附近……无赖等复肆口乱骂,进教仔之声不绝于耳"④,"有家庭教育女学生五人……广源酱料店陈某始以秽语相加,继竟执其手"⑤。无论是对新式教育的敌视,还是对知识人新旧身份改变的讥讽,呈现的都是在社会巨变中,社会大众的茫然无措,是社会大众将对变化的忧虑投到了作为新事物的新式学堂与新式知识人群体上。尽管纷争不断,但社会对新式学堂学生也充满了热情的歌颂,"学生者,人类中之最尊贵者也"⑥,"首要把教育广施多设学校几所,各人向学就进步多多"⑦。学生被视为进步与文明的象征,"呢阵人人都欢喜我呢件操衣。窄袖轻装原本称体,国人结束似个健男儿。凑着今日学堂开遍内地,时风一变习尚欧西。进步文明占据志趣"⑧。一方面是纷争不断,一方面是热情讴歌,看似矛盾的态度,呈现出社会大众对新式学堂及新式知识人认知的变化过程。新

① 《蛋户学堂开办》,《时事画报》1906年4月25日。
② 《馆师逃学可笑》,《时事画报》1906年3月21日。
③ 《邹伯健记时敏学堂》,朱有瓛:《中国近代学制史料》(第一辑下册),上海:华东师范大学出版社,1986年,第753页。
④ 《惩一警百》,《时事画报》1905年12月1日。
⑤ 《竟辱及女学生耶》,《时事画报》1905年3月11日。
⑥ 《学生何谬》,《时事画报》1905年3月11日。
⑦ 南音:《南楼秋画》,《时事画报》1905年第1期。
⑧ 新觉:《操衣歌》,《时事画报》1905年第5期。

旧交替中晚清社会寻求社会救亡的大背景下，这些新的知识群体被寄予了救亡图存的历史责任。

废除科举以后，知识人转型是中国最为重要的问题之一。从科举走出以后，知识人群体走向何方？叶文心认为，这是一个空间转向，是一个从"乡关"到"都市"的过程①。但在广东地方社会，大量的底层知识人的空间转向主要是在学堂中完成，从私塾到新式学堂，在学堂中完成个人的身份转变。这些被赋予"新"身份的知识人，他们是在地的，是地方社会实现社会群体性转向的重要力量。新式学堂成为旧读书人走向新的社会的重要场域。作为一个场域，学堂是新旧知识人交融之所。

二、走向社会的路径

近代广东社会从封建走向现代，学堂学生是地方社会转型的重要支持力量。他们在新式学堂接受新式教育与新的思想，也成为新思想的传播者，他们进入地方社会、影响地方社会，成为清末新思想走向底层社会的中介。学堂学生走向地方呈现了较为显著的在地性，这种"在地"首先体现在学生积极参与地方社会事务，通过各种通俗的方式走近下层社会，从而实现对下层社会的影响。

1905 反美禁约运动中，学堂学生是积极的参与者。1905 年 9 月，广东筹抵苛待华工总公所在西关华林寺举行冯夏威追悼大会，"省中各学堂学生，均列队排枪，并有军乐队随之而行，一时喇叭铜鼓不绝于耳"②。佛山追悼大会，"省佛学界多赴会，尤以梁五全学堂与时济为最踊跃"，未能赴会的佛山学堂则为舆论所诟病，以为是"学堂专制"的表现，不符合"铸造国民"的学堂精神③。香山华侨徐桂被冤下狱，"东京留学生来函，经已集议代徐桂鸣冤，日间即电达政府力恳伸雪"④。二辰丸号、粤汉铁路事件等社会重要事件，都能看到学堂学生积极参与其中。余英时认为，废除科举以后，传统士人在政治上被边缘化⑤，但传统社会赋予士人的社会责任依然影响了这些新式学堂学生，参与社会重大事件是他们实现社会责任的方式。

在广东地方重大社会事件中，学生不仅是事件的参与者，也是事件的引领者，他们推动和引领事件的发展，对社会大众起到积极的引导作用，推动了广东社会的进步与文明。1905 年拒约运动中，广东学堂是重要的参与者与推动者，论者甚而将"教育时代"视为社会进步的象征，"倡议抵制，始于京师之译学馆，非教育时代，何有文明之学界，非文明之学界，何有义愤之举动？夫以美虐华工，非始于今日，而抵制偏待于今日，足见教育时代之益

---

①　叶文心：《民国知识人：历程与图谱》，北京：生活·读书·新知三联书店，2015 年。
②　《挽死愧生》，《时事画报》1905 年第 4 期。
③　《学堂专制》，《时事画报》1905 年第 8 期。
④　《东京留学生为徐桂讼冤之义愤》，《时事画报》1905 第 1 期。
⑤　余英时：《中国知识分子的边缘化》，《二十一世纪》1991 年第 8 期。

矣","教育普及,则将由教育时代而进为改革时代"①。拒约运动中,学堂学生以积极的倡言使得抵制美货成为社会的普遍认知,"潮州学界中人,五月廿五日,集议于郡城养正学塾,宣布禁用美货,拟有章程十一条",参与集议的学堂二十余家②。清末的这场抵制美约行为,因为清政府的暧昧态度,使得抵制成为民间自发的行为,舆论的汇聚使得拒约成为社会各阶层共同关注的事件。在广东地区,拒约的引领者包括善堂、商界、报界和学界。而学界,不仅素负重望,其自身也以拒约的先行者与引领者自况,"岭东同文学堂教习及学生,以学堂为岭东开风气之先,此等有关中国名誉之事,学界宜先筹抵制之法,实行勿懈,以为全潮人倡"③。因此,"惠潮嘉应三属学堂,共约二十余家"通过演说等方式,使得抵制美货的认知深入人心,收到了良好的效果,"因是各商亦有为之感动,面粉一行,拟先实行抵制之法云"④。在社会重大事件中,学生作为进步的力量参与其间,其强烈的担当意识与积极主动的自觉意识获得社会各界的广泛认可,舆论也将学生视为公共事务的代言者。时事班本《拒约员预筹连州案》中,"公脚小武杂扮商学工界人"⑤;粤汉铁路事件中,庆祝绅商黎国廉获释的茶会,"商绅学报各界同人,齐到恭候"⑥。学界都是与商、报、工等并称的民间力量。作为新生的进步力量,学生群体具有自由、进步、救国救亡的自觉意识,另一方面,他们也成为时代自由进步的象征。在晚清广东社会中,学生形象的符号化,代表的也是广东社会在救亡图存的道路中对进步意识的集体心理期待。

女学界在广东公共事务中的形象也具有特殊的意义。晚清倡言女学为一时之热议,有识之士多有议论,以为女学为中国强盛之根本,广东女学也极为兴盛。1902年,南武公学在河南海幢寺开办时,就已设男女同校之学堂,后该校另设洁芳女校以为女学,是广州地区较早的新式女学。广东女学之兴有强烈的自觉意识,"今日自由平等之风,由西东渐,所谓女志士者,直以破男女之界为平等"⑦,因此女学生与男学生同样成为社会公共事件的参与者。1905年,拒约公所举办冯夏威追悼大会时,女学堂学生也着整齐服装列队追悼⑧,女界还组织了专门的生祭活动⑨。此外,在兴办学堂⑩、1908年广东赈灾义卖⑪等各类社会事务中,都有女学界的积极参与。拒约运动中,"女界有担任学界提倡者,有担任落乡劝谕者,有愿往各处女工厂及机器丝厂演说者"⑫。女学界是广东学界的一个缩影,她

① 贯公:《劝各处建设冯夏威学堂议》,《有所谓报》1905年11月3日。
② 《潮州学界禁用美货之近情》,《有所谓报》1905年7月4日。
③ 《抵制美禁华工续约汇志(广东)》,《有所谓报》1905年6月21日。
④ 同上。
⑤ 剑士:《拒约员预筹连州案》(班本),《时事画报》1905年第7期。
⑥ 《黎绅赴茶会之谈判》,《时事画报》1906年第4期。
⑦ 《提倡女学》,《时事画报》1905年第5期。
⑧ 《挽死愧生》,《时事画报》1905年第4期。
⑨ 朱浣白女士:《女界生祭马潘夏感言》,《时事画报》1905年第5期。
⑩ 《女士演说》,《时事画报》1905年11月15日。
⑪ 《广东卖物赈灾会女干事员撮影》,《时事画报》1908年8月15日。
⑫ 《女界光明》,《时事画报》1905年第1期。

们对社会公共事务的积极参与，一方面具有普通学堂学生以引领社会进步为己任的新式知识分子的担当，另一方面则是以自由平等为目标的女学界的自我期待。因此，晚清广东报刊中对女学的倡言也都带着强烈的女学自由平等的提倡及对女权的追求，如对留日实业女学校的报道，就带着对这些女子"俟毕业时，其成绩必尤有惊人者"的强烈期待①。

　　学生对社会事务的参与是与报刊紧密相连的。报刊与学堂是晚清广东进步的代表，引领着广东公共舆论的走向。学界与报刊的依存，首先体现在学生视报刊为重要传播媒介，借报刊为张目。各种倡言、活动往往借报刊以告白、公诸天下。如前论及广东留学生拒约、收回路权的倡议，都是借报刊而告之天下，"（岭东学界抵制美约的倡议）提议抵制美禁华工，已登于报"②。报刊也以学界为重要关注点，不仅各类关乎学生的新闻常常见诸报端，学生进步的言行更是报刊关注的重点。对学堂与报刊的紧密联系，学堂及政府管理者颇为头疼，禁止阅报的消息时有所见，"卫辉府河朔中学堂……查得民报一册，信函若干"③，"武备生拨入将弁见习，两志前报。兹闻该堂总教习某氏，自此日演说后，即严查各生之看报，及往来之信件。又密派私人，侦听各生谈论"④，该学堂教习还威胁学生，"汝武备各生，善为报馆通信，本教员早已知之。汝等此次来堂，当遵此处规则，堂事间有不完全之处，亦惟听候改良，不得宣告报纸，坏我全堂名誉。自后如查有报纸刊登本堂事迹，吾当不为汝辈宥也"⑤。学生对代表进步舆论的报刊也颇为关注，1911 年《天民报》因登载革命党人的长文被勒令停刊，几位学生抬着花圈宝烛到报社门口凭吊，挽联上大书"民失所天""问诸君待何时卷土重来"⑥等语，以为悼念。学堂学生作为广东地方社会的在地知识人群体，参与社会事件、进行社会动员，是他们进入社会的方式，也是他们在身份转型中寻求自身转型的重要方式。在地方社会的重要事件中，学堂学生作为参与者、引领者，不仅成为地方社会治理中重要的界别——"学界"，跻身地方权力中心，同时也成为地方舆论的主要建构者，引导了地方社会的大众认知。

　　新式学堂学生在接受新思想的同时，也承担起了新思想向下层社会传播的责任。启蒙是 20 世纪初中国的关键词，"一时风气为之丕变"，这种变化，不仅是知识人群体接受新思想的思变，也是下层社会民众主动走向新思想以求"丕变"的过程。"西樵河清堡，近数日，有潘保波等，在乡演说阅报纸之益。闻者皆激动热血，各有感情。有数农夫尤为感发，奋然兴起，相与签银购省港各报，借以熟识时事，一豁眼帘。晚上则有胡君东曹，为之讲解。合群领益。一时风气为之丕变。夫天下兴亡，匹夫有责，要当各尽义务，出而宏济时艰。彼虽农夫，乃能抱爱群保种之热诚，爱阅报纸，则将来智育德育之进步。"⑦以新的思

① 《女游学之可》，《时事画报》1905 年第 6 期。
② 《汕头抵制美禁华工之踊跃》，《有所谓报》1905 年 6 月 25 日。
③ 《河南大党狱》，《时事画报》1909 年 2 月 20 日。
④ 《将弁学堂之怪现象》，《有所谓报》1905 年 6 月 20 日。
⑤ 《武备生入将弁见习之后闻》，《有所谓报》1905 年 6 月 14 日。
⑥ 《〈天民报〉之风云》，《民立报》1911 年 7 月 2 日。
⑦ 《农夫特色》，《时事画报》1905 年第 9 期。

想启蒙下层社会,是新知识群体的一种自我认知,也是其主动承担的责任,"近日澳门有志士多人,痛时局之艰危,慨民风之日下,拟在澳创立阅报社一所,逢星期日演说,借此以开拨民智"①。李孝悌阐述了清末下层社会启蒙的诸种办法②,借助各种宣传方式向下层社会传播新的思想。思想的启蒙者往往是新式知识人群体。"新高学社,先倡演说之举,设坛于郡城西之观山寺,到听者约三百人。但民智未开,多有视为不急之务者。演说一事,于开发民智,视书报为尤捷。吾粤演说之风,始于新会之外海,而□福医院次之,时敏学堂又次之。近则农工商会阅报处每期演说到听者千数百人,其影响尤大。自余若大良、若龙江沙头、若九江、若河清,皆有演说会之设,风气之开,此其萌芽矣。"③河南天演公司改良优界演绎新剧,"各学堂学生均多到场"④,白话剧是向下层社会传播新知的重要方式,也因此遭到了教育部门的禁止⑤。

面向下层社会的启蒙,也得到了积极的回应,"近日羊垣之演说拒约者众矣,□千百人而聚诸一隅,澄目以相视,静耳以相听"⑥。在各类重大社会事件中,学堂学生面对下层社会的宣传都起到了引导舆论的积极作用,而这种面向下层的启蒙传播,也是知识群体的自觉认知与自觉的行为。"开智之道,开上等社会易,开下流社会难。报纸为开智之良剂,而讴歌班本,为开下流社会智识之圣药。故迩来报界渐次进化,皆知讴歌戏本,为开一般社会智慧之不二法门。"⑦"演说为无形之教育,以之开化中下社会,推为绝大致功用。丙午正月朔日连日有志士数君,联袂到海幢寺相继演说,环而听者约数千人,均侧耳凝神,异常恬静。迨将日夕,数君欲行,听者环绕揖请再演,数君告以唇焦舌敝,万难再续,约以明日,始得从容而去。可观下层社会之智识,较之前时,固日进千丈矣。"⑧

清末新知识人群体实现自身转型的过程,也是走向社会、启蒙社会的过程。他们通过参与社会事务,引导社会舆论,推动社会进步,借助演说、戏剧、阅报等多种形式,推动新思想在下层社会的启蒙。参与社会事务、启智下民是新知识人群体实现社会责任的重要方式,借助报刊等媒介工具,他们实现了科举之后读书人的转型,也推动了一个新的公共空间的建构。

三、建构新的社会空间

创办新式学堂,传播新思想是晚清士人自觉的认知,谭嗣同在《湘报后叙》中将学堂、

① 《澳门阅书报社出现之喜报》,《有所谓报》1905年6月24日。
② 李孝悌:《清末的下层社会启蒙运动:1901—1911》,石家庄:河北教育出版社,2001年。
③ 《新高学社演说》,《岭东日报》1904年9月3日。
④ 《优界万岁》,《时事画报》1905年第7期。
⑤ 《本司通告准省教育会公函请重申禁令各校学生不许在校演白话剧》,《广东教育公报》1913年第4期。
⑥ 骏男:《拒约演说之关系》,《有所谓报》1905年8月19日。
⑦ 贯公:《拒约须急设机关日报议(二续)》,《有所谓报》1905年8月18日。
⑧ 《演说纪盛》,《时事画报》1906年1月10日。

学会与报纸视为"新吾民"的三种重要方式，并认为"学堂之所教，可以传于一省，是使一省之人，游于学堂矣；书院之所课，可以传一省，是使一省之人，聚于书院矣；学会之所陈说，可以传于一省，是使一省之人，晤言于学会矣。且又不徒一省然也，又将以风气浸灌于他省，而予之耳，而授以目，而通其心与力，而一切新政、新学，皆可以弥纶贯午于其闻而无憾矣"①。以学堂、学会与报刊为核心，读书人在改变传统阅读方式的同时，也变革了阅读与思考的内容，追逐新式阅读、寻求救亡图存之路是这一时代知识分子的"集体记忆"，"新书利市而旧籍乏人问津，这是甲午、庚子国势大败在读书人身上最为切实的影响"②。郭沫若在《少年时代》中对自己早年接触新式书籍的描述正是这种集体记忆的典型案例。"我的大哥进了东文（学堂），五哥进了武备（学堂）。新学的书籍就由大哥的采集，像洪水一样，由成都流到我们家塾里来。什么《启蒙画报》《经国美谈》《新小说》《浙江潮》等书报差不多是源源不绝地寄来，这是我们课外的书籍。这些书籍里面，《启蒙画报》一种对于我尤有莫大的影响。这书好像是上海出版的，是什么人编辑的我已经忘记了。二十四开的书型，封面是红色中露出白色的梅花。文字异常浅显，每句之下空一字，绝对没有念不断句读的忧虑。每段记事都有插画，是一种简单的线画，我用纸摹着它画了许多下来，贴在我睡的床头墙壁上，有时候涂以各种颜色。"③新式学堂是这些年轻的知识分子接触新式书籍、报刊的场所，新的思想借助这些新式学堂学生得以推而广之。许纪霖进而认为，近代中国的新式学堂在传播新知识的基础上构筑了公共性的社会空间，"学生们畅所欲言，放言无忌，每次季考，等于一场内部范围的公共时务大讨论。类似的公共时务讨论，到了90年代中期以后，在各个新型学校更是普遍的现象。学校成为了晚清公共领域的一个重要阵地"④。

晚清广东新式学堂，学生数量众多，社会较为开明，新思想的传播也更为广泛。陈少白幼年时，也是通过在广州的叔父第一次开始接触新书籍与新思想，"先生之季叔梦南公，奉基督教，由广州携归西学译本多种，以贻先生。自是先生始知世界大势，发生国家观念。先生常语人，谓：'革命思想多得于季父云'。自是弃帖括，习有用之学"⑤。

晚清广东新式报人早年多有新式学堂的学习经历，学堂成为其接受新思想的重要阵地。钟荣光虽已中举，为广州文场"四大金刚"之一，然而为"承担起革命的工作"，积极学习新的知识，"不顾举人的高誉令名，毅然于1899年进入岭南大学的前身格致书院，学习

①　谭嗣同：《湘报后叙》，《湘报》，北京：中华书局，2006年，第82页。

②　沈洁：《晚清新式阅读对革命思潮的兴起起了哪些作用》，《北京日报》2011年11月28日。

③　郭沫若：《少年时代》，王文英：《海上文学百家文库·郭沫若卷》（上册），上海：上海文艺出版社，2010年，第373页。

④　许纪霖：《近代中国的公共领域：形态、功能与自我理解——以上海为例》，《史林》2003年第2期。

⑤　陈德芸等：《陈少白先生哀思录》，广东省立中山图书馆藏，1935年，第2页。

相当于蒙学的英文、算术及理科"①。朱执信在赴日留学前,曾于 1902 年先考入"教忠学堂",同学中古应芬、汪兆铭(汪精卫)后来都成为同盟会早期骨干。在教忠学堂学习期间,朱执信阅读了大量新式书籍,"梁启超主办的《新民丛报》外,还读了赫胥黎的《天演论》、亚当·斯密的《原富》、卢梭的《民约论》、孟德斯鸠的《万法精理》等西方名著","这些书中所包含的民族主义和民主主义思想对朱执信影响很大",此外,"朱执信和一些志同道合的亲友们,包括古应芬、汪兆铭、汪祖泽等,组织了'群智社',购买新书,研究学术"②。钟荣光与朱执信的新式学堂经历代表清末广东士人接受新思想的两种典型。钟荣光作为业已功成名就的著名士人,新学堂只是他主动接受新知识的一种途径而已,但对于朱执信等年轻学生而言,新式学堂是一个全面接受新思想熏陶的新场域。虽然学校讲授的课程并未涉及民主、民族的思想,但在这个场域中,追逐新思想成为大家共同追求的目标。一方面接受新思想、传播新思想,另一方面则在这个场域中讨论公共性事务,因而,学堂构筑了一个新的公共空间。

晚清广东报人一方面是新式学堂的受益者,另一方面也是新式学堂的传播者。广东报刊兼办学堂的情况不在少数。《时敏报》设时敏学堂,《羊城日报》设新少年学堂,《安雅报》设明强学堂等即是其例。《孔圣会旬报》"以传教保种为目的",也兼设学校,"幸蒙各同志助力,去年已设有孔教义学四间:一在河南龙溪首约,现学生二百余人;一在香港九龙城内,现学生百四十余人;一在香港大坑村,现学生百余人;一在香山石歧,现学生四十余人"③。这些创办新式报刊的开明士绅将报纸、书局与学堂视为开启民智、救亡图存的不同途径。革命派更是有意识地将学堂作为革命思想传播的渠道。1906 年,谢逸桥"在松口堡创设师范讲习所,传播革命种子。上而闽之汀漳,下而潮梅各县,学子相率就学门下惟恐后"④,谢逸桥创校的目的就是为了在粤东的梅州、潮州地区传播革命,加之《中华新报》的舆论宣传,粤东地区的革命思想得到了广泛传播,吸引了一大批青年志士投身革命。1901 年,黄晦闻与谢英伯创立南武公学,也是为了传播新思想,"凡中外时报各种什志,搜集痹遗,阅书报,始告成立……又设一教育部,筹备之始,设一课室,集合各子弟,得人十六……不数月而来学者众"⑤。南武学堂从集阅报纸的群学社始,开设学堂传授新知,其传播新思想的途径是书报与学堂。广州基督教青年会也曾创办《广州青年报》以为会刊,该会同时还举办了各种演说、演讲、半夜学堂和阅报室,借助的传播途径涵盖了当时影响较大的几种新的传播方式。该会阅报室赠报名单中,当时广州所刊各类报刊均名列其中,"羊城报、南越报、国民报、粤东公报、时敏报(以上皆日报类),医学卫生报、大同报、书画新

---

①　《附钟荣光校长与辛亥革命》,《钟荣光先生传》,岭南大学广州校友会印行,广东省立中山图书馆藏,2003 年,第 144 页。

②　陈明:《记我所知道朱执信从事革命活动的片段》,广州市政协学习和文史资料委员会:《广州文史》第 77 辑,广州:广州出版社,2013 年,第 362 页。

③　《孔圣会旬报》,《广东劝业报》1909 年第 91 期,封三广告。

④　冯自由:《革命逸史》,北京:新星出版社,2009 年,第 312 页。

⑤　杨渐逵:《南武公学会创立缘起》,林辉煌:《流光溢彩——百年南武校史搜辑》(内部刊行),2010 年,第 2 页。

报、月报、德华朔望报、通问报、中西教会报、真光月报（以上皆杂志）"①，"七十二行商报、国事报、羊城报、广东时报、安雅报、国民报、人权报、震旦报及平民画报等，均由该各报惠送本会"②。无论是维新派、革命派还是商业报刊、专业报刊，当时广州所刊行的主要报刊都陈列于青年会的阅报室中，各种思想均能以报刊为媒介传达到阅报者中。基督教的阅报室尚且能兼容并蓄各种思想，群学社以及革命党在梅州、香山等处的阅报处思想应当更加激进。新式学堂学生接受新式教育的场所——学堂，成为一个接受新思想的公共性空间，也成为新思想传播的空间。

新式学堂建构了一个新的空间，在这个空间中，新的思想得以传播，学堂学生完成了从旧式读书人向新知识人的转型，学堂也打开了新思想向下层社会传播的窗口，成为新的思想从精英知识人走向下层社会的中介。

四、结语：走向地方的知识人

读书人从科举走向现代，知识人的转型伴随着场域的变更。由于地缘、业缘与学缘的高度重合，广东知识人的转型主要在广东地方社会中进行，因此呈现了较为浓厚的地域特征。罗志田将这些新知识群体称为"边缘知识人"，但在广东地方社会，这些在地知识群体并未完全边缘化，由于学缘、地缘的高度重合，他们往往与地方精英知识分子过从甚密，通过参与社会事务，成为地方权力的重要力量。

首先，报刊是知识人转型中的重要媒介，新旧知识群体借此以获取新的知识与新的思想，并借此传递思想。在鸦片战争、甲午失利这样的背景下，知识群体迸发的对国事的激烈关注，恰与报刊这一新的媒介结合，从而使其成为知识人践行所思的空间。在时间层面，报刊的时效性与连续性满足了人们对信息及时获知与持续关注的需求，如广东报刊对拒约运动、粤汉铁路事件长达年余的报道，维持着社会关注的持续热度；在空间层面，报刊关注的问题、传递的思想成为知识人共同关注的话题，知识群体借报刊这一空间进行汇聚，形成思想的共鸣。

其次，知识群体与地方精英交际圈高度重叠，因此知识人徘徊在地方社会权力结构的边缘，并借助报刊媒介形成舆论影响力，进而走进地方权力中心。后科举时代，走出乡关的知识人以报刊作为媒介，在政治上不断被边缘的大趋势下，努力回到政治生活的中心。在清末广东地方社会，知识群体不仅以报刊为公共言说的空间，从而实现舆论监督的功能，同时也借报刊带来的身份参与地方社会治理，跻身地方精英，成为民间治理的重要一"界"③。这些在地知识人，借助参与地方事务与报刊传播，承担着向社会大众进行知识与

① 《广州青年报》1909 年 10 月 13 日。

② 《惠赠鸣谢两志》，《广州青年报》1911 年 9 月 13 日。

③ 黎藜：《制造舆论：清末知识人的社会运动——以 1905 年广州反美拒约运动为考察对象》，《新闻与传播研究》2023 年第 10 期。

思想普及的任务，成为地方社会走向现代性的过程中向下传播的中介，构成了地方社会的中坚。

最后，知识人不仅是新式学堂的受教者，他们也是新思想的传播者。20世纪初中国启蒙的大背景下，在社会重大事件频发的背景下，广东地方知识人群体借助对地方事务的参与走近社会大众，在对他们进行宣传动员的同时，也进行了新思想的启蒙。晚清广东地方社会中，新式知识人的成长，伴随着新式学堂这样一个特殊的场域，他们受到了西学思想的启蒙，频繁的社会运动又促使他们走近下层社会，进而推动了面向下层社会的启蒙运动。

晚清广东新学之兴，一大批新式学生成长的同时，一个新的知识分子群体也随之产生。从新式报刊的角度来看，这个新的知识群体一方面受到报刊思想的影响，成为报刊最为重要的传播对象，另一方面，这些受到新思想影响的知识分子，往往也投身报刊，成为新思想的传播者。广东报刊中，1905年以后投身革命报刊的多数报人都曾受过各类新式教育。正是在这样的背景之下，学堂与报界，身负救亡图存、开启民智的重任，对社会事务的关注与参与就多了一份引领的职责：关注公共事务，引导社会舆论，推动社会自由平等进步。从这个层面上讲，学堂与报界互为砥砺，构建了新的公共空间。

中国从封建社会演进到现代社会，是一个渐进的过程，是一个社会整体的迈进。过往的研究更多地关注了启蒙精英与知识阶层，而在中国社会的整体迈进中，是什么力量推动了新思想在社会大众中的传播？

近代中国的启蒙，是从精英知识人的思想传播开始的，报刊是思想启蒙的重要媒介。在人的层面，则是中下层知识群体。在地方社会，在地知识人往往从精英文人与精英报刊中获取知识与思想的启蒙，然后借助报刊，推动知识与思想的在地传播。同时，近代中国借助在地知识人参与及构建的在地知识传播网络，推动新思想在地方社会及地方中下层群体间的传播，进而建构起了一个近代中国知识与思想传播的巨大网络，推动了中国社会向现代社会的迈进。

地方党报何以"指导本地工作"：1945年《冀中导报》复刊中的新闻通联*

程　磊①

摘　要：进入1945年，冀中解放区逐渐连为一体，中共冀中区委为了"更好地指导日益扩大的战略区的工作"，复刊了机关报《冀中导报》。但在电讯设备紧缺、办报资源极不平衡的背景下，如何才能办好一个指导全区工作的报纸？在冀中办报的历史传统、现实逻辑以及冀中整风和《解放日报》《晋察冀日报》办报经验的影响下，新闻通联成为解决信源和稿源等问题的基础性做法，维持了地方党报的连续出版。《冀中导报》依靠有实际工作经验的通讯员，指导通讯员写稿、读报与通讯并举的做法，拓展了党报的新闻流水线和作者群、读者群，政策也由此抵达基层。无论是冀中办报模式的"延安化"，还是延安办报模式的"冀中化"，都围绕新闻通联"指导本地工作"；从办报到读报的通联诸环节，也凸显出地方党报并非一个单纯进行消息传递和政策传播的工具，更是一个整合经验教训、指导一线实践的平台，政党和群众在此间的主体地位，彰显出党报工作运转系统以新闻通联为核心的特点。

关键词：新闻通联；冀中解放区；《冀中导报》；"通过报纸指导工作"；群众路线

　　"通过报纸指导工作"是革命时期中共新闻工作的一个核心原则②，尤其是在面对时局环境变化或施政范围扩大的情况下。如1931年中央苏区红色区域发展较快、群众运动高涨，毛泽东强调各地政府和红军要"普遍地创办《时事简报》"，以引导、推动群众斗争，并阐明了极具操作性的创办方法③。延安时期，中共开始了较长期的局部执政，毛泽东先是强调"经过报纸把一个部门的经验传播出去，就可推动其他部门工作的改造"，后又指出"过去我们学会了一种工作方式，就是开会。……如果你们再把办报这个工作方式采用起

---

　　* 本文系国家社科基金重大项目"中国近代新闻通讯社史料搜集、整理与研究"（项目编号：23&ZD216）的阶段性成果。

　　① 程磊，博士，河北大学新闻传播学院副教授。

　　② 有学者认为通过报纸指导工作是"毛泽东新闻和宣传思想的核心观点，其他许多观点都是围绕着这个观点展开的"。陈力丹：《马克思主义新闻观百科全书》，北京：中国人民大学出版社，2018年，第177页。

　　③ 中共中央文献研究室、新华通讯社：《毛泽东新闻工作文选》，北京：新华出版社，2014年，第28—33页。

来,那么许多道理、典型就可以经过报纸去宣传。这也是一个工作方式"①。然而更现实的问题是,中央局、中央分局以下的战略区及地委党报的办报资源、环境,远不及《解放日报》等,地方党报要想实现指导地方工作的目的,首先是报纸的连续出版,其次是报纸阅读深入基层等具体问题。因此,本文着重探讨地方党报何以"能够"指导工作的基础性问题,而非"如何"通过塑造典型、引导舆论等方式具体指导工作的问题。这在晋察冀解放区所属的冀中区更为典型。

据战争年代一直在冀中从事新闻采编工作、新中国初期担任过《河北日报》副总编辑的杜敬回忆,抗战时期的冀中平原乡村"没有广播电台,县级以下也没有电话、电报。上传下达,最快的要算报纸了"。杜敬这里所指的,主要是"冀中本地创办的报刊"②。冀中区作为晋察冀根据地的战略区之一,受到华北日军的特别关注,敌情和武装交通情况复杂多变③;再加上《晋察冀日报》"游击办报",一度发行不畅,冀中的党员干部和群众积极分子并非人人都能读到或听到《解放日报》《晋察冀日报》④。于是办好上对接中央及晋察冀分局、下对接冀中基层干部和群众积极分子的本战略区党报,就显得十分必要。

那么,如何办好本地报纸呢?首先要保证地方版内容的持续出版。1944年2月中共中央晋察冀分局提出,必须结合本地实际落实中央或上级的办报指示⑤。同年12月毛泽东谈到"怎样办地方报纸"时又强调:办报要有地方性。本地消息,至少占两版多至三版。排新闻的时候,应以本地为主,国内次之,国际又次之。对于外地与国际消息,应加以改造⑥。

那又如何确保拥有稳定的信源和稿源呢?这就需要在本地发展"参加实际工作的、生活在群众中间的党与非党的通讯员",构建新闻通联网⑦。学界对解放区依靠通讯员办报有所关注,也揭示了其背后的"群众路线"政治逻辑⑧,考察对象多集中于中央局及分局党报⑨。然而,中共长期性、大规模完善通讯员制度并强调通讯、读报、写稿的结合,更是为了实现"通过报纸交流经验、指导工作"的目的,进而以这种群众路线的办报方式,对接新

①　中共中央文献研究室、新华通讯社:《毛泽东新闻工作文选》,北京:新华出版社,2014年,第156—160页。

②　杜敬:《抗日战争时期冀中的262种报刊》,《杜敬文稿》,北京:华文出版社,1999年,第221—222页。

③　韩步平:《战斗在冀中交通线上》,中共中央办公厅机要交通局:《党内交通史料选编》第2辑(内部读物),1980年,第46—50页。

④　朱至刚:《调动地方:试析〈毛泽东同志给刘建勋、韦国清同志的信〉的历史动因及效应》,《现代传播》2018年第8期。

⑤　《中共中央晋察冀分局关于党报工作的指示(1944年2月3日)》,中国社会科学院新闻研究所:《中国共产党新闻工作文件汇编》(上卷),北京:新华出版社,1980年,第145—147页。

⑥　中共中央文献研究室、新华通讯社:《毛泽东新闻工作文选》,北京:新华出版社,2014年,第161页。

⑦　《展开通讯员工作》,《解放日报》1942年8月25日;《展开通讯员工作》,《通讯学习》1948年第7期。

⑧　李海波:《"细腻革命":延安时期通讯员运动的动员技术分析》,《出版发行研究》2019年第4期;田中初:《工农通讯员:革命情境中的群众路线与新闻实践》,《中国社会科学报》2023年6月1日。

⑨　参见田中初:《革命情境中的大众传媒与乡村民众:以"群众办报(1927—1949)"为视点》,北京:中国社会科学出版社,2017年;戴利朝等:《党与民众联系的桥梁:1949年前党报通讯员网的功能与构建》,《江西财经大学学报》2017年第3期;李海波:《业余路线:延安时期新闻大众化运动研究》,博士学位论文,清华大学,2018年。上述研究将通讯员制度置于宏阔的政治社会语境中,引入了新闻社会学或政治社会学的分析框架。

闻工作和革命实践。地方党报拥有依靠通联办报的"本地化经验"。如冀中报人曾在新华社冀中支社主编的内刊《通讯学习》上讨论"大报与小报通讯工作的互补"①。1943年春，长期在藁城等县从事小报采编活动的李麦调入冀中七地委《黎明报》，兼做编辑和通联工作，深感"编地方版，只能靠联络通讯员"：国内外消息有延安新华社的电稿还好办，地方消息的来源就很成问题，只有紧紧依靠地委和县委，在全党发展通讯员，拓展地方信源②。这还只是编辑地委党报的地方版，编辑再高一级的战略区党报的地方版就更是如此了。李麦的直属领导——曾任冀中七地委宣传部部长兼《黎明报》社长、1945年被委派全面主持《冀中导报》复刊的副社长王亢之，更是强调"无通讯员则不能出地方报"，通过报社和党组织抓通讯员联络工作③。

一、通过报纸指导工作：冀中区党委"须自办一个党报"

1945年初，中共冀中区委决定恢复因1942年"五一大扫荡"而被迫停刊的《冀中导报》，王亢之得知这个消息时，刚从冀中七地委宣传部调入冀中区委宣传部工作不久。对于此次全面主持复刊的筹备工作，他颇有些似曾相识的感觉④。

首先，这并不是《冀中导报》第一次停刊再复。早在1938年冬日军对冀中根据地大规模"扫荡"，创刊不到半年的《冀中导报》于1939年初停刊。不久西北战地服务团、八路军总政治部前线记者团的范瑾、林朗、沈蔚等记者来到冀中⑤，《冀中导报》于同年12月复刊，并且报社改变了过去跟随冀中领导机关活动的方式，创造了一套分散隐藏而又机动灵活的办报方法。到1940年夏报纸印数供不应求。王亢之也从编辑深泽县报《号角报》转至冀中七分区主持机关报《新民主报》，办地方报的经验越来越丰富。

其次，这也并不是王亢之第一次参与《冀中导报》的复刊或整合。1941年冀中根据地日趋巩固，步入解放区民主政治、经济生产、文化教育建设的黄金时代⑥。一方面，1941年5月中共中央加强了对外宣传的统一领导，规定各地报社的通讯部门应同延安新华社直接发生通讯关系，并一律改为新华社某地分社⑦（《冀中导报》的冀中通讯社改为新华社冀中分社⑧）；另一方面，1941年底冀中区党委为加强对各游击区的领导，从地委和县委小报

①　新华社冀中支社：《通讯往来》创刊号（1945年11月1日），档号003-001-127-015，河北省档案馆藏。

②　李麦：《艰苦备尝办小报——冀中游击区办报的回忆》，《新闻研究资料》1980年第3期。

③　肖风：《我的老师》，《王亢之纪念文集》，天津：天津人民出版社，2001年，第40页。

④　谷峰：《我最崇敬的领导人》，《王亢之纪念文集》，天津：天津人民出版社，2001年，第95页。

⑤　魏巍：《生活的恩惠》，《魏巍文论集》，郑州：河南人民出版社，1984年，第52页。

⑥　冀中人民抗日斗争史资料研究会：《纪念冀中抗日根据地创建七十周年座谈会文集》（内部资料），2008年，第61页。

⑦　李龙牧：《中国新闻事业史稿》，上海：上海人民出版社，1985年，第274页。

⑧　冀中支社和冀中分社经历了以下发展演变：1938—1940年底称冀中通讯社；1941年改为新华社冀中支社；1942年初改为新华社冀中分社；1942年"五一大扫荡"后，冀中大部分沦陷，冀中分社不复存在；1945年《冀中导报》复刊，又称新华社冀中支社；1946年改为新华社冀中分社，直至1949年。

抽调编辑、记者充实《冀中导报》①,各地委报纸发行科、印刷厂改为《冀中导报》的分销处、印刷分厂。后面这一任务便落在了出版发行部部长王亢之肩上②。

1942年春节过后,正当各地报社调来的人员陆续到达《冀中导报》社驻地饶阳县,准备展开手脚大干一场时③,华北日军已在"欲确保华北,必确保冀中"的战略下,于同年5月采取"十面出击""铁壁合围"的方式"扫荡"冀中根据地④。至1942年底,冀中平均每四个村庄就设有一个日伪据点或碉堡⑤,根据地多地变为游击区⑥,整合《冀中导报》发行网络行不通了,聚力办好《冀中导报》的计划也泡汤了。

为了分散风险,冀中区党委指示《冀中导报》暂时停刊,大部分干部分配到各分区,帮助办好地委报纸或县委小报。于是王亢之又回到冀中七地委任宣传部副部长兼同年9月出版的地委机关报《黎明报》社长,肖竹、肖特同年10月在饶阳创办八地委机关报《胜利报》,周景陵主持九地委机关报《团结报》,黄应任十地委机关报《黎明报》社长,刘咨周主持十一地委机关报《团结报》⑦。这些报纸多在地道或夜晚隐蔽状态下分散编辑出版,各自经营本分区的通讯员网络,并依靠武装交通工作发行。隐蔽出版的分区报纸多是八开四小版,又因信源有限,内容多是抄发延安新华社的稿件和地委的斗争工作部署、号召,基层情况和工作经验则因通讯员来稿不便而较少刊登,地方消息较之前迟缓并减少⑧,这样就造成了冀中地区党报通讯报道工作的落后。对此,1943年中共中央晋察冀分局指示"《冀中导报》暂时停刊,《晋察冀日报》分发冀中,但冀中必须供给稿件";具体做法是"区党委及地委各设通讯干事,专门担任搜集各种材料,经常供给党报以通讯稿件"⑨。

然而实际情况却是,冀中通讯工作者供给《晋察冀日报》稿件的情况很差。新华社、晋察冀通讯社多次点名批评冀中新闻通联落后,难以适应在整风运动中加强党的"一元化"领导,克服主观主义、独断专行、自流松懈偏向及错误的需要⑩。于是1944年1月30日晋察冀中央分局宣传部提出"平西、冀中、冀东要出版地方党报,应有浓厚的地方性,使一般形势与工作指导相结合"⑪。1944年3月新华社对《冀中导报》停刊及新华社冀中分社解散后冀中通

① 杜敬:《抗日战争时期冀中的262份报刊》,《杜敬文稿》,北京:华文出版社,1999年,第215页。
② 中共深泽县委党史研究室:《中共深泽简史 第1卷1925—1949》(内部资料),2008年,第186页。
③ 肖特:《一个好人、好领导》,《王亢之纪念文集》,天津:天津人民出版社,2001年,第54—55页。
④ 成安玉:《华北解放区交通邮政史料汇编 冀中区卷》,北京:人民邮电出版社,1995年,第162页。
⑤ 杨成武:《冀中平原上的地道斗争》,《杨成武回忆录》(第2版),北京:解放军出版社,2005年,第671页。
⑥ 参见《中共中央北方分局对彭德怀〈坚持平原游击战争几个问题答复〉的意见(1942年8月10日)》,《中共中央北方局》资料丛书编审委员会:《中共中央北方局 抗日战争时期卷》(上册),北京:中共党史出版社,1999年,第427页;《杨成武回忆录》(第2版),北京:解放军出版社,2005年,第672页。
⑦ 杜敬:《冀中报刊史料集》,石家庄:河北教育出版社,1995年,第208—211、214页。
⑧ 解力夫:《忆和亢之在一起的日子》,《王亢之纪念文集》,天津:天津人民出版社,2001年,第44—46页。
⑨ 《中共冀中区党委关于通讯工作的指示(1943年3月28日)》,中共河北省委党史研究室:《冀中历史文献选编》(中),北京:中共党史出版社,1994年,第61—62页。
⑩ 《关于冀中党的领导一元化问题(1944年1月1日)》,中共河北省委党史研究室:《冀中历史文献选编》(中),北京:中共党史出版社,1994年,第231—233页。
⑪ 北京广播学院新闻系:《中国报刊广播文集1》(内部资料),1980年,第51—52页。

讯报道落后的批评尤为严厉,其在检视了晋西北、晋察冀、太行、太岳、山东、华中六个分社通讯工作的总结报告以后,强调"在目前环境下,通讯社是对外宣传的唯一组织,也是向中央反映工作与各地交流经验的最好工具。因此地域辽阔的战略区建立支社是完全必要的。晋察冀因无支社组织,致冀中与冀热辽的报道十分薄弱,对外宣传损失甚大"①。

直到 1944 年秋,冀中环境趋好,党组织恢复到 1942 年 5 月以前的局面了,活动区域越来越大②。10 月中共中央恢复了冀中区党委和冀中军区,并赋予其"恢复、巩固和发展冀中平原抗日根据地,积极准备战略大反攻的任务"③。冀中区委书记、冀中军区政委林铁等从平汉路西回到了冀中,王亢之随后从七地委调入冀中区党委宣传部。此时分散隐蔽的干部、战士陆续归队④,但由于各地委长期处于隐蔽分割、各自为政的状态,游击思想一时难以克服,因此冀中区党委面临的现实任务就是整合力量、集中意识、统一领导、贯彻政策,以形成组织合力。首先要贯彻中央及晋察冀分局指示以确保围绕全面贯彻减租运动这一中心环节,切实发动基本群众。这需要"注意党的一元化领导,克服与防止过去各部门间意志不集中,步调不统一现象"⑤。其次随着解放区不断扩大,原来以堡垒户为基础的隐蔽、分散的斗争形式已不适应新形势,急需加强冀中发展生产巩固解放区的中心任务⑥。

而要建设一个统一贯彻政策意图的战略区,必须有一个全区性党报,以克服信息传播的空间距离,延伸中央权力的触角,推进中央政策的地方实践。这种迫切性到了 1945 年变得更加明显了。根据该年毛泽东关于努力向敌占区发展、扩大解放区的指示,晋察冀边区下的冀中等军区发动夏季攻势,解放了大批城镇村庄,各大新解放区连成了一片⑦。各解放区逐渐结束了被日伪军分割、包围的状态⑧,冀中"六、七、八、九、十分区的基本区已连为一片"⑨,施政范围空前扩大,亟需一个全区性报纸来服务和指导斗争和建设任务。如由于政策宣教不力、情况掌握不够、工作指导不畅等,1944 年冀中各地的双减运动既缺乏对上级政策的详细解释和宣传教育,又缺少关于克服包办现象的经验交流,全年发动群众情形仅献县一个县有统计,效果还较差。全县 292 个村,群众自己解决问题的有 111 个村,干部包办的有 145 个村,未进行的有 36 个村;发动参加斗争的群众只占全县人口的 1/10⑩。即使

　　① 新华社新闻研究部:《新华社文件资料选编第 1 辑 1931—1949》(内部资料),1981 年,第 16—22 页。
　　② 王乐天:《分区党的建设的历史情况》,武斌:《滹沱河畔的战火》,北京:解放军出版社,1991 年,第 26 页。
　　③ 《李志民回忆录》,北京:解放军出版社,1993 年,第 437 页。
　　④ 李志民:《挺进冀中,重建冀中军区》,《党史研究与教学》1993 年第 2 期。
　　⑤ 《中共冀中区党委关于五个月中心工作的指示(1944 年 11 月 10 日)》,中共河北省委党史研究室:《冀中历史文献选编》(中),北京:中共党史出版社,1994 年,第 306—309 页。
　　⑥ 曹乃康、李直:《冀中抗日时期对敌经济斗争历史资料(续完)》,《商业经济研究》1984 年第 3 期。
　　⑦ 聂荣臻:《晋察冀抗日根据地的创建和发展》,《星火燎原丛书之十》,北京:解放军出版社,1989 年,第 20 页。
　　⑧ 毛泽东:《论联合政府》,北京:人民出版社,1975 年,第 21 页。
　　⑨ 《冀中目前形势与工作任务——林铁在区党委召集的县以上党员干部会上的报告(1945 年 6 月 3 日)》,中共河北省委党史研究室:《冀中历史文献选编》(中),北京:中共党史出版社,1994 年,第 407 页。
　　⑩ 《冀中行署关于一九四四年大减租中几个问题的总结(1945 年 12 月 18 日)》,中共河北省委党史研究室:《冀中历史文献选编》(中),北京:中共党史出版社,1994 年,第 522 页。

有的地委在报道这一问题中"出现了几个先进的通讯员(如晋深极的高理真,安平的杨远平)","但各县仍有许多宝贵材料和经验,没有通过报纸在全分区交流"①。总之各地委分别办报的形式,根本不能完全适应冀中日益开朗与发展的新形势的需要②。

晋察冀中央分局预见了战略区办报落后带来的弊端,在1945年3月发布了《关于贯彻全党办报方针的第二次指示》,指出《晋察冀日报》是分局的机关报,"但由于游击战争环境,地区分割,交通不便,要在全边区只办一个党报,不可能达到及时指导各地区工作之目的"。"要求冀察、冀中、冀热辽区党委均须自办一个党报",以更直接地贯通本区政策消息,及时指导本地工作。同时在"通过党报指导工作"的目标下,晋察冀分局指示各战略区恢复、创办或办好党报,冀中区的通讯工作也有了一些进步。如1945年4月冀中七分区(地委)开展通讯员工作,通讯员已达到一千三四百人,这是七分区自建立通讯工作以来所未有的③。于是在内(地方通讯工作起色)外(各级机关认同"全党办报")皆出现有利因素的形势下,1945年春冀中区党委决定恢复《冀中导报》。

总的来看,《冀中导报》复刊是冀中革命形势发展的需要。各地委、县委并非人人都能看到《解放日报》《晋察冀日报》,而且这两大报的内容多是示范性的,中心区、兄弟区的消息与经验很多,冀中本地的消息和经验还得依靠在冀中一线工作的干部群众通讯员和新闻工作者去获得。毕竟晋察冀、山东、太行、冀鲁豫四分局虽属北方局序列,但日常的党政工作更多是与中共中央直接联系。《晋察冀日报》、《新华日报》(华中版)、《晋绥日报》、《大众日报》等中央局和中央分局的机关报,更多的是"在地方"的中央报刊④。于是各战略区党委(位阶类似于后来的省委)、分区地委、县委办报就理所应当了。

二、人马未动,思想先行:冀中依靠通联办地方报的路径

1945年上半年,冀中区委书记兼宣传部部长林铁亲任社长,以"确保办好地方报"所需的通讯工作资源得到合理的配置。同时决定七、八、九地委的小报停刊(六、十地委处于边缘区,任务有些特殊,交通不便,报纸统一发行困难,地方小报继续出版⑤),将这三个小报的编辑人员集中在《冀中导报》参与复刊,并保留各地委分别印刷《冀中导报》。此后更细致的工作只能交由副社长王亢之筹办(林铁同时是军区政委,工作繁重)⑥。

1945年5月,冀中区党委抽调参与复刊的地委报社工作人员在饶阳会师。王亢之考

---

① 《黎明报三个月来的通讯工作》,杜敬:《冀中报刊史料集》,石家庄:河北教育出版社,1995年,第215—216页。

② 《冀中区党委关于冀中导报复刊的决定》,《冀中导报》1945年6月15日。

③ 中共冀中七地委宣传部:《关于通讯工作指示》,1945年5月18日,档号008-001-034-005,河北省档案馆藏。

④ 朱至刚:《调动地方:试析毛泽东同志〈给刘建勋、韦国清同志的信〉的历史动因及效应》,《现代传播》2018年第8期。

⑤ 《冀中区党委关于冀中导报复刊的决定》,《冀中导报》1945年6月15日。

⑥ 李麦:《冀中地区的新闻工作》,《新闻研究资料》1981年第2期。

虑先把核心采编部门的架子搭起来。此前报社建制在"五一大扫荡"中被迫拆散，印刷设备多已分解，办报人员散落各地；而且有佼佼者已牺牲（连王亢之也于1942年秋被捕后逃脱）[1]，六个编辑兼做通联、采访、行政和支部工作，电讯设备及人手严重不足。

在选定办报人才和分派任务之前，王亢之一众首先得商议一下地方办报的方向，依靠什么人来办，这直接决定了如何集中办报资源，如何对待央地党报、冀中党组织的历史办报经验。王亢之、李麦、石坚等参加了晋察冀或冀中的整风运动，因此在通联办报的思想和行动上呈现出双重特点：一是在晋察冀分局、区党委的整风运动中学习《解放日报》和《晋察冀日报》的办报经验，二是根据冀中地区历史以来的办报条件和传统，予以继承式发展，指向了冀中办报模式的"延安化"和延安办报模式的"冀中化"。

（一）冀中办报模式的"延安化"：落实通过党报指导本地工作

1940年代的解放区办报普遍复刻了"延安'完全党报'"[2]，推崇群众路线的工作方法及办报方向，"对'党性原则'的贯彻和对'同人办报'的排斥，使得新闻实践的'群众路线'以一种组织化的方式呈现。一种以党的行政体系为依托，并接受党的领导的宣传管理体系逐步建立起来"[3]。以通讯员网络为枢纽的通联工作成为上述办报思想在各解放区落地生根、开花结果的运作机制。

1943年7月1日冀中区党委发布《关于群众工作的决定》，强调"群众工作干部的作风必须彻底转变，切实加强与群众息息相关的联系，对于群众具体的利益应关心照顾，对群众之反映，应留心倾听"[4]。一贯被视为"集体组织者"的党报是党组织联系群众、联系实际、政治沟通的中介，其"指导本地工作"的属性也就凸显出来了。随后1944年1月晋察冀中央分局宣传部明确指出：党报要与群众通气，"把党的主张深入到群众中、把群众的意见集中起来，坚持下去，成为广大群众的运动的"重要路径，办报工作中必须纠正"把党报看成单纯的新闻报道""站在群众之上报道"等错误观念[5]。于是，通过群众路线办好一个"指导冀中本地工作的报纸"，就成了摆在冀中区委和王亢之等人面前的必然选择。

王亢之既经历过冀中整风，又是从深泽县委宣传部干部起步的，深谙"办一个指导本地工作的党报"之道。1943年初他和李麦在《黎明报》工作的时候，就收到了延安新华社的《在延安文艺座谈会上的讲话》的电报稿，二人学习之后，马上出版了《黎明特辑》的小册

①　李麦：《抗日战争及解放战争时期冀中地区新闻工作纪实》，《天津文史资料选辑》第4辑，天津：天津人民出版社，1979年，第3—6页。

②　黄旦：《从"不完全党报"到"完全党报"——延安〈解放日报〉改版再审视》，李金铨：《文人论政：知识分子与报刊》，桂林：广西师范大学出版社，2008年，第251—252页。

③　王维佳：《作为劳动的传播：中国新闻记者劳动状况研究》，北京：中国传媒大学出版社，2011年，第67页。

④　《中共冀中区党委关于群众工作的决定（1943年7月1日）》，中共河北省委党史研究室：《冀中历史文献选编》（中），北京：中共党史出版社，1994年，第103页。

⑤　北京广播学院新闻系：《中国报刊广播文集1》（内部资料），1980年，第51—52页。

子广为传播①。深入实际、深入基层、深入群众成为办报方向,王亢之秉持"有群众工作者的地方就该有我们的报纸"思想②,认为"报社不仅应该是舆论机关,而且也要成为党的调查机关和研究机关;在党的领导下,报纸应该负起责任、动员全体人民向一切敌人和错误倾向进行斗争,而不能充当消极反映客观的镜子或传声筒"③。这决定了他在选用采编人才时反对纯技术路线的标准,而坚持政治与技术相结合的原则。

首先,报纸要反映实际、指导工作,编辑人员只有业务经验没有实际工作经验是不行的。王亢之选人以长期深耕冀中斗争一线的有实际工作经验的人为主,确保采编内容能够根据上级政策和地区形势掌握分寸,贴近实际工作,紧盯政策的落实和反馈。他通过区党委调来了藁无县县长杨特,安新县委宣传部部长姜鑫,冀中十地委宣传部部长蔡毅,冀中行署秘书、原肃宁县县长兼游击大队队长李伯宁等具有基层工作经验的干部④。采编人员也必须和这些干部共同工作。复刊初期的采编人手不多,但为了聚焦本地工作,地方版的采编人员仍是最多的⑤。"党给予党报的任务是艰巨的,绝不是少数报社工作人员及通讯员所能完成,也不应只是交给他们去完成。"⑥于是选用地方干部充实报社,和采编人员并肩办报,既是践行"全党办报"的需要,又是联系当地实际和工农干部群众,进而落实和反映央地政策的需要,其目的指向很明确,就是充分用党报指导工作,总结和交流经验,反映群众斗争⑦。

其次,办报工作又是一项文化工作,需要工农干部和知识分子相结合。"编辑部绝大部分是小资产阶级成分的革命知识分子,缺乏农村实际工作的体验";基层干部的文化程度不高,新闻业务水平有限⑧。于是两者"帮扶",以新闻采编承载政策指导,使政策运作内嵌于报纸采编环节中,导控新闻来源和新闻生产者。《冀中导报》成员多是从农村出来的年轻人,有的是小报的编辑记者、通讯员,有的是基层宣传部门的通讯干事,多是中小学文化程度,于是报社经常组织新进的基层干部和采编人员进行业务学习。采编经验丰富者手把手地教其如何编稿、如何采访,怎样写新闻、写通讯,甚至连标点符号怎么用、新闻导语怎么写也教,边干边学;外出采访时,报社领导亲自讲解政策、布置任务,提出报道要求,采访回来听取汇报,帮助其总结经验教训⑨,写出"交流工作经验"的稿子。

────────────

①　李麦:《余晖集》,天津:百花文艺出版社,1983年,第74页。

②　许明:《历史有情》,《王亢之纪念文集》,天津:天津人民出版社,2001年,第12—16页。

③　中共石家庄市委党史研究室:《中共石家庄党史人物》(第3集),北京:新华出版社,1996年,第318页。

④　杜敬:《从官僚地主家庭走出来的革命战士——怀念新闻战线上的杰出指挥员王亢之同志》,《杜敬文稿续集》,北京:华文出版社,2000年,第137页。

⑤　冀中人民抗日斗争史资料研究会:《纪念冀中抗日根据地创建七十周年座谈会文集》(内部资料),2008年,第98页。

⑥　《关于党报工作的指示(1944年2月3日)》,晋察冀边区阜平县红色档案丛书编委会:《晋察冀边区法律法规文件汇编》,北京:中共党史出版社,2017年,第14—16页。

⑦　《冀中区党委关于冀中导报复刊的决定》,《冀中导报》1945年6月15日。

⑧　李麦:《战争时期的〈冀中导报〉》,杜敬等:《冀中导报史料集》,石家庄:河北人民出版社,1990年,第44—68页。

⑨　何子立:《土生土长的新闻记者》,杜敬等:《冀中导报史料集》,石家庄:河北人民出版社,1990年,第318—324页。

因此报社最需要李麦、杜敬、张帆、谷峰等有专业经验，又长期在冀中从事采编或通联工作的办报者。王亢之和李麦早先在县里编报：前者在深泽县主办《号角报》，后者在藁城县的《七七报》当编辑。1942年"五一大扫荡"之后，王亢之返回七地委主办《黎明报》，李麦1943年3月也调至《黎明报》做编辑、通联工作①。张帆是长期活跃在冀中乡村一线的文艺家，他在参与恢复新华社冀中支社、《冀中导报》期间，向采编人员详细解释了"获得正确消息的关键，在于精通与了解党的各种政策与政府法令，具有正确的立场、观点与方法"，"党报记者或通讯员首要的任务是学习、研究党的各种政策与政府法令，加强群众观点"，并"深入群众、深入事物的深层进行采访，然后从许多事件中、许多人物中找出典型"，这样才能为指导本地实际工作服务②。1945年新华社冀中支社成立时，王亢之又选拔了一批有采编经验的工作者，作为各县区驻站记者。如冀中七专署任教育科科员的谷峰曾做过随军记者，1945年下半年兼任《冀中导报》驻七地委的记者③。经过几个月努力，1945年11月各县特派记者工作上开始找到了门路，走向专职化④。

此间晋察冀中央分局宣传部强调"建立广大群众性的通讯网，培养工农通讯员，使知识分子通讯员与实际工作者结合"⑤。在集体认同"办报推动工作"的氛围下，编辑和通讯联络工作进一步活跃起来⑥。

（二）延安办报模式的"冀中化"：围绕本地通讯员做好新闻通联

王亢之深知要首先解决本地报纸的新闻来源问题。毕竟"当时形势发展很快，人员流动也很大"，不少新办战略区报纸稿源发生"青黄不接"现象，最初"报纸上都是新华社电讯稿"⑦，本地的新闻很少，成了"给新华社办报"，因此也就难以发挥对接中央及中央局、立足本地实际情况、指导本地工作任务的效用。在当时冀中解放区电子通信设备相对落后、采编人才普遍缺少的情况下，如何才能做好本地的通讯联络工作呢？对照历史及现实，这些党报最重要的、一致的做法是大力推动党报通讯员工作、发展和依靠遍布全党和群众积极分子群体的通讯员，特约通讯员、党委通讯干事、报社编辑记者成了联络指导通讯员、组织写稿、管理和汇报通讯工作情况的主力军，不遗余力地以通联工作办好报纸。

1. "密切报纸与群众的联系"：依靠有实际工作经验的通讯员

在《解放日报》改版前，冀中报人也在探索报纸联系群众的做法，他们多从邹韬奋出版活

---

①　李麦：《新闻战线怀旧友》，《泪雨集》(丙编)，北京：生活·读书·新知三联书店，1979年，第310页。

②　张帆：《关于采访》，《通讯往来》第2期(1945年12月)，档号003-001-127-002，河北省档案馆藏。

③　冀中人民抗日斗争史资料研究会：《纪念冀中抗日根据地创建七十周年座谈会文集》(内部资料)，2008年，第99页。

④　《一九四五年十一月份的通讯工作》，《通讯往来》第2期(1945年12月)，档号003-001-127-002，河北省档案馆藏。

⑤　胡锡奎：《进一步加强党报通讯工作》，《晋察冀日报》1944年4月22日。

⑥　石坚：《往事琐忆》，杜敬：《冀中报刊史料集》，石家庄：河北教育出版社，1995年，第363页。

⑦　曹国辉：《〈冀晋日报〉和冀晋区的出版工作》，河北省新闻出版局出版史志编辑部：《中国共产党晋察冀边区出版史资料选编》，石家庄：河北人民出版社，1991年，第439、444—445、457页。

动和服务读者的思想中得到启发。如李麦在 1937 年以前是一名小学教员,订阅了邹韬奋主编的《生活》和《永生》,"他主办的生活书店代购本版外版图书杂志,我把我体验到的邹韬奋忠实地为读者服务的精神,运用在了培养通讯员上"①。沈蔚曾受到邹韬奋的接见,促使其"从当时游击区办报的实际情况出发,改变了过去报刊不退稿或退稿不提意见的惯例"②。这些都是凭借报人的一腔革命热忱和智慧,要想普遍化,则必须借助组织的力量。

　　《解放日报》提出广泛的、参加实际工作的、生活在群众中间的党与非党的通讯员,是办好各级党报的基石。做好新闻通联,是解放区每个党员和实际工作的同志的义务。③ 既是党报"四性统一"的内在要求,又受到解放区的办报条件和客观形势的制约。

　　1945 年 3 月 23 日,《晋察冀日报》转载了新华社同年 3 月 4 日发出的《关于通讯社工作致各地分社与党委电》,后又在 4 月 5 日刊出了晋察冀分局宣传部发出的《关于执行新华社 3 月 4 日来电的决定》,要求全党进行思想动员,认真贯彻"全党办报"方针,立即整理、健全和建立通讯小组,特别是中心小组应真正成为核心。新华分社、各支社加强通讯指导,颁发采访要点,检查总结各地区工作。此后形成了以发展、联络通讯员为标志的"全党办报"高潮,其路径即毛泽东提出的办报"走群众路线"的方式④。邓拓也表示,"要建立报纸与群众之间的最密切的联系",就要"吸引广大人民特别是工农群众来办报纸写稿,把通讯工作建立在广大群众的基础上"⑤。该文发表于《晋察冀日报》后,又被收入新华社晋察冀总分社编的《新闻工作指南》第 1 辑,次年由新华书店晋察冀分店出版,在冀中新闻工作者中影响颇大。如在《冀中导报》编辑部做通联工作的李麦读了此文之后感触很深,便在 1945 年 11 月新华社冀中支社编的《通讯往来》创刊号上撰文指出,"要吸引生产生活前线的工农群众为报纸写稿,实行群众写、写群众,把通讯工作建筑在广大群众的基础上",这决定着我们"和群众联系的程度如何",以及办报质量(指导工作的水平)的高低⑥。这正是对冀中办报传统的总结和升华——既考量了冀中的通信技术条件,又拓展了通讯员办报的新空间。

　　2."不得不依靠通讯员":冀中的通信技术环境与新闻通联发展

　　通信技术、采编队伍和读报发行,是党及时指导工作的基础。办地方报最重要的任务是找到适合的信源和作者群、读者群。由于通信设备不足,解放区普遍实行社报一体模式⑦,较为重要的国内外电讯基本依赖无线电通信设备,本地消息则依靠记者、通讯员和通讯干事

　　① 李麦:《艰苦备尝办报纸》,《河北革命回忆录》第 5 辑,石家庄:河北人民出版社,1982 年,第 155 页。
　　② 沈及、李嘉球:《"新闻工作者的光辉榜样"——沈蔚》,中国人民政治协商会议江苏省吴县委员会文史资料研究委员会:《吴县文史资料》第 4 辑,1987 年,第 114 页。
　　③ 陈力丹:《马克思主义新闻学词典》,北京:中国广播电视出版社,2002 年,第 160 页。
　　④ 晋察冀日报史研究会:《晋察冀日报史:1937～1948 年》,北京:人民出版社,1993 年,第 230 页。
　　⑤ 邓拓:《三论如何提高一步》,《晋察冀日报》1945 年 7 月 15 日。
　　⑥ 李麦:《写群众》,《通讯往来》创刊号(1945 年 11 月 1 日),档号 003-001-127-015,河北省档案馆藏。
　　⑦ 抗日战争、解放战争时期新华社的地方分社仍有大部分是和当地党报合在一起的。华东总分社、东北总分社、中原总分社等有与地方报社合一的时期,也有相对独立的时期。万京华:《解放战争时期新华社地方分社的发展》,黄瑚:《新闻春秋(第九辑)——第三次地方新闻史志研讨会论文集》,上海:复旦大学出版社,2009 年,第 271 页。

组成的通联网络,由遍布在各部门、各地区的通讯员与党报联络,写稿或供给材料。

抗战时期,各根据地通信器材来源困难,就算有了也会优先分配到作战部队①。据冀中军区无线电二中队干部训练队指导员张碧侠回忆,1939 年到 1942 年冀中无所谓前线和后方。"部队、分区都嗷嗷叫向我们要电台干部,要电台台长,要报务主任和报务员。战争逼使我们要尽快培养出大批无线电通讯工作干部。"②1939 年西北战地服务团的范瑾、林朗、沈蔚等来到冀中后,从冀中军区调来了一个电讯队,携带电讯设备来到《冀中导报》,负责抄收新华社和国民党中央社的电讯供编辑部选用;还确定党的武装交通队和交通站与报社保持直接的密切联系,负责报纸和文件的传送工作。1939 年夏,英国友人林迈可通过晋察冀边区设在北平西山的地下交通线,为冀中等"根据地购买和运送紧缺药品、无线电通讯器材和书籍"③。但 1942 年"大扫荡"以后,作战部队都缺少通信设备,更何况《冀中导报》社了④,而且记者科长沈蔚、电讯队队长王文录还牺牲了。

此前 1938 年 9 月《冀中导报》创刊时,对于解决国际国内新闻稿件的来源感到棘手,就在报社内设立了一个收音室,靠两个收音员抄收武汉和延安新闻广播电台的新闻。1939 年 12 月以后,国内外新闻稿件一度由冀中军区政治部情报队电台供给,开始扩大本地版内容。1942 年春新华社冀中分社成立,但电讯器材都是派人从敌占区零星购置的,电台的人没有钟表,为了按时抄收新华社的电讯,白天靠看房屋、树木的阴影,夜间靠看星辰来计算时间。敌人"扫荡"时,就把电讯设备藏在地洞里,报务人员和群众到野外打游击。"扫荡"过后又回村架起天线,恢复电讯联络。这样一来,无线电通信断断续续,接收消息少,又不及时,不得不通过书信来指导通讯员写稿。"大扫荡"后冀中各地委与区党委之间、各地委之间的通讯联络有所减少。《冀中导报》新闻电讯工作同志分散到各地委报社,如李崇培、张乡、朱福申等到了七地委《黎明报》,架设电台,按时抄收新闻,几乎长年在地洞中坚持电台工作。频繁的战斗还导致办报处于隐蔽保密状态。如李麦在《黎明报》和王亢之搭档的时候,报社只有三个交通员知道每人的住处,他和誊写员都不知道王亢之和电台的地址,电台也不知道社长和李麦的住处;和地委联系,送电报稿、外发稿件、信件、外发报纸,都经交通员传送。在一个地方住上三五天,就得在夜深人静时秘密转移,分散住在各自的堡垒户家中,谁也见不到谁了⑤,这就严重缩小了党报地方版的新闻来源范围,降低了通讯联络、新闻采编的效率。

1943 年冀中整风渐见成效,随着整顿组织工作和交通工作的推进⑥,通讯工作也受到

①　齐小林:《抗日战争时期中共军队无线通信技术的应用》,《近代史研究》2021 年第 3 期。
②　张东里:《风雨兼程六十年——一个老八路革命生涯实录》,贵阳:贵州省新闻出版局,2001 年,第 70—72 页。
③　乔玲梅:《国际友人与抗日战争》,北京:中国民主法制出版社,2015 年,第 158—164 页。
④　杨成武:《冀中平原上的地道斗争(一九四五年五月)》,河北省档案馆:《地道战档案史料选编》,石家庄:河北人民出版社,1987 年,第 134 页。
⑤　李麦:《艰苦备尝办报纸》,《河北革命回忆录》第 5 辑,石家庄:河北人民出版社,1982 年,第 151 页。
⑥　《中共冀中区党委关于整理组织工作的决定(1943 年 1 月 17 日)》,中共河北省委党史研究室:《冀中历史文献选编》(中),北京:中共党史出版社,1994 年,第 16—17 页。

重视。冀中区党委 1943 年 3 月强调"通讯工作就是党的宣传工作的一部分,我党我军和群众每一斗争的经验必须批判地发扬,敌人每一阴谋与欺骗都必须深入地揭发",并开始在区党委及地委各设通讯干事一人,"专门担任搜集各种材料,经常供给党报以通讯稿件;各地委、县委通讯干事应经常供给小报以材料"。"通讯干事的工作(日常采访活动及写作)由地委宣传部管理,配合当地任务,指导其搜集反映重点及各县重要材料之供给。"①这是从组织层面落实通讯报道工作的举措,但因《冀中导报》停刊,《晋察冀日报》难以跨级直接管理和有效指导县区通讯员,于是在执行过程中出现了偏差。连晋察冀中央分局也直言"冀中现有五个地委均由分局直接领导,在具体了解指导上有许多困难",更不用说具体而微的办报和通讯联络工作了②,导致通讯员培养落后,基层通讯组织发展缓慢。

1944 年《晋察冀日报》批评冀中报道工作落后,导致分局不能及时掌握政策落实情况:冀中虽因"交通困难暂时不能规定报导(道)时间,但绝不应放松此项工作,冀中尤应责成来边区报告工作人员注意抽时间给党报写作"③。但 1943 年的冀中处于分散游击状态,电讯和交通条件未明显改善,通讯工作整体未有起色。如在 1944 年 4 月 5 日召开的晋察冀分局宣传部通讯工作会议上,宣传部部长胡锡奎总结了晋察冀党报通讯工作的经验,讨论了一、二、三、四、平西五个分区培养通讯员的成绩、经验,一句也没提及冀中的情况④。在通讯组织嵌套的架构下,各地委、县区等基层通讯组织落后,战略区党报通讯工作也难以好转。

到了 1945 年夏冀中基本结束了分散、隐藏办报的状态,各地委报社(主要是七、九地委的报社)、新闻台的同志大都回到《冀中导报》,电讯队充实了,组织健全了,业务不断扩大。除了抄收新华社的全部新闻电讯外,还抄收新华社晋察冀总分社的电讯,并向晋察冀总分社拍发冀中军民战斗、土地改革、生产生活的新闻稿。此外还不断派电台随《冀中导报》记者到前线,及时拍发解放战争和群众支前的消息⑤。

3. 协作生产:冀中"依靠并指导通讯员"的传统

既然在相当长时期内,电台设备不能充分满足新闻报道和地方版新闻采编的需要⑥,地方报就不得不依靠党组织开展新闻通联,即通过编辑部、通联科等机构与通讯员保持联络,寄发写稿指示、改稿细则等,维护通讯员构成的信源网络。王亢之对办报

---

① 《中共冀中区党委关于通讯工作的指示(1943 年 3 月 28 日)》,中共河北省委党史研究室:《冀中历史文献选编》(中),北京:中共党史出版社,1994 年,第 61—62 页。

② 中共河北省委党史研究室:《冀中历史文献选编》(中),北京:中共党史出版社,1994 年,第 260—261 页。

③ 《关于党报工作的指示(1944 年 2 月 3 日)》,晋察冀边区阜平县红色档案丛书编委会:《晋察冀边区法律法规文件汇编》,北京:中共党史出版社,2017 年,第 14—16 页。

④ 胡锡奎:《进一步加强党报通讯工作》,《晋察冀日报》1944 年 4 月 22 日。

⑤ 展青雷、张启明:《〈冀中导报〉的电讯工作》,杜敬等:《冀中导报史料集》,石家庄:河北人民出版社,1990 年,第 367—374 页。

⑥ 参见新华总社:《电讯要简练(1946 年 5 月 23 日新华通讯社给各分社、支社、特派记者的公开信)》,新华社冀中分社:《通讯往来》第 8 期(1946 年 6 月),档号 003-001-127-007,河北省档案馆藏。

依赖通讯员深有体会。1940 年他到七分区地委宣传部办《新民主报》时，仅有两名编辑，全靠通讯员来稿才维持了正常出版。1942"大扫荡"期间，王亢之主持《黎明报》，拼命寻找办报人才和办报的器材。终因通讯员缺少以及通讯员稿件难以通畅到达，地委干部不得不自己多写文章，只能编辑延安新华社播发的国际、国内要闻。但这对于信奉"群众工作者有足迹的地方，就应该有我们的报纸"的王亢之而言，是远远不够的①。毕竟早在 1941 年 7 月中共中央宣传部在关于各抗日根据地报纸杂志的指示中，就要求报纸必须有自己普通的通讯网、足够的通讯员和特约记者②。于是有经验的报人便反复摸索发展通讯员的方法。

　　1939 年延安八路军总政治部宣传部从"抗大"（中国人民抗日军事政治大学）挑选了一批政治条件好又有写作能力的青年党员组成"八路军总政治部前线记者团"，分晋察冀组、晋西北组、晋东南组（后称晋冀鲁豫组）和山东组。沈蔚和雷烨（组长）、范瑾、林朗等参加了晋察冀组，并于 1939 年 5 月到达冀中。通讯队伍中大多是 20 岁上下的青年人，组织纪律性强、工作热情高，但文化水平和政策水平较低，不知道怎样做通讯工作，甚至连沈蔚本人也只是高小毕业，没受过新闻工作的科班培训。但沈蔚一方面提出对筛选下来的稿子要认真对待，不能采用的，也要每稿必复，调动通讯员的积极性，"对稿件提意见可详可简；但绝不可对青年同志的热心采取粗暴冷漠的态度"。另一方面，冀中通讯社于 1940 年 10 月创办《通讯与学习》，对新闻工作者进行业务训练。沈蔚不仅计划、组织和审定稿件，还写稿。刊物内容包括通俗讲解新闻理论，选载示范稿件，刊登来稿与改稿对照，各地通讯工作情况和经验交流，综合分析一个时期内通讯工作的问题。从 1940 年各县建立通讯机构到 1942 年春，沈蔚每年安排两三次通讯员工作会议，如 1940 年 11 月在定南县召开的通讯工作会议讲述了新闻的入门知识，包括"新闻要素的五个 W，什么材料适合写通讯，如何发展培养通讯员"等。后来还讲了《关于我们的采访工作》，直陈通联中存在的缺点及其原因，以及采访的准备工作和采访技巧，如何积累材料、如何待人接物及应注意的细节等（《通讯与学习》第 8 期）③。同时沈蔚还批评了记者在采访中畏首畏尾、道听途说、有闻必录、跑腿主义等毛病，主张向基层干部通讯员取经，克服游击环境下业务知识和工作经验少的缺点④。这样的协作对冀中干部群众积极分子的投稿热情有所调动。

　　李麦也对培养通讯员颇有体会。1943 年初他刚到《黎明报》时，兼管编辑和通讯联络，遇到两大困难：第一，通讯员不好找。通讯员多是县、区、村的党政和群众团体的干部，"不少是参加抗日工作以后才开始认字的，个别具有高小水平的就算是知识分子了。

　　① 许明：《离乱与安宁》，西安：华岳文艺出版社，1990 年，第 71 页。
　　② 邱沛篁等：《新闻传播百科全书》，成都：四川人民出版社，1998 年，第 91 页。
　　③ 孙研之、张树欣：《深切怀念沈蔚同志》，杜敬等：《冀中导报史料集》，石家庄：河北人民出版社，1990 年，第 201 页。
　　④ 沈及、李嘉球：《"新闻工作者的光辉榜样"——沈蔚》，中国人民政治协商会议江苏省吴县委员会文史资料研究委员会：《吴县文史资料》第 4 辑，1987 年，第 113 页。

这些同志读读报还可以,一谈写稿,就说这是做梦也没有梦到过的事,不愿意接受这个任务"。第二,找到通讯员了,怎么打破写稿的神秘观点,教会他们写稿,培养他们的写作兴趣,也是困难重重。李麦坚持每稿必复,凡是不能采用的稿件,都说明不用的原因,改正错别字,把不通顺的句子改通顺,说明哪个地方充实些什么内容就好了,提出应当注意的一些问题,就像老师给小学生批改作文一样,改好退回。通讯员对稿件送出去如石沉大海既不登也不退,最有意见。除了照顾通讯员的情绪,还具体指导驻地记者、通讯干事写稿。李麦从通讯员来稿中选编地方新闻,而更大量的工作是给通讯员的稿件提意见,写联系信①。抗战时期在晋察冀、冀中等地从事基层工作的石坚回忆,他曾给《冀中导报》写过几篇稿子,"每件投稿,不论采用与否,都收到一封热情、恳切的复信。尤其是未采用的稿件,往往经过仔细修改,提出详细意见。信末署名'力麦'"。这使石坚从事新闻通讯工作的热情和信心大增②。

与此同时,"全党办报"观念崛起,虽然许多干部写稿有困难,但是凭着党性,意识到给党报写稿和反映情况是自己分内的事,积极支持报社。有的县委领导亲自动手写稿,有的县委把写稿任务交给办公室的秘书或宣传部的干事。如安平县委书记张根生在1943年11月15日接到《黎明报》社聘其为通讯员的通知信件,觉得这是报社对他的信任,并反思"从前给报社写稿不多,今后一定挤时间多写几篇稿子寄给报社"③。李麦在《黎明报》的工作中发现敌工部经常掌握敌伪动向,县大队、区小队、武委会经常袭扰敌伪,于是就主动写信和这些部门联系,请他们推荐通讯员;有不少交通员了解情况较多,就聘请一些交通员做通讯员④。因此,七地委《黎明报》一度成为《冀中导报》停刊后冀中最出色的地方小报,还出现了一批模范通讯员,报社收到的通讯员来稿也有起色。1945年1月到3月《黎明报》共收到来稿1 923份(1月682份,2月535份,3月706份),平均每月641份,比1944年全年每月平均数(571份)显著增加。3个月发表656份(1月189份,2月224份,3月243份),平均每月218份,比1944年每月发表的平均数(158份)增加60份(1月份由三日刊改为两日刊,3月下半月地方版扩为三版,所以采用稿较前一年多)。"有的同志已开始连续报道,采用集体写作的日渐增多了。"在报道土地问题上,晋深极、安平、安国等县的领导干部也注意写稿,进行及时、全面情形的报道⑤。

4. 读报与通讯联络并举:冀中通讯员工作的延展

"通过报纸指导工作",除了采编环节,还有一个读报和反馈环节。在根据地教材和出版物较少且发行资源紧张的情况下,许多政策经报纸刊载后不再另行行文。杜敬回忆冀中"地方党政机关的指示、决定、工作部署等,需要传达到广大干部群众中去的,常常登在

① 李麦:《艰苦备尝办小报——冀中游击区办报的回忆》,《新闻研究资料》1980第3期。
② 《他只有给予没有索取——记李麦同志》,《天津日报》1987年10月21日。
③ 张根生:《滹沱河风云——回忆安平"五·一"反扫荡斗争》,长春:吉林文史出版社,2010年,第329页。
④ 李麦:《艰苦备尝办小报——冀中游击区办报的回忆》,《新闻研究资料》1980年第3期。
⑤ 中共冀中七地委宣传部:《关于通讯工作指示》,1945年5月18日,档号008-001-034-005,河北省档案馆藏。

报纸上，并注明'不另行文'，这是最及时、最有效的办法"①。于是读报具有政治传播层面的识字和宣教作用②。无论是扩大"指导工作"的新闻来源，还是培养"交流经验"的业余办报者，都离不开读报。

早在 1938 年 4 月中共中央《关于党报问题给地方党的指示》就强调，"每个同志应当重视党报，读党报，讨论党报上的重要论文"③。但在晋察冀"游击办报"、冀中被分割而不得不依靠武装交通队传递文件报刊的情况下，干部和群众积极分子并非都能读到《解放日报》《晋察冀日报》，反倒是本战略区出版的报纸或县委小报更易获取。因此，阅读《冀中导报》和小报，并与之发生通讯联络关系，是冀中各级干部通讯员的日常工作——《冀中导报》等的阅读对象以区村干部为主，在编辑上应有浓厚的地方色彩，并力求通俗化④。而报纸发展通讯员的对象，也多是县、区、村的党政和群众团体的干部，"这些同志能够读报"⑤。也就是说，通讯员既是从事实际工作的干部，又是新闻生产者，还是读者。

就中共党报的内在要求而言，党员干部和群众积极分子阅读党报，讨论党报上的重要文章、消息与谈话，推销党报，向党报写稿等，正说明"党报是经过许多积极的党员，来反映群众的生活和组织群众的行动的"，这样"党报才真正能成为党的喉舌，成为集体的宣传者与集体的组织者"⑥。同时争取干部群众成为党报的固定读者，养成阅读党报的习惯，是同党和党报建立血肉联系的路径⑦。1944 年 1 月晋察冀分局宣传部强调：精读党报是每个能读报的党员必须做到的，县级以上干部应把给党报写通讯作文章，当作义务⑧。1944 年 2 月晋察冀分局又指出，虽然《晋察冀日报》的"读者对象主要是区级以上干部，但它是向全边区人民讲话的，除应在各重要集市及大道上建立阅报栏，抗联应加强对读报小组的领导外，全体干部必须负责将其内容传达给全体人民"⑨。

冀中的读报活动开展较早，但初期并没有附带着组织化的通讯活动。1938 年前后，工、农、妇、青、少年儿童等群众抗日救国组织纷纷建立，黑板报、读报组、识字班遍及各村⑩。冀中各地党委在基层普遍办小报、通俗报后，读报活动就广泛开展起来。许多村的读报组还是群众自发组织起来的。如在王亢之、李麦办《黎明报》的七地委定县齐庄村的林寿南老汉，在抗战中坚持为乡亲读报。虽然 1944 年以前村里还有敌人的岗楼，他也自愿组织读报。最初是在家门口的碾子场地读报，后转到牲口屋，又转移到一个秘密的小园

---

①　杜敬：《抗日战争时期冀中的 262 种报刊》，《杜敬文稿》，北京：华文出版社，1999 年，第 221—222 页。

②　徐勇：《"宣传下乡"：中国共产党对乡土社会的动员与整合》，《中共党史研究》2010 年第 10 期。

③　杨尚昆：《阅读党报推销党报应当是每个党员的责任》，《新华日报》1940 年 1 月 1 日。

④　《冀中区党委关于冀中导报复刊的决定》，《冀中导报》1945 年 6 月 15 日。

⑤　李麦：《艰苦备尝办小报——冀中游击区办报的回忆》，《新闻研究资料》1980 年第 3 期。

⑥　《党与党报》，《解放日报》1942 年 9 月 22 日。

⑦　安岗：《新闻论集》，天津：天津人民出版社，1982 年，第 24 页。

⑧　北京广播学院新闻系：《中国报刊广播文集》（1）（内部资料），1980 年，第 51—52 页。

⑨　《关于党报工作的指示（1944 年 2 月 3 日）》，晋察冀边区阜平县红色档案丛书编委会：《晋察冀边区法律法规文件汇编》，北京：中共党史出版社，2017 年，第 14—16 页。

⑩　李麦：《冀中地区的新闻工作》，《新闻研究资料》1981 年第 2 期。

里。后来听报的人越来越多了,林老汉就又找了三个爱看报的老汉,把村里人按街道分成四个讲报馆。后来冀中形势变好,这个村子70％的人都参加了读报活动①。

1942年以后冀中、冀南等都开始把读报和通讯工作结合起来,既推动了报纸的发行阅读,又发展和培育了通讯员,扩展了报纸的新闻实践空间。1944年以后冀中、冀晋等战略区党报恢复,"大家看报,大家办报"在晋察冀各级党委和报社成为共识,并特别注意:群众需要什么,报纸就报道什么。编辑部认真讨群众的心事,研究干部的要求,解决他们思想上的问题和实际工作中的困难。如大生产运动开展后群众反映:他们最喜欢知道政府公布的有关大生产运动的各种措施,喜欢从报纸上学些组织互助、计工折工、改良技术的经验。报纸就有计划地多发表这方面的稿件,报道劳动英雄的经验。同时文字也力求通俗。这样农民都把报纸看成是自己的文化食粮。基层干部群众积极分子尝到了读报的甜头。② 冀中党报的通讯员都是阅读的参与者,还带动了积极分子读报、写稿及经验学习和工作交流,联系了群众和当地实际,推动了党报的指导作用。

与此同时,报纸在解放区乡村的扩散及效用的拓展,实现不同时空中党员干部和群众积极分子的工作同步。通俗媒介随着冀中乡艺运动崛起,朝着"穷人乐"的方向普遍发展。拥有广播台、读报组等群众文艺娱乐组织的村庄建立了俱乐部,以统一文化传播的领导,通讯读报组织和"读者会"广泛建立,党报与群众密切联系起来③。

三、依靠通讯员办"地方报":贯彻"通过报纸指导工作"的传统

在"交流经验教训、反映政策运行以指导工作"的理念下,中共更重视办报对于政策运行和群众工作产生的实际效用。这就必须实现新闻通讯、新闻生产、阅读发行的一体化,创造本地化、立体化的通讯与读报形式,进而使办报实践密切围绕央地党委的中心任务进行。因此中共党报并非一个单纯传递消息的工具,更是一个用来指导工作、交流经验、凝聚共识、指导实践的平台,并强调政党和群众在此间的主体地位,其实际运作机制就是以"全党办报和群众办报"为执行方针、以新闻通讯员为核心的党报通联机制,解决了新闻来源和作者群、读者群等办报问题,使报纸具有了平台性和互动性④。而作为通讯员主体的党员干部通过深入实际和深入群众的调查研究完成写稿、读报,成为推动报纸指导工作的力量。1945年6月《冀中导报》复刊时便对通讯员参与新闻生产、读报通讯等通联环节予以强调——"在编辑上应有浓厚的地方色彩","在执行每一工作任务时,须把党报当作一

---

① 《冀中导报》1946年1月8日。
② "人民教育"社:《老解放区教育工作经验片断》第1辑,上海:上海教育出版社,1958年,第136—138页。
③ 《金城同志在冀中文艺座谈会上的结论摘要》,《中国戏曲志 河北卷》,北京:中国ISBN中心,2000年,第710页。
④ 张慧瑜:《"火车头":作为基层传播媒介的冬学运动及其对妇女翻身的影响——以晋冀鲁豫根据地(1937—1948)为例》,《妇女研究论丛》2023年第2期。

个不可缺少的武器,充分利用报纸指导工作,反映与指导群众斗争,交流经验。通过党报帮助,实现'从群众中来到群众中去'的领导方法","要为党报写通讯写文章,改进与检查发行,向党报提供改进意见"①。

总之,解放区党报要办成指导实际工作的报纸,就必须在对接"延安化"的同时,认真办好地方版。毛泽东关于"不是给新华社办报,而是给晋绥边区人民办报,应根据当地人民的需要(联系群众,为群众服务),否则便是脱离群众,失掉地方性的指导意义"②的经验、晋察冀分局有关"自办本地党报"的指示和抗战末期冀中面临的新形势,使复刊后的《冀中导报》必须有领导冀中全区工作的"地方性"。"冀中出版的地方党报,应有浓厚的地方性,使一般形势与工作指导相结合。"这种"地方性"是为了实现"通过党报指导工作"的目的,复刊时调入报社的记者谷峰也认为,复刊《冀中导报》是"为了更有力地指导全区的各项工作,动员与激励广大军民的斗志"③。利用报纸指导工作也被毛泽东认为是"有重大原则意义的问题",可以做到"联系群众反映群众",进而实现政策落实的目的④。

那么,如何实现"指导工作"的功能呢?这就需要经由新闻通联这一枢纽联系实际、联系群众,将党的路线、方针、政策通过党报传递给群众,同时将群众的呼声、经验传递到党的决策过程中来。在某种程度上,"新闻工作就是调查研究工作",党报的"新闻工作者就是专职的调查研究工作者",通联可以把新闻报道与群众利益和党的政策结合起来⑤。

首先,长期深耕于革命前线的党员干部、群众积极分子最熟悉本地工作,是向党和党报"汇报工作情况"的最佳人选,于是办地方版就必须依靠发展本地各级组织的通讯员。地方版在党报版面中占据主体位置,需要更多的本地新闻,这都离不开通讯员。冀中的地委报纸(如《黎明报》)有长期的通讯员工作传统,如1945年《冀中导报》复刊时强调的"我们必须实行'全党办报'的方针"⑥。

其次,通讯员联络指导成为编辑地方版的主要业务,既是中共重视群众力量,通过报纸指导工作而联系实际、联系群众的内在要求,又是在通信技术设备和武装交通资源稀缺、专业记者较少情况下的必然选择。结合长期在冀中办报的通联工作和整风体验,王亢之等确定了调实际工作经验丰富者办报和发展一线干部为通讯员的决心。他坦言通联工作是编报的生命。如冀中七地委的安国、博野等县委宣传部干部亲自写稿,召开通讯工作座谈会确定报道任务;安平县有村级通讯组织,与小报、地委报纸和《冀中导报》社保持联络;至1945年4月七地委各县区村有一千多名通讯员积极撰稿,新闻通联十分顺畅⑦。

① 《冀中区党委关于冀中导报复刊的决定》,《冀中导报》1945年6月15日。
② 中共中央文献研究室、新华通讯社:《毛泽东新闻工作文选》,北京:新华出版社,2014年,第120页。
③ 谷峰:《我最崇敬的领导人》,《王亢之纪念文集》,天津:天津人民出版社,2001年,第95页。
④ 魏剑美、骆一歌:《中国报纸副刊史》,北京:新华出版社,2015年,第76页。
⑤ 田流:《我这样做记者》,北京:人民日报出版社,1984年,第77页。
⑥ 《冀中区党委关于冀中导报复刊的决定》,《冀中导报》1945年6月15日。
⑦ 中共冀中七地委宣传部:《关于通讯工作指示》,1945年5月18日,档号008-001-034-005,河北省档案馆藏。

　　"通过党报指导工作"的具体落实以及报纸的生命力,体现在大大小小的新闻和通讯上面①;新闻和通讯的采编责任,在很大程度上落在了报社人员和通讯员的肩上。通讯员大都是干部群众中的积极分子,通过读报可以了解政策、反馈实际问题;进而通过在本地深入调查研究写稿,既与报纸保持通讯联络关系,维持"地方版"的采编,又把党的政策执行情况做了汇报和交流,完成了"办一个指导本地工作的报纸"的目标。此间通讯员又在调查研究和深入群众工作中锻造了联系实际、联系群众的思想——在职干部通讯员从基层干部群众处学到了通过调查研究去发现问题、解决问题的新闻采编方式,这就使新闻采访越来越贴近本地斗争实际,也就更能起到指导本地工作的效用②。通联网络起到了下情上传的作用③,极大地方便了中央及分局对各根据地情况的了解,也方便了中央及分局制定的政策在各根据地的宣传和执行。正如冀中区党委所言,通讯工作就是"组织起来的物质的群众力量"④,强调了新闻通联勾连了从报道到政策、从新闻采编到读报通讯等环节。政策运行情况以新闻、通讯等形式在地方版面上作为经验教训进行交流,延伸了"地方经验"的适用空间,契合了通过报纸指导工作的领导方法,成为报纸嵌入革命实践的路径。

---

① 《把我们的报纸办得更好些》,《解放日报》1942 年 9 月 1 日。
② 太一:《真正的采访是调查研究》,《通讯往来》第 2 期(1945 年 12 月),档号 003-001-127-002,河北省档案馆藏。
③ 中共河北省委党史研究室:《冀中历史文献选编》(中),北京:中共党史出版社,1994 年,第 34 页。
④ 《中共冀中区党委关于通讯工作的指示(1943 年 3 月 28 日)》,中共河北省委党史研究室:《冀中历史文献选编》(中),北京:中共党史出版社,1994 年,第 61—62 页。

中共报刊史研究

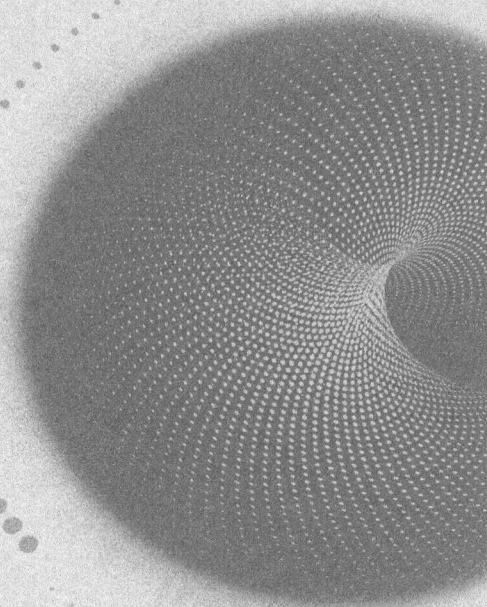

革命中的"红色驿站"：中央苏区红色邮政与报刊发行作用探析*

余　玉　殷乃课①

摘　要：红色邮政是中央苏区时期重要的通信设施，在苏区革命中发挥了信息传播的桥梁作用。红色邮政创建于白区通信封锁的紧急情势之中，在苏区革命特殊时期凸显了邮政建设的艰难性、邮政业务的多样性和邮政服务的人民性等特征。作为信息传递的"红色驿站"，中央苏区红色邮政在革命报刊发行方面作出了卓著贡献：红色邮政助推苏区报刊发行网络广泛建立、有效扩大报刊发行数量和确保报刊信息安全传递等，从而有效助力"唤起工农千百万"的革命动员作用。

关键词：中央苏区；红色邮政；报刊发行；革命动员

第二次国内革命战争时期，以江西瑞金为中心的赣南、闽西两块苏维埃区域连成一片的中央苏区，是中共创建的最大的革命根据地。根据地的红色邮政作为连接党和军民的重要纽带，在信息传播和革命动员方面扮演重要角色。同时，红色邮政与革命报刊发行形成天然的关系，邮政对苏区报刊发行起到了极大的推动作用，成为苏区报刊信息传递的"红色驿站"。苏区报刊依托邮政事业加快发行，使中国共产党的政治路线、革命思想得到广泛传播，在更广阔的范围内形成革命的舆论氛围。

一、中央苏区红色邮政创建及其必要性

中央苏区红色邮政是在国民党军队的武装镇压和残酷"围剿"的情势中创建起来的，随着革命斗争形势的推进而逐渐发展。在特殊的历史时空里，苏区红色邮政发挥了革命报刊发行的重要作用，极大满足了信息传递的迫切需要，同时，也成为苏区政府进行政治宣传、改善军民关系的重要途径，为革命斗争提供了坚实支撑。因此，苏区红色邮政的创

---

　　* 本文系江西省高校人文社会科学研究规划项目"中央苏区红色文化传播特殊载体与当代启示研究"（项目编号：XW22101）的阶段性成果。

　　① 余玉，南昌大学新闻与传播学院教授、博士生导师，中央苏区红色文化传播研究中心研究员；殷乃课，南昌大学新闻与传播学院本科生。

设既有其必然性,又有其必要性。

(一) 战时军事信息传递的迫切需要

1927 年,第一次国共合作破裂后,中国共产党确定了武装反抗国民党反动派的行动方针,并先后在全国开辟出十几块革命根据地。但是,分散的武装力量难以联动,也很容易被敌人击破,所以各根据地之间及根据地的内部联系便显得尤为重要。为了适应中央苏区反"围剿"作战的紧迫需求,苏区邮政成为战时军事后勤保障的重要一环。创办初期的苏区邮政人员采取传山哨、递步哨、口哨、渡马哨等多种通信方式。如为了更好地监视敌人,以农村青年赤卫队为骨干组成传山哨,在劳动的同时放哨,一旦发现敌情,就用暗号把敌人的人数、武器、行动方向等信息,以一对一的方式传递给邻近各村。此外,中央苏区委员会还开辟"红色秘密交通线",以运输重要文件和无线电、武器装备等军备物资,以保障战区供给。

随着苏区革命形势的变化和革命根据地的扩大,传统的递步哨、传山哨等通信方式逐渐难以满足当时党政军通信任务的需求,中央苏区迫切需要一种新的通信形式以保障军事信息的准确、及时传递。为应对战情变化,苏区政府及时发出"加紧交通工作,开办赤色邮政"①的号召,将在各地建立赤色邮政作为改善苏区军事通信状况的一项重要手段。赣西南苏区特委在《重视交通工作建立赤色邮政》的通告中明确指出,"敌人为要苟延其残喘,在竭力切断我们的交通,使西北两路不能很敏捷的得到特委的指示……半年来牺牲了不少的交通同志"②。在严峻形势下,开办赤色邮政是党组织的一项重点任务,"特委除号召各级党部及负责同志们重视交通工作外,并决定建立简便赤色邮政"③。在此背景下,赣南苏区、闽西苏区、闽浙赣苏区纷纷成立邮政机构。

邮政机构的管理体制与发展方向逐渐适应战情的变化。1932 年 4 月 24 日,中华苏维埃临时政府召开了闽赣两省邮政联席会议,决定建立中央邮政总局并完善邮政机构的管理体系。根据规定,在总局之下,各省设立省邮政管理局,各县按照军事需要,分设甲、乙两类邮局,县以下的较大市镇或交通要道设有邮政分局或邮政代办所。此外,还通过在红军作战时增加快班与建立信箱、开办"特别快信"业务等方式,确保军事信息有效传递。

(二) 特殊时期政治宣传的重要支撑

大革命失败后,白色恐怖笼罩,部分共产党员的思想和意志产生动摇,有人甚至在报纸上刊文与中共澄清关系,"党员的数量自从国民党反动以后有极大地减少,从五万余党员减至万余党员"④。在武力镇压的同时,国民党也发动舆论战,将红军诬称为"土匪",被

---

① 江西省邮电管理局:《华东战时交通通信史料汇编　中央苏区卷》,北京:人民邮电出版社,1995 年,第 62 页。
② 中华全国集邮联合会:《中国解放区邮票史·苏区卷》,合肥:安徽教育出版社,1995 年,第 104 页。
③ 同上。
④ 中央档案馆:《中共中央文件选集》(第三册),北京:中共中央党校出版社,1989 年,第 476 页。

误导的群众也对中共军队及其根据地有着错误的认识,中共政治形象遭遇巨大危机。有共产党员回忆道:"当时国民党大搞反动欺骗宣传,说我们'共产共妻''杀人放火',我们刚到敌占区,老百姓、商人都跑光了。"①

为揭露国民党的反动行径,各级苏维埃政府提出了全面开展宣传工作的策略,利用一切可能的渠道和方式广泛宣传红军和苏维埃的存在与革命信仰,"没有深入群众的、扩大的宣传工作,我们的政治影响绝不能在群众中巩固"②。在中国共产党的政治宣传策略中,抓好革命报刊的发行工作至关重要。苏区邮政将发行革命报刊作为核心业务之一,由此开创了邮政发行报刊的雏形。苏区的《红色中华》《青年实话》等几十种革命报刊均由邮政人员进行传递。凭借覆盖广泛的邮路网络,报刊的发行拥有稳固基础,进而确保了信息传递的畅通无阻。在这样的背景下,报刊宣传取得了显著的成效,为革命事业的推进注入了强大动力。

苏区政府意识到邮政宣传在鼓动群众、宣传政治思想方面的巨大潜力,将其作为政府工作内容之一。古田会议曾提出邮政宣传品要履行好宣传鼓动群众的职责,对于从邮件中夹带宣传品,或在邮件上印上宣传鼓动口号这一类工作,政治工作机关不仅"应该注意去做",且要"做得好"③。为此,红色邮政在邮票与邮戳的设计上倾注巧思,苏区邮票往往印有红旗、红星、镰刀、斧头、工农团结、战士冲锋、战士进军等写实图案,多以苏区生活、红军英勇斗争、工农联盟以及民族团结等内容为主题,用戳面文字或直接宣告苏区政府的存在,如"湘赣省苏区"等,或印有党中央革命的主要任务与中心路线,如"消灭军阀混战""彻底分配土地、废除苛捐杂税"等。这些邮票与邮戳成为苏维埃共和国的名片,为外界了解共产党与苏区政府提供了渠道。

(三)连接苏区内外的通信桥梁

土地革命战争时期,中国共产党确立了"农村包围城市、武装夺取政权"的革命思想,深入农村广泛建立起根据地。中央苏区时期,根据地大多依山而建,人口分散,交通网络并不发达,经济结构以农业为主,群众知识水平很低。八七会议后,中共已深刻认识到群众在革命战争中的核心作用,并强调必须广泛动员群众参与革命,以实现革命最终目标:"如果群众运动不能够起来坚决地反抗,那么,最近期间白色恐怖决不会灭(减)弱,只有越发厉害。"④中国共产党在位于湘、赣两省边界地区创立的井冈山革命根据地,经济上是自给自足的小农经济,"人口不满两千,产谷不满万担",生产力极其落后,加上苏区农村环境闭塞,为了动员革命,必须加强党与群众及群众间的联系,而红色邮政能成为连接民众的通信桥梁。

---

① 陈毅、肖华等:《回忆中央苏区》,南昌:江西人民出版社,1981年,第192页。
② 中央档案馆:《中共中央文件选集》(第五册),北京:中共中央党校出版社,1990年,第801页。
③ 严帆:《中央革命根据地新闻出版史》,南昌:江西高校出版社,1991年,第17页。
④ 中央档案馆:《中共中央文件选集》(第三册),北京:中共中央党校出版社,1989年,第250页。

随着中华苏维埃政权的建立、巩固和发展,苏区红色邮政逐渐创建,而且各苏区赤色邮政局积极调整服务策略,广泛收揽民众邮件,加强苏区民众的联系,以此扩大革命影响力。然而,受制于闭塞的交通,苏区邮政运输方式极为简易,"邮件用竹扁担挑,用箩装"①,因此,苏区邮政局通过招揽邮差等办法发展民邮业务。从业务开展的实际情况来看,1932年1月的赣东北苏区内,群众办理邮件的满意度和信任度均达到新高度。"当时的主要服务对象有:省、分区、各县、区、乡、村、党委、苏维埃政府、红军各部队,企事业单位和广大苏区的工农兵群众的来往邮件。"②苏区邮政逐渐承担起为人民服务的职责,不但加强了苏区内外的联系,而且中共的群众路线也落到实处。

与白区保持通信是红色邮政连接苏区内外的另一举措。共产党与国民党在统治区邮局管理态度上截然不同。蒋介石第一次"围剿"失败后,国民党中华邮政总局曾下达指令对中央苏区红色邮政进行通信封锁,所有在苏区内邮局及邮班"应即一律暂时停办"③。这一举措引发了包括中华邮政员工在内的广泛社会不满。为了保障两个区域人民的通信往来,工农红军及苏维埃政府对国统区中华邮政加以保护,使苏维埃邮政与中华邮政并存。刘作抚同志在写给中央的报告中提及,"在赤色(区)的绿色邮政(国民党中华邮政——笔者注)还没有废除,而且保护,因为要同白色区维持交通关系"④。1929年12月,毛泽东在中央苏区上杭县古田乡联名签署了"保护邮局,照常传递"的命令,并要求红军部队在行军途中,必须广泛张贴保护邮政设施的宣传标语,以确保邮政服务不受干扰与破坏。

从红色邮政沟通苏区内外的现实情况看,通过相关邮政政策的实施,沟通内外方面取得良好成效。针对由白色区域邮政寄来苏区的邮件常被边区地方武装赤卫队扣留的现象,1932年5月27日,《关于不得随意扣留邮件》的通令指出,地方武装是绝无权扣留的,希望各地政府切实注意,这类现象以后不要再发生。"近据调查及各方面报告,由白色区域邮政寄来赤区之邮件,常被边区地方武装赤卫队等所扣留,这种现象是非常不许可的。至于包裹、报纸等件,更是绝对不能任意拆看或扣留。"⑤通令发布之后,苏区驻地乱扣白区邮件的现象很快杜绝。同时,红军攻克各县城后对国民党邮政机构也极力保护。1930年10月6日,红军第二次攻占波阳县城后,红十军政治部表明要做好邮政局保护工作,并立即派人到邮政局调查工作情况,指示当局邮政员工"仍须照常工作,勿惧等"⑥。这些举

---

① 江西省邮电管理局:《华东战时交通通信史料汇编 中央苏区卷》,北京:人民邮电出版社,1995年,第562页。

② 同上书,第416页。

③ 邮电部邮电史编辑室:《难忘的战斗岁月——革命战争时期邮电回忆录》,北京:人民邮电出版社,1982年,第64页。

④ 中华全国集邮联合会:《中国解放区邮票史·苏区卷》,合肥:安徽教育出版社,1995年,第105页。

⑤ 《中央苏区文艺丛书》编委会:《中央苏区文艺研究论集》,武汉:长江文艺出版社,2017年,第195页。

⑥ 江西省邮电管理局:《华东战时交通通信史料汇编 中央苏区卷》,北京:人民邮电出版社,1995年,第419页。

措保障了苏区内外的通信联系，增强了根据地人民对苏区政府的信任，有利于发挥革命动员的作用。

二、中央苏区红色邮政的历史特征

苏区红色邮政创设于白色恐怖环境中，发展过程异常艰辛。然而，作为中国共产党领导下的革命事业的重要组成部分，苏区邮政历经重重磨难却从未倒下，在发展过程中逐步建立起多元且富有苏区特色的邮政业务。同时，邮政事业顺应苏区革命的历史环境，努力服务于苏区军民，使苏区广大群众都能受益于苏区邮政事业，因而凸显了邮政服务的人民性。

(一) 红色邮政建设的艰巨性

中央苏区红色邮政自创建之初，便面临着巨大的政治压力。为了遏制共产党的势力扩大，蒋介石对国民党军队、警务及政府各部门下达了严格指令，要求他们封锁苏区，并对邮电通信进行严格审查。为执行此命令，各地纷纷设立了邮电检查机构，对苏区采取了通信封锁等一系列严密的封锁措施，试图通过隔绝苏区与外界的信息交流以削弱中共的革命力量。在国民政府颁发的《交通部邮政总局呈第 112 号》等文件中，都对限制苏区邮政事业下达指令。如规定：在反动军队剿伐苏区时期，应统一暂行停办所有在苏区内邮局及邮班，断绝通路，以免暴露军情；各邮区一旦收到苏区邮件，必须一律施行严密检查并及时上报①。敌人严格的通信封锁政策，导致共产党传递的某些文件被查获，阻滞革命进程，也极大程度地切断了苏区各根据地之间的联系，造成信息阻隔。

国民党还通过设立严密的出版物审查机制对邮电进行检查，在文化领域进行封锁。1933 年 8 月，国民政府军事委员会颁行针对苏区的"邮电检查暂行办法"，以图对中央苏区文化传播进行严格管控。该暂行办法明确规定：邮电除当地党政军最高机关往来之公文不受检查外，凡是所有的新闻报纸、各类刊物杂志、各类包裹以及所有文书、信函等，都要进行检验②。党的出版工作一度陷于停顿或转入地下状态，严重影响了红色邮政事业的发展。

面对敌军通信封锁的严峻情势和军政信息传递的迫切需要，苏区邮政深刻认识到为确保党政军各系统之间的通信顺畅，必须建立独立的邮政事业体系，以更有效地促进信息流通与共享。在白色恐怖环境下，苏区政府通过一系列举措，发展邮政事业、疏通邮政线路，打破邮政封闭情形。1929 年 3 月，毛泽东与汀州邮局局长何仲孚交谈，了解各邮路的通信运作状况。在得知国民党军队撤退后，邮局部分邮件遭受了破坏，毛泽东立即指示红

① 江西省邮电管理局邮电史编辑室：《苏区邮电史料汇编》(下)，北京：人民邮电出版社，1988 年，第 277、280 页。
② 同上书，第 284 页。

四军政治部发布"保护邮局"的公告,以确保邮政服务的正常运行。中央苏区执行此公告,当时汀州邮局基本上可以照常营业,邮件大多也被完整无损地传递下来。毛泽东在给党中央的信中曾对邮政业务的新变化进行描述:"在湘赣边界时,因敌人的封锁,曾二三个月看不到报纸。……到赣南闽西以来,邮路极便,天天可以看到南京、上海、福州……的报纸……真是拨云雾见青天,快乐真不可言状。"①由此可见,"保护邮局"的政策取得很大成效。

(二) 红色邮政业务的多样性

随着根据地的不断扩大和巩固,中央苏区邮政经营也日趋完善,工作业务范围拓展至军用、民用等多个方面,推出了多元且具有苏区特色的邮政业务,满足苏区群众之需。

第一,为配合红军作战需要,苏区邮政开设"特别快信"业务。快递信件是专为党政机关设立的,因此只有苏区中央局、中央政府、军委、总政治部、省政府省委及省军区等特定机构有权进行交寄,普通民众并不具备寄送此类快信的资格。由于其快信内容均为高度机密的文件和信件,所以只有中央邮政总局、省邮政管理局、中心县邮局等邮政部门才能提供此类业务服务。同时,苏区对特别快信的递送速度与权责归属有具体要求与明确规定,"快班信一日夜要能达到一百八十里"。1933 年 10 月 16 日苏区在布置今后任务中提出:"发动各工友递特别快信一天一夜,达到二百里而奋斗"②,"有时邮递员走光了,局长就亲自出发,准时送到;还规定邮递员每小时要走十里,不得有误"③。正是这样严格的规定,使得苏区邮政满足了军事通信的迫切需求,承担起驿站般扩散信息的功能,在红军的反"围剿"过程中作出了重要贡献。

第二,苏区邮政积极开展报刊发行业务,在报刊传递中扮演着重要角色。中央邮政总局局长赖绍尧认为,苏区邮政要"在思想战线上广泛、全面地担负着革命报刊的发行工作"④。邮政报刊发行是适应革命斗争需要的一大创举,苏区邮政积极推行"邮发合一"政策,建立起一个广泛覆盖的革命报刊发行网络。显然,邮政发行对于扩大报刊发行量、密切党群关系起到积极作用。1934 年 1 月,毛泽东在"二苏大"报告中对当时的发行工作作出总结时指出,"《红色中华》从 3 000 份增加 45 000 份以上,《青年实话》发行 28 000份"⑤。革命报刊依托邮政发行,《红色中华》等报刊发行量显著提高,苏区邮政事业当功

---

① 福建省档案馆:《记录·见证——档案中的福建党史》,福州:福建人民出版社,2021 年,第 19 页。

② 江西省邮电管理局:《华东战时交通通信史料汇编　中央苏区卷》,北京:人民邮电出版社,1995 年,第382 页。

③ 中国人民政治协商会议湖南省株洲市委员会文史资料研究委员会:《株洲文史》(第 11 辑),1987 年,第126 页。

④ 中国人民政治协商会议江西省委员会文史资料研究委员会:《江西文史资料选辑》(第 6 辑),1981 年,第 72—73 页。

⑤ 中共江西省委党史研究室等:《中央革命根据地历史资料文库·政权系统(8)》,北京:中央文献出版社,南昌:江西人民出版社,2013 年,第 1339 页。

不可没。

第三，红色邮政顺应苏区经济发展需要，推行"银信"代替汇兑业务。身处特殊的战争环境，苏区邮政并不直接办理汇兑业务。但出于满足群众需求和推动经济发展的目的，苏区邮政开创性地推出"银信"特色业务，即允许寄件人将纸票、花边票据等金融凭证安全地封装在包裹或信函中进行邮寄，从而间接实现汇兑功能。如江西省苏维埃政府于1931年底颁布《赤色邮政暂行章程》，其中第三十四条对纸票、花边票据等金融凭证作出特别规定，在邮费基础上格外收取保险金："除寄邮费之外，须按照价值缴纳保险费。每元纳费二分。"①《中华苏维埃共和国邮政暂行章程》第三十六条规定："挂号邮件如附寄银钱钞票，须向邮局说明，每寄一元，除付足挂号费外，增贴邮票二分，以此类推（但邮寄银钱，以五角起码，收邮资一分，再少者不寄）……"②"银信"业务大大方便了苏区军民。据记载，赣东北的黄道同志就曾花十二个铜元寄费给在红十军当战斗员的儿子寄送银钱，仅仅过去三天，黄道就接到儿子的回信说钱已经收到，黄道认为这项业务十分便利，感到非常快活！③

（三）红色邮政服务的人民性

苏区邮政在发展过程中能够逐渐满足人民群众的通信需求，其服务充分彰显一心为民的方针。对内而言，苏区邮政关怀员工，给予劳动报酬与保障；对外而言，苏区邮政服务军民，不断拓展民营业务，充分彰显为人民服务的工作方针。

首先，苏区邮政体恤员工。苏区政府对邮政员工的工作时间与薪资作出明确规定，以严格章程保障其合法权益。苏区邮政内务部曾于1932年4月发布训令，规定实行八小时工作制："邮局办公时间依照苏维埃劳动法令，每日工作八小时。"④苏区政府还适时颁布《中华苏维埃共和国邮政暂行章程》，就邮政人员的最低薪资标准与加班费用作出规定："递信员每月工资最低八元，每日工作八小时。超过八小时工作时间的时候，每点钟增加工资七分五厘。"⑤同时还规定实施晋升制，实际工资由工作资质与实际贡献共同决定，以稳定邮工队伍和激励苏区邮政员工的工作积极性，"邮务员及各级邮局局长薪资，每月九元至十二元，每年递加一元，有特别技能者，薪资另定"⑥。多项邮政措施切实保障了邮工的合法利益，极大激发了他们的革命热情，他们顺应革命形势，"自动要求在这一期的一年

---

① 江西省邮电管理局：《华东战时交通通信史料汇编　中央苏区卷》，北京：人民邮电出版社，1995年，第381页。
② 中华全国集邮联合会：《中国解放区邮票史·苏区卷》，合肥：安徽教育出版社，1995年，第141页。
③ 江西省邮电管理局：《华东战时交通通信史料汇编　中央苏区卷》，北京：人民邮电出版社，1995年，第295页。
④ 《中华苏维埃临时中央政府内务部训令——整理苏维埃邮政统一组织统一办法》，《红色中华》1932年4月13日。
⑤ 江西省邮电管理局：《华东战时交通通信史料汇编　中央苏区卷》．北京：人民邮电出版社，1995年，第115页。
⑥ 同上。

内,不休息不取加倍工资,帮助红军战费"①。邮政工作人员还积极加入节省运动之中,捐献布鞋等货物给红军。1933 年 11 月 20 日,闽北分邮政局就拿出了布鞋 5 双、草鞋 20 双等来慰劳红军②。

其次,苏区邮政心怀百姓、服务民生。赣西南赤色邮政总局在开办后不久便积极拓展民邮业务,于 1930 年五六月间颁布了《赤色邮政简章》,规定各地赤色邮局于即日起办理平信、普通快信、特别快信、单挂号信、双挂号信、印刷品、包裹等业务,以方便广大苏区群众的日常生活。同时,苏区邮政服务彰显人民性,邮资极低,与国民党邮政全面调高资费的政策形成鲜明对比。据记载,江西省苏区邮政资费标准为:平信 0.03 元,单挂号 0.08元,双挂号 0.16 元;高级党政机关寄递信件除付取双挂号费外,另加快递费 0.1 元③。相反,南京国民政府为弥补亏损,全面调高邮政资费。民国二十年,信函为 0.05 元,明信片为 0.25 元,挂号收费为 0.08 元,快递邮件收费为 0.12 元。民国二十四年九月,"邮件资费作全面调高,以弥补亏损,平信资费调至 0.08 元。以后,连续每年全面调资一次"④。正是在邮政事业人民性的导向下,苏区邮政真正履行起为人民服务的职责,赢得苏区军民广泛赞誉。

再次,苏区邮政为红军及其家属提供免费邮寄服务,落实拥军优属政策。各苏区均于邮政章程或工作条例中,就该事项作出明确规定。1931 年 11 月苏区政府实施的《中国工农红军优待条例》中规定:"红军与亲属通信,由直属机关盖章,不贴邮票,可寄回家,红军家属寄信到红军中则由当地政府盖章,亦不贴邮票,可寄到红军机关中转发。"⑤1932 年 2月 1 日颁布的《临时政府第九号训令》也规定:"红军战士和其家属享有通信上的特别优待"⑥,从此红军通信优待地位得到承认。在具体部署上,政府强调部队中团部以上都应设有"红军信柜"以方便红军接收、寄递信件。这些举措保证了前方战士与后方家属之间的信息联络,既能让前方战士随时向家人分享个人近况以及战斗情况,又方便红军家属及时了解前线状况进而安心生产、促进根据地的发展建设。

最后,苏区邮政采用灵活政策方便群众生活。根据战时特殊情况,邮政采取了灵活的策略,其中重要一项就是允许将邮票充当纸币在市场上流通。"当时,小票子不够,上级就发给我们一些邮票当钞票用,用来买东西找零",甚至用于交党费,"在缴纳党费时,怎么也凑不到 5 分钱,就用从商店中找出的 2 枚半分苏维埃邮票,连同 4 枚苏维埃壹分铜币缴纳了党费"⑦。通过邮票的多功能运用,苏区邮政极大地方便了群众生活。

---

① 《把休息期间的加倍工资全部拿来帮助战费》,《红色中华》1933 年 8 月 28 日。
② 江西省邮电管理局:《华东战时交通通信史料汇编 中央苏区卷》,北京:人民邮电出版社,1995 年,第418 页。
③ 同上书,第 394 页。
④ 阜阳邮电志编纂委员会:《阜阳邮电志》,合肥:黄山书社,2008 年,第 156 页。
⑤ 《临时中央政府文告:全苏大会决议中国工农红军优待条例》,《红色中华》1932 年 1 月 13 日。
⑥ 江西省邮电管理局邮电史编辑室:《苏区邮电史料汇编》(上),北京:人民邮电出版社,1988 年,第 54 页。
⑦ 邓泽村:《中央苏区邮票种类、设计及功能考》,《福建党史月刊》2012 年第 8 期。

三、中央苏区红色邮政的报刊发行

中央苏区时期,红色邮政承担了革命报刊发行的重任。中央邮政总局局长赖绍尧提出,"把所有的邮政机构,当作党的发行网来运用;把做好报刊发行工作,当作邮政部门的政治任务来执行。"①苏区邮政通过开通多条邮递线路、推出寄递优惠政策、积极开展对敌斗争等举措搞好报刊发行,及时传播革命思想和党的政策,动员群众参加革命,营造"保卫苏维埃"的舆论氛围。

(一) 红色邮政网点与邮线布局星罗棋布,助推苏区报刊发行网络广泛建立

在苏区革命的特殊时期,为传播革命信息、进行革命动员,在苏区农村建立起广阔的报刊发行交通网,将报刊尽快递送到军民手中极为必要,而红色邮政则是报刊发行的重要依托。中共中央对于报刊发行交通网的建立一直非常重视,中共中央机关报《红旗》曾发文指出:"党报的发行是非常重要的。只有党报的广大发行,才能建立党与群众之非常密切的联系,才能扩大党报在一般劳苦群众中的政治领导。"②而且中央政府于1933年1月专门就此提出要建立一张覆盖苏区的良好的通讯网和发行网③。苏区政府通过《中共中央关于建立全国发行工作决议案》,此决议案不仅检讨全国发行工作的散漫作风,而且强调"自省委直到群众建立整个发行网",各省委及一切地方党部"必须立即成立发行部或发行员"④,并对各级发行部门或发行员的任务作出明确的部署规定。

由于报刊发行成为邮政部门的政治任务,苏区农村因地制宜地创建了邮政机构,助力党报党刊发行网的广泛铺设。苏区邮政通过建立覆盖广泛的秘密交通线和发行网络,有效保障革命报刊能迅速、准确地传递到各个革命根据地。苏区邮路干线铺设分别以赣南瑞金和闽西长汀为中心,按军事重心和交通要道的位置开设了六条邮路干线。从瑞金出发铺设四条邮路干线,分别是:瑞金—胜利—兴国—万泰,瑞金—长汀,瑞金—宁都—广昌,瑞金—会昌—寻邬—安远。从长汀出发的两条分别是:长汀—新泉—龙岩,长汀—上杭—永定。除此之外还开设其他邮路支线。苏维埃各县分局及邮政代办所设立完毕后,由邮政总局印发"中央苏区邮政的地图"⑤。干线与支线邮路的开设互相补充,保证了邮件寄递畅通无阻。

① 中国人民政治协商会议江西省委员会文史资料研究委员会:《江西文史资料选辑》(第6辑),1981年,第73页。

② 中国社会科学院新闻研究所:《中国共产党新闻工作文件汇编》(下卷),北京:新华出版社,1980年,第37页。

③ 《关于红色中华的通讯员问题》,《红色中华》1933年2月4日。

④ 中国社会科学院新闻研究所:《中国共产党新闻工作文件汇编》(上卷),北京:新华出版社,1980年,第75页。

⑤ 赵效民:《中国革命根据地经济史(1927—1937)》,广州:广东人民出版社,1983年,第379页。

邮政网络不仅包括了主要的交通线路,还涵盖了偏远山区和乡村,使得革命思想能够深入基层,广泛传播。苏区政府对交通道路进行修缮,通过修路、筑桥等方式扩大报刊发行的覆盖范围。1932年9月江西省苏工作报告中有关于修筑道路桥梁渡船的统计:兴国修路48段520里,筑桥98座,渡船18艘;宁都修路无统计,但修桥80余座,渡船41艘;永丰修桥43座,渡船7艘;寻邬渡船2艘;万泰道路修好十分之五,修桥97座,渡船4艘;安远桥梁修好十分之一,渡船3艘①。中央临时政府曾发出训令,提出修筑22条干路及县区乡支路的计划,以便把中央苏区各县区主要圩镇用交通干线连接起来②。这些网络连接了各个苏区,使革命思想通过红色报刊迅速扩散至更广泛的区域,激发了群众参与革命的热情。

苏区星罗棋布的邮政网络不仅保障了报刊的畅通传递,更密切了报刊发行者与读者之间的联系。报刊发行网络的普遍建立与群众对苏区报刊的广泛阅读,印证了苏区政治宣传工作效果明显。《红色中华》曾报道群众收到前方战斗胜利的消息后的情形:"每当读到红军在前方不断的击溃白匪,缴获大批自动步枪、机关枪,和各地妇女节省粮食、参加生产等消息,他们总要兴奋得跳起来。"③在广泛的政治宣传下,苏区群众高度认同中共的领导,"拥护与建立苏维埃政权""反对帝国主义""推翻反动的国民党政权"等政治主张,在苏区深入人心,苏区民众积极响应政府号召,开展对敌斗争。据史料记载,横道河农民积极响应报刊中开展对敌斗争的号召,纷纷加入"反对日本帝国主义侵略、反对封建剥削、打倒国民党军阀政府、保卫中央苏维埃"的革命斗争之中,自觉为地下党腾出房间作为刻钢板、印刷书写传单和标语的活动场所④。

(二)红色邮政推出寄递优惠和简化手续措施,有效扩大报刊发行数量

在革命战争年代,邮资往往成为制约报刊发行的重要因素。红色邮政通过调整邮资政策,降低报刊邮资,为发行量的扩大提供可能。1931年颁布的《赤色邮政暂行章程》规定:"各种文件均纳费一分,在一两以上至二两者,须纳费一分半,二两至三两者,须纳费二分,其余每加一两纳费半分,重至一斤以上者,每四两加纳费一分。余照此类加纳。经总局特许之新闻纸则减半纳费。"⑤内务部于1932年7月16日就此颁文规定:"新闻纸寄费减价(四两以内的半分,半斤以内的一分,十二两以内的二分,一斤以内的三分,此外每加重半斤应贴邮票半分),另令邮政总局通告执行。"⑥寄费减价能推动报刊发行,有利于掀

---

① 中共江西省委党史资料征集委员会、中共江西省党史研究室:《江西党史资料》(第14辑),1990年,第24页。
② 同上。
③ 《介绍中央劳动部的红属夜校》,《红色中华》1934年7月21日。
④ 曾小娟:《辽源档案记忆　纪念中国共产党建党100周年》,长春:吉林人民出版社,2020年,第7页。
⑤ 中华人民共和国信息产业部、《中国邮票史》编审委员会:《中国邮票史》(第5卷),北京:商务印书馆,1999年,第301页。
⑥ 江西省邮电管理局:《华东战时交通通信史料汇编　中央苏区卷》,北京:人民邮电出版社,1995年,第132页。

起苏区群众普遍读报的热潮。

苏区邮政加强对发行工作的管理，通过明确和优化寄递政策提高发行数量。1932年7月21日《红色中华》上发布公告，统一推销代派书报的回扣，拒绝拖欠邮费，对拖欠行为进行惩处。"从八月一日起重新规定如下：五百份以上七折，一千份以上六折半；以后推销代派，不得将书报费内扣除邮票费，如有寄钱或邮资欠资等，亦由其加倍偿还。"①11月14日，总发行部再次规定："应凭发行部的收据为结账依据，要求收据上盖有私章，否则概不承认。"②这一系列措施，不仅对加强发行工作的管理发挥了作用，也通过寄递流程的优化，大大提高了邮政整体工作效率。

苏区邮政还努力简化收寄手续，助推报刊发行量扩大。《红色中华》《青年实话》《红星》等报都实行邮资总付办法，按重量计费、不贴邮票，以加快报刊的收寄速度，方便党报的发寄工作。如《红星》曾与邮局签订单独的邮寄条约，"红报寄递不贴邮票照斤两给费的条约，期间已满，兹由总局与中央局发行部双方商议已同意，并将该条约继续履行六个月，自本年一月起，至本年六月底止，为有效期间"③。简化邮递手续确保报刊顺利发行，以加大发行量。

红色邮政还根据革命形势和军事需求，在内部开展工作竞赛，实施防滞留措施，提升报刊寄递速度。1933年5月，邮政总局召开了第二次闽赣两省邮政局长联席会议，签订了闽赣两省邮局6—10月五个月的竞赛条约，并展开了工作竞赛④。为了保证邮政路线畅通无阻，苏区政府做好规划，避免邮件滞留。1937年7月，中央内务部在第二号通令中指示各地政府要训练渡口划夫，使其明确邮政工作的重要性，保证递信员随到随渡，如邮路通行遇到困难，地方政府要"尽可能的派武装护送，或者引导走小路过去，免致邮件停留"⑤，确保不延误报刊递送。这些举措对于提升报刊发行工作效率起到切实作用。据载，在五个月的军备竞赛后，平班与快班都能按时开班了，特快信件已普遍地达到了一日一夜超过一百八十里⑥。

苏区邮政通过制定报刊邮递优惠政策、简化邮递手续、开展工作竞赛和努力防止滞留等一系列措施，提高了邮政工作效率，报刊发行量显著增大。据不完全统计，自1929年1月到1934年10月近六年时间里，中央苏区的报刊总数应该在232种以上⑦，其中《红色中华》《青年实话》《红星》《斗争》等影响较大。以《红色中华》为例，出版频次越来越高，从创刊时每周一期，到三日一刊，再到后来每周出版三次，充分说明在苏区邮政的管理下，报刊发行措施到位，发行网络健全，发行速度也很快。就报刊发行量而言，"1931年底，《红色

① 《中央苏区文艺丛书》编委会：《中央苏区文艺研究论集》，武汉：长江文艺出版社，2017年，第191页。

② 同上。

③ 《中华苏维埃共和国邮政总局通知（第50号）》，《红色中华》1934年2月20日。

④ 《苏区职工运动：福建省邮务工人代表大会获得圆满成功》，《苏区工人》1933年1月15日。

⑤ 赵效民：《中国革命根据地经济史（1927—1937）》，广州：广东人民出版社，1983年，第381页。

⑥ 同上。

⑦ 陈信凌、邱世玲：《中国共产党新闻宣传实践框架的最早建构》，《新闻与传播研究》2021年第7期。

中华》创刊初期,每期仅发行 3 千份",但到 1933 年秋,"发行量猛增到每期 4 万多份","到 1933 年 1 月,《青年实话》每期发行量已达 3 万份"①,"1934 年 1 月,《斗争》只在江西苏区每期至少要销 27 100 份,《红星》17 300 份"②。这跟苏区邮递政策优化和邮工效率提高不无关系。

值得一提的是,邮政局不但发行报刊,而且有向群众宣传报刊内容的职能③。苏区邮政局设有"读报员",以一种喜闻乐见的方式让报刊内容真正走进群众的心中,承担起政治宣传的职能。每当报纸送达之际,苏区民众无不洋溢着喜悦之情,"牛儿吽,大门开,红衣邮差送报来,结果报来,忙拆散,红红绿绿真好看,'时刻准备着'五个字明显显"④,当时邮差送到报刊时的情形跃然纸上。

(三)红色邮政采取对敌斗争策略,确保报刊信息安全传递

革命报刊的内容往往涉及党的政治形象和战略部署,其安全传递至关重要,在敌对势力的紧密包围与战斗频繁的背景下,苏区邮政的通信任务意义重大而神圣。中共六届二中全会提出要"建立秘密发行路线",以便"在广大群众中间扩大推销党的机关报"⑤。面对国民党的通信封锁与苛刻的出版审查制度,红色邮政通过积极与敌人开展斗争,挫败了敌人的破坏和窃取行动,确保了报刊安全寄递,革命信息得到及时传播。

第一,苏区邮政创设了严格的邮政工作人员选拔体系。苏区政府规定各局的递信员应来自革命工农队伍,拥有良好的体魄与极高的政治觉悟,各地在招收邮工时要对此加以核实。苏区政府曾要求各级邮局在招收邮工时要积极吸纳"意志坚强、政治上稳定、艰苦耐劳、无半点反动嫌疑的精壮贫苦工农担任工作"⑥,并对行业准入门槛作出明确规定,对于来自外地邮工,"必定要有当地政府或群众团体担保,才能录用"⑦。此外,政治身份与身体素质上存在问题的人员一律不予录用,如"凡属富农、流氓、豪绅家属,以及有各种危险病症的人(如肺痨病、黄肿病等),一律不用"⑧。可见,苏区时期,文化知识并非选拔过程中的主要考量因素,相反,选拔机制更加重视候选人的政治忠诚、家庭背景以及身体素质等因素。

第二,苏区各级邮政局实行军事化管理,要求邮工参与军事化训练。为保障邮件安全

---

① 程沄:《江西苏区新闻史》,南昌:江西人民出版社,1994 年,第 161 页。
② 中共江西省委党史研究室等:《中央革命根据地历史资料文库·政权系统(8)》,北京:中央文献出版社,南昌:江西人民出版社,2013 年,第 1339 页。
③ 中共鹰潭市委党史资料征集办公室:《中共鹰潭地方史　第一卷(1926—1949)》,北京:中共党史出版社,2009 年,第 150 页。
④ 《时刻准备着》,《石叟资料》,1934 年。
⑤ 中国社会科学院新闻研究所:《中国共产党新闻工作文件汇编》(上卷),北京:新华出版社,1980 年,第 56 页。
⑥ 江西省档案馆:《湘赣革命根据地史料选编》(下),南昌:江西人民出版社,1984 年,第 265 页。
⑦ 《中华苏维埃临时中央政府内务部训令——整理苏维埃邮政统一组织统一办法》,《红色中华》1932 年 4 月 13 日。
⑧ 同上。

传递,"各级邮局工作人员要实行军事化,每人各自备武器一件(梭标或马刀)。各级邮局的工作人员,每天早上没有开班的或无事的都要下操"①。在运输过程中,苏区邮工要灵活跨越敌人封锁线,"有时派红军武装部队护送递信员打过去;有时则全凭递信员自己的武器冲过去;有时伪装成工人、商人、小贩乃至各种各样的人员,依靠群众掩护过去;有时则把邮件隐藏在犁里、箩里、毛竹或者柴草里,装作犁田、砍柴、背运毛竹或其他东西骗过去"②,保证邮件顺利穿过敌人的层层阻碍,确保革命报刊及时送达。

第三,苏区邮工以无畏牺牲的精神确保报刊安全递送。保证邮件安全递送是苏区邮政员工的职责所在,在战火纷飞的苏区,敌我势力针锋相对,邮政工作常常面临着极高的安全风险,但苏区邮政员工却总是能出色地完成任务。时任酃县苏维埃邮政局分局局长谢书林曾口述,"保证安全递送邮件是我们的职责。敌人对我们的邮政机构,恨得要死,怕得要命"③。为确保革命报刊的安全寄送,许多邮政工作者遭受了伤痛,甚至献出了宝贵的生命。1931年1月,驻上海党中央寄给河口镇石狗弄易春茂油漆店的《红旗周报》,被驻铅山县河口镇的国民党军队二十师师部在邮电检查中发现,因此,通讯站负责人、河石特支委委员傅冬狗(苟)同志被捕,并遭到敌人的严刑拷打,于当年2月17日在河口英勇就义④。像傅冬狗(苟)一样的邮工还有很多,他们为完成邮递任务而不惜献身。在战火拉锯的赤白交错区域,有的分局、所的邮工全部壮烈牺牲⑤。

正是由于苏区邮政人员勇敢开展对敌斗争,身体力行地践行着苏区革命精神,苏区报刊才得以顺利、安全地抵达人民群众手中,真正承担起政治宣传的媒介功能。

四、结语

中央苏区时期,作为信息传递的"红色驿站",红色邮政在革命战争环境下创建与发展面临重重困难。然而,在中共的正确领导和邮政人员的共同努力下,苏区红色邮政建立起了完善的邮政体系,发展了多元邮政业务,并开设了关怀民生的邮政服务,在促进报刊发行、加速信息传递和加强根据地建设、改善军民关系等方面发挥了独特的历史作用。尤其值得称道的是,苏区时期红色邮政承担了报刊发行的重任,红色邮政通过建立广泛的发行网络和制定邮资优惠政策努力扩大发行,并采取灵活的对敌斗争策略以确保报刊信息安全传递,将党的声音传递到了苏区的每一个角落,极大鼓舞了苏区广大军民的士气,为革

①　江西省邮电管理局邮电史编辑室:《苏区邮电史料汇编》(上),北京:人民邮电出版社,1988年,第229页。

②　中国人民政治协商会议江西省委员会文史资料研究委员会:《江西文史资料选辑》(第6辑),1981年,第73页。

③　中国人民政治协商会议湖南省酃县委员会文史资料研究委员会:《酃县文史资料》(第1辑),1987年,第51页。

④　江西省邮电管理局:《华东战时交通通信史料汇编　中央苏区卷》.北京:人民邮电出版社,1995年,第420页。

⑤　江西省邮电管理局邮电史编辑室:《苏区邮电史料汇编》(下),北京:人民邮电出版社,1988年,第54页。

命动员和营造"保卫苏维埃"的舆论氛围作出了卓著贡献。

　　与此同时，创建于战火纷飞中的红色邮政事业，彰显了中国共产党人艰苦奋斗的苏区精神，"艰苦奋斗是中国共产党的光荣传统，也是红色基因之根"，"艰苦奋斗红色因子彰显中国共产党的精神财富"[①]。因此，红色邮政事业不但对苏区革命时期的信息传播、文化教育和舆论动员具有不可替代的作用，而且对当下传承红色基因、传播红色文化也有很好的启示意义。

---

　　① 饶武元、罗邹贤：《红色基因熔铸中国共产党大党形象的多维表达》，《南昌大学学报》（人文社会科学版）2023年第5期。

全面抗战时期中共党报的群众
生活观建构研究

——以《新中华报》《解放日报》为中心*

赵佳鹏①

摘　要：全面抗战时期中共党报把"反映与指导"群众生活作为落实党性与群众性的关键。社会生活史视域下，以《新中华报》《解放日报》为代表的中共党报在物质生活、精神生活与社会交往层面均深刻影响着根据地群众的生活状态与心智结构，并在革命战争动员、乡村生活传统与社会进步诉求的张力中发展出"党员干部-群众""英雄模范-群众"和"群众-群众"的两级传播模式，构成了群众生活观建构中的重要话语逻辑。中共党报以权威身份下探到民众当中，以政治化的话语引领日常生活和思想观念更新的群众生活观建构，是中国共产党领导中华民族现代化转型的题中应有之义。在新型主流媒体全面参与为"人民对美好生活的向往"这一目标而奋斗的当代实践中，对中共党报的群众生活观建构作新闻史的考察，亦可提示其中宝贵的历史缘起与新闻工作经验。

关键词：群众生活观；《解放日报》；《新中华报》

作为坚持走群众路线的政党，中国共产党在革命、建设、改革的各阶段均认识到"关心群众生活""改良群众生活"的重要性，并在宣传、组织工作中加以落实。全面抗战时期，由于敌人的"扫荡"与国民党政府对根据地的封锁，对"群众生活"的关注不仅具有衣食住行等层面的社会生活史意义，也与根据地的政治、经济、文化建设一体两面，成为推进中共抗战史、党报党刊史深入研究的重要锁钥。同时，以1942年延安《解放日报》改版为标志，中国共产党新闻事业与理论进入日臻成熟的关键阶段，以社会生活史提供的广袤领域为视野，迎合中共党史研究新近的新革命史转向，在对近世中国社会转型之民间基础的关怀中对中共新闻事业展开研究，学理化地呈现作为媒介的中共党报与共产党宣传、组织工作及当时社会肌理之间的互动，兼具历史意义与时代价值，对于在新时

　　*　本文系国家社科基金青年项目"社会生活史视野下中共党报党刊的群众生活观建构研究（1927—1949）"（项目编号：22CXW004）的研究成果。

　　①　赵佳鹏，河南大学新闻与传播学院讲师，河南大学中国特色新闻学研究中心研究员，中国社会科学院大学政治传播研究中心兼职研究员。

代推进党媒满足人民群众对美好生活的期望亦可提供历史镜鉴。本文以全面抗战时期中共中央机关报《新中华报》《解放日报》为中心,运用知识社会学的理路探寻在特定的社会背景下相应的"群众生活观"得以凝聚的媒介因素,并借鉴新历史主义对新闻文本的认识进行分析,探寻文本与历史"互相渗透、相互融通的共构关系",对中共党报如何在革命战争动员、乡土生活传统和社会进步诉求的张力中建构群众的生活观念这一问题进行探究,以求教于方家。

一、媒介视域下群众生活观建构的历史面相

中国共产党成立后,"群众生活"便是其组织工作与宣传动员场景中的重要文本力量。尤其是 1929 年中共六届二中全会关于宣传工作的决议中提出"一切宣传工作"应"尽可能的群众化,与群众日常生活联系起来"之后①,对"群众生活"现实的反映与指导成为共产党宣传工作的重要准则。即使在党内"左"倾严重影响下新闻宣传经常出现"高谈阔论使人厌烦的宣传"②之时,毛泽东仍坚持呼吁要改良工作方法,关心"群众的穿衣问题,吃饭问题,住房问题,柴米油盐问题,疾病卫生问题,婚姻问题。总之,一切群众的实际生活问题"③。抗战爆发后,"改良人民生活"更在中国共产党发布的《抗日救国十大纲领》中占据显著地位。然而,"群众生活观建构"是一个较新的概念,它是随着 20 世纪 80 年代后社会生活史研究的成熟与新革命史研究的发展而逐渐成形的④。为了防止在新闻史研究中"以今律古",体现在本研究中即是以脱胎于近代城市市民生活的社会生活史框架去生硬地衡量中国共产党农村根据地的群众生活观,在此有必要先行揭示抗战时期"群众生活观建构"在陕甘宁边区等根据地建设发展中的历史面相。

在中央红军于 1935 年 10 月到达之前,陕甘宁地区已在刘志丹等中共领导人努力下创建了苏维埃政权。抗战全面爆发后,中国共产党在此正式组建陕甘宁边区政府,名义上成为国民政府序列的一个特别行政区,辖 31 个县(市)共 10 万平方公里,人口 150万。与此同时陕甘宁边区政府又保持了一定的独立自主权,得以在中国共产党领导下按照自己建立一个新民主主义国家的设想,对边区进行政治、经济、文化以及社会建设。陕甘宁边区(包括抗战期间开辟的晋绥、晋察冀、山东等抗日根据地)是在艰苦的自然环境与极为落后的社会条件下进行新民主主义建设的,地瘠民困、陈规陋俗、秩序混乱是这一区域的基本状态,尤其是抗战进入相持阶段后,国民党政府对边区政治上孤立、经

①　《中共六届二中全会宣传工作决议案》(1929 年 6 月 25 日),中国社会科学院新闻研究所:《中国共产党新闻工作文件汇编》(上卷),北京:新华出版社,1980 年,第 57 页。

②　《中央为转变目前宣传工作给各级党部的信》(1936 年 1 月 27 日),中共中央宣传部办公厅、中央档案馆编研部:《中国共产党宣传工作文献选编(1915—1937)》,北京:学习出版社,1996 年,第 1202 页。

③　毛泽东:《关心群众生活,注意工作方法》(一九三四年一月二十七日),《毛泽东选集》(第一卷),北京:人民出版社,1991 年,第 136—137 页。

④　赵佳鹏:《群众生活观建构:跨学科视域下中共党报党刊史研究的新路径》,《青年记者》2023 年第 18 期。

济上封锁、军事上摩擦不断。面对这一局面,只有"发动广大农民的积极性",将边区广大人民群众团结起来成为抗日前线的有力后盾。这种局面得以形成的前提则是边区广大人民群众的"觉悟"与"提高"。为此边区政府一方面投入大量精力推进国民教育事业,兴办小学教育、着力社会教育,力图在边区这块"文化教育的荒地"上"开出鲜艳的文化之花"①;各级宣传部门也将"研究与指导国民教育"②作为自身的使命之一,在"塑造新民"意义上试图使工农群众摆脱文盲状态与各种封建礼教及陈规旧俗的桎梏,为新民主主义社会与团结抗战前途塑造具有全新的社会价值取向、伦理道德规范和行为方式的模范公民。其中,陕甘宁等根据地社会教育的发展尤其为人称道,除了民教馆、夜校、补习学校、俱乐部等一般的社教组织,边区的秧歌队、读报组与冬学运动是这一时期最为活泼亮眼的社会教育形式。同时,边区的国民教育在服务抗战的原则下重视"知行合一","提倡生活教育,把教的、学的、做的统一起来"③,可谓在国民教育中进行"群众生活观建构"的显著表征。

　　另一方面,重建后的中共党报系统与宣传网络在"与实际结合,与群众结合"④的指导方针下,亦将"反映与指导"群众生活作为重要报道内容。《新中华报》《解放日报》等党报作为抗战文化战线上的主力军,确有教育和提高人民群众的职责,正如毛泽东在1942年5月延安文艺座谈会上对文教工作者所说的,"对于人民,基本上是一个教育和提高他们的问题"⑤,"依靠着人民的生活的海洋"的报刊须"使它发表出来的每一句话都有它存在的理由——包括一篇'副刊'上的文章,一首诗和一幅插画"都成为"人民的教科书"⑥。客观层面而言,党报在群众实际生产生活中能产生深刻影响的绝不止于通过《解放日报》和新华社所传达下去的"大政方针"及"党中央对各地工作的领导和指示",不止于直接具体地"告诉群众,自己起来同自己的文盲、迷信和不卫生的习惯作斗争"⑦,各地基层干部与工农群众在通过冬学、读报组等形式"听报"的过程中亦受到报纸上各种"边缘的、细微的、零碎的文本"⑧之耳濡目染,不仅包括"与群众生活密切联系"的工农通讯员所提供的反映各地群众在生产与学习运动中的具体描写与生动细节,也包括版面上的秧歌剧本、版画、诗歌等来源于群众生活又"比普通的实际生活更高,更强烈,更有集中性,更典型,更理想,

---

① 社论:《提高边区国民教育》,《解放日报》1941年10月4日。
② 《西北局宣传部的业务与分工》(一九四一年),中央档案馆、陕西省档案馆:《中共中央西北局文件汇集》(一九四一年),1989年,第293页。
③ 中共中央文献研究室:《毛泽东年谱(一八九三——一九四九)》(修订本)(中卷),北京:中央文献出版社,2013年,第137页。
④ 《改进我们的通讯社和报纸》,甘肃省社会科学院历史研究室:《陕甘宁革命根据地史料选辑》(第五辑),兰州:甘肃人民出版社,1986年,第750页。
⑤ 毛泽东:《在延安文艺座谈会上的讲话》,《毛泽东选集》(第三卷),北京:人民出版社,1991年,第872页。
⑥ 乔木:《报纸是教科书》,甘肃省社会科学院历史研究室:《陕甘宁革命根据地史料选辑》(第五辑),兰州:甘肃人民出版社,1986年,第35页。
⑦ 中共中央文献研究室:《毛泽东年谱(一八九三——一九四九)》(修订本)(中卷),北京:中央文献出版社,2013年,第549、554页。
⑧ 阎立峰、王璇:《能动的振摆:从新历史主义视野看新闻文本的历史性》,《新闻与传播研究》2018年第1期。

因此就更带普遍性"①的文艺作品。在此意义上,党报的群众生活观建构既发挥了服务于边区国民教育的"显功能",也在客观上发挥了"联系并影响"②群众生活观念的"潜功能",达成了主观动机与客观情形的契合。

具体到其内涵,需基于历史事实承认此时中共党报建构的群众生活观不可能脱离政治而单纯是"原教旨"的脱胎于城市研究的社会生活史内容。"革命的思想斗争和艺术斗争,必须服从于政治的斗争。因为只有经过政治,阶级和群众的需要才能集中地表现出来。"③黄道炫便认为中共根据地最大的特点"就是政治力量的观念、意识形态,随着组织的落地生根,逐渐弥散到根据地每一个人的日常生活中","使原本远离政治的日常生活,也具有了浓厚的政治色彩"④。因此报刊等文化事业"是反映政治、军事、经济的,同时又是指导政治、军事、经济的"⑤,群众生活观之建构便是在根据地政治、经济、文化建设的进行曲中捕捉其在群众生活观念层面的烙印,而非去政治、去经济、去文化、去军事的。其外延涵盖根据地群众的衣食住用、柴米油盐等物质基础,健康卫生、体育锻炼等身体议题,婚丧嫁娶等风俗习惯,休闲娱乐等精神需求及变工互助、读报、开会等各种社会交往行为,概言之,即广大人民群众关于自身日常生活的整体观念与心智状态。

二、中共党报群众生活观的类型及历史内容

1944年8月,毛泽东在同边区劳动英雄吴满有交谈时提及,"陕甘宁边区的农村要在几年里做到:每家余一年粮,拴一犋牛,扶育一百棵树,建一个厕所,掏一口井,每人还要识一千个字,而且每乡要有一个合作社,一个铁匠炉,一个民办小学,一个医务所,一个秧歌队……大家都要过丰衣足食、健康快乐的生活"⑥。作为"无产阶级的革命的功利主义者",毛泽东在这一席谈话中为边区群众描绘的生活愿景无疑"是以占全人口百分之九十以上的最广大群众的目前利益和将来利益的统一为出发点的"⑦。上述蓝图虽以一个个具体的日常生活场景或设施来描绘,但基本完整体现了当时党报引领的群众生活观的各方面理念,这些元素也基本来自抗战期间共产党在边区发动的一系列群众运动,如生产运动(开荒、运盐、节省)、学习运动(冬学、读报组、消灭文盲运动)、卫生运动、合作互助运动、拥军运动等。这些运动既具有政治动员、服务抗战的性质,也深刻形塑着边区群众物质生

①　中共中央文献研究室:《毛泽东年谱(一八九三——一九四九)》(修订本)(中卷),北京:中央文献出版社,2013年,第381页。

②　《中宣部为改造党报的通知》(1942年3月16日),中国社会科学院新闻研究所:《中国共产党新闻工作文件汇编》(上卷),北京:新华出版社,1980年,第127页。

③　毛泽东:《在延安文艺座谈会上的讲话》,《毛泽东选集》(第三卷),北京:人民出版社,1991年,第866页。

④　黄道炫:《中共抗日根据地的日常生活》,《抗日战争研究》2020年第1期。

⑤　中共中央文献研究室:《毛泽东年谱(一八九三——一九四九)》(修订本)(中卷),北京:中央文献出版社,2013年,第502页。

⑥　同上书,第540页。

⑦　毛泽东:《在延安文艺座谈会上的讲话》,《毛泽东选集》(第三卷),北京:人民出版社,1991年,第864页。

活、精神生活与社会交往等方面的日常生活观念。

（一）"人财两旺"：群众生活的物质基础层面

"改良人民生活"最直接的体现是群众物质生活水平的提升。边区政府自成立之时便大力发展生产，1938 年末抗战进入相持阶段后，根据地经济建设更为中共所侧重，"改善群众生活，确保战时经济自给"成为各根据地工作的中心。《新中华报》响应中央发起生产运动之号召，特设"生产运动"专栏，报道延安各机关单位及边区广大群众的劳动热潮。1940 年 9 月，毛泽东指出"要把经济建设当作党与民众团体整个工作的中心，边区党委和政府工作的中心"[①]。《解放日报》针对"我们的群众习惯把劳动叫做'受苦'，轻视劳动"的情况，在社论中呼吁"建立劳动的道德观念，把劳动看做光荣的事"[②]，并把改造各地农村的"二流子"、督促"二流子"参加生产作为重要内容。在褒奖各地劳动英雄与生产模范、营造"劳动神圣"[③]与"群众坚决反对二流子"[④]的舆论气氛中，党报以大量篇幅反映开荒突击、生产竞赛、春耕秋收、参加运盐、妇女纺织等具有典型性的群众生产生活；同时不忘"节流"与"开源"并重，在通过社论强调"厉行物质生活的节约"[⑤]之外，亦以边区银行"有奖储蓄"[⑥]等广告版面鼓励群众节省节约。另一方面，党报亦适当地反映群众"丰衣足食"的具体事实，如运盐群众获利后购买牛、布、棉、油等货物，"一家人也就很好过日子了"[⑦]，留政人员参加生产劳动显著改善自身伙食，"每人每月吃肉二斤六两"[⑧]，进一步提高民众的抗战积极性和生产热忱的同时[⑨]，也为上述物质生活观念的建构提供了合法性。

正如边区老百姓所希冀的"人财两旺"，生产发展、经济改善的同时，"人"自身也是群众生活的物质基础之一，"是一切的先决条件"，与其密切相关的是卫生防疫与体育锻炼等观念。每年春夏疫病流行风险加剧之时，党报均通过社论强调边区卫生工作的开展，屡次重申"预防第一"的口号外[⑩]，也包括具体地呼吁"扑灭当前的大敌——苍蝇"[⑪]，以"使全体军民对卫生运动有自觉的注意，养成良好的卫生习惯，配合着物质生活的改善"，只有"健

①　中共中央文献研究室：《毛泽东年谱（一八九三——一九四九）》（修订本）（中卷），北京：中央文献出版社，2013年，第 209 页。

②　社论：《建立新的劳动观念》，《解放日报》1943 年 4 月 8 日。

③　《劳动英雄济济一堂　本市举行生产总结给奖动员大会》，《新中华报》1940 年 3 月 26 日。

④　《志丹朱永禄马海旺等受奖》，《解放日报》1943 年 5 月 8 日。

⑤　霍维德：《厉行物质生活的节约》，《解放日报》1942 年 12 月 20 日。

⑥　《陕甘宁边区银行有奖储蓄　最高者得一万元》，《解放日报》1941 年 9 月 27 日。

⑦　《农民利用农闲运盐　获利买耕牛改善生活》，《解放日报》1943 年 2 月 24 日。

⑧　《留政生活改善　肉食超过标准》，《解放日报》1943 年 5 月 21 日。

⑨　社论：《适当地改善人民生活》，《新中华报》1940 年 8 月 16 日。

⑩　《两大中心任务下的卫生工作》，甘肃省社会科学院历史研究室：《陕甘宁革命根据地史料选辑》（第五辑），兰州：甘肃人民出版社，1986 年，第 16 页。

⑪　社论：《扑灭当前的大敌——苍蝇》，《新中华报》1941 年 4 月 13 日。

全自己的身体,才能担当起抗战建国的大业"①。除了及时报道各地疫病流行状况、各机关单位举行清洁大扫除或卫生检查工作、"战斗性群众化"的体育运动、各地禁吸鸦片烟等情况,《解放日报》自 1941 年 11 月 24 日起基本每隔一月在第四版推出"卫生"专刊,普及疾病预防、健康饮食、战时急救、个人清洁、妇婴卫生等知识,还通过"问答"专栏解答民众关于医药卫生的各种困惑,在与传统封建观念的交锋中树立科学的权威。其中该报尤为注意妇婴群体的卫生保健意识,除了报道边区各地推行放足运动,为受封建压迫的妇女"解除小脚的痛苦"②,还针对边区妇女由于贫穷和缺乏文化"整年不洗澡""养娃娃是坐在灰土上养,也不洗洗"致使"小娃娃死亡率很高,影响到老百姓家庭人丁不旺"的情况③,广泛宣传新式接生及育婴知识,从"怀娃娃的道理""孕妇的卫生""娃娃的衣服和脐带布的准备""接娃娃时要注意的几件事"到"怎样照顾娃娃""产妇产后一月内的休养"④,俾使在当时"生产节约,自卫备荒"的号召下减低儿童死亡率,节省乡村农家经济负担,增强边区生产和抗战力量。

(二)"政治文化水平的提高":群众精神生活层面

1942 年毛泽东在为中共中央西北局高干会议所做的书面报告《经济问题与财政问题》中称,目前的工作"就是领导人民发展生产,增加他们的物质福利,并在这个基础上逐步提高他们的政治觉悟和文化程度"。在坚持群众观点的作为"革命的功利主义者"的共产党人看来,精神生活的提高与物质生活的满足都是群众生活观的重要构成,并不是只有"仓廪实"之后才能"知礼节","衣食足"之后才能"知荣辱",二者不可偏废。抗战初期,毛泽东便指出"陕甘宁边区今后须注重经济建设和文化建设",至 1942 年重申在目前陕甘宁边区的条件下,中心工作"确确实实地就是经济工作与教育工作,其他工作都是围绕着这两项工作而有其意义"⑤。为服从于提高群众政治觉悟与文化水平的目的,党报的群众生活观建构在精神生活层面遭遇的问题便是边区群众的文盲与普遍的封建迷信状态,为服务于提高群众政治觉悟与文化水平的目的,党报要引导群众参加正当、健康的民间娱乐活动。

在 20 世纪 40 年代的中国农村识字率低是普遍的状态,尤其在共产党统治的广大农村根据地,"老百姓差不多都是文盲,文化非常低,一百个人只有个把人识字",陕甘宁边区的"华池、曲子那些地方更糟,两百个人里面才找得出一个识字的"⑥。即使是作为陕甘宁边区

---

① 社论:《把卫生运动广泛地开展起来》,《新中华报》1939 年 4 月 7 日。

② 《解除小脚的痛苦 民厅下令禁止缠足》,《新中华报》1939 年 8 月 11 日。

③ 李卓然:《陕甘宁边区历史》,中央档案馆、陕西省档案馆:《中共中央西北局文件汇集》(一九四四年),1989 年,第 472 页。

④ 《妇孺卫生常识讲话》,《解放日报》1944 年 9 月 16 日。

⑤ 中共中央文献研究室:《毛泽东年谱(一八九三——一九四九)》(修订本)(中卷),北京:中央文献出版社,2013 年,第 102、420 页。

⑥ 李卓然:《陕甘宁边区历史》,中央档案馆、陕西省档案馆:《中共中央西北局文件汇集》(一九四四年),1989 年,第 469 页。

基层管理主导力量的三万余县乡党员中,"纯文盲占了 76.81%,稍识字的在实际上也仍是没有消灭了文盲,所以文盲实际上是占 92.75%"①。因此扫除文盲,在群众"脑筋中竖立起一个以不识字为耻辱的深刻的观念"②成为此时党报建构群众生活观的重要内容,亦是当时"国防教育的重要环节"。1939 年 4 月 19 日《新中华报》刊登了毛泽东"为消灭文盲而斗争"的题词,并配发社评《为扫除三万文盲而斗争》,"从提高民众的文化水平入手,来更进一步的提高民众对抗战的认识"。随着边区小学教育、冬学运动、识字运动等的开展,反映群众热烈参与学习与识字的生活场景成为党报边区版的重要内容,如:赤水县民众积极参加夜校,"三百多个模范学员认到二百多字",常在田野间、大路边看到"民众谈论国家大事"③;左权县一牧童"每日清晨先请教师写四五个生字,上山后一面放牛,一面识字,晚上归来参加冬学"④;盐池区一老汉在农闲时用念唱本等方法"把全家大人娃娃聚在一起,然后教念书识字"⑤;鄜县陈长安村丁保山领导的识字组不仅在农忙时不间断学习,女的比男的还活跃,"她们午饭后很快地集拢来,坐在大树下等教员"⑥。诸如此类,通过报道群众积极参加识字的典型场景,反映出广大群众在精神追求层面"已经改造或正在改造自己"的过程。

老百姓的文盲状态是过去统治阶级长期推行愚民政策造成的,而用来欺骗和麻醉老百姓的封建迷信更是群众精神生活层面的一大毒瘤。陕甘宁边区的老百姓亦"迷信很深","他们都相信有鬼神,相信天命,认为生、死、穷、富都是由天命注定的,鬼神可以给人祸福。于是生病就请巫神,天旱就求龙王,种庄稼敬土地……想生育求娘娘"⑦,仅"延市东关一个乡一百四十九户四百余人,就有巫神三个。如果以此类推,全边区巫神还有一个相当大的数目"⑧。可见,封建迷信不仅在精神上麻醉群众,更可能毒害其实际生活:降低群众生产热情,使其甘于贫困,生病后寻求巫神而耽误治疗等,其中为害尤烈者乃迷信思想对群众"不卫生"这一恶习的影响。因此无论从解放群众思想层面还是从实际功利层面考虑,"打倒迷信"都是中共党报群众生活观建构过程中的不二选择。《解放日报》深知"边区虽经民主建设数年,但数千年的不良风俗习惯,尚非一朝一夕所能完全革除"⑨,因此着力反映边区"破除迷信改革风俗"的改造过程。一方面通过揭露各处群众看病"迷信巫神弄得家破人亡"⑩,巫神实际并无"神力",反而"自己心里明白,不请医生不吃药是好不了

①　《西北局组织部关于整顿农村支部工作问题材料》(一九四五年四月十三日),中央档案馆、陕西省档案馆:《中共中央西北局文件汇集》(一九四五年),1989 年,第 217—218 页。

②　《广泛开展冬学运动》,《新中华报》1940 年 10 月 6 日。

③　《赤水二万四千人口　三千余人参加了识字》,《新中华报》1939 年 7 月 18 日。

④　《太行冬学　全部开课》,《解放日报》1942 年 12 月 30 日。

⑤　《盐池二区五乡　文教工作活跃》,《解放日报》1944 年 9 月 6 日。

⑥　《鄜县大升号区　群众识字运动展开》,《解放日报》1944 年 10 月 1 日。

⑦　李卓然:《陕甘宁边区历史》,中央档案馆、陕西省档案馆:《中共中央西北局文件汇集》(一九四四年),1989 年,第 470 页。

⑧　社论:《开展反对巫神的斗争》,《解放日报》1944 年 4 月 29 日。

⑨　《破除迷信改革风俗　设意见箱广征民意》,《解放日报》1941 年 6 月 26 日。

⑩　《本市白家坪巫神杨汉珠　伤害人命判处徒刑》,《解放日报》1944 年 4 月 29 日。

的"①等大量巫神骗人事迹,使"老百姓逐渐认识巫神是骗人的"②。另一方面反映"迷信被打破了"的群众"全家讲卫生不信巫神"③,卫生模范村"破除迷信相信医药"④,以及各地举行反巫神大会、捣毁神像、组织巫神参加生产、"把巫神变成好劳动"等事例⑤,来阐明"在新民主主义社会里,不能容许巫神这种'职业'公开地或秘密地存在"⑥,推动群众"改变着面目,也改变着脑筋"。

与此同时,"民间的各种娱乐,大抵都是同迷信的节日联系着的"⑦。配合着迷信被打倒,党报积极引导提倡群众参与正当的民间娱乐。大致包括两种形式。其一是娱乐晚会、各类展览会、电影及民教馆、俱乐部等服务于群众的新式文娱。一些文娱活动的预告信息是《解放日报》等党报新闻栏的内容之一,如:延安民教馆将开办阅览室,并"经常举行娱乐晚会"⑧;延安南区俱乐部"为活跃南区居民生活,拟成立南区合唱团"⑨;文化俱乐部中秋节将"举行音乐歌舞晚会"⑩;等等。尤其是这一时期边区各地开展了内容多样的展览会,包括美展、卫生展览、工农业展览、生产展览、文教展览等,均有"观众拥挤""群众交口称赞""极惹起群众之注意"之效。其二是秧歌、社火、戏剧、歌曲等承载"新内容"的"旧形式"。由于"旧艺术与群众不可忽视的历史联系","在群众中扶植新力量的生长和诱导旧力量的转变"是文艺工作都要重视的方向,"凡能正确表现新内容的形式"都应"得到发展和改造"⑪。同时共产党宣传鼓动"通俗化、大众化、民族化"的工作方针,也特别"注意戏剧歌咏等等的活动"⑫。从党报上不仅可看到平剧、秦腔、话剧等艺术剧团、文工团"公演"的信息,也有大量各地群众自己成立业余剧团、自乐班、秧歌队、麒麟花鼓等发挥自己创造力的"乡村文艺",以及群众在山沟田野生产间隙"唱的救亡歌曲",而其主题则几乎皆为宣传反巫神、拥军、抗战、开荒生产、科学"养娃娃"等与边区经济文化建设密切相关的"新内容",总之"文化娱乐活动在边区是惊人的普遍了"⑬。尤其是1944年春节在群众中宣传拥军与拥政爱民活动,因"内容形式革新获得观众赞美"⑭的秧歌大放异彩,《解放日报》大

---

① 史俊英:《巫神病了》,《解放日报》1944年10月26日。

② 《延县府破除迷信　请医生替群众看病》,《解放日报》1943年11月27日。

③ 《规定节省迷信品》,《解放日报》1944年4月29日。

④ 《杨家湾当选卫生模范村》,《解放日报》1944年6月30日。

⑤ 《组织巫神参加生产》,《解放日报》1943年5月23日;《尹区长教导有方　把巫神变成好劳动》,《解放日报》1944年5月28日。

⑥ 社论:《开展反对巫神的斗争》,《解放日报》1944年4月29日。

⑦ 《神府县八个自然村的调查》,中央档案馆、陕西省档案馆:《中共中央西北局文件汇集》(一九四三年)(一),1989年,第432页。

⑧ 《延市民教馆新建馆址加强民教工作》,《新中华报》1939年9月26日。

⑨ 《延市点滴》,《解放日报》1941年6月5日。

⑩ 《市县简讯》,《解放日报》1941年10月4日。

⑪ 《关于发展群众艺术的决议》,甘肃省社会科学院历史研究室:《陕甘宁革命根据地史料选辑》(第五辑),兰州:甘肃人民出版社,1986年,第518页。

⑫ 中国社会科学院新闻研究所:《中国共产党新闻工作文件汇编》(上卷),北京:新华出版社,1980年,第92页。

⑬ 康濯:《晋察冀边区的乡村文艺》,《解放日报》1943年6月1日。

⑭ 《安塞群众在春节中组织秧歌三十余队》,《解放日报》1944年3月12日。

力称赞这一由"群众、工厂、部队、机关、学校组织起来的、带着业余性质的"娱乐形式"取得了它在新艺术中应有的地位",开创了"表现新的群众的时代"①。

(三)"组织起来":社会交往层面

群众的社会交往观念,其实质体现的是对人与人之间,自身与所处的家庭、集体之间关系的认知。为服务边区生产与抗战,中共在这一时期针对生产运动明确提出把群众"组织起来"的口号,"把一切老百姓的力量、一切部队机关学校的力量、一切男女老少的全劳动力半劳动力,只要是可能的,就要毫无例外地动员起来,组织起来,成为一支劳动大军"②。在抗战时期各根据地中心工作"确确实实就是经济工作与教育工作"的现实条件与"通过生产去组织教育群众"这一"群众观点"下③,中共党报的群众生活观建构已将"组织起来"口号的精髓——集体主义贯彻于群众社会交往的各个方面,除了经济生产上的"变工互助"与各类合作社运动,还涉及参加群众大会、读报组、拥军慰劳等集体生活,以及体现"民主化、合作互助、节约"精神的"新式家庭"。

首先,家庭是形塑人与人关系的重要单位,是个体社会交游的起点。封建式大家庭对内禁锢个体,对外也是造成中国社会"一盘散沙"的主因。对于主张"把家庭改造与群众运动联系起来","提倡'走出家庭'与'巩固家庭'两重政策"的中共而言④,反映并指导"光荣的抗战的家庭"在边区的建立成为党报为群众建构"新式家庭"观念的手段。其一,"新式家庭"的基础是妇女解放与民主的成员间关系。《解放日报》的边区新闻通过刊登反映婚姻自由、妇女参加学习生产、妇女离婚申诉等方面的社会新闻,如"一个十一岁的儿媳妇竟懂得控告婆家,被大骂的老婆敢于坚决要求离婚"⑤,加之"中国妇女"专版的理论性延展,"说明着边区的妇女已认识了自己的权利"。有此基础,"三十六口的大家庭"亦能遇事商讨,"有民主和自我批评"⑥。其二,"新式家庭"的鲜明特征便是冲破家长制度的阻碍,"家庭和睦、经济繁荣,互助精神高涨","在生产上家庭内部精细分工,努力节约","从上到下,从人力到物力,从生产到消费,都'组织起来'了"⑦。由此观之,在家庭改造与群众运动相联系的方针下,个体唯有"不断地走出、不断地巩固"家庭,才能"组织起来,先由家庭组织作为第一步,再成为互助组,以户至村、全区、全县"⑧。

其次,中共作为无产阶级政党自诞生后就致力于培养"无产阶级群众的阶级精神及阶

---

① 周扬:《表现新的群众的时代》,《解放日报》1944年3月21日。

② 毛泽东:《组织起来》(一九四三年十一月二十九日),《毛泽东选集》(第三卷),北京:人民出版社,1991年,第928页。

③ 《崔田夫同志任边抗联主任》,《解放日报》1943年5月18日。

④ 中共中央文献研究室:《毛泽东年谱(一八九三——一九四九)》(修订本)(中卷),北京:中央文献出版社,2013年,第541页。

⑤ 康明:《离婚的申诉——安定妇女生活底一角》,《解放日报》1941年7月16日。

⑥ 《吴旗张彦楼大家庭　遇事商讨互相批评》,《解放日报》1944年10月20日。

⑦ 社论:《发扬根据地新式家庭》,《解放日报》1944年8月25日。

⑧ 吴殿申:《襄垣李来成的新式家庭是怎样建立的》,《解放日报》1944年8月9日。

级意识"①，而倡导群众"合作互助"就是重要举措之一。在中央苏区时期，《红色中华》等党报在组织战争后勤、动员群众在日常生活中以各种义务劳动巩固苏维埃建设、引导群众加入各种"合作运动"的过程中已注意建构群众的集体主义精神观念。抗战时期，中共将这一"江西经验"与各抗日根据地当地的"变工""札工""唐将班子"等传统的劳动互助形式相结合，在生产运动中大力号召群众进行变工互助，组织各种形式的合作社，在自愿原则下"把绝大多数人民都组织到经济的文化的卫生的合作运动中去"，以实现"从个体劳动到集体劳动"的观念转变②。尤其在 1942 年初政府提出"发扬合作精神、扩大合作力量"的总精神之后③，《解放日报》大量报道边区各地群众自愿集股，踊跃参加生产（纺织、油坊）、消费、运输（运盐、脚店）、卫生、信用等各种合作社的情形，以及群众之间、群众与机关人员之间变工互助，"共同种地、纺织、闹生意、管家务，分工合作，全部生活打成一片"④的生产生活状态，甚至不少村庄将"人人生产互助""团结和气、互相帮助"列入村民公约⑤。

此外，引导群众参加丰富的集体化生活，是党报建构群众社会交往观念的另一方式。出于政权建设与抗战动员等需要，"开会"成为这一时期各根据地传递时事消息、贯彻党的政策的重要手段，并嵌入群众的日常生活⑥。中共党报通过对各地群众大会、纪念集会与读报组等的报道与"民众扶老携幼踊跃赴会"的场面的描绘，引导并建构着民众对集体化社交生活观念的认同。这种集体化社交生活大致包含：一是政治与抗战动员类的群众大会，如生产动员、减租动员、劳动英雄奖励（群英会）、拥军慰劳、讨汪反内战、军民联欢、卫生与反巫神、公祭悼念等；二是节日纪念类的群众集会，如逢五一国际劳动节、五四青年节、儿童节、七七抗战爆发纪念日、十月革命纪念日等举行的集会。这两类群众集会规模大，动辄"万人盛会"⑦，各区各乡的老百姓，"男的、女的，扶着拐杖的老妈妈，牵在手里的小娃娃，连穿着红棉袄满头带花的新娘子也来参加了"⑧。三是村庄或单位内部的读报组集会。这一时期，"把村子里所有能看懂报的人组织起来编成读报小组"⑨成为边区各地的普遍情形。这种最初主要面向不识字群众以开展党报宣传为目的的"集体化阅读"，在抗战时期成为中共组织、教育群众的另一重要手段，其对作为"读者"或"听众"的群众的影

---

① 《党内组织及宣传教育问题议决案》（1923 年），中国社会科学院新闻研究所：《中国共产党新闻工作文件汇编》（上卷），北京：新华出版社，1980 年，第 13 页。
② 中共中央文献研究室：《毛泽东年谱（一八九三——一九四九）》（修订本）（中卷），北京：中央文献出版社，2013 年，第 425、476、527 页。
③ 《合作社主任会议闭幕　高厅长指示今后方针》，《解放日报》1942 年 2 月 9 日。
④ 《绥德新店村　发现模范变工队》，《解放日报》1944 年 4 月 22 日。
⑤ 《田二鸿领导居民　建立优良村风》，《解放日报》1943 年 4 月 13 日；《志丹村民公约　人人生产互助》，《解放日报》1944 年 1 月 11 日。
⑥ 杨帆：《以组织之名：1940 年代山东根据地"开会"的宣传动员机制》，《国际新闻界》2022 年第 10 期。
⑦ 《三边民众万人大会》，《解放日报》1943 年 7 月 22 日；《葭县白云山万人盛会上进行民主卫生宣传》，《解放日报》1945 年 6 月 8 日。
⑧ 《四乡民众汇聚一处　安塞举行讨汪大会》，《新中华报》1940 年 2 月 21 日。
⑨ 《北岳群众热爱报纸》，《解放日报》1943 年 9 月 12 日。

响不仅是在"思想、知识"层面,也是在"实践、关系"层面①。如《解放日报》上"模范"的延安马家沟读报组每每开会,"全村男人、女人、老年、儿童到了五十多人",对于村民不仅是调剂生活、识字学习文化的一种方式,也是"使全村人更团结互助、提高生产、改进风俗的最好教育的学校","成为团结全村的中心"②。

三、"团结自己":中共党报群众生活观建构的话语逻辑

在社会生活史视野下回看《新中华报》《解放日报》围绕抗战时期边区的各种群众运动的报道,可以看到它们在物质生活层面、精神生活层面和社会交往层面对群众生活观内容的建构。然而"假使说变革社会是一件艰巨的工作,那末不难想象,改造人的意识更是一件艰难的工作"③,上述群众生活观内容的宣传能否确实"深入群众",让群众能够突破各种封建传统旧习的束缚而信服,仍有赖于中共党报在政策与民众之间的"居中调节"。因为民众生活实态并不如宏大架构下简单化的"挥手"和"跟随"关系,"他们对共产党及其政权的了解以及建立联系的过程,同样不是一拍即合的"④。中央苏区时期一些"动员""号召"几与"强迫"无异的过"左"的宣传"在群众中造成严重影响"⑤,在这样的经验教训下,尤其是在延安整风时期《解放日报》改版的工作要求之下,党报更加注意在"分别群众觉悟程度"⑥的基础上展开群众生活观的建构。在抗日战争"团结全国人民战胜日本帝国主义"的语境之中,中共党报群众生活观建构的逻辑起点在于"团结"一语。1940 年 2 月 7日,毛泽东为《新中华报》改为中国共产党机关报一周年而写的纪念文章即题为《强调团结与进步》;1941 年 5 月 16 日,延安《解放日报》发刊词申明"团结,团结,团结,这就是我们的武器,也就是我们的口号"。凡此种种,无不反复强调"团结"的重要性。那么,团结的对象为谁?不仅包含抗日民族统一战线中的各方政治力量,也包含党群关系视角下作为共产党依靠力量的"人民群众"⑦。具体到陕甘宁边区及各根据地,中共党报成为中国人民解放斗争中文化战线上"团结自己、战胜敌人必不可少的一支军队","团结人民、教育人民"使其"同心同德"的有力武器⑧,"团结"奠定了群众生活观建构的重要逻辑起点。为通

① 向莲君:《汇聚与联结:中共革命年代的集体阅读(1921—1949)》,《新闻春秋》2024 年第 2 期。

② 《安塞马家沟读报组成为团结全村的中心》,《解放日报》1944 年 5 月 15 日。

③ 《边区政府一年工作总结》,甘肃省社会科学院历史研究室:《陕甘宁革命根据地史料选辑》(第一辑),兰州:甘肃人民出版社,1981 年,第 383 页。

④ 李金铮:《再议"新革命史"的理念与方法》,《中共党史研究》2016 年第 11 期。

⑤ 杨奎松:《中间地带的革命——中国革命的策略在国际背景下的演变》,北京:中共中央党校出版社,1992年,第 266 页。

⑥ 《中共中央为转变目前宣传工作给各级党部的信》(1936 年 1 月 27 日),中国社会科学院新闻研究所:《中国共产党新闻工作文件汇编》(上卷),北京:新华出版社,1980 年,第 84 页。

⑦ 蒋维兵:《党群关系研究中的群众概念分析——一种马克思主义群众观的视角》,《甘肃理论学刊》2011 年第5 期。

⑧ 毛泽东:《在延安文艺座谈会上的讲话》(一九四二年五月),《毛泽东选集》(第三卷),北京:人民出版社,1991年,第 847—848 页。

过群众生活观建构将人民群众团结起来,增强群众对相关"宣传解释"的信服力,将其"化为群众的意见,使群众坚持下去,见之于行动"①,中共党报在"从群众中来,到群众中去"的马克思主义认识论影响下逐渐形成了"党员干部-群众""英雄模范-群众"与"群众-群众"的两级传播模式,这构成了群众生活观建构中的重要话语逻辑。

(一)"党员干部-群众"模式

这一模式的应用体现在中共党报经常通过报道党员干部及其家属在群众运动中积极响应的事例,以期在生活观念层面起到引领示范效应。这一模式的形成是党报媒介属性与中共干部教育政策双重作用的结果。一方面,一般的党报都是以干部为主要对象,《新中华报》《解放日报》就是"主要面向群众的带头人——干部说话,特别是面向中高级干部说话"的②。尤其在边区老百姓包括基层干部文盲率较高的现实条件下,"为干部,也完全是群众。因为只有经过干部才能去教育群众、指导群众"③。另一方面,对党员干部的教育是全面抗战时期中共中央特别注意的问题,尤为注重使基层干部认识党与群众的正确关系,"共产党员是群众的先生,又是群众的学生","是群众的儿子,又是群众的政治领袖",党领导群众不是用命令,更不是用强迫,而是依靠共产党员政治上的模范作用,依靠在群众中艰苦的教育与组织的工作④。为此共产党规定《新中华报》"边区评论与消息,必用心看"⑤,"党员干部必须阅读"《解放日报》等党的刊物文件,并将其列为检查各级党委工作的标准之一⑥。1942年《解放日报》改版确立"全党办报"的方针之后,"帮助和利用《解放日报》的工作"尤其是"组织和帮助各地党员干部经常读党报及实际响应党报的号召"成为各地党委的"经常业务之一",以"有系统的利用党报来指导自己地区的工作",使其"对于边区工作更能起'集体的宣传鼓动者和集体组织者'的作用"⑦。

在"党员包括党的高级领导干部也是人民群众的一员"⑧这种马克思主义群众观的党群关系之下,通过报道党员干部的身先士卒进而对群众产生"影响"与"推动"效果,成为党

---

① 毛泽东:《关于领导方法的若干问题》(一九四三年六月一日),《毛泽东选集》(第三卷),北京:人民出版社,1991年,第899页。

② 胡绩伟:《办一张人民群众喜闻乐见的报纸——回忆延安〈边区群众报〉》,《新闻研究资料》1985年第1期。

③ 毛泽东:《在延安文艺座谈会上的讲话》(一九四二年五月),《毛泽东选集》(第三卷),北京:人民出版社,1991年,第863页。

④ 《西北局给延安县委的一封信——关于检查区乡级干部工作问题》(一九四一年五月),中央档案馆、陕西省档案馆:《中共中央西北局文件汇集》(一九四一年),1989年,第17页。

⑤ 《边府关于学习问题致专员县长信》,《新中华报》1940年12月15日。

⑥ 《西北局关于党员干部必须阅读的党的刊物文件的规定》(一九四一年五月五日),中央档案馆、陕西省档案馆:《中共中央西北局文件汇集》(一九四一年),1989年,第2—3页。

⑦ 《西北局关于〈解放日报〉工作问题的决定(一九四二年九月九日中共西北中央局通过)》,中央档案馆、陕西省档案馆:《中共中央西北局文件汇集》(一九四二年),1994年,第188—190页;《西北局关于〈解放日报〉几个问题的通知》(一九四三年三月二十日),中央档案馆、陕西省档案馆:《中共中央西北局文件汇集》(一九四三年)(一),1994年,第140—143页。

⑧ 蒋维兵:《党群关系研究中的群众概念分析——一种马克思主义群众观的视角》,《甘肃理论学刊》2011年第5期。

报建构群众生活观的话语逻辑。如在推动群众生产积极性方面，通过报道"机关人员全部上山开荒"、杨家岭机关"全体女同志热烈动员生产节约"等，让"老百姓看见政府在种地，就起了劲"，"再不多种还等啥呢"①。在推动群众树立识字、读报观念方面，一些仍是文盲的基层干部的转变也有重要示范效应，如反映陇东"模范女党员杨生荣响应党的号召努力认字"，盐池乡文书杨万义"刻苦自修，现已能读报写稿"等，以达到"干部读报推动群众，群众读报推动生产"的效果。此外，促使干部加强对本人亲属的教育，"提高干部家庭在群众中的威信"，是在群众中更有说服力的做法。因为在边区一些干部虽常对群众宣传卫生、识字、破除迷信，但自己的家庭却"不太卫生，生产不好，也不识字，有时还请巫神"，必然"失掉对群众宣传的力量"②。因此在"干部家属也要组织起来"的号召下，党报对于体现党员干部响应政府政策教育家属的生活实态也大加刊布，如延安县盘龙区二乡指导员申常林"动员兄弟女人上冬学"③，共产党员家属冯桂英积极开展纺织，带领千百个妇女"正以纺织收入改善他们的家庭和自己的生活"④等，力图使新的群众生活观"通过共产党员深入到群众中"。

（二）"英雄模范-群众"模式

此处的"英雄模范"是生产运动评选的"劳动英雄"与整风运动评选的"模范工作者"的简称，乃各行各业中表现突出且获得政府认证者，而非单纯在修辞意义上使用。作为中共一项重要的政治仪式，典型人物英雄化或先进化在中央苏区时期已有不少运用，评选与奖励英雄模范的政策随着中共中央扎根陕甘宁边区而得以继续。在这一时期，英模评选活动大致可分为三个阶段⑤：

1938 至 1940 年为酝酿期。为配合大生产运动的兴起，边区政府开始奖励与宣传生产模范，并在两届工农业博览会上奖励 3 000 余人为英模。此时"英雄模范"话语很大程度上仍作为一种修辞，与党员干部群体的模范带头等话语混用，如"我们希望每个共产党员"，"一切机关一切学校一切部队，以自己的劳动模范作用，去推动与发展广大人民的劳动热忱"⑥。由于此阶段党报对英模话语的使用主要集中于"模范干部缴粮打先锋"，劝亲属"多缴公粮"，"为国牺牲，服从命令，以为民众倡导"⑦等，以致少数干部视其为畏途，"竟然有人因为怕起'模范作用'而要退出共产党的，也竟然有人因怕'模范作用'而不当'干

---

① 《延安县政府访问记》，《新中华报》1939 年 4 月 10 日。

② 《加强干部对家庭的教育》，《解放日报》1945 年 2 月 20 日。

③ 《干部模范作用救国公粮出十石》，《新中华报》1940 年 12 月 1 日。

④ 吴力夫：《共产党员之妻》，《解放日报》1943 年 5 月 13 日。

⑤ 岳谦厚：《边区的革命（1937—1949）——华北及陕甘宁根据地社会史论》，北京：社会科学文献出版社，2014 年，第 97—102 页。

⑥ 李富春：《生产运动》，《新中华报》1939 年 3 月 3 日。

⑦ 高自立：《发扬边区行政工作人员的模范精神》，《新中华报》1939 年 3 月 19 日。

部'或拼命活动落选的"①。加之此阶段经济建设存在较多盲目性,英模政策未能认真贯彻或仅限于一般提倡。

1941至1943年为快速发展期。英模群体的职业身份更加多元且主要来自工农业,以《解放日报》宣传吴满有、赵占魁等英模为代表,改变原先与党员干部"模范带头"话语混用的做法。

1944至1945年为成熟期。党的宣传与组织部门认识到评选劳动英雄与模范工作者成为"我们改进工作、培养干部及联系群众的最好方法",成为"当前各种工作中普遍采用的新的组织形式与工作方式"②。至此,对英雄模范人物的选拔已不再囿于翻版自苏联的为解决经济困难进行生产突击的"效率优先"导向,实质成为对"乡村社会风气的转换者""优良政治文化传播者"的挖掘与期许③。在党报关于边区英雄模范的典型报道与其他报道中,这一人物群体的"带头作用、骨干作用、桥梁作用"④也带来了群众生活观念层面的更新,"使他们在地方上成为公民模范"⑤。一方面体现在英模在各自"本职"领域所表现出的对群众生活的"推动",如:劳动英雄吴满有组织变工秋收,"全村激荡着一股兴奋的劳动力"⑥;劳动英雄马海旺发扬互助合作精神,帮助村人耕地,"每年牛如闲下时,就让别人使用"⑦;模范炊事员冯三拴在物质生活上节约朴素,常将剩下的饭菜留给自己吃,"从来没有浪费一点东西"⑧。另一方面则是英模在"本职"之外散发在日常生活中的全新气质,对群众尤为具有吸引力。如:模范工人赵占魁在工余时间积极参加合作社运动,促进伙食质量改善,并处处体现一种节俭精神;机关种菜英雄黄立德不仅勤于本职工作,"他会拉胡琴又会唱",以正当娱乐调剂生活⑨;妇女劳动英雄马杏儿则敢于冲破旧式婚姻的枷锁,离开陌生的丈夫,走出一条"妇女做庄稼"的道路,堪称"新中国的女儿"⑩;模范炊事班长李其云"利用白天午觉及夜晚的时间学习写字",已经"可以读《边区群众报》及《部队生活》"⑪;等等。各行各业的英雄模范们俨然成为"群众的核心",在群众生活中发挥着"推动旁人"的作用。

(三)"群众-群众"模式

"群众"并非抽象的概念,而是具体的民众。在群众生活观建构过程中,群众觉悟程度

---

① 《释"模范作用"》,《解放日报》1941年12月27日。
② 社论:《采用新的组织形式与工作方式》,《解放日报》1944年9月5日。
③ 黄道炫:《如何落实:抗战时期中共的贯彻机制》,《近代史研究》2019年第5期。
④ 中共中央文献研究室:《毛泽东年谱(一八九三——一九四九)》(修订本)(中卷),北京:中央文献出版社,2013年,第573页。
⑤ 《陕甘宁边区政府指示信》(1944年1月9日),甘肃省社会科学院历史研究室:《陕甘宁革命根据地史料选辑》(第一辑),兰州:甘肃人民出版社,1981年,第420页。
⑥ 《劳动英雄吴满有领导全村变工秋收》,《解放日报》1943年10月15日。
⑦ 《志丹劳动英雄马海旺　借牛借地热心助人》,《解放日报》1943年12月12日。
⑧ 《模范炊事员冯三拴》,《解放日报》1943年2月9日。
⑨ 曾艾狄:《种菜英雄黄立德》,《解放日报》1943年1月19日。
⑩ 育涵:《新中国的女儿诞生了》,《解放日报》1943年2月13日。
⑪ 宋念慈:《李其云》,《解放日报》1943年10月18日。

自然有所不同。"凡是需要群众参加的工作，如果没有群众的自觉和自愿，就会流于徒有形式的失败。"①与党员干部、英雄模范在群众中的"影响"与"推动"相配合的，是群众中的自觉自愿、觉悟较早的人对"落后"群众形成的无形的压力——党员干部，包括一些英雄模范于普通百姓多少有一种"参加革命的公家人"的意味，而群众身边的"耳闻目见的活生生的事实"则少有这种隔膜，自然会有更真实的信服力。"天天做群众工作""天天讲群众路线"的中共，深知"革命要依靠人民群众，大家动手，反对只依靠少数人来发号施令"，"懂得发挥被领导者的积极性和创造力"②。《新中华报》在这一模式下对群众日常生活的呈现主要集中于物质生活方面，且主体多为老、幼、残等弱势人群，如"瞎子的老婆六十岁开起荒来却顶有劲"（1939-4-28）、"残废同志开荒不后人"（1939-5-19）、"十二岁开荒五垧"（1939-7-7）等民众积极生产的情形，以及安塞闫老汉"喜欢识字、自动入冬学"（1940-12-12）等文化生活的改进。

　　1942年改版后《解放日报》在"报纸必须地方化，要反映地方情形。党报要反映群众，执行党的政策"③方针影响下，亦在边区新闻版及副刊登载了大量反映群众生活观念变革的消息、通讯、诗歌、版画、特写等作品。既有普通民众的人物描写，如志丹胡老婆五十六岁仍"种庄稼廿三垧，参加男子变工队"（1943-4-12），淳耀两个放牛娃参加夜校"一月半识字百余"（1944-8-22），陶瓷厂工人精神生活走上正轨，成立秧歌队，闲串、喝酒、吃馆子的现象减少（1944-9-1），新正郭德林讲卫生，"全家四年不生病"（1944-9-6）等，也有大量群像报道，反映群众自动集股参加合作社、互相帮助抢收秋粮、"抬猪抬菜中秋劳军"、雨后"赶开秋荒"、"利用农闲自主运盐"等群众"自己组织起来了"的场景，尤其是巫神、二流子等等群体"再不跳神了"，并将"二流子皮脱去"，不再沉迷赌博玩乐等"改邪归正"的进展。其中来自广大农村通讯员的来稿以全景式的笔触描绘的"模范村的一天"尤为具有这种群像效果。如马家沟村民某天的日常生活：破晓前居民并非"空等着吃早饭"，而是起身去拾粪、担水，早饭后男人上山开荒，并"唱着自己编的歌"；午间在山上休息时"谈论着《群众报》上林主席的号召"，各自准备今晚在读报组的发言，并"从怀中掏出识字本"，在地下写前晚刚认的几个字；变工队喝牛上山后，村子里"各家的纺车声嗡嗡地响起来了"，妇女们利用从合作社领来的棉花开始纺线；晚饭后村民"很快地集合到读报室来了"，有的默写生字，有的互相考问，有的哼着种棉歌，读报开始后县上来的同志"给大家读《解放日报》的抗战消息"；读报组散时，各人从黑板上"把生字抄到自己本本上"，"帮助难民好生产"的歌声在夜里飘散④。

　　① 中共中央文献研究室：《毛泽东年谱（一八九三——一九四九）》（修订本）（中卷），北京：中央文献出版社，2013年，第554页。
　　② 中共中央文献研究室、新华通讯社：《毛泽东新闻工作文选》，北京：新华出版社，1983年，第150页。
　　③ 中共中央文献研究室：《毛泽东年谱（一八九三——一九四九）》（修订本）（中卷），北京：中央文献出版社，2013年，第367页。
　　④ 午人：《模范村的一天》，《解放日报》1944年4月24日。

四、结语：作为"改造生活锐利武器"的报纸

党报对群众生活的关注既源于中国共产党的根本宗旨，也是其宣传组织工作及斗争策略的需要。全面抗战时期是共产主义革命在时代波涛历练中进入马克思主义中国化的关键阶段，共产党人在对过去失败的总结中逐渐认识到，"一个中国的马克思主义者，如果不懂得从改造中国中去认识中国，又从认识中国中去改造中国，就不是一个好的中国的马克思主义者"①。其中，肩负着"指导和反映"群众生活任务的《新中华报》《解放日报》等中共党报是这一文化战线上的重要生力军。尤其在 1942 年新闻改革确立"全党办报"的方针后，党报工作者逐渐认识到"报纸不仅是报道消息，而且要作为建设国家、建设党、改造工作、改造生活的锐利武器。要把我们这伟大时代中各方面各角落沸腾的生活反映到报纸上来。好的大家赞美，大家学习。坏的大家批评，大家引以为戒"②。但这是一个极其复杂的任务，改造广大民众"文盲、迷信和不卫生"等落后意识与习惯仅仅是党报群众生活观建构面临的直接"敌人"，棘手之处在于这一任务还处于乡土生活传统与革命战争动员的张力之中。一方面，以延安为代表的根据地在群众生活面貌上是一个全新的社会，是"全国的模范"，"然而它又是从旧社会发展来的，今天还是旧中国的一部分"，因此各种不同时代、不同类型的生活观念都同时出现，"各方面互相抵触，互相矛盾"；另一方面，现实的抗战事务亦加剧了群众在人力、物力与财力方面的负担，群众生活观建构作为当时革命战争动员的一个侧面无疑面临极大的阻力，因此诸如冬学、识字运动、开荒劳动、合作互助等均受到群众性格中"自私自利、愚蠢守旧"等黑暗一面的影响③。随着这一时期党报群众观点的贯彻，党报逐渐认识到"党教育群众，不是高高在上地用空洞的原则、死板的教条去照本宣读的说教，而应该是站在群众之中，通过群众耳闻目见的活生生的事实之分析与理解，使群众逐渐提高他们的认识"④。"带着浓厚群众性"的报纸在"改造中认识，认识中改造"的马克思主义中国化路径中遂逐渐形成上述"党员干部-群众""英雄模范-群众"与"群众-群众"的群众生活观建构的"二级传播"模式，这成为在社会进步诉求、乡土生活传统与革命战争动员张力网中建构群众生活观念、团结群众一致抗战的有效话语逻辑。

概言之，全面抗战时期中共党报的群众生活观建构是马克思主义中国化过程中对群众生活状态与心智结构进行锻造的关键实践，兼具历史意义与时代价值。这是

---

① 中共中央文献研究室：《毛泽东年谱(一八九三——一九四九)》(修订本)(中卷)，北京：中央文献出版社，2013年，第 351 页。

② 社论：《报纸和新的文风》，《解放日报》1942 年 8 月 4 日。

③ 中共中央文献研究室：《毛泽东年谱(一八九三——一九四九)》(修订本)(中卷)，北京：中央文献出版社，2013年，第 79 页。

④ 社论：《展开通讯员工作》，《解放日报》，1942 年 8 月 25 日。

群众路线作为中共一种重要工作方法第一次形成系统表述并大规模付诸实践的时代背景下①，党报作为践行主体从办报理念、工作方针及新闻生产各方面主动转向，注意与当时中心工作结合，由"鼓动"向"宣传"发展，将"动员与农村日常生活的有序进行相结合"②，自觉去反映并指导群众生活，成为"改造生活的锐利武器"。从物质生活、精神生活及社会交往等群众生活观的主要内容或话语逻辑，均可看到中共党报的这种办报实践对全面抗战时期根据地民众日常生活观念的引领绝非权宜之变，对战后乃至1949年后的中国实际上都有持续的影响。置于中国共产党百余年革命、建设、改革历程的长时段中，中共党报以其权威身份下探到民众当中，以政治化的话语引领民众日常生活和思想观念更新的群众生活观建构，是中国共产党领导中华民族现代化转型的题中应有之义。在新型主流媒体全面参与为"人民对美好生活的向往"这一目标而奋斗的当代实践中，对中共党报的群众生活观建构作新闻史的考察，亦可提示其中的历史缘起与宝贵的党媒工作经验。

---

①　李海波：《党报、列宁主义政党与群众政治参与——延安新闻业群众路线的运作机理分析》，《国际新闻界》2018年第3期。

②　王晓梅：《变迁中发展的〈新中华报〉》，《新闻大学》2008年第4期。

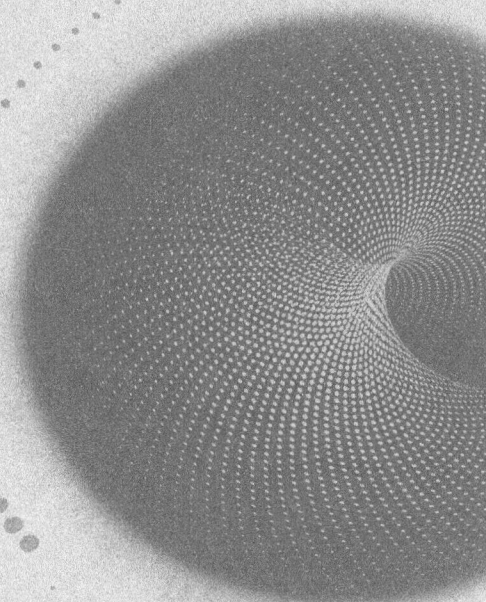

报人研究

多元舆论场下恽逸群的新闻实践[*]

林溪声[①]

摘　要: 恽逸群作为党报新闻史上的重要人物,其办报活动贯穿多个关键历史时期。自1932年踏入新闻界,他先后于上海《立报》、香港《生活日报》任职,在新闻界初露锋芒;上海"孤岛"时期,他主持《导报》《译报》,巧妙利用舆论阵地,进行抗战宣传动员,成名一时;新中国成立后,他担任上海《解放日报》社长、总编辑兼华东新闻出版局局长等,为构建中国共产党的新闻事业网作出开拓性贡献。在不同时空环境下,多元舆论场相互交织、碰撞,恽逸群的新闻实践经历与职业选择具有样本意义,凸显了党报新闻人在复杂舆论环境下开展工作的韧性和张力,以及在舆论引导上的策略艺术。

关键词: 舆论场;恽逸群;新闻实践;"孤岛";解放区

　　恽逸群(1905—1978),字长安,笔名翙勋,江苏武进(今常州)人,自幼饱读经史,肄业于上海大同大学数理专修科。1925年"五卅惨案"后,恽逸群投身政治与革命,1925年加入国民党,翌年加入共产党,毁家兴办逸仙中学,并在多地担任中共地下职务。1932年,恽逸群投身新闻界,辗转于上海、香港等地媒体,联合范长江等人成立中国青年新闻记者学会。抗战胜利后,恽逸群先后出任新华社华中总分社和《新华日报》华中版社长兼总编辑,华中新闻专科学校校长,中共中央华东局政治秘书、宣传部代理部长,《大众日报》总编辑,《新民主报》社长。上海解放后,他担任《解放日报》社长、华东新闻学院院长、华东新闻出版局局长等,为构建中国共产党的新闻事业网作出开拓性贡献[②]。

一、觉醒的进步记者(1932—1936)

　　"一边是荒淫与无耻,一边是严肃的工作",苏联作家爱伦堡的这句话,曾被鲁迅作为上海社会的写照多次引用,这也是当时上海新闻界的一幅缩影。20世纪30年代,中国社

---

　　[*] 本文系教育部规划基金项目"上海'孤岛'时期的新闻统制与抗争研究"(项目批准号:21YJA860007)的研究成果。

　　[①] 林溪声,复旦大学新闻学院副教授。

　　[②] 参见《恽逸群传略》,《恽逸群文集》,南京:江苏人民出版社,1986年,第13—22页。

会深陷内忧外患的艰难处境,新闻界弊病丛生。国民党推行新闻统制政策,对进步言论实施严苛打压;部分新闻从业者道德滑坡,虚假、媚俗内容充斥新闻报道,行业公信力摇摇欲坠。恽逸群没有随波逐流,他发起记者座谈会,创办《记者座谈》专刊,发表犀利文章呼吁变革,宛如清流注入压抑沉闷的新闻界。

(一)进入新声通讯社

1932年8月,中共江苏省委连续遭到三次大破坏,恽逸群失去组织关系,急需寻找正当职业掩护以摆脱特务追捕,在老朋友吴中一的介绍下进入上海新声通讯社,以记者身份开启了自己的新闻出版生涯,这段经历成为他人生的重要转折点。

吴中一有着复杂的革命经历,大革命时他是国民党武进县党部委员,同时参加了共产党,负责全县教育工作。蒋介石"四·一二"叛变后,他被通缉逃到上海,却因叛徒告密被逮捕关押在淞沪警备司令部,后经李公朴营救才得以出狱。此后,他先后在大中通讯社、新声通讯社担任记者,凭借出色的采访和写作能力以及勤奋努力,被提拔为新声通讯社副社长。

彼时的新声通讯社,是一家私营通讯社,1930年8月16日在上海成立,秉持"以宣达社会工商建设等真实消息为宗旨",由严谔声创办并担任社长。该社每天发行近二十页用钢板刻印的新闻稿,内容涵盖经济、政治、社会新闻,深受各报及工商界欢迎,号称上海乃至全国最大的经济新闻通讯社。作为上海市商会喉舌,它代表着民族资产阶级利益,在当时的新闻界地位显著。社长严谔声思想开明,报道客观公正,其发表《田中奏折》译文之举震惊中外[1],揭露了日本帝国主义的侵略野心,为反侵略敲响了警钟。

恽逸群在编辑工作中展现出卓越才能。面对拖沓冗长的稿件,他大刀阔斧挤干"水分",删去不必要的套话空话,让文字简练扼要;对于内容复杂、条理不清的稿件,他潜心打磨修改,使其立意鲜明、要点突出;遇到工商巨头、政界要人的含糊谈话,他能巧妙勾勒出其真意[2]。经他加工,稿件质量大幅提升,深受各报的欢迎。

1932年冬,恽逸群随上海中外记者几十人参加国民党政府全国经济委员会组织的长江堤工勘察团,溯江而上,经安庆、九江、汉口、监利、沙市等地,深入采访,了解到国民党官员贪污以救灾名义借来的"美麦借款"[3],将救灾款移作"剿共"军费等黑幕,在同行记者中予以揭发,奉劝同行记者不必写官样文章。名记者陆诒回忆,"恽逸群那时已能透过现象看本质。那时他总是提醒同行:要辨别真伪,不要有闻必录。是他给我上了记者工作的

---

① 《田中奏折》是日本首相田中义一给日本天皇的奏折,提出"欲征服世界,必先征服支那(中国),欲征服支那,必先征服满蒙"的侵略方针,后来成为日本的国策。

② 参见顾雪雍:《奇才 奇闻 奇案——恽逸群传》,上海:上海人民出版社,1996年,第59页。

③ 1931年七八月间,长江、淮河流域发生特大水灾,南京国民政府为了解决灾民口粮及实施工赈和农赈,向美国贷购小麦。这批美麦运华以后成为救灾的主要资金来源和物资支持,但加重了国民政府的债务负担,导致中国粮价下跌。参见王林:《评1931年江淮水灾救济中的美麦借款》,《山东师范大学学报》(人文社会科学版)2011年第1期。

第一课"①。

(二) 发起记者座谈会和《记者座谈》

20 世纪 30 年代，上海新闻界深陷多重困境，部分记者、编辑利用职务之便，以新闻稿件为筹码谋取私利，甚至实施敲诈勒索。这种行为背离新闻伦理，破坏行业公信力，损害了新闻记者的社会形象。黄色小报中造谣污蔑的虚假新闻泛滥，严重误导公众认知，侵蚀社会风气。多数报社老板过度追求经济利益，将广告置于新闻之上，版面被广告大量占据，新闻报道空间被严重挤压。为明哲保身，维护自身利益，报社对国民党的新闻统制采取妥协态度，致使进步新闻被压制。

1932 年冬天，恽逸群、袁霄逸、陆诒等人共同商议发起记者座谈会。他们深感日常工作繁忙，缺乏学习提升的机会，新闻理论和业务水平难以提高，同时对新闻界的腐败现象痛心疾首，决定定期举行座谈会，通过相互交流探讨，解决这些问题。座谈会定期举行，为青年记者提供了交流和自我教育的平台，地址选在上海霞飞路的"文艺复兴"俄国餐馆。但也存在着范围局限、缺乏记录留存等问题，影响力难以有效扩大。

1933 年上半年，恽逸群敏锐地察觉到座谈会存在的不足，积极推动变革。他和其他成员经过深入研讨，决定通过在报纸上创办专刊，将座谈会的影响力拓展至整个新闻界和全社会。由于中国人办的报纸受国民党新闻检查所限制，进步言论常遭检扣，他们选择了不受国民党检查的美国人办的中文《大美晚报》。经过努力沟通，决定在《大美晚报》每星期三出一专刊，占半版位置，刊名《记者座谈》，由恽逸群、刘祖澄、陆诒负责编辑工作。恽逸群亲自参与编辑工作，并撰写发刊词《约言》，明确专刊宗旨，将众多有志青年记者凝聚在进步新闻事业的旗帜之下。

在《记者座谈》专刊运营期间，恽逸群笔耕不辍，撰写了多篇文章抨击国民党的新闻统制政策。他在《良心与天职》等文章中，深刻阐述新闻记者应成为民众喉舌与耳目，呼吁新闻界团结起来争取新闻自由，树立"富贵不能淫，威武不能屈"的骨气，勇敢与反动势力抗争。这些文章切中时弊，在新闻界引发强烈反响，有力地推动了新闻界的思想变革。《记者座谈》专刊因抗日与进步言论深受读者欢迎，却遭到国民党当局的仇视，于 1936 年 5 月被迫停办②。但恽逸群等进步记者并未放弃，继续坚持举行记者座谈会，使其成为新闻界对抗政治压力的重要阵地。

(三) 任职《立报》和香港《生活日报》

20 世纪 30 年代，上海报业生态呈现出激烈的竞争态势，各类报纸层出不穷。1935 年 9 月，成舍我凭借在华北成功运营《世界日报》的积累，出于拓展报业商业布局的考量，在

---

① 顾雪雍：《奇才　奇闻　奇案——恽逸群传》，上海：上海人民出版社，1996 年，第 61 页。

② 《记者座谈》从 1933—1936 年共出版 90 期（中间曾停刊两次）。

友人的支持下,通过集资于上海创办了《立报》。成舍我出资较多,担任社长,新声通讯社社长严谔声担任总经理。

《立报》将主要受众锚定为市民中的中下阶层,采取差异化竞争策略。在价格上,以每份仅一分钱的低廉定价,搭配"一元钱可看三个月""只要少吸一支烟,你准看得起;只要略识几百字,你准看得懂"的宣传语①,极大降低了读者的阅读成本。内容层面,注重简明通俗,精心编辑压缩消息和文章,每版刊载消息多达十几二十条,还增加特写、特稿的占比,契合普通市民快节奏生活下的阅读需求。在办报立场上,《立报》标榜"独立自主,不偏不倚",主张"大胆敢言",启用一批进步人士,张友鸾、萨空了先后任总编辑并负责要闻版,恽逸群负责国际新闻版。

恽逸群白天任职于新声通讯社,晚间全身心投入《立报》编辑工作。当时国际新闻稿件多源自宣称"客观公正"却立场鲜明的外国通讯社,稿件常歪曲国际事件真相。多数大报编辑照搬照用,恽逸群却严格筛选、改写与改编,融入解释和背景资料,坚守中国人民立场。每晚编完国际新闻之后,恽逸群还要赶写第二天见报的、最为读者关心的评论。

《立报》时期,恽逸群撰写的评论风格独特。他的评论题材广泛,从《能战之王》《教科书减价》《减少人力车辆》《不忘掉自己》《霍华德谈话》等题目,可见其议论内容丰富。他紧扣现实,针对时弊、模糊认识和不良现象展开评论,不空谈说教。文字篇幅简短,多三四百字,明快浅显、朴素隽永,时而泼辣,时而幽默,让读者在寥寥数语中深受启发、引发思考。

1936 年 6 月,因新闻自由被严重压制,恽逸群应上海文化界救国会同人邹韬奋之邀,追随其赴香港,编辑《生活日报》《生活星期刊》。四个多月后,该报因经济困难被迫停刊,恽逸群旋返上海,担任《立报》主笔,为该报撰述评论,呼吁停止内战,团结抗日。"西安事变"发生后,恽逸群在《立报》连续发表评论,第一个指出西安事变有和平解决的可能,中国绝不会成为"西班牙第二"②。这一预见,引起国内外重视,不久即为事件的发展所证实。恽逸群因此声誉大振,有舆论界"彗星"之称。

二、舆论战场的正义旗手(1937—1944)

全面抗战期间,舆论阵地成为特殊战场。恽逸群辗转多地,发挥关键作用。在上海"孤岛",他坚守办报,针砭时弊,鼓舞抗日士气;转至香港国际新闻社,他积极传播抗日与进步思想,拓展海外宣传动员。太平洋战争爆发后,他返回上海,于日本特务机构"岩井公馆"以新闻工作为掩护,搜集情报。他经历丰富,不仅在抗战舆论宣传、海外思想动员方面发挥作用,还在隐蔽战线上作出突出贡献。

---

① 参见《我们的宣言》,《立报》1935 年 9 月 20 日。
② 《中国绝不会作西班牙》,《恽逸群时政评论选》,北京:新华出版社,1986 年,第 34 页。

（一）战斗在"孤岛"

1937年8月13日，淞沪会战爆发，战火迅速蔓延至京沪地区，国民政府发表《国民政府自卫抗战声明书》，抗日战争全面爆发。8月至10月间，淞沪会战使上海历经巨变，中日双方激烈交战。10月下旬，中国军队上海防线崩溃。11月11日，除外国租界地区外，上海全部被日军占领。12月5日，"大道市政府"成立，上海沦为日伪政权支配的沦陷区。此时，由于日本尚未做好与英美法等帝国主义国家开战的准备，公共租界和法租界得以孑立于日占区的包围之中。这块相对独立的"飞地"，被《大公报》率先称为"孤岛"①。

国民党军队西撤后，日军对租界当局不断施压，要求厉行取缔"洋旗报"抗日言论。这一阶段日本侵略势力对"孤岛"的渗透尚不深入，租界当局在一定程度上对中国人民的抗战持同情的态度。换言之，尽管租界标榜中立，"但上海公共租界主导人员以英、美、中为主，租界领导层骨子里是反法西斯的，租界里的外侨绝大部分是反法西斯的"②。正是租界不动声色的同情和宽容，"孤岛"形成一年来的文化态势是"从公开刊物与秘密刊物的相互呼应，相互推进，经过了曲折的道路，而争得了抗战言论的公开性与合法性"③。

全面抗战爆发后，上海进步记者座谈会的话题迅速转向如何激发民众抗日热情。国内政治形势发生变化，使得国民党对集会结社和新闻的限制有所放松。范长江提议成立团体以扩大影响力，恽逸群对此十分赞同，认为这能将全国更多进步记者团结起来，为抗日和民主进步事业贡献力量。众人纷纷响应，"中国青年新闻记者协会"于1937年11月应运而生，共有24位发起人，其中恽逸群、范长江、杨潮被推举草拟协会缘起。

协会成立后，恽逸群担任秘书主任，全面负责内外事务。因战事变化，许多记者随报社迁往内地，而恽逸群需留沪工作，便将会务委托给范长江。1938年3月30日，协会在汉口召开首次代表大会，因国民党的刁难，正式更名为"中国青年新闻记者学会"（简称"青记"），恽逸群虽未出席，但仍当选为总会理事。在抗战期间，学会发展迅速，通过创办《新闻记者》月刊、举办讲座和座谈会等方式，培养青年记者。

上海沦陷后，《立报》迁往香港出版，恽逸群奉命坚守"孤岛"，改任上海《大美报》编辑。1937年11月，他担任挂美商招牌的《华美晨报》主笔，12月又兼任《大美报》主笔及《早茶》副刊编辑。中国共产党在上海用英商招牌出版《导报》《译报》，恽逸群又分别担任主笔、总编辑等职务。他除了每天要为两报撰写评论外，还要同时为《大美报》《华美晨报》组织全部社论，为《循环报》组织部分社论④。这些评论揭露日寇侵略阴谋和在沦陷区"以华制

①　社评：《孤岛上》，《大公报》1937年12月1日。所谓"孤岛"是一个特定的时空概念，时间上是指1937年11月12日至1941年12月8日，空间上包括上海公共租界（不包括虹口、杨树浦两区）和法租界。

②　熊月之：《上海在世界反法西斯战争与中国抗日战争中的特殊地位与作用》，《历史教学问题》2015年第5期。

③　白屋：《一年来上海文化界的总检讨》，转引自王鹏飞：《"孤岛"文学期刊研究》，北京：社会科学文献出版社，2013年，第30页。

④　参见顾雪雍：《奇才　奇闻　奇案——恽逸群传》，上海：上海人民出版社，1996年，第124页。

华"、掠夺榨取中国人民的反动政策,驳斥汉奸主张和侵略者"亲善""和平"的谬论,分析持久抗战必然胜利的道理,呼吁国民党加强政治团结,批判为一党私利搞摩擦、闹分裂的错误行为,极大地鼓舞了上海人民的抗日意志。

在恽逸群的支持和参与下,华美出版公司扩大经营规模,举办多种事业:出版《华美周报》,请王任叔主编,恽逸群经常提供分析国内外形势的稿件;出版《华美非常时期丛书》,由恽逸群负责编辑,先后编印了介绍八路军、宣传党的持久战战略战术的多种小册子;还开办了华美广播电台,每天详细报道抗战消息和上海商情,成为沦陷区人民获得抗日消息的主要渠道①。

1938 年 10 月,因武汉失守,国人对战局变化有新的认识,抗战进入相持阶段。国民党亲日派头子汪精卫借长沙大火事件,公然在报纸上发表污蔑抗战、鼓吹投降妥协的汉奸言论,还被汉奸报转载,妄图扰乱抗战民心。因其位高权重,无人敢公开反驳。恽逸群敏锐察觉汪精卫的险恶用心,不惧威胁,毅然在《导报》发表《异哉汪精卫之言》,直斥汪精卫故意混淆曲解,其行径与日本军阀、汉奸无异,是在为敌人"栽赃"。文章发表不到一个月,汪精卫逃离重庆发表"艳电",彻底暴露汉奸真面目,证实了恽逸群的批判。这是全国报刊上第一篇声讨汪精卫的檄文,让恽逸群再次收获"彗星"的美誉。

(二) 主持国新社香港分社

1939 年,"孤岛"环境愈发险恶,恽逸群被列入汪伪特务暗杀黑名单。6 月上旬,他根据党组织决定,火速乘船离沪,抵达香港,担任国际新闻社香港分社编辑,党内由潘汉年领导。在潘汉年指示下,恽逸群与郑森禹合办《二十世纪》半月刊,主要撰写揭露新老汉奸各派丑闻的文章,还发表长文《吴佩孚评传》,以实事求是的态度揭发了吴佩孚勾结日本帝国主义的过往,也赞扬其坚决不当汉奸的爱国行为。9 月,他兼任香港中国新闻学院教授,同月潘汉年离港回延安,恽逸群组织关系转到廖承志处,此后由廖承志直接领导。

在港期间,恽逸群还兼任中国青年新闻记者学会海外办事处主任及香港分会总务部主任,积极开展香港及海外新闻界抗日统一战线工作。他想方设法联络海外华侨报纸的记者、编辑,动员他们参加"青记",甚至海外"青记"会员到港时,他会派人接待并解决住宿问题,以联合青年力量,壮大抗日宣传和进步思想阵营。

1940—1941 年,恽逸群继续负责国新社香港分社工作,1940 年兼任《立报》港版评论主笔,后因该报投靠国民党 CC 派愤而辞职。1941 年 5 月,他与邹韬奋、茅盾等九人联名发表《我们对于国事的态度和主张》,揭露国民党对日妥协投降阴谋和对进步文化事业的迫害。日本发动太平洋战争进攻香港,他冒着战火外出联系战友应付危局。香港沦陷后,恽逸群奉命撤离香港前往东江游击队,1942 年 3 月中旬从东江出发,辗转多地,5 月下旬回到上海。抵沪后,仍由潘汉年同志直接领导。

---

① 参见顾雪雍:《奇才　奇闻　奇案——恽逸群传》,上海:上海人民出版社,1996 年,第 123 页。

(三) 历险"岩井公馆"①

1942年下半年,根据党组织指示,恽逸群进入"岩井公馆"工作,以上海编译社社长、《新中国报》主笔等职务为掩护,为党搜集、提供情报。他为《新中国报》、《杂志》周刊、《政治月刊》提供专稿和论说,出版《锻炼》杂志,看似在为敌伪服务,实则巧用丰富的斗争经验,以"曲笔"借敌伪报刊进行反宣传。1943年,蒋介石发表《中国之命运》配合反共高潮,恽逸群发表四万多字的《蒋著〈中国之命运〉的批判》曲笔文章予以回应,使沦陷区读者认识到,中共的批判是有理有据的。

这一时期,恽逸群还创作了大量历史人物作品。1944年起,他以"叶君宜"为笔名,在《杂志》上连载《中国内幕异闻录》,每篇聚焦一到两个人物,文字简约,从千余字到三千字不等,概括叙述传主主要事迹,先后发表十余篇,包括《邓演达轶事》《圣之时者也——陶希圣》《张公权与宋汉章》《南无戴传贤菩萨》《春风得意的叶青》等篇目。与此同时,他又开始创作《海上画虎录》,同样以"叶君宜"笔名在《杂志》连载,主要描写上海社会闻人,如《杜月笙论》《虞洽卿论》等多篇。这部作品篇幅较长,从二千字到万余字,不仅详细刻画传主发迹历史、在历史转变关头的表现,还涉及人物外表、性格特征等,将人物与时代背景相联系,人物形象生动具体。每篇开头的总结性提示,类似新闻导语,凸显他对传主及所处时代观察的深度,展现了独特的历史视角。

恽逸群利用各种关系,打入日伪内部,为党搜集提供了大量日伪情报。主要包括:日方将要采取的行动(军事、政治和经济方面);汉奸各派系的变迁及势力消长;各派汉奸和日方关系(日本陆军、海军、外务三大系统,以及各系统下的小流派及其变迁);各派汉奸之间的矛盾倾轧;各派汉奸和重庆国民党方面的勾搭;日方对汉奸离心的防范与镇压;等等②。1944年10月中旬,在日本人的秘密清查行动中,恽逸群被上海日本宪兵队以共产党嫌疑罪名逮捕,解往苏州监狱,备受酷刑。

三、中共党报事业的奠基者(1945—1951)

在烽火连天的解放区,恽逸群参与《新华日报》华中版的工作,推行新闻改革,大幅增加言论的分量,为党报发展注入新的活力。他创办的《新民主报》,立足解放区实际,积极传播党的声音,是实践党的新闻工作由农村迈向城市一个坚实而有力的开端。带着解放区积累的宝贵经验,恽逸群奔赴上海,投入《解放日报》的创办。面对上海复杂多元的舆论环境和庞大的受众群体,他深入调研上海的社会结构与市民需求,大胆探索城市党报的新模式。他的经验与才智深深烙印在党报发展的脉络之中。

---

① 1938年4月抗日战争时期,日本在中国建立外交口的专门特务情报机构,由驻上海总领事馆副总领事(后升任总领事)岩井英一统领,称"岩井公馆"。"岩井公馆"包括政治、情报、文化、武装四个部门。

② 参见《恽逸群年表》,《恽逸群文集》,南京:江苏人民出版社,1986年,第432页。

(一)投身解放区新闻改革

1945 年 8 月,日本宣布投降,抗战胜利。恽逸群经过出狱后的短暂休养,便奔赴上海,迅速投入紧张工作中。他由上海分局刘长胜、张执一领导,由梅益联系,参加《新华日报》上海版筹备工作,为夏衍主编的《建国日报》写过短文,为郑振铎主编的《民主》周刊撰写《独立自主的外交》一文,两位文化名人对恽逸群的文笔才思极为赏识。

11 月初,接到组织通知的恽逸群前往华中解放区,担任《新华日报》华中版和新华社华中总分社编委,1946 年 4 月接替范长江担任一报一社的社长兼总编辑,并着手推行新闻改革。原来《新华日报》评论多转载自新华社总社、延安《解放日报》,原创较少。恽逸群决定大幅增加言论分量。他身兼领导工作,却仍投入大量时间精力撰写评论,还鼓励编委会成员参与。为写好评论,掌握政策精神与全面情况,他经常前往中共华中分局或苏皖边区政府参会并研究相关工作。

在他的努力下,《新华日报》华中版发表大量社论和短评,发挥出"言论是报纸的灵魂和旗帜"的作用。这些言论颇具战时新闻的特色,思想性和战斗性突出:紧扣重要工作,如在惩办汉奸运动中,通过一系列社论和短评,从运动开展到注意事项,全程给予引导;及时用言论,为解放区军民解答疑问,如内战爆发前后,就和平与战争问题发表多篇言论,揭露国民党阴谋,坚定军民信心;对突发事件和问题及时分析,如针对南通国民党残害民主人士的事件,发表短评揭露其罪行①。恽逸群还发动报社工作人员在《新华日报》上开辟了多种多样的专刊专栏,包括《读者信箱》《新闻工作》《妇女旬刊》《新华副刊》以及《参考资料》《时事问答》《国际一周》等,丰富了报纸内容,提高了党报的宣传教育功能。

为培养更多的新闻干部,1946 年 1 月《新华日报》华中版创办了华中新闻专科学校,由范长江、恽逸群先后担任校长。恽逸群办报、教学之余,推出《新闻学讲话》,运用马列主义观点、结合中国实际,建立了独立的新闻理论体系。他以通俗易懂的笔触,深入阐述了新闻的定义、要素、功能与责任等问题。他还对新闻的采访、写作、编辑、传递和处理,报纸的副刊及校对、发行,新闻的组织机构等,做了全面系统的论述②。值得一提的是,针对新闻工作者的能力和素养,恽逸群总结出"四基五性"的基本要求。所谓"四基",指四项基本训练:马克思主义的基本原理,党在当前的各项具体政策,一般历史知识和对当前社会情况的调查研究,文字表达能力。所谓"五性",即真实性、正确性、针对性、实践性和生动性。这一基本要求,丰富了党报在复杂环境下的传播经验,为党报工作者提供了实践遵循。

(二)创办《新民主报》

1947 年 2 月,《新华日报》华中版与山东《大众日报》合并,恽逸群随即调任华东局政

---

① 参见顾雪雍:《奇才　奇闻　奇案——恽逸群传》,上海:上海人民出版社,1996 年,第 216 页。

② 参见《新闻学讲话》,《恽逸群文集》,南京:江苏人民出版社,1986 年,第 253—304 页。

治秘书,兼《大众日报》社与新华社华东总分社第一副社长,以及华东新闻专科学校校长。因为经常参加华东局的会议,恽逸群熟悉政策和领导意图,他的主要工作是作为报社派驻华东局的代表,负责为报社提供社论以及传达党的指示和报道要求,内容以军事方面为多,且要经过陈毅审阅和修改后刊出。

1947年下半年,解放战争形势向好,解放军大反攻在即,应山东新华书店编辑部之邀,恽逸群为《新华文摘》撰写《蒋党内幕》。战争环境艰难,无参考资料,他凭借对近代史的熟悉和超强记忆力完成创作。《蒋党内幕》先揭露蒋介石丑恶本质,再详述蒋党贪污腐败等罪行,内容极具震撼力,且文笔生动,严谨又含蓄,深受解放区军民欢迎。山东大众出版社将连载文章辑成单行本,改名《蒋党真相》出版①,迅速售罄,1949年初韬奋书店再版八千册也很快卖光,成为解放区畅销书。华东局把它作为教材,以帮助干部了解国民党内情和政策,为接管国统区政府机构提供参考。

1948年9月,济南解放,恽逸群随军入城,担任了济南市军管会所属新闻出版部主任、中共济南市委委员及市委机关报《新民主报》社长兼总编辑。这份报纸是中国共产党在解放战争时期最早创办的城市报纸之一,号称"解放区的第一张省会大报"②。从版面内容看,《新民主报》办报根据城市特点有所改进和发展。版序设计为一版国内省内本市重要新闻;二版出于政策宣传的紧迫需要,初设为"文献版",专门发表党中央的重要论述、各级党委的决定和文件,供学习掌握,后根据形势该版改为地方版;三版为国际版,在二三版下半部固定3至6栏广告;四版为副刊和专刊。当时的济南是一个有着60万人口的大城市,共产党接管旧新闻机构和创办党的新闻事业所形成的"济南经验",在以后的南京、上海等地一再应用,发挥了巨大作用。

《新民主报》创刊号刊登的发刊词《本报的任务》提出,"本报是中共济南市委的机关报,是中共领导下的一个地方报纸,也是济南市人民大众自己的一个报纸,我们的宗旨是全心全意为济南市人民大众服务"③。第二期集纳的《本市目前宣传口号》,第一条为"保护各界人民的生命财产与民主自由"。后面的报纸内容积极宣传党的路线方针政策,组织动员全市人民复工、复业、复课,号召人民群众维护社会秩序,支持解放战争。1948年12月,新华社公布43名战犯名单,恽逸群凭借超强的记忆力,在无资料可查的情况下,迅速写出所有战犯简历④,文章一经发表便被各报竞相转载。

(三) 革新沪上报业

恽逸群与《申报》有着不解之缘。1942年初冬的一天,恽逸群外出访友,走在路上忽

---

①　恽逸群在此书的《前言》中写道:"中国人的习惯,一提到'内幕',似乎应该是'此中人语',必需暴露许多外人完全不知道的秘密事情,而我所写的许多故事,则是有很多人知道的,或者是那时候的公开秘密,只是没有在报纸上公开发表而已,为了免得有些读者误会而失望,所以改掉了'内幕'两字。"参见顾雪雍:《奇才　奇闻　奇案——恽逸群传》,上海:上海人民出版社,1996年,第240页。

②　《本报的任务》,《新民主报》1948年10月1日。

③　同上。

④　包括别名、籍贯、历任职务、所属派系及主要罪恶。

然看见两位老朋友:《申报》原总经理马荫良和《申报》原编辑孙恩霖。两人向恽逸群倾诉,因被日本人接管,珍藏在报馆内的大量珍贵古籍和整套《申报》都将落入敌手。恽逸群听后,觉得此事关系重大,要想办法保全《申报》,三人走进附近一家饭店仔细商量。恽逸群提出,徐家汇藏书楼里有一部《申报》,虽然缺失很多,但只要把缺失的补齐就可,不需要把整套《申报》从报馆里运出去,徐家汇天主堂还住着法国神父,日本人不会轻易占用。马荫良和孙恩霖觉得恽逸群的方案很好,历经两年时间,两人终于把一套完整的《申报》补齐。那时恽逸群可能未曾想到,1949 年 5 月正是他带队接管了《申报》。

1949 年 4 月下旬,济南《新民主报》全体采编人员随华东局南下。这支新闻大队还包括新华社济南分社、《新潍坊报》的人员,济南华东新闻学校的学员,由恽逸群领导,日夜兼程南下到达江苏丹阳,驻扎荆林村老九曲河西岸王氏宗祠。又会合从华北调来的范长江、魏克明等人以及苏北华中新专的部分学员,集中学习整训,筹备上海《解放日报》创刊号。上海地下党为他们提供了《上海概况》和"上海调查资料"等系列资料①。

关于新解放城市中外报刊的处理办法,中共中央决定,按报纸性质属于进步、中间、反动等类,采取分别对待的办法②。为迎接上海解放,上海地下党根据中央指示,通过他们的各种社会关系,调查、了解、收集全市每个重要新闻机构的情况,包括政治背景、资金来源、人员状况、不动产和动产,特别是库存和已订购的纸张、油墨等情况,为制订接管上海各新闻机构的具体计划提供了依据。鉴于《申报》的政治背景、资本构成等状况,决定对《申报》实行军管,并在申报馆旧址创办《解放日报》。

1949 年 5 月,上海解放,恽逸群担任《申报》《新闻报》军管特派员,负责接管这两份具有重要影响力的报纸,以丰富的经验和果断的决策,迅速稳住了上海新闻界的局面。5 月 28 日清晨,《解放日报》全部印完后,报贩们沿街叫卖,10 万多份报纸一售而空。创刊号八个版,包括发刊词《庆祝大上海的解放》、消息《我军攻克吴淞要塞,市区残敌四万投降》《上海军管会奉命成立》等。创刊号还特意用了两大版的"文献"专刊,刊登党和政府的各项重要文件,以满足广大读者对党和政府政策的关切。另有《解放副刊》等专刊专栏。主持上海《解放日报》期间,恽逸群面对不同地域、不同环境带来的挑战,积极探索,不断调整传播策略。他深入了解上海民众的需求与社会特点,将党的政策与解放的新气象、民众生活紧密贴近,在实践中探索出党报在城市舆论场引导舆论、凝聚人心的有效模式,为党报在城市环境中的发展提供了新思路。他先后担任上海《解放日报》副社长、总编辑,后继任社长,兼任华东新闻出版局局长、华东新闻学院院长、复旦大学新闻系主任等职务,直至 1951 年冬被错误地停职检查。

---

① 中共上海地下组织为《上海概况》和"上海调查资料"的出版提供了情报资料。最终负责编印出版的是中共中央社会部和中共华东局社会部。参见陈超群、高明:《中共中央华东局社会部"上海调查资料"知见录》,上海市档案馆:《上海档案史料研究》(第 25 辑),上海:上海三联书店,2021 年,第 153—163 页。

② 《关于新解放城市中外报刊通讯社处理办法的决定》(1948 年 11 月 8 日),中国社会科学院新闻研究所:《中国共产党新闻工作文件汇编》(上卷),北京:新华出版社,1980 年,第 193 页。

四、结语

社会学家米尔斯曾深刻指出，欲洞悉世界万象乃至个人境遇，需将个人视作社会中传记与历史的交汇点①。在那个风雨飘摇的大时代，报人群体对社会氛围的关注、对环境变动的反应，尤为敏锐。他们的个人抉择与人生走向，不仅展现出个体意志与国家民族意识相互交织的独特人格，更蕴藏着复杂的历史变革与社会发展脉络。

个体行为与社会环境紧密相连，人的实践活动总是在特定社会场域中展开，必然受到场域规则和资本的约束②。恽逸群的新闻生涯，始于民国上海商业化报刊蓬勃发展、记者逐渐走向职业化的社会背景下。"孤岛"时期局势复杂多变，他置身其中，以笔为剑，以新闻为武器，在舆论场中积极作为，既受社会环境影响，又凭借自身行动推动社会舆论走向，彰显报人在时代浪潮中的担当。身为党报工作者，尽管个体行为受诸多规则与压力制约，但恽逸群始终坚守新闻理想，在时代限制下努力发挥新闻的力量，在认知与实践中寻求平衡。

恽逸群认为，一份正确的新闻纸，它要真正能做到为大众的耳目，为大众的喉舌，记载真实的、大众应该知道的事实，说大众要说的话。但是一份报纸还不是仅仅做到这样为止，就算完成了它的使命，它更应该积极地指导大众，教育大众，组织大众③。在民族危机日益加深的时候，新闻人一定要努力负起责任来：

> 记载不欺骗读者大众的消息；
> 说不违背大众利益的话；
> 尽量暴露敌人各种侵略方式下的阴谋；
> 严厉地批判欺骗大众的汉奸理论；
> 尽量登载各地救亡运动的消息，并加以鼓励、指示。④

回顾恽逸群的记者生涯，这是恽逸群投身新闻业的初心，也是他的记者之道。

---

① ［美］C.赖特·米尔斯，《社会学的想象力》，李康译，北京：北京师范大学出版社，2017年，第5页。
② ［法］皮埃尔·布尔迪厄，《实践理论大纲》，高振华、李思宇译，北京：中国人民大学出版社，2017年。
③ 《新闻界的联合战线——〈记者道〉序》，《恽逸群文集》，南京：江苏人民出版社，1986年，第240页。
④ 同上书，第241页。

社会资本视角下的清末《大同报》报人群体网络建构与扩散

赵伯翰①

摘　要：清末民初时期，报刊媒介的推广为中国报人群体网络的建构与扩散带来了新的可能。本研究以社会资本理论和差序格局为分析框架，考察以《大同报》为中心的报人群体网络构建、扩散的过程。其中，社会资本嵌入推动《大同报》报人群体聚合，而社会资本的维护、运营和交换则推动了《大同报》报人群体网络的扩散。研究发现，中国社会环境下，同质性的社会资本如民族、学缘在《大同报》报人群体网络的聚合中扮演着更加重要的角色，而异质性的社会资本则担负着群体扩散的重任。在社会资本交换的过程中，一张张相互交叠的群体网络共同编织出清末中国社会的文化权力之网，而这一过程也揭示出报刊史研究的新视角。

关键词：社会资本；群体网络；《大同报》

一、引言：《大同报》报人群体与社会资本分析框架

清末民初时期的在日华人办报史是中国近代海外办报史的一个重要分支，也是中国近代思想史的重要组成部分。甲午战争之后，列强掀起了瓜分中国的狂潮，民族危机不断加深。面对危机，不少仁人志士尝试以各种方法求变图强。在变法失败后，康有为、梁启超等人又辗转至日本，继续他们的君主立宪变法宣传；而以孙中山、黄兴为首的资产阶级革命派在兴中会广州起义失败后奔赴海外，前往日本，继续宣传革命事业。由此，日本逐渐成为清末时期诸多思想与观点交锋发展的海外阵地。然而，清末知识分子在日本的思想交锋无法直接引发清末中国本土社会的启蒙。在这一过程中，大量的中国留日学生及他们创办的报刊成为向中国国内宣传新思想的重要渠道。

李喜所指出，1896 年，清政府首次派遣 13 人至日本留学，直到 1906 年，中国赴日留

---

①　赵伯翰，华中科技大学新闻学院博士生。

学生达到顶峰,约为 12 000—13 000 人①。留学期间,这些学生逐渐接触到西方理论和康有为、孙中山等的不同政治思想,并对其产生认同,逐渐划分为改革派与立宪派两大方向。"唤醒一般国人的爱国意识、民族情感,几乎已成为这个时代知识分子的制约反应"②,因而留学生们不光重视接受新思想,更以传播和唤醒国人为己任。以此为契机,留学生们先后创办诸如《浙江潮》《中国新报》《开智录》《大同报》等报刊宣扬其政治思想,卷入到启蒙、救亡所掀起的政论报业时代洪流之中。在留日学生报人中,存在着一个主要由满族构成、以《大同报》为阵地、以民族议题和宪政思想为核心的特殊报人群体。

为了对《大同报》报人群体进行分析,本研究尝试以美国华裔社会学家林南(Nan Lin)所提出的社会资本(social capital)以及费孝通提出的"差序格局"为分析框架。法国学者雷蒙·阿隆(Raymond Aron)认为,"把握一个行动或一个历史事实的意义,也就是去重新发现行动者的意图"③。然而,每个历史行动者的意图,只有在置于历史事件整体之中才能被理解。诚如王汎森所言,人是搭挂在其所构建的意义之网,同时也是搭挂在生活网络与社会网络之上的动物④。因此,从"历史行动者"出发,基于其所处的社会网络研究《大同报》报人群体的新闻生产与传播行为,不妨成为对《大同报》报人群体展开研究的绝佳切入点。以社会网络分析为基础,林南从理性选择出发,在个体和社会结构互动的基础上,提出社会资本理论。社会资本理论将社会资源分为包括性别、民族在内的先赋资源(ascribed resource)和包括教育、名望、职业在内的后致资源(acquired resource),关注"资源如何嵌入个体的社会网络之中,以及对资源的使用如何影响个体行为",并提出同质性互动原则,"社会互动更可能发生在具备相似或相连社会层级的两个个体之间",指出个体在社会网络中的活动主要包括"维持有价值资源和收集有价值资源"两个方向⑤。此外,不同的社会结构也会影响社会网络中的个体行动。费孝通将中国社会结构的基本特征概括为差序格局,认为中国的社会网络"以'己'为中心,像石子一般投入水中,和别人所联系成的社会关系……像水的波纹一般,一圈圈推出去,愈推愈远,也愈推愈薄"⑥。差序格局刻画了一种特定社会关系结构和组织方式,即"以自我为中心、以差序身份为基础、以亲疏有别为特征的一种特定社会认知和组织方式"⑦。《大同报》报人的民族身份、知识结构、政治和民族观念具有同质性,同属于相类似的社会层级,构成了差序格局网络中的"己"。进而,这些行动者创办《大同报》、构成报人群体,并以此为核心,如水波扩散般扩大其社会网络,通过其办报行动维持和收集社会资本,扩大报刊影响力,从而同差序格局网络中的

①　李喜所:《清末留日学生人数小考》,《文史哲》1982 年第 3 期。

②　李孝悌:《清末的下层社会启蒙运动(1901—1911)》,杭州:浙江古籍出版社,2023 年,第 167 页。

③　[法]雷蒙·阿隆:《历史意识的维度》,董子云译,上海:华东师范大学出版社,2017 年,第 14 页。

④　王汎森:《中国近代思想文化史研究的若干思考》,《中国社会科学文摘》2004 年第 3 期。

⑤　Nan Lin, *Social Capital: A Theory of Social Structure and Action*, Cambridge University Press, 2001, pp.55-58.

⑥　费孝通:《乡土中国》,上海:上海人民出版社,2006 年,第 22—23 页。

⑦　周雪光:《"差序格局":一个理想类型的建构与阐释》,《社会科学文摘》2024 年第 9 期。

"别"产生联系,一定程度上影响了中华民族共同体形成的历史进程。

　　《大同报》报人群体的社会网络可以延伸至清末民初时期的改良派、革命派及其他群体及个体,其传播行为也随着社会网络的扩张而变化,其影响力也不断递增。而目前相关研究对《大同报》报人群体关系网络研究的缺失也点明了本研究所蕴含的问题意识。在对《大同报》政治和民族思想的研究上,邓丽兰讨论了《大同报》宣传的君主立宪和满汉融合的政治现代性诉求①,黄兴涛从《大同报》报人群体的民族身份出发,考察其民族平等融合思想,并梳理了《大同报》民族思想的脉络②。此外,也有研究注意到《大同报》同其他报刊的互动。孙静等考察了《大同报》同《中国新报》《牖报》在立场和观点上的相互支撑③,何卓恩等则研究了《大同报》在民族融合议题上同革命派的交锋④。然而,上述研究都将研究对象局限于报刊内容本身,将《大同报》视作静止的研究对象,以后见之明考察历史,推断《大同报》报人的行动和意图。如同雷蒙·阿隆所提出的,历史并非是一个按物质排序的时空整体,"行动者或观众为其赋予的意义才使之成为一个统一体"⑤,《大同报》政治和民族观念的形成、传播以及同其他报刊之间的互动并非完全是受到某一要素推动,遵循一定规范次序排列的连续的时空整体。因此,本研究主张以动态视角考察《大同报》报人群体的聚合、扩散和其传播行为的变化,从而将其整合至清末独特的历史时空整体之中,重新考察《大同报》报人群体的行为、意图和影响。

　　本研究通过挖掘史料,以现有研究为基础,尝试回答以下问题:第一,《大同报》报人群体如何完成早期的聚合,以什么要素作为聚合的核心;第二,《大同报》报人群体扩散呈现出何种动态路径,其社会网络的扩散呈现出何种特征;第三,《大同报》报人群体的传播行为有哪些特征,如何同其社会网络中的其他节点进行互动,最终推动其民族思想嵌入中华民族共同体历史之中。此外,本研究也期待以解决上述问题为线索,厘清《大同报》报人群体人际网络,考察清末民初时报人群体网络形成的特征,提供认识清末民初报刊史的角度。

二、先赋与后致:早期《大同报》报人群体聚合与社会资本积累

(一)《大同报》及创办群体简介

　　《大同报》于1907年6月29日在日本东京创刊,于1908年6月发行第7刊后停刊,

---

① 邓丽兰:《种族政治压力下的政治现代性诉求——从〈大同报〉看满族留日学生的政治认同》,《华中科技大学学报》(社会科学版)2011年第6期。
② 黄兴涛:《现代"中华民族"观念形成的历史考察——兼论辛亥革命与中华民族认同之关系》,《浙江社会科学》2002年第1期。
③ 孙静、李世举:《〈大同报〉与晚清满汉融合思想》,《新闻爱好者》2010年第19期。
④ 何卓恩、孙会修:《清末满人知识分子的民族认同思想——以〈大同报〉为中心》,《安徽史学》2012年第6期。
⑤ [法]雷蒙·阿隆著:《历史意识的维度》,董子云译,上海:华东师范大学出版社,2017年,第15页。

月刊,社址为东京早稻田鹤巷町 493 号,出版后运回国内发行,现存 5 期共 800 余页。《大同报》主持人为恒钧,主要撰稿人包括乌泽声、穆儒丐等人。

爱新觉罗·恒钧(1866—1932),字诗峰,满族宗室。1905 年 10 月就读于早稻田大学清国留学生部师范科历史地理科,1907 年于日本创办《大同报》,宣传君主立宪并以此支持预备立宪活动。1907 年,恒钧参与杨度所创办的宪政讲习会,并于同年与熊范舆、雷光宇、沈钧儒等宪政讲习会同人领衔,百余人联署,回到国内都察院呈递《民选议院请愿书》,奏请清末朝廷设置民选议院。1908 年,恒钧帮助杨度完成北京宪政公会改组,并于 8 月领衔发起八旗国会请愿活动。1911 年,恒钧参与发起立宪友会,被推为八旗支部发起人。

乌泽声(1883—?),字谪生,满族,吉林永吉人。早年留学日本,就读于早稻田大学清国留学生部,1907 年于日本参与创办《大同报》,并为之撰稿。在日学习期间曾同恒钧一同参与杨度创办的宪政讲习会。1908 年,乌泽声回国后同恒钧等人一同参与国会请愿活动。后曾创办《国华报》,宣传复辟。

穆儒丐(1884—1961),原名穆都哩,也作穆嘟哩、穆笃里,号六田,别署辰公,满族,祖籍吉林。1905 年考取官派留学生名额,赴日本早稻田大学清国留学生部师范科历史地理科,三年后又进入政治理财科继续学习。1907 年,他参与创办《大同报》,并为之撰稿。1911 年上半年回国并通过清廷考试,被授予政法举人,后因辛亥革命爆发、清帝退位失去入仕机会。民初到乌泽声所创办的《国华报》任编辑,直至 1916 年《国华报》停刊。此外,穆儒丐也曾在《盛京时报》任职。

(二) 先赋:情感纽带的链接

考察《大同报》创办群体聚合的路径,离不开对其脚下土壤,即以差序格局为特征的中国社会的考察。总的来看,中国社会呈现出"熟人社会"和"伦理本位"的特征,重视先赋性情感。晚清时期的报人"在从事报刊活动中首先关照的是血缘、亲缘、地缘、学缘关系,这种以伦理情感为纽带而构成的群体关系,对成立早期报馆,创造归属感和身份认同,增强组织凝聚力,推动报刊业务的开拓独具优势"[1]。具体到《大同报》的创办群体,其民族、学缘等关系构建了先赋性的群体情感纽带。

首先,同属满族的民族情感构建了《大同报》创办群体的基础。在清末内忧外患的社会背景下,"中华民族与东西方列强亦即帝国主义之间的矛盾"和"汉民族和其他民族与建立清王朝的满洲贵族之间的矛盾"构成了当时社会的两种民族矛盾,并且"到了 19 世纪末20 世纪初,满汉矛盾又开始激化起来"[2]。据统计,1902 年创刊的《湖北学生界》有 15% 的内容同排满有关,1903 年创刊的《浙江潮》有 20% 的内容鼓吹反满民族革命,《江苏》则有30% 的内容鼓吹反满[3]。因此,在中国民族矛盾冲突,特别是满汉冲突加剧的背景下,满

① 付登舟、赵晨韵:《晚清报人群体演进的历史考察》,《湖北大学学报》(哲学社会科学版)2023 年第 1 期。
② 郑大华:《论中国近代民族主义的思想来源及形成》,《浙江学刊》2007 年第 1 期。
③ 陶绪:《晚清民族主义思潮》,北京:人民出版社,1995 年,第 186 页。

族留日学生自然而然基于民族情感进行聚合。此外，民族身份也决定了《大同报》创办群体对中国民族问题的关注和研究旨趣，从而为三人的相识和认同埋下伏笔。

其次，相同的学生身份创造了《大同报》创办群体聚合的可能。前往日本早稻田大学进行留学成为《大同报》三位创办者相互认识的契机。此外，乌泽声和恒钧还共同参加了杨度创办的宪政讲习会进行学习。因此，漂泊留学的经历和同门学习的经历，推动了《大同报》创办群体的相识、相聚。

值得注意的是，共同的留学背景和民族背景也反映出《大同报》创办群体相类似的阶层背景。程丽红指出，"改良派报人的出身比较划一，上没有高官贵胄，下不见贫苦寒士，大多是封建官僚和地主家庭"[1]。作为改良派报刊的《大同报》，其创办者同属于社会中上阶层，但仍不具有足够的政治影响力和参与机会。其中，即使爱新觉罗·恒钧出身满族宗室，也并未使他进入清廷政府顶层。然而，报刊媒介的出现给了《大同报》创办者们不同的政治参与路径。清末时期，"报刊等新式出版业的出现，开始吸纳一大批边缘读书人和自甘于体制边缘的读书人"，使留学生等群体得以通过办报、投稿等方式参与到公共讨论之中，进而成为政治体制外的制衡力量[2]。因此，相同阶层背景推动具有政治理想却又无法参与其中的恒钧等人尝试创办报刊，成为《大同报》创办群体聚合的又一推动力量。

（三）后致：知识结构的建立

如果说先赋性的身份是《大同报》创办群体聚合的基础，那么通过留学所建构的知识结构则成为维系《大同报》创办者的群体认同、推动其办报实践的重要后致性要素。随着甲午海战和日俄战争中日本的胜利，清末朝野开始改变对日本的态度，清廷开始鼓励赴日留学。大量清末中国留学生的涌入使日本专门开设了大量学堂或学部，包括成城学校、日华学堂、亦乐书院、法政速成科及普通科、早稻田大学清国留学生部等等。其中，早稻田大学清国留学生部本科开设师范科（包括物理化学科、博物学科、历史地理科）、政治理财科、商科几个学科；从留学生数量来看，早稻田大学 1905 年招收留学生 762 人，1907 年招收850 人，1908 年招收 394 人，该部于 1910 年 10 月停办[3]。在课堂之外，中国留日学生也热衷于创办各类社团，相互交流学习。在早稻田大学历史地理科和宪政讲习会共同学习的经历，使《大同报》创办群体具有相似的知识结构，也成为他们聚合的后致要素。

首先，在日本的民族主义思想的基础上，《大同报》创办群体构建起独特的民族概念。王柯认为，近代日本的民族概念是一种"血缘共同体的概念"，并且这种日本的民族概念直接决定了中国民族概念的生成，"正是在日本社会通过国粹主义的阶段，使'民族'一词和

---

① 程丽红：《政论时代的骄子——对清末政治家报人的群体透视》，《长白学刊》2007 年第 3 期。
② 唐小兵：《清议、舆论与宣传——清末民初的报人与社会》，《华东师范大学学报》（哲学社会科学版）2010 年第 6 期。
③ ［日］实藤惠秀：《中国人留学日本史》，谭汝谦、林启彦译，北京：生活·读书·新知三联书店，1983 年，第 51 页。

由'一个民族'所构成的'一个国家'才是最优秀国家的思想得到普及的时期,中国近代思想家们来到日本,并且与日本国粹主义者有了直接的思想交流"。无论是孙中山等中国民族建国主义者还是梁启超等民族主义者,实质上都是在追寻基于血缘共同体的"单一民族国家"①。然而,从《大同报》创办者们的办报实践来看,王柯的描述并不准确。在《大同报》创办者们看来,中国的确需要"一个民族构成的一个国家",但却并非是血缘共同体构成的民族,而是基于历史文化构成的,融满汉蒙回藏为一个民族的国家。《大同报》创办者们借助英国学者甄克思的观点,将民族主义分为"血胤的民族主义"和"政治的民族主义"。其中血胤的民族主义是宗法社会的产物,强调以血缘进行严格的种族划分,"非我种族,其心必异,非其种者,锄而去之",但"此主义已绝迹天壤矣";而政治的民族主义则是国民主义,主张"以数民族混成一国民,以一国民组织一国家"②。在此基础上,《大同报》创办群体认为"中国之人民,皆同民族异种族之国民"③,因而主张以国民主义建立民族国家。由此可见,《大同报》创办群体在其留日学习的基础上融入了自己的思考,从而形成独属于他们自己的民族观念和知识理论体系。这也为成为他们日后创办报刊,宣扬自身观点的重要起点。

其次,杨度的民族思想和政治观念也成为《大同报》创办群体满汉融合思想的源头。清末时期,为实现思想启蒙,强学会等各类新式社团层出不穷,形成蔚为壮观的社会思潮。在日本,日本东京浙江同乡会、中国同盟会等组织也于 20 世纪初逐渐建立。在这样的背景下,杨度于 1907 年创办宪政讲习会,宣传其立宪、民族融合等思想。在民族观念方面,杨度丰富了中华民族的概念,将中华民族视作一种基于文化的共同体,认为"中华之名词,不仅非一地域之国名,亦非一血统之种名,乃为一文化之族名",因此"华之所以为华,以文化言,不以血统言"④。在此基础上,如果想要实现立宪建国,则必须要推动满汉蒙回藏民族的融合。《大同报》创办者参与宪政讲习会,相互学习,在这一过程中,杨度的政治、民族思想影响了他们,成为其民族观念的另一重要来源。

(四) 社会资本嵌入:创办群体的聚合

总的来看,在《大同报》创办群体聚合的过程中,其社会资本的同质性成为编织其社会网络的最初基质。在这一过程中,《大同报》创办群体所具备的先赋资源成为群体聚合的基础,后致资源则扮演着维系群体并推动群体扩散以谋求更多社会资本的角色,而同质的社会资本也成为《大同报》创办群体进行聚合的平台和纽带。即使围绕报刊这一当时而言的新媒介、新技术,借助后致的知识结构进行群体的黏合,报人群体的初步聚合仍然需要依靠民族、学缘等传统中国社会所重视的社会资本。即使是经历西方文化思想洗礼、接受

---

①　王柯:《民族主义与近代中日关系》,香港:香港中文大学出版社,2015 年,第 63—66 页。
②　乌泽声:《满汉问题》,《大同报》1907 年第 1 期(微缩文献)。
③　穆都哩:《蒙回藏与国会问题》,《大同报》1907 年第 5 期(微缩文献)。
④　杨度:《金铁主义说　第七节君主立宪》,《中国新报》1907 年第 5 期。

宪政思想的徐勤也不得不对此种现象感叹道,"凡办事外人多不可靠,必须同门乃可"①。

借助社会资本的嵌入,《大同报》创办群体完成了聚合,形成费孝通所说的"己"。通过聚合,《大同报》创办群体也获得了最初的社会资本。在此基础上,《大同报》创办者们沿着维持资源和收集资源两条路径出发,以自己为中心层层推进,将更多的个体纳入其社会网络之中。

三、交往与转换:《大同报》社会网络的扩散

基于群体网络进行交往和社会资本的转换并非清末民初的新产物,而是根植于中国社会中的一种传统交往模式。王鸿泰通过对明末清初时期的社盟活动进行研究,指出"社交场域构成一个价值系统,个人可以在此场域中经营个人声名,借由声名的确认来肯定个人价值。而且,当'名'的价值确立于社会中,且扩及于一般非文人阶层,声名的追求成了普遍性行为时,在'名'与'利'的交换下,声名又具有实际的经济价值。除了个别性的名、利交换外,声名更可着落于出版市场中,制度性地转换成经济利益"②。随着清末现代报刊的盛行,办报实践活动成为编织文人社交网络的新基质。从社会资本的角度分析《大同报》报人社会网络扩散的过程,能够考察报刊媒介系统这一新载体中清末民初文人交往的新特征,以及他们对"交往-名望-利益"体系的继承与发展。而在社会交往层面,王龙洋将清末民初时期社团、文人群体、报刊三者的关系概括为"以社团领袖人物为中心、以报刊为平台来开展内部成员之间的交往活动,以期凝聚成员之间力量","以报刊为中心、以作家自由投稿的方式连接,通过刊物来聚集作家","以同人报刊为精神纽带形成共同价值观念的文人群体"③。在《大同报》报人群体网络研究的语境下,这三种关系可以进一步概括为两种社会网络扩散路径——基于人际关系的扩散和基于思想观念的扩散。

(一)基于人际关系的扩散

通过参与宪政讲习会,《大同报》创办群体将关系网络拓展至杨度等改良派著名人士,从而借助人际关系完成其人际关系网络的初步扩展。许纪霖提出,社团是构成"知识人社会"的网络之一,"大学为现代知识分子所提供的是知识生产的基本生存空间,但知识分子的组织化和社会文化实践,却是通过各种社团而实现的"④。通过参与宪政讲习会,《大同报》创办者同杨度等人相互熟识。其中恒钧更是直接参与了宪政讲习会所发起的《民选议院请愿书》递交活动。通过参与社会文化实践,《大同报》创办者同杨度及宪政讲习会同人构建起更加亲密的人际关系,构成《大同报》报人群体网络的重要一环。

---

① 《徐勤致康有为》,张荣华:《康有为往来书信集》,北京:中国人民大学出版社,2012年,第457页。
② 王鸿泰:《明清社会关系的流动与互动》,《史学月刊》2006年第5期。
③ 王龙洋:《论社团、报刊与公共空间构建》,《现代传播(中国传媒大学学报)》2015年第10期。
④ 许纪霖:《重建社会重心:近代中国的"知识人社会"》,《学术月刊》2006年第11期。

在同杨度构建交往关系的基础上，《大同报》创办者通过与杨度的《中国新报》进行相互转载与宣传，从而将杨度和《中国新报》纳入其报人群体网络，完成社会资本——名望的初步转换。在《大同报》创办之初，杨度就曾为其撰写《大同报题辞》，赞同其"立宪开国会满汉平等蒙回同化"①主张，并于自己的《中国新报》第六号附录栏目转载，帮助《大同报》进行宣传。而《大同报》则自第三号开始刊载杨度来稿《国会与旗人》一文，分析如何通过撤旗等政策实现满汉民族平等。此外，《大同报》还于第四号发表《中国宪政讲习会意见书》《民选议院请愿书》等宪政讲习会同人所撰写的文章，从而同宪政讲习会及杨度构建起更加紧密的关系。杨度的《中国新报》创办于 1907 年 1 月 20 日，发行量较大，"畅销国内外，各期常至二、三、四版不等"②，因此其对《大同报》的介绍为《大同报》带来了大量的关注。此外，杨度本人在赴日中国留学生群体中名望很高，其住所常常门庭若市，被称为"留日学生俱乐部"，他本人也曾任"东京留日学生联合会"副会长。虽然他并未直接参与《民选议院请愿书》上书活动，但其名望也在请愿运动后在中国社会飞速提升，而他所交好的《大同报》自然也得到了更多的关注。通过题辞、转载等方式，杨度也被纳入《大同报》报人群体网络之中，并位于《大同报》报人群体网络中极为重要的位置。通过维护和运营同杨度及宪政讲习会同人的人际关系，《大同报》创办者们也实现了将人际关系资本向社会名望资本的转换。

（二）基于思想观念的扩散

基于对《大同报》民族观念的认同，中国社会中其他文人也通过来稿的方式加入《大同报》的报人群体之中。例如，袁仲在阅读《大同报》后认为"其主义其论与余所见深相合"③，因此撰写《西藏》一文，并最终为《大同报》第二号的"来稿"所刊登。然而值得注意的是，他们在《大同报》报人群体中的位置并不如杨度和宪政讲习会同人一样重要，而是位于报人网络中较为偏远的位置。袁志成从文人结社的角度出发，指出报刊纽结型文人社团"大部分社员通过阅读报刊得知某社团征题投稿而成为其中一员，他们之间互相不一定认识，且生活在不同空间环境"，并指出基于报刊的文人社团虽然传播广泛，但往往影响不大，活动几次后就自然消亡④。《大同报》的报人群体也具有同报刊纽结型文人社团相似的特征。上述来稿人来自中国的各个地区，互相不曾见面，在发表一篇文章后也不再于《大同报》上出现。然而，与社团不同，《大同报》的报人群体网络主要依赖《大同报》创办群体而存在，《大同报》来稿人并不对《大同报》的群体网络产生重要影响。这也是清末报人群体网络的独特特征。

在群体网络扩散的过程中，《大同报》民族观念的反对者同样也会与《大同报》进行

① 杨度：《大同报题辞》，《中国新报》1907 年第 6 期。
② 赵金钰：《杨度与〈中国新报〉》，《近代史研究》1981 年第 3 期。
③ 袁仲：《西藏》，《大同报》1907 年第 2 期（微缩文献）。
④ 袁志成：《文人结社与晚清民国地域文学传统的建构》，《文学评论》2016 年第 4 期。

交流,从而进入其报人群体网络。自创报以来,《大同报》就基于民族划分、民族关系、建立民族国家方式等议题同革命派报刊论战。而革命派报刊《民报》也通过刊登尊周的文章《大同报满汉问题驳论》予以回应。值得注意的是,清末改良派与革命派之间的论战并非单纯出于利益目的进行互相打压。李仁渊认为,晚清中国的舆论空间"充斥着国族(或种族)之激情、对政治异己者的强烈排斥;国家存亡、种族富强的议题显然高于其他任何言论,包括自由民主与科学理性的追求——这些理念本身不是目的,而是强国的途径"①。因此,两派的报刊也不完全排斥彼此的观点,而是会选择性吸收对方的长处。革命派在论战后便吸收改良派关于民族融合的观点,形成"五族共和"理念。由此而言,看似对立的双方实质上在彼此的社会网络中都仍扮演着重要的角色,这也构成清末报人群体的一大特色。

(三) 社会资本运营：经济资本、政治资本和社会资本的转换

虽然现代报刊的兴盛推动了清末民初时期文人聚合方式的转换,但深植于中国社会中的"交往-名望-利益"转换模式仍然有其效力。《大同报》报人群体的扩散为他们博取了大量的社会名望。以此为基础,通过群体网络的社会资本转换,报刊的名望也能转换成经济资本和政治资本,从而保障报刊的运行和发展。

从经济层面来看,《大同报》报人群体通过唤起其他社会群体的关注和认同,成功获得了资金资助。碍于身份影响,清末时期的留日学生报人需要兼顾报刊运营与课业学习,因而无法像其他专业报刊一样维持良性的经济收入从而持续运行。因此,留日学生的报刊在创办之初,资金往往依靠社员缴纳会费、集股、广告和捐款等形式。具体至《大同报》而言,其报刊运营的资金大部分来源于社会各界的捐赠。《大同报》第二、三、四号刊登了捐款人姓名(表1)。其中,捐款者的民族身份非常复杂,包括汉、满、回、土尔扈特等多个民族。通过捐款,读者们表达了对《大同报》民族观念和政治观念,即《大同报》报人群体知识结构所构成的社会资本的认同。最终,《大同报》得以将其社会资本转换为资金,从而维持报刊的持续运营。而通过刊登捐款人的姓名,《大同报》也将他们纳入自己的报人群体之中。

表 1 《大同报》捐款表

姓　名	金额(元)	姓　名	金额(元)	姓　名	金额(元)
毓湘石	10	福瑞	1	成功	3
杨度	50	王文斌	1	奎山	3

---

① 李仁渊:《晚清的新式传播媒体与知识分子:以报刊出版为中心的讨论》,台北:稻乡出版社,2005 年,第 247 页。

姓 名	金额(元)	姓 名	金额(元)	姓 名	金额(元)
广延	3	董玉磨	3	增福	3
吉安	3	王克敏	3	岳亮	3
永全	3	杨仪曾	10	裕文	3
重佑	3	金寿	5	李俊章	5
施呼本	60	文责	5	印奎	3
乐缓	9	得全	5	金秀	3
长陛	9	炳炎	50	普治	3
英启	3	程作霖	2	常顺	3
景有	3	王禄	5	恩勷	3
汪康年	10	维新	5	松林(振武)	3
陆光熙	10	班吉本	10	忠兴	3
文中	3	恩华	10	联昌	3
马为珑	3	松林	2	荣焜	5
土尔扈特郡王	200	增荣	3	绥生	5
高德山	5	穆克德春	3	国桢	5
北京警务学堂代表刘孟九	20	纳全	3	瑞激	50
兴贵	5	忠芳	10	杨印荣	5
贵福	20	舒质夫	10	李士锐	50
白常文	20	连城	5	世荣	5
吉顺、庆海、荣辉、李作君、文彬、崇保、宋汝彬、阎炳文、林维镐、康士铎、许贴芳、张彭述、白继衍、宋兆恒共捐4元8角					

从政治权力角度来看,《大同报》通过其影响力同晚清政府相互关联,从而以其社会资本换取到政治力量在出版发行、销量等方面的支持。清末时期,清廷意识到其长期执行的对汉族的打压政策使得社会摇摇欲坠,步入崩溃的边缘。因此,清廷也尝试

通过改革重新弥合满汉民族裂痕。光绪三十三年六月二十二日(1907 年 7 月 31 日),两江总督端方代李鸿才奏"条陈化除满汉畛域办法八条折",为清廷推进立宪制度进言,并从民族角度指出"宪政之基在弭隐患,满汉之界宜归大同"①。在这样的背景下,《大同报》满汉融合的言论自然得到清廷的重视。京师民政部在批准《大同报》立案时认为《大同报》"以融化满汉界限为宗旨",创办者"关怀时事,在莒不忘",因此"除饬本部各司厅并内外城总厅购阅"②。可见,清政府不仅以其政治权力批准《大同报》的发行,更是直接要求政府部门订购。由此观之,《大同报》报人群体以其民族观念为社会资本同清政府进行交往,并直接获得了来自政府的支持,从而将清廷拉入其网络之中。

四、总结

如前所述,《大同报》报人群体的聚合符合林南关于社会资本同质性原则的论述。在中国的语境下,民族、学缘成为同质性社会资本中最重要的部分,同时也是费孝通差序格局中分辨"内外"的最重要因素。在《大同报》报人群体扩散的过程中,其社会资本也表现出异质性特征。林南认为,社会互动更容易发生在具有同质性社会资本的个体之中。然而,在群体进行扩散和社会资本交换的过程中,同质性的社会资本缺乏独特性和稀缺性,难以收集到更多资源。因此,社会网络扩散过程中,个体需要平衡形成认同的同质性资本和具有价值的异质性资本。在《大同报》报人群体扩散的过程中,其同质性体现在自身的民族身份以及对民族融合的认同而非片面的排满排汉,异质性则体现为其留学期间习得的理论资源和对民族融合路径的独特认识。

通过基于社会资本交换的群体互动,清末的报人编织出一张复杂的文化权力网络。许纪霖从宏观角度指出"知识分子也通过传媒和学校,构建了一张等级性的、遍布全国的文化权力网络。而知识分子的各种社团和同人刊物,则成为这张文化权力网络的网结点。这些网结点似乎没有中心,彼此联络的人脉网络也各有交叉,却使得这张文化权力网络实实在在地形成为一个整体,同时又互相对抗、平衡和互相抵消"③。然而,从《大同报》报人群体来看,其所处的微观社会网络则是以恒钧、乌泽声、穆都哩三人为中心,随着社会资本的交换逐渐铺开。因此可以说,在中国的差序格局之下,清末的文化权力网络中的每一个节点都是以报刊创办者为核心,借助社会资本的交换,随着群体关系的扩散而如水波纹一般推开。其中,同质性越强的个体越处于中心位置,其他个体则随着同质性减弱和异质性增强逐渐被疏远和弱化,处于网络中的边缘地带。即便是在观点上冲突的革命派,也可以在这张以《大同报》为中心的网络的边缘地带获得位置、进

---

① 故宫博物院明清档案部:《清末筹备立宪档案史料》(下册),北京:中华书局,1979 年,第 915 页。
② 《京师新闻:大同报批准立案》,《吉林官报》1907 年第 24 期。
③ 许纪霖:《重建社会重心:近代中国的"知识人社会"》,《学术月刊》2006 年第 11 期。

行交流,这也为日后革命派吸收改良派的民族融合观点埋下伏笔。而回到宏观层面来看,在整体的社会之网中,改良派同革命派的论战也推动了文化权力的平衡和抵消。这种基于社会网络和社会资本的研究方式也为研究者分析考察清末报刊的实践运动提供了新的视角。

新闻社会史研究

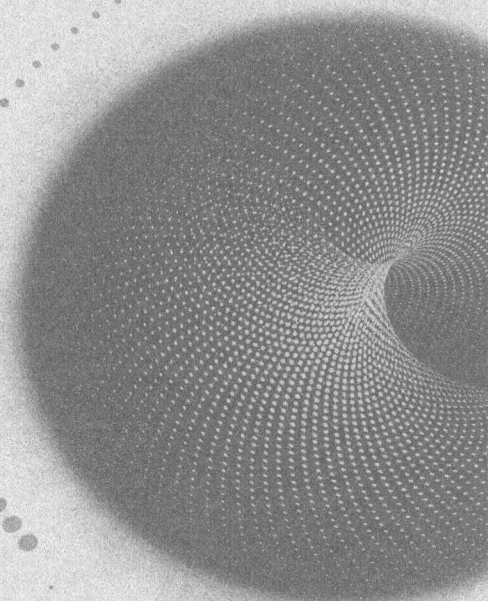

唱新闻：权力关系视域下的传统乡村娱乐*

李 乐①

摘 要："唱新闻"之类的传统乡村娱乐活动是乡村"精英"竞争、获取和展现权力的一个场域，"精英"群体的权力竞逐是"唱新闻"活动持续生成的重要机制。新中国成立前，"唱新闻"未对旧政权造成危害和挑战，旧政权也未对其采取控制措施，加上那时"唱新闻"不存在行业组织，所以，"唱新闻"活动很大程度上处于自主生长状态。新中国成立后，为使"唱新闻"活动与社会主义革命和建设事业相适应，并使之参与宣传动员群众的工作，新政权对其进行了改造。但改造并未覆盖到所有的"唱新闻"活动，在这种情况下，"唱新闻"得到了暂时延续。改革开放后，随着乡村人口向城市的流动和大众传媒在乡村的普及，"唱新闻"这类传统娱乐活动才从乡村文化生活中逐渐淡出。

关键词：唱新闻；乡村娱乐；权力关系；权力控制

浙江传统乡村的"唱新闻"曲艺主要有两支：一支是活跃于金华、衢州地区的道情，俗称"唱新闻"；另一支是流行于宁波、舟山地区的"新闻"，亦称唱新闻。它们不仅在名称上存在相似之处，在内容上也很接近。作为娱乐活动，"唱新闻"曾出现在浙江传统乡村的私人化空间和公共性空间，两者相比较，公共性空间当中的"唱新闻"活动具有更加丰富的意义，也因此留下了更多的历史记录资料。处在公共性空间当中的"唱新闻"，是某些权力关系的表现。在权力关系视域下考察"唱新闻"，探求其生成、生存和延续规律，有助于增进对传统乡村社会的理解。

一、权力竞逐与"唱新闻"的生成

谈到"唱新闻"这类娱乐活动在传统乡村社会形成的动力，容易想到的是乡村民众的需要。无疑，这种群体性的娱乐需要确实是"唱新闻"形成的动力。如果进一步思考，这种

* 本文系2024年国家社科基金后期资助项目"唱新闻：口头传播与浙江传统乡村社会研究"（项目编号：24FXWB008）的研究成果。

① 李乐，宁波大学现代传播研究院、人文与传媒学院教授。

群体性的娱乐需要必定要通过一部分人表达出来并通过他们的组织实施才能被满足，这部分人就是乡村社会中的"精英"群体。"唱新闻"在浙江传统乡村的持续生成不仅与抽象的乡民需要有关，更与乡村"精英"群体的具体行动有关。

在相关史料中，可以清楚地看到"精英"在"唱新闻"这类娱乐活动中所扮演的关键角色。民国年间有人记述，当"唱新闻"的盲艺人敲着锣鼓走进村庄，"这时就有喜听的桥头老三！向各处抖了几毛钱，叫他唱，今晚唱不完明晚后晚再继续"①。"桥头老三"无疑是一位"唱新闻"的爱好者，同时，他的身份是否还有其他性质？仅从这则材料来看，似乎难以回答。另有两则材料可以提供更加丰富的信息。第一则材料："唱新闻"艺人"每在一地演唱，即由'为头'者到所在的邻里家兜米（自愿乐助），有的一杯，有的一碗，积少成多，一般在7.5公斤—10公斤左右唱一个晚上（一本戏），也有自愿供食宿的。这种群众自凑唱金唱新闻的，村里十分盛行，农户也负担得起……"②。第二则材料："村里要唱新闻了，为首者先请盲艺人吃一顿晚饭，然后带头去七邻八舍凑粮食，你一碗我半碗的，有10—20斤。"③很明显，第一则材料当中的"'为头'者"和第二则材料当中的"为首者"都属于同一类人。他们在自己所在的社区似乎都是具有一定身份的人，其行为动机既有对"唱新闻"的喜爱，又有对村庄公共事务的热心，还有对权力的追求。在上述材料之外，还有一段关于20世纪50年代"唱新闻"的记述，特别值得注意，如下：

> 每当"唱新闻"的先生有韵律的锣鼓声在我们小村里响彻时，住我家对门的热心的堂叔就会去和先生接洽。听我母亲说，先前负责这档子事的不是堂叔，人们与亮眼先生谈妥了书目和价钱后，常引先生们去村里的祠堂中搭地铺歇宿，住的时间随说书的天数，短则几天，长的一两个月，先生们白天休息，夜晚临场，一日三餐吃"百家饭"——由村里几户人家轮流送去饭菜。自从自告奋勇的堂叔接替后就包揽了一干事务，他说自己单身汉方便，不仅让"唱新闻"的人住他家，而且"同灶吃饭"。④

从这段记述可以隐约看出"'为头'者"或"为首者"的某些变化。先前这个村庄负责接洽"唱新闻"事宜的人并不是作者的堂叔，堂叔之前的人是谁，作者没有交代，很可能是建国之前村庄中具有一定身份并拥有一定权力的人。这个人在20世纪50年代初的社会政治运动中失去了他的身份和权力，不能再抛头露面，于是他的角色便被作者的堂叔所取代。当时还是单身汉的堂叔家境明显不好，而这类民众正是建国初新政权所倚重的对象。无论是堂叔还是其前任，他们在各自的时代都属于村庄中的"精英"群体。在"唱新闻"活动中，他们都是乡村社会权力的竞逐者，材料中的"自告奋勇"就颇能说明这一点。

这里讲的"权力"就是杜赞奇所说的"个人、群体和组织通过各种手段以获取他人服从

---

① 孙雨松：《改良唱新闻》，《抗战青年》1938年第18期。

② 《前于村志》编辑委员会：《前于村志》，北京：方志出版社，2004年，第204页。

③ 王向阳：《唱新闻：先有新闻后有戏》，《文史博览》2018年第1期。

④ 胡嘉成：《古镇风物》，宁波：宁波出版社，2013年，第46页。

的能力”，它是“各种无形的社会关系的合成”；“权力的各种因素（亦可称为关系）存在于宗教、政治、经济、宗族甚至亲朋等社会生活的各个领域、关系之中”①。按照杜赞奇的说法，这种权力关系也可称为“权力的文化网络”。“这一文化网络包括不断互相交错影响作用的等级组织（hierarchical organization）和非正式相互关联网（networks of informal relations）。诸如市场、宗族、宗教和水利控制的等级组织以及诸如庇护人与被庇护者、亲戚朋友间的互相关联，构成了施展权力和权威的基础。”②在杜赞奇看来，权力关系或权力的文化网络可以分成两种类型：一是市场、宗族、宗教和水利控制的等级组织交错影响形成的关联网；二是庇护人与被庇护者、亲戚朋友间形成的“非正式相互关联网”。两者的主要区别在于前者是依靠组织形成的权力关系，后者是非正式、无组织的权力关系。

　　由此来看，“唱新闻”形成的权力关系接近上述第二种权力关系。“唱新闻”形成的权力关系存在于乡邻关联网之中，乡邻关系类似于杜赞奇所说的“亲戚朋友间”的关系，具有非正式性和非组织性。由于缺乏组织的催生，“唱新闻”中的权力因素是相对微小的，围绕“唱新闻”的权力竞逐也并不激烈。同时，还需指出的是，在“唱新闻”这一微型权力竞逐场域，乡村“精英”对权力的追求“是出于提高社会地位、威望、荣耀并向大众负责的考虑，而并不是为了追求物质利益”③，因此，“唱新闻”形成的权力关系具有较强的荣誉性。

　　传统乡村“精英”追求、获取并展现权力的意愿和行动，最终推动了“唱新闻”这类娱乐活动的持续生成，从而把乡民的娱乐需求表达出来并使之得到满足。如果把乡民的文化娱乐需要视为“唱新闻”这类娱乐活动生成的动力之源，那么，乡村“精英”在“文化网络”中对权力的追求、获取和展现，就是“唱新闻”这类娱乐活动得以生成的具体机制。这种生成机制在传统乡村社会根深蒂固，因而“唱新闻”这类娱乐活动在传统乡村社会也就具有持久的韧性，绵延不绝。

二、权力控制与传统乡村的“唱新闻”

　　权力因素是浙江传统乡村“唱新闻”的创生因素，正是它们构成了传统乡村“唱新闻”得以持续生成的社会机制。对传统乡村的娱乐活动来说，另有一种限制性的权力成为控制传统乡村娱乐活动的力量。值得注意的是，权力对传统乡村娱乐活动的控制，主要集中在演剧领域，至于“唱新闻”这类娱乐活动，则要分两个时段来看：新中国成立之前，“唱新闻”基本不在权力控制的范围之内；新中国成立后，它才被政权较为深刻地改变，关于这一点我们将在下一部分详细论述。要弄明白在新中国成立之前为何控制性

---

　　① ［美］杜赞奇：《文化、权力与国家：1900—1942年的华北农村》，王福明译，南京：江苏人民出版社，2010年，第4—5页。

　　② 同上书，第5页。

　　③ 同上。

权力较少介入乡村的"唱新闻"这类娱乐活动,把"唱新闻"和演剧加以对比是必要的。具体地说,研究权力控制乡村演剧的原因,有助于理解权力为什么会忽视"唱新闻"这类娱乐活动。

晚清薛福成在担任浙江宁绍道台期间曾发布禁令:

> 照得宁绍风气向称纯朴,乃近来访有游手无耻之徒名曰串客,扮演春戏,借以敛钱。更有地方痞棍,开设花会,纠众聚赌,种种不法,日益滋蔓,大都贿结胥保,肆无忌惮,而乡愚被其煽诱,若痴若狂,流荡往返,或伤风败俗,或荡产倾家,贻害闾阎,莫此为甚,若不严行拿禁,何以维世道而正人心。除通饬各属一体严查禁止外,合亟出示晓谕为此示,仰军民商贾人等一体知悉,尔等须知庙会聚赌最为命盗之源,串演淫戏尤为败俗之害,慎勿以勤劳之资,甘输痞棍清白之户,浸染邪魔。嗣后务宜痛自警省,各安尔分,各守尔业。为父兄者尤须时时儆诫子弟,勿任游荡犯法,致为身累。自示之后,倘有不法棍徒妄蹈故辙,或扮演春戏,或开设花会,或趁赛会聚众赌博,或纵妇女沿唱花鼓,即由地方官严拿到案,从重惩办,如有差保包庇徇隐,一经发觉,定即加等治罪,决不宽贷,其各凛遵毋违,切切特示。①

到民国时期,权力对演剧的控制仍然存在。如,"象山县政府,以各地雇班演剧,非惟耗财旷时,且有碍地方治安,在此清乡时期,尤能使不肖之徒,混迹其间,昨特出示严厉禁止全县高台演戏云"②。又如,"定海县政府近鉴于唱演花鼓戏,其内容尽属淫海之词,有碍社会淳良风气,业经通令严禁,兹据报各乡近复有雇班唱演情事发生,特令饬各该乡镇转饬所属严加取缔,如有该班入境,不容留停,即予驱逐以重风化"③。再如,"鄞南区署,因鉴于境内好事之徒,时有雇班演戏之举,劳民伤财,非特妨害治安,抑且违背节约宗旨,特代电各乡公所及警察所,即日查禁,如仍有故违者,当将首事人员报县惩处"④。

新中国成立后,新政权也对乡村演剧活动采取了限制措施。1950年,奉化县公安局制定演戏规则,内容包括:"一、在本县境内出演之戏剧团,未经本局审查登记合格者,一律禁止出演。二、已登记审查合格之剧团,在本县境内出演时,事先需将出演内容,送由本县文化馆审查,本局备案。禁止淫秽戏剧之出演。三、各区、乡、村民众,要求演戏时,应尽量予以说服。出演时一律须经区公安所核转本局及文教科批准后,方准出演,违者依法究办。以上各点,希切实遵令执行,认真检查。"⑤

由上可知,历史上不同时期、不同性质的政权对乡村演剧采取限制政策的理由比较一致,即劳民伤财、有伤风化、妨害治安等。对照历代政权限制乡村演剧的这几条理由,便能更好地理解为什么新中国成立之前的旧政权会对"唱新闻"采取不闻不问的态度。

---

① 佚名:《整顿风俗示》,《申报》1885年10月31日。
② 佚名:《象山清乡禁止演戏》,《时事公报》1946年9月30日。
③ 佚名:《定海县政府禁演花鼓戏》,《宁波晨报》1947年3月20日。
④ 佚名:《鄞南区署查禁演戏》,《宁波日报》1948年7月27日。
⑤ 周贤辉:《奉化公安局订定演戏规则》,《宁波时报》1950年10月18日。

第一，传统乡村的"唱新闻"活动不存在"劳民伤财"问题。"唱新闻"是一种农户"负担得起"的娱乐活动。"唱新闻"通常由一位艺人即可进行，在乐器和表演场地方面没有太多要求，且不需要道具。与对演职人员、乐器、道具和表演场地等要求较多的演剧相比，"唱新闻"属于成本低廉的乡村娱乐活动。

第二，由于"唱新闻"曲目大都未脱离惩恶扬善的叙事模式，所以，它对善良风俗不会造成什么伤害。有地方志显示："唱新闻"的内容"多为男女私情、公案奇事等，间以'恶有恶报，善有善报'的故事情节"①。另有人记述："唱新闻"的正书"大多取材于古文史籍和民间流传的言情、公案、侠义、争战故事，以弘扬真、善、美，惩治假、丑、恶为主要内容"②。还有人在评论道情时说："在渔鼓和简板'唧砰唧砰唧砰'的热闹声里，道情谴责邪恶、劝人为善的思想始终不变。"③

第三，"唱新闻"的听众通常限于乡邻之间，不像乡村看戏的观众来自较为广阔的区域，存在鱼龙混杂的情况，所以，"唱新闻"对治安也没有什么妨碍。

综合以上三点，相较于乡村演剧，"唱新闻"这类娱乐活动未对政权构成较大危害和挑战，因而才能免于来自政权的控制。

权力控制可能来自政权，也可能来自社会性的行业组织。以宁波为例，四明南词和余姚走书就存在较为完善的行会组织。清道光年间，四明南词十分繁荣，宁波城区新街一带已有"崇德社""永裕社""引凤轩"等组织，清末民初时又有"丝竹歌咏班"等。除致力于提高书目、演唱、技巧、音乐诸方面的质量之外，部分南词行会组织还把分散的艺人组织起来统筹安排演唱业务，并对收费进行规范④。走书在流入余姚农村后，该县艺人组织起杭余社，经常讨论书目、技巧、曲调等内容⑤。四明南词的行会组织之所以最为成熟和发达，主要是由于南词艺人集中在城市，便于组织。而在农村分散演唱的余姚走书艺人之所以能够组成杭余社，可能与他们最初的活动范围仅限于余姚境内有关。与这两个曲种不同，浙江传统乡村的"唱新闻"在发展过程中并未产生行会组织。与四明南词和余姚走书艺人相比，游走于"四方"的"唱新闻"艺人既没有比较集中的居住区，也没有相对固定的活动范围，因而其行会组织自然就难以形成。此外，"唱新闻"艺人大多是盲者，他们之间难通声息，这也是"唱新闻"难以产生行会组织的重要原因。由于没有形成行会，"唱新闻"艺人就避免了来自行会组织的控制。

新中国成立前，"唱新闻"之类的娱乐活动既未受到来自政权的控制，又没有来自行会的约束，与传统乡村演剧相比，具有较大的自主性，属于传统乡村社会自然生长绵延的一种文化类型。"唱新闻"之所以没有受到来自政权和社会两个方面的制约，主要是因为它

① 谢振岳：《鄞县文化广播志》（宁波市图书馆藏未刊稿），1992年，第164页。
② 叶喆斐：《蛟川风情》，杭州：浙江工商大学出版社，2022年，第31页。
③ 陈华文：《留住传承人》（二），杭州：浙江工商大学出版社，2017年，第169页。
④ 李蔚波：《宁波曲艺志》，宁波：宁波出版社，1999年，第169—171页。
⑤ 同上书，第171页。

未对政权和社会构成危害和挑战。"唱新闻"之类的娱乐活动未受到制约,并不是说它没有受到任何规范,恰好相反,它无论是在内容上还是在形式上都受到了乡土社会规则的影响和调整,只不过,它始终在规范内运行而未逾矩。

三、"唱新闻"的改造及传统的延续

在新中国成立之前,相对于一直遭到控制的乡村演剧,"唱新闻"拥有较为自主的生存空间,但这并不是说没有社会政治力量试图介入它。中日甲午战争之后,随着近代民族国家意识逐渐在社会精英阶层萌发和扩散,改造基层社会逐渐成为社会精英阶层的共识。而改造基层社会则离不开基层民众喜闻乐见的传播形式,在这种情况下,"唱新闻"也被纳入了社会精英群体的视野。

在中国庞大的曲艺谱系中,"唱新闻"是较小的曲种。即使在浙江传统乡村,与其他曲种相比,"唱新闻"也不具备特殊优势。近代以来,"唱新闻"之所以受到较高程度的关注,与它的名字不无关系,它的名字给近代以来致力于社会改造的精英群体带来了可资利用的憧憬和想象。抗战时期,有人就乡村的"唱新闻"在刊物上撰文说:

> 乡村中有许多"唱新闻"的瞎子,他们往往在夏秋晚上,敲着小锣和长的鼓,当走到一个乡村中,引起许多乘凉的人,向他注意……
>
> 他唱的是什么呢!是最近的新闻吗?不,不是,切勿误会!他虽然叫唱新闻,但是唱的都是几百年前的旧闻,那(哪)里算得来是新闻。他所唱的还是封建色彩极浓时代的落难公子中状元,私托终身后花园,好人遇仙救,坏人遭雷击等事,虽有劝人为善的意思,但是内容是太腐败了。
>
> 唱新闻的,应当唱些最近听闻到的事实,如抗战来的种种情形,但是他们智识都是浅薄的,这种真真的新闻,想不出,编不出,怎样叫他唱呢?我以为这是做宣传工作的同志的责任,我们应该应时的编出新闻,同时再设法训练他们组织他们,以适应战时的需要。[1]

这篇文章发表于抗日战争时期,作者既有革新曲艺以满足抗战需要的急切愿望,又继承了近来以来革新文化以改良社会进而救亡图存的新思想。从这番话可以感受到,作者对"唱新闻"持有一定的期待,因为它既贴近基层,又冠有"新闻"之名。作者对"唱新闻"的旧内容持完全否定的态度,并提出编写新闻、组织训练"唱新闻"艺人的倡议。他的这番话持论虽正,但组织训练这些流动性较大的盲艺人并不是一件简单的事,同时,要求"做宣传工作的同志"编出符合特定曲调的、适合"唱新闻"艺人演唱的内容也非易事。尤其是在中国共产党领导的革命根据地之外,还缺少改造农村基层"唱新闻"的有组织的力量。即使

---

[1]　孙雨松:《改良唱新闻》,《抗战青年》1938年第18期。

是浙东抗日根据地，也没有尝试过改革"唱新闻"。浙东抗日根据地以宁波为中心，正是"唱新闻"流行的区域，而笔者在查阅浙东抗日根据地史料的过程中并没有见到关于改革"唱新闻"及其艺人的记录，当时这个根据地主要致力于改造的是"的笃戏"及其艺人[1]。由此可见，上面这篇文章愿望虽好，议论却显得有几分空疏，与之相较，下面这篇文章则将问题看得更透彻一些：

> "唱新闻"，十年前曾在上海街头也有过，当负鼓的盲翁敲着清亮的小锣从楼下缓缓地走过，你若有兴趣听他唱的话，不妨喊进屋子，叫他唱些旧时代的野史和民间故事，一家老小团聚着听，确也津津有味，尤其在阴历新年里更多。近来上海"唱新闻"的宁波瞎子，不知那（哪）里去了，也许为了没有人请教而结束了他们可怜的生涯吧。因为除了有涵养性的老年人以外，年青人谁有耐性去听一个瞎子敲着"汤汤笃笃"的锣鼓而自说自唱呢？何况所唱无非是些善恶果报的旧新闻。记得以前外国坟山旁边来个女瞎子，听的人也寥寥，加以天气又太寒冷，因而生涯很清淡，也许不久以后，她也黯然回故乡去了吧。"四明文戏"可改良，"新闻"是无法再改的了，因为唱者是流浪的盲子……[2]

这篇文章的作者对"唱新闻"的认识更为准确。同上面那篇文章的作者一样，他也知道"唱新闻"艺人"所唱无非是些善恶果报的旧新闻"。"因为唱者是流浪的盲子"，不便于组织训练，所以"'新闻'是无法再改的了"。从这些话可以感受到，作者之前对"唱新闻"也曾抱有期待，只不过现实已让他认识到了改造"唱新闻"及其艺人的困难。

以上两篇文章的作者都因"新闻"之名而对"唱新闻"有过期待，这在一定程度上是由他们对"唱新闻"名称的现代想象造成的。

新中国成立后，一切旧事物都要按照新社会的新标准被重新审视。同时，与革命时期相比，中国共产党已成为在全国范围内执掌政权的政党，其所处的环境得到极大改善，对基层社会的组织动员能力也得以提升，党领导的新政权已具备较为充分的条件对"唱新闻"等基层文化活动进行改造。有人在宁波的报纸上撰文说："解放后，社会变了样，人们政治认识在不断提高，对不可靠的'历史''新闻'，开始不感兴趣起来，但它的朴素、简明形式，还受大家欢迎。最近，文教局和戏剧研究会已准备帮助'唱新闻'者进行社会改造，这是很需要的。"[3]在新政权的支持下，宁波市曲艺艺人（包括唱新闻、文书、武书、莲花文书、滑稽、宣卷等曲种）共一百三十多人尝试建立自己的组织[4]。在新政权的组织和推动下，包括"唱新闻"在内的宁波曲艺艺人也开始在新社会发挥作用：

---

① 李乐：《教育农民：浙东乡村社会变迁中的政治传播（1949—1962）》，上海：复旦大学出版社，2016 年，第45—50 页。

② 渚啸：《宁波的唱新闻》，《上海宁波周报》1947 年第 21—22 期。

③ 金一毛：《唱新闻：戏曲万象之一》，《宁波时报》1950 年 7 月 26 日。

④ 文化馆通讯小组：《曲艺艺人建立初步组织，自十五日起可往文化宫申请登记》，《宁波时报》1950 年 10 月10 日。

　　向来不被人注意的曲艺,在这次"镇压反革命曲艺大会唱"和配合"宁波专区土地改革、抗美援朝、镇压反革命展览会"上显得非常出色,特别为劳动人民所喜爱。这次会唱和展览在省立宁波文化馆和戏曲改进协会领导下,顺利的展开。有一百二十三个曲艺说唱者(这中间有失了明的新闻组盲艺人,小曲组的七岁小妹妹,六十九岁文书组的老先生),都先后自动的报名参加,计有新闻、滑稽、文武书、犁华、小曲六组,在本月七日起每晚七时半至八时半配合镇压反革命讲座,在本市宁声电台举行镇压反革命曲艺大会唱。专区各县文化馆收音站及本市大部分居民会收音小组,都组织群众,结合读报小组按时收听,每天在一万人以上,而且每天都有人打电话到电台要求继续延长时间和增加节目。①

上面关于新中国成立初期宁波地区的事例较为宏观,从中无法感知"唱新闻"在改造中发生的具体变化,下面关于宁波象山县"唱新闻"的材料则要清楚得多:

　　到了20世纪五六十年代,象山又出现了叶荣彪(1928年生)、郑秀月(1923年生)、董顺发(1926年生)、骆绍庚(1926年生)、黄先武(1920年生)、花眼欢(约1925年生)等一批唱新闻艺人,不仅扩大了唱新闻的队伍,而且完善了新闻的演唱艺术。在那个年代,人民政府非常重视曲艺的宣传作用,加强对艺人的组织,成立了象山县曲艺协会和曲艺队。曲艺工作者深入农村,配合党和政府的各项运动,积极开展宣传工作。同时,农村普遍成立俱乐部,涌现了一大批农村文艺骨干,使象山唱新闻的曲艺队伍大大改观。原来以盲艺人为主体的唱新闻队伍,逐渐为非盲文艺骨干所代替。唱新闻队伍的文化素质和艺术修养都得到了极大提高。这个时期是象山唱新闻的黄金时代,表现在参与人数多、队伍扩大,队伍文化、艺术素养提高,出现了一大批结合形势的唱新闻曲目,真正体现了唱新闻的新闻性。那个时期,象山创作了《送军粮》《支援解放军,解放舟山岛》《军民鱼水情》《土地改革》《捐献飞机大炮》《新婚姻法》《互助合作》《把余粮卖给国家》《二万五千里长征》及歌颂黄继光、向秀丽和象山劳模徐金木、夏秀娣等先进人物的曲目。1958年,叶荣彪出席省曲艺工作者代表大会,听了义乌县道情盲艺人叶英美的事迹介绍,深受感动。叶英美被誉为江南韩起祥,曾被召进中南海汇报演唱。叶荣彪暗暗地把他作为学习的榜样。这年3月,他与郑秀月、林功嗣在溪口乡(今为茅洋乡)进行曲艺为工农业生产服务试点工作,演唱《东风压倒西风》《人人拥护四十条》《俩老汉修水库》等曲目,他们上工地、赶集市、赴会场,7天演唱47场,听众达3 056人次,受到好评。1959年,叶荣彪与郑秀月参加省音乐、舞蹈、曲艺、木偶皮影戏会演,演出唱新闻《腾翅高飞》。1961年,叶荣彪作为宁波唱新闻代表之一,出席市、省曲艺会演,演唱自己创作的《秀娣闹海》,获得演出奖。1960年,由顾景春、邹鸣高表演,倪水汶创作的《象鼻山巨变》参加宁波地区群众文艺调演并获

　　① 佚名:《曲艺艺人宣传工作做得出色,每天有一万人收听广播,在这次展览会上演唱很受群众欢迎》,《宁波时报》1951年6月22日。

奖。这个时期，象山唱新闻艺人深入城镇农村，是他们最活跃的时期。同样，也是整个浙东的宁波市、舟山地区各县市的唱新闻艺人最活跃的时期。[①]

从上面的材料可知，经过改造的宁波"唱新闻"业已发生显著变化，这种变化主要表现在四个方面：其一，部分"唱新闻"艺人已被组织起来；其二，明眼艺人在"唱新闻"艺人队伍中逐渐增多；其三，"唱新闻"艺人的社会地位得以提高；其四，"唱新闻"的内容经过革新，与社会政治运动发生紧密联系。

新中国成立后，浙江传统乡村"唱新闻"的另外一支——金华、衢州道情，也发生了新的变化。金华《义乌县志》载：

> 新中国建立前夕，本县有道情、花鼓艺人百余人，流散在全县各地，无专门组织。建国初期，经叶英美等7名艺人筹备，于1951年8月成立本县第一个地方曲艺的群众性组织——义乌县曲艺联合会。参加首届联合会的有道情、花鼓艺人41人，其中女性14人。会址在稠城镇西门原养济院内。[②]

> 建国后，曲艺艺人除说唱传统曲目外，还配合党的中心任务，编唱应时曲目。1951年，叶英美等7名道情、花鼓艺人组成曲艺代表队，参加金华专区第一届戏曲曲艺会演。演唱了《歌唱共产党》《抗美援朝》等曲目，受到赞扬。1952年5月，举办本县首届曲艺人训练班。编写了《反细菌战》等曲目，并到稠城镇各村说唱，配合当时正在全县开展的爱国卫生运动。1953年夏，久晴不雨。农村中迎神接龙、拜佛求雨等封建迷信活动复萌。曲艺人编唱新曲，动员群众抗旱。他们唱道："不要相信迎神接龙，长车短车快向水底冲。找水源，挖水洞，人力一定能胜天公。迷信已害人几千年，聪明人不要再被它愚弄！"1956年，曲艺联合会和县广播站签订协议，由曲艺艺人定期向全县听众播唱应时曲目。[③]

另据金华《东阳市文化志》载：

> ……解放后，"道情"的演唱活动中，亮眼艺人日多，并由民间进入舞台。女性唱"道情"者，亦不乏其人。五十年代，我县盲艺人吴荣春参加省会演，演唱《生假病》和《老树逢春抽嫩尖》，荣获优秀创作奖和优秀演出奖。1965年2月，农民胡阿七编唱的道情《壮志曲》，参加省农村俱乐部代表会议暨观摩演出，获得奖励，《浙江日报》予以发表评论。1966年2月，他编唱的道情《千年谷门打开了》参加省第二次农村俱乐部代表会议暨业余文艺观摩演出大会，又获奖励。县电影放映队把道情唱词制作成幻灯片，进行映前宣传，影响较广。许多放映员都学会"道情"演唱，甚至成为"道情"能手。如县电影公司的赵寿兴、横店电影队的吴洵梅、千祥电影队的金洪进等，均先

① 张利民、吴健：《象山唱新闻》，杭州：浙江摄影出版社，2016年，第18—19页。
② 义乌县志编纂委员会：《义乌县志》，杭州：浙江人民出版社，1987年，第520—521页。
③ 同上书，第521—522页。

后获过国家、省、地、县各级的表扬奖励。此外,业余"道情"能手,如巍山镇的赵伯仁、李宅镇的李跃飞、上卢区文化站的蒋锦春等,都能自编自演。①

由这段记载可知,新中国成立后,金华道情除发生了同宁波"唱新闻"一样的变化之外,在艺人队伍方面还表现出一些特殊性,即不仅女性道情艺人出现在表演队伍当中,而且电影放映员也成了非职业的道情表演者。这些都表明新政权和新社会促使传统发生了一些变化。

然而,包括"唱新闻"在内的曲艺艺人走向"集体化"、被组织起来配合社会政治运动,只是新中国成立后浙江乡村"唱新闻"的一个面向,其另一个面向则是对传统的固守。新中国成立后,部分乡村"唱新闻"艺人处于较低程度的组织化状态,或者根本没有组织。1957年,有返乡的海军战士记述说:

> 我感到政府对盲艺人的安排欠妥当。宁波至莫枝镇的航船,每只船有一盲艺人。据说这是为了照顾他们生活才这样做的,那天我到莫枝镇去,船上盲艺人唱的是什么"张相公……李小姐",我因厌听这些东西,就坐到船头与一个老农民闲扯农村情况及部队生活。全程不过一个多小时,盲艺人就募了三次钱。第一次我给他一角,过了半小时又要了,我认为这次募过该就好了,谁知船来到莫枝镇他又要,只得又给他一角。我认为这个习惯是不好的。

> 建议有关部门,另外替盲艺人进行安排,至少也要加强对他们政治教育。同时我也希望在航船上放置些图书,或者免费或者出租,给乘客愉快地渡过航程。我的意见不一定正确,只是给大家作个参考。②

这位海军战士见到的正是宁波传统"唱新闻"表演当中的"唱航船"。在他看来,"政府对盲艺人的安排欠妥当"。换一个角度来看,也可以认为,当时政府对"唱新闻"这类盲艺人所从事的娱乐行当很宽容,不仅安排照顾他们的生活,而且对他们所唱的陈旧内容也持容忍的态度。政府之所以对"唱新闻"这类基层娱乐活动较为宽容,主要有三个方面的原因:首先,如前所述,"唱新闻"这类娱乐活动对政权的危害性和挑战性较小;其次,从事这个行当的艺人大多是没有劳动能力的盲者,政府把照顾他们的生活当作自己的责任;最后,盲艺人的流动性较强,其行动机动灵活,这给政府的管理造成很大困难,所以,在这份宽容当中也许还有几分无奈。

正是在这种较为宽松的社会政治环境中,新中国成立后,在许多民间艺术的内容和形式都被改造的情况下,"唱新闻"这类曲艺的传统却得到一定程度的保存。1957年,有读者向报社投书称:

> 我们鄞县新乐乡姜陇村,自春节以来,赌风很盛,少数社干部也参加赌博。有的

---

① 东阳市文化局:《东阳市文化志》(金华市图书馆藏未刊稿),1998年,第137页。
② 金戈:《海军战士谈家乡观感》,《宁波大众》1957年5月22日。

赌本没有，盗拆人家的坟墓。输钱卖衣物的现象也有发生，影响了生产和社会秩序。除了聚赌外，村里还请来一位唱走书的先生。到二月廿四日，还在说唱全本郭子仪，每天下午和晚上，都有许多人在听。有的快成书迷了。有些社干和社员都很着急，想开个社员大会，把整社和备耕工作贯彻一下，却开不起来。春光催人，备耕迫紧。难道赌博和听书能保证今年增加生产、增加收入吗？听书虽是娱乐，但也要看时光，如果不顾生产的一直说下去、听下去，生产怎么办呢？希望这些人不要再做"赌迷""书迷"了。①

虽然上面这则材料讲的是乡村民众听"走书"的情况，但可以由此推断，"唱新闻"的状况应该与之相似。如果上述发生在1957年的事例只能说明中国农村刚完成社会主义改造时的情况，那么发生在20世纪六七十年代的事例则更能够显示民间文化传统的持久韧性。有两篇文献存在相似的记载：

　　……曲艺组织解散，金华道情活动进入低潮，但是老百姓仍把"唱新闻"的艺人保护起来，常有村民几户联合起来请艺人"藏"在家里内屋偷偷听唱道情，道情转入"地下活动"。②

　　……艺人们……为生活计，就搞起"地下说唱"。有的紧闭门窗，关在深宅后院中说唱；有的躲避到偏僻山区或边远小村说唱；有的则改演唱道情为说书讲故事。说唱活动仍禁而不绝。③

另有人记述发生在20世纪70年代的事：

　　"自从盘古分天地，先有新闻后有戏""各位大家来听戏，今日新闻不唱其他戏""出新闻来道新闻，新闻要出哪州哪府并哪门"……

　　20世纪70年代，在我很小的时候，在老家浙江浦江一带，村里的天井里或明堂上，常有盲艺人唱着有韵律的曲词，摇头晃脑。密密麻麻的听众里三层外三层的，听得津津有味。这便是我从小就熟悉的唱新闻的场景。④

新中国成立后，"唱新闻"这类曲艺的传统得以延续，这不仅是说它们的内容和形式得以保全，而且是指在农村业已集体化、基层社会被"深翻"的情况下，"唱新闻"这类曲艺从活动组织、艺人表演到听众欣赏的整个传统并没有发生多大变化。就"唱新闻"这类传统娱乐活动来说，社会政治权力对它们的改变是有限的，因为改变它们的成本高、难度大。真正对"唱新闻"形成冲击的首先是新传播形式在乡村的扩散。如金华《东阳市文化志》关于道情的记述："八十年代后，影视普及，'道情''花鼓'渐趋冷落。"⑤又如，《金华县续志》

① 佚名：《春耕到、备耕忙，姜陇社某些社员还在赌博听走书》，《宁波大众》1957年3月6日。
② 章晓华、吴琅云、章竹林：《金华道情》，杭州：浙江摄影出版社，2014年，第163页。
③ 义乌县志编纂委员会：《义乌县志》，杭州：浙江人民出版社，1987年，第521页。
④ 王向阳：《唱新闻：先有新闻后有戏》，《文史博览》2018年第1期。
⑤ 东阳市文化局：《东阳市文化志》（金华市图书馆藏未刊稿），1998年，第137页。

说:"近年来,由于影视文化发展很快,进入千家万户,听道情演唱的人越来越少,不少盲艺人改行从事抽牌测字、算命等迷信活动。听金华道情的听众也大为减少,除年长者还能精心静坐听唱道情外,青少年听唱者为数不多。"①再如,金华浦江县《前于村志》的记载:"90年代后,随着影视业的发展,唱新闻日趋萧条,只有一些老年人喜欢听唱,青壮年中听唱新闻的就很少了。"②可见,影视业的发展和普及是"唱新闻"衰落的重要原因。

除影视传播逐渐成为社会的主导性传播形式之外,"唱新闻"走向没落还另有原因,有记述者曾说:

> 但令人始料不及的是,这个具有顽强的生命力的传统,这个成功地抗拒了鸦片战争以来中国近代社会的激烈变革,抗拒了战争……的强酸对它的种种腐蚀的传统,却在上个世纪90年代以来的商业化浪潮冲击下变得岌岌可危了。

> 上半年,我回老家省亲。我问在县城上班的弟弟有没有可能到哪儿听一场"新闻"。弟弟听后笑了:"你几年不回家,成外星人了。这些老东西早进博物馆了。现在家家都有电视,还有谁去听它呢!那些瞎子也都进城做按摩师了。这一行的收入很好,'唱新闻'的收入哪能比!"他告诉我现在农民都纷纷进城,多数村子已没什么人,留下来的也净是老弱病残。原先我们村有几百口人,现在不过几十口人。谁还有心思听这些老古董呢?③

这位记述者说得很清楚,在电视之外,农村人口大量迁移到城市,乡村趋向"空心化",也是"唱新闻"难以为继的重要原因。

四、结语

在浙江传统乡村,"唱新闻"之类的娱乐活动是乡村"精英"竞争、获取和展现社会领导权的一个微型场域,正是乡村"精英"对权力的追求催生了"唱新闻"这类娱乐活动。"唱新闻"之类的娱乐活动在浙江乡村地区是一项历史较久的传统。传统之所以成为传统,正是因为它能够持存,而其之所以能够持存,一个重要原因就是它建立在稳固的生成机制之上。"唱新闻"这类娱乐活动与乡村社会之间的被需要和需要关系,固然是其生成机制的重要层面,但作为一种分析模式,"被需要和需要"不仅可以用来解释"唱新闻"这类娱乐活动的生成,而且适用于解释传统乡村社会其他诸多事项的生成,因此,这种分析模式的价值便不得不大打折扣。事实上,"唱新闻"这类娱乐活动中的"为首者"更值得重视,作为乡村"精英",他们在"文化网络"中对权力的竞争、获取和展现,正是传统乡村"唱新闻"这类

---

① 金华市金东区《金华县续志》编纂委员会:《金华县续志》,北京:方志出版社,2005年,第860页。

② 《前于村志》编辑委员会:《前于村志》,北京:方志出版社,2004年,第204页。

③ 西渡:《那些消失在田野上的民间身影》,张秀枫:《2010中国随笔排行榜》,北京:北京工业大学出版社,2011年,第296—297页。

娱乐活动生成机制的另一个重要层面。这个层面的生成机制在传统乡村社会根深蒂固，因而"唱新闻"之类的娱乐活动在传统乡村社会也就具有持久的韧性，绵延不绝。

　　新中国成立之前，由于传统乡村"唱新闻"之类的娱乐活动并未对旧政权造成危害和挑战，所以，旧政权并未对它们采取管制措施。加上新中国成立前"唱新闻"不存在行业组织，那时"唱新闻"很大程度上处于自主生长的状态。新中国成立后，为使"唱新闻"这类娱乐活动与社会主义革命和建设事业相适应，并使之参与宣传动员群众的工作，新政权对它们进行了改造。这种改造并未覆盖到所有的"唱新闻"活动，这一方面是因为政府要照顾这些盲艺人的生活，不得不允许他们中的部分人仍照其旧地开展活动，另一方面则是由于"唱新闻"机动灵活，而且是在基层流行，政府实际上并无力量将其全部管理起来。"唱新闻"之类的娱乐活动在新中国成立后的绵延说明新政权在乡村社会的作为有其限度。真正瓦解"唱新闻"这类乡村传统娱乐活动的是工业化和城市化带来的人口流动，以及以电视为代表的大众传媒在乡村的普及。

媒介空间视域下移民认同的地方性

——以新西兰华文报刊为中心的讨论*

曹小杰①

摘　要：移民媒介实践很大程度上是有关物理、符号和情感关系的空间实践，对移民媒介空间叙述的分析为理解移民认同提供了视角与方法。本文以新西兰华文报刊空间叙述的深入分析为基础，发现媒介地方性与认同地方性存在同构关系。在持续的移民媒介实践过程中，移民认同的地方性也会经历从远方到在地化的转变，并在与世界其他地方的互动中，走向一种更为混杂的认同感。从媒介空间的视角来看，理解混杂认同感的关键依旧是地方性的维度而不是世界性的维度。

关键词：地方性；世界主义；媒介空间；移民认同

媒介与空间的关系问题近年来被国内新闻传播学者所关注，"媒介地理学"等富有启发的概念也被提出来②。尤其在报刊史研究领域，以黄旦等为代表的学者强调报刊作为"地方性实践"的意义，空间性成为开创报刊史书写新范式的重要维度③。尽管部分报刊史书写涉及中西比较以及海外华人这一独特的读者群，总体而言，华人如何消费新闻、华人日常认同与媒介消费的关系仍缺乏一种空间分析的视角。对华人移民而言，故乡、身边以及世界其他地方发生了什么，不仅帮助他们在一种阈限空间重新锚定日常生存环境，也在更深层次上影响他们如何定位归属感和身份认同。

因此，分析媒介作为再现空间（representational spaces）与移民认同变迁的关系是很有必要的。移民媒介中的诸多问题，比如内容关乎何处、由谁提供、被谁消费等问题，在本质上都是一种空间关系问题。不同媒介技术与平台本身也将对空间产生建构影响，并进

　　* 本文是国家社会科学基金青年项目"大洋洲华文媒体'中国'观念变迁研究（1890—2019）"（项目编号：19CXW006）的阶段性成果。

① 曹小杰，华南理工大学新闻与传播学院副教授。
② 邵培仁、杨丽萍：《媒介地理学：媒介作为文化图景的研究》，北京：中国传媒大学出版社，2010年。
③ 黄旦：《新报刊（媒介）史书写：范式的变更》，《新闻与传播研究》2015年第12期；蒋建国：《广州〈述报〉与地方新闻报道（1884—1885）》，《国际新闻界》2011年第4期；董倩：《消失的陌生人：〈新民晚报〉与上海日常生活空间中的社会交往（1949—1966）》，《新闻与传播研究》2015年第5期；季凌霄：《大世界与〈大世界〉报（1917—1927）：空间、报纸与娱游者》，《新闻与传播研究》2016年第6期。

一步影响移民认同。本文认为媒介空间尤其是移民媒介空间是理解移民认同的重要工具,实践主体通过对媒介空间的异质、开放和过程性①的想象来想象何谓自我、何谓他者②。移民认同的地方性与媒介空间的地方性形成了同构关系,并共同形成对所谓世界性或世界主义认同的调适与协商。

一、理解移民认同：媒介空间作为方法

现有媒介研究中,时间而非空间的问题往往被凸显和强调③,正如列斐伏尔发现新闻安排首先强调时效性,媒介在为生活设定节奏④,凯瑞对传播仪式观的讨论也多聚焦时间而对空间维度重视不够⑤。媒介无疑与时间、节奏存在直接而密切的关系,媒介与空间的关系同样不宜忽略。伊尼斯对空间(也包括时间)的关注引发了对媒介技术偏向及其社会政治影响的讨论⑥,麦克卢汉进一步将现代电子媒介对空间的影响归纳为非常空间化的概念"地球村"。以这两位学者为代表的媒介环境学派对媒介与抽象空间关系的讨论促使了媒介研究的某种"空间转向",为后续空间与具体媒介技术(比如广播、电视、互联网等)关系的研究提供了重要的理论铺垫⑦。随着互联网信息技术的普及,媒介与空间研究在议题上更趋丰富,并且与社会学、文学、人文地理学等领域的空间研究遥相呼应⑧,媒介地理学、地理媒介、虚拟空间等概念也成为重要的分析概念。

媒介空间作为学术概念的诞生是空间媒介化与媒介空间化⑨这两种相辅相成的趋势发展的自然结果。在具体研究过程中因侧重点不同,可以区分为空间中的媒介与媒介中的空间两类,不论是何种侧重,媒介空间归根结底是社会关系的体现⑩,具体表现为三层关系:作为物理关系的媒介空间,表现为微观的印刷空间、机构空间、交通运输网络以及

①　Tim Cresswell, *Place: A Short Introduction*, Oxford：Blackwell Publishing, 2004.

②　Doreen Massey, *For Space*, London：Sage, 2005.

③　潘霁:《作为媒介研究方法的空间》,《南京社会科学》2022年第5期。

④　Henri Lefebvre, *Rhythmanalysis: Space, Time and Everyday Life*, London：Continuum, 1991, pp.46-50.

⑤　James Carey, *Communication as Culture: Essays on Media and Society*, New York：Routledge, 2009, p.15.

⑥　Robert E. Babe, *Wibur Schramm and Noam Chomsky Meet Harold Innis: Media, Power, and Democracy*, London：Lexington Books, 2015, pp.33-44.

⑦　Paddy Scannell, "Introduction：The Relevance of Talk," in Paddy Scannell, ed., *Broadcast Talk*, London：Sage, 1991, pp.1-13; Stephanie Marriott, *Live Television: Time, Space and the Broadcast Event*, London：Sage, 2007.

⑧　Maria Rovisco & Jonathan Corpus Ong, eds., *Taking the Square: Mediated Dissent and Occupations of Public Space*, London：Rowman & Littlefield Publishers, 2016; Urszula Terentowicz-Fotyga, ed., *Space in Literature: Method, Genre, Topos*, Berlin：Peter Lang, 2018; Leighton Evans & Michael Saker, *Location-Based Social Media: Space, Time and Identity*, Switzerland：Palgrave Macmillan, 2017.

⑨　李彬、关琮严:《空间媒介化与媒介空间化——论媒介进化及其研究的空间转向》,《国际新闻界》2012年第5期。

⑩　郑震:《空间:一个社会学的概念》,《社会学研究》2010年第5期。

宏观的城市环境等①;作为符号关系的媒介空间,表现为不同媒介载体对位置及其空间关系的描述、记录和反映;作为情感关系的媒介空间,依附在物理和符号空间之上,同时因同乡、宗亲或政治文化认同等而形成情感层面的聚合。媒介空间由三者共同并辩证地构成,同时也因人的持续实践而不断得以重构。

与此同时,根据列斐伏尔空间再现、空间实践和再现空间的三分法,媒介空间无疑更多是一种再现空间,涉及图像、符号等复杂符码使用,既与物理空间重叠,也是对物理空间客体的象征利用②。这意味着媒介空间具有典型的社会建构特征③,被空间实践者所建构的同时,也反作用于空间实践者及其日常实践,并衍生出不容忽视的政治效应。一方面,媒介空间实践被资本、宗教、媒体以及暴力机器等"我们每日置身其间的机构化框架所形塑"④;另一方面,在具体的媒介空间实践中,主体也存在多重能动性,比如对外在支配框架可能作出不服从或者进行协商的回应⑤,进而影响内在的空间认知与空间情感⑥。

正是媒介空间的社会建构特征及其政治溢出效应,使得它成为认同实践的重要场域。如雷尔夫所强调的,人作为实践主体对物质景观的实践(包括符号实践)以及实践所产生的意义构成了空间和地方⑦。当然人作为实践主体通常并非铁板一块,而是存在内在的多元化和异质性,尤其当我们将媒介空间延展至移民媒介空间的时候,"跨文化"实践主体的差异、层次和流变就会更为凸显。事实上安德森在讨论印刷资本主义(print-capitalism)与民族认同的关系时,实践主体即由谁构筑"想象的共同体"这一点,并没有得到深入讨论,这成为后来学者对安德森批评的主要焦点之一⑧。此后有关民族认同的研究,一个重要的方向就是"追究主体的性质和国族运动的获利群体及历史集团的阶级、性别、种族属性"⑨。然而要想真正在研究过程中贯彻一种对实践主体异质性的方法自觉并不容易。以现代中国民族认同的起源为例,研究习惯认为其与反帝密切相关,但这个观点

① 崔波:《清末民初媒介空间演化论》,北京:北京大学出版社,2012年。

② Henri Lefebvre, *The Production of Space*, Oxford, UK: Blackwell, 1991, pp.33, 38-39.

③ Henri Lefebvre, "Spatial Planning: Reflections on the Politics of Space," in Richard Peet, ed., *Radical Geography*, Chicago: Maaroufa Press, 1977, pp.339-352.

④ David Harvey, *Cosmopolitanism and the Geographies of Freedom*, New York: Columbia University Press, 2009, p.12.

⑤ 王志弘:《多重的辩证:列斐伏尔空间生产概念三元组演绎与引申》,《地理学报》2009年第55期;Klaus Ronneberger, "Henri Lefebvre and Urban Everyday Life: In Search of the Possible," in K. Ronneberger, S. Kipfer, R. Milgrom & C. Schmid, eds., *Space, Difference, Everyday Life: Reading Henri Lefebvre*, London: Routledge, p.137.

⑥ Yi-Fu Tuan, *Landscapes of Fear*, Minneapolis: University of Minnesota Press, 2013; Yi-Fu Tuan, *Romantic Geography: In Search of the Sublime Landscape*, London: University of Wisconsin Press, 2014.

⑦ Edward C. Relph, *Place and Placelessness*, London: Pion, 1976.

⑧ Masao Miyoshi, "A Borderless World? From Colonialism to Transnationalism and the Decline of the Nation-State," *Critical Inquiry*, 1993, Vol.19, No.4, pp.726-751.

⑨ 陈光兴:《去帝国:亚洲作为方法》,台北:行人出版社,2006年,第79页。

可能经不起细致推敲,尤其当我们把海外华人这个实践主体纳入考量时,我们就得思考一个明显矛盾的问题:许多海外华人生活在"资本主义帝国"里,如何在既保留对祖籍国的民族情感的同时也表达对所谓资本主义帝国的反对?

要更好地理解这个问题,离不开对移民媒介空间与移民认同之间关系更为细致的研究。不少研究为此提供了分析起点。比如有学者从媒介技术及其类别特性①入手,以祖籍国与住在国、全球与地方等常见空间二分法为依据,将移民媒介划分为少数范式、跨国范式和离散范式等三类②。这些研究为我们理解不同媒介技术与认同的关系提供了启发,但却容易夸大技术的决定性影响,而忽略媒介内容与认同之间的复杂关系。事实上,移民报刊为移民创造的文化和认同实践空间不仅是技术意义上的,更是内容与话语层面的。因为移民在消费媒介时并不是消费抽象的报纸、电视、广播或互联网,而是消费具体的内容;在想象国家或投射其情感时,不是想象总体指称性的抽象地理名词,而通常是想象这些国家空间范围内的具体地名以及在那里发生过的事、生活过的人。就此而论,有关位置、地方、地名等的空间性内容在媒介中是如何呈现的,哪些空间性内容被突出、哪些被遮蔽,媒介内容在移民与故乡情感联系中扮演了何种"情感黏合机制"③,本身就是分析媒介消费与认同的重要维度。对空间性的讨论,有必要从对媒介技术的关注转向对媒介内容的关注,以深刻理解诸如广告、副刊、新闻等内容层面所构筑的空间性④。

从研究价值来说,转向对媒介内容及其消费的关注,有助于更充分地理解移民认同的异质和多元特征。根据与祖籍国和住在国的亲疏关系,移民媒介的空间性由延续既有认同和融入新文化的张力所体现,并随着移民时间的长短而呈现出此消彼长的特征。因此并不矛盾的是,移民媒介可能一方面为新移民提供"探索未知及陌生疆域的导航图"⑤,另一方面延续着移民对祖籍国的情感认同。这也是早期社会学者所讨论的"远距离民族主义"、移民报刊有助于移民融入等观点的立论基础。然而随着移民比较彻底地融入新的文化,对祖籍国的情感延续与认同就可能淡化,新的情感完全可能从远距离转变成近距离的。但移民情感认同的改变是如何发生的、新的混杂认同的具体表征及内在含义是什么等问题仍有待进一步分析。与此同时,认同与媒介消费的互构关系也不容忽视。一方面,随着移民对多地建立归属感(multi-belonging),其对新闻等信息的消费方式也会发生改

① Karim H. Karim, ed., *The Media of Diaspora*, London: Routledge, 2003.

② Esther Chin, *Migration, Media and Global-Local Spaces*, London: Palgrave Macmillan, 2016, pp.3-4; Hamid Naficy, "Narrowcasting in Diaspora: Middle Eastern Television in Los Angeles," in Karim H. Karim, ed., *The Media of Diaspora*, London: Routledge, 2003, pp.51-62.

③ Elizabeth Sinn, "Xin Xi Guxiang: A Study of Regional Associations as a Bonding Mechanism in the Chinese Diaspora. The Hong Kong Experience," *Modern Asian Studies*, 1997, Vol.31, No.2, pp.375-397.

④ Susan R. Brooker-Gross, "The Changing Concept of Place in the News," in Jacquelin Burgess and John R. Gold, eds., *Geography, the Media and Popular Culture*, London: Croom Helm, 1985, pp.63-85.

⑤ Min Zhou & Guoxuan Cai, "Chinese Language Media in the United States: Immigration and Assimilation in American Life," *Qualitative Sociology*, 2002, Vol.25, No.3, pp.419-441.

变,比如接触多种信源的消息,并且利用多种信源对某地的消息进行解读①。另一方面,不同媒介内容的灵活、能动消费方式反过来也会进一步影响移民认同的多重地方性(multi-locality)②及多元表征。

总而言之,在现有移民媒介空间与认同关系的研究中,不论是技术取向还是内容取向,都存在从比较严格的二元区分(如技术-内容、内-外、他-我、全球-本土等)到模糊这种区分的趋势,尤其表现在"全球本土化"(glocalization)"去领土化的民族"(空间意义上的民族国家作为分析概念的价值似乎在弱化)、"(新)世界主义"(进一步弱化民族国家的中心视角)等分析概念的崛起上③。移民媒介空间的边界效应同样明显并且呈现出动态性,即从与祖籍国媒介空间的互动转向与住在国媒介空间的互动,这种持续互动过程可能会溢出一种"去民族化"的文化认同效果。

基于以上梳理并且作为对安德森和帕克等学者早期讨论的回应,本文提出从媒介空间的理论视角来分析移民认同的动态变化。在分析移民媒介空间时重点研究移民媒介空间内容的生产与消费,分析过程也采用布罗代尔的"中时段"策略④,而不仅仅是截面式的结构主义分析策略。在此先对何谓"移民媒介"略作澄清。考虑到在互联网盛行的今天(其实也包括前互联网时代),任何媒介理论上都具有跨边界传播的可能,很难说一份报刊明确面向移民或者不面向移民,因此从媒介技术或媒介组织的空间跨界及归属来定义移民媒介存在较大问题。移民媒介主要应该由其内容及面向群体的地方性或世界性来定义。比如海外华人尽管可以关注各类微信公众号,但也只有关涉更多住在国内容(或更多世界其他移民目的地内容)的公众号,才更可能扮演移民媒介的角色。为了分析的方便,下文将主要以1920年代到1970年代新西兰华文报刊为例来讨论移民媒介空间的内容侧重、修辞与认同的相关问题。在这半个世纪的中时段里,移民认同在内容上表现为从远距离认同到远近混杂认同再到近距离认同的转变,地方性是理解问题的关键。

二、从移民媒介的地方性到认同的地方性

作为认同标签的现代意义上的"中国"观念或者说"国民性",很大程度上是在清末民

---

① Gabriel Shaeffer, "A New Field of Study: Modern Diasporas in International Politics", in Gabriel Shaeffer, ed., *Modern Diasporas in International Politics*, London: Croom Helm, 1986, pp.1-15; Connie C. Christiansen, "News Media Consumption among Immigrants in Europe", *Ethnicities*, 2004, Vol.4, No.2, pp.185-207.

② Steven Vertovec, "Conceiving and Researching Transnationalism", *Ethnic and Racial Studies*, 1999, Vol.2, No.2, pp.447-462.

③ Roland Robertson, "Globalization or Glocalization?" *The Journal of International Communication*, 1994, Vol.1, No.1, pp.33-52; Stuart Cunningham, "Popular Media as Public 'Sphericules' for Diasporic Communities," *International Journal of Cultural Studies*, 2001, Vol. 4, No. 2, pp.131-147; Ulrich Beck, *The Cosmopolitan Vision*. Cambridge, UK: Polity, 2006.

④ Fernand Braudel, *On History*, Chicago: University of Chicago Press, 1982.

初革命派与保皇派的斗争过程中,被作为社会动员的理论话语生产出来的①。而"中华民族"的概念最早是从梁启超 1901 年首提的"中国民族"转化而来的②。更早之前并不存在一个整体的"中国"认同,更多是不同群体基于宗亲、同乡等关系而形成的地方认同。伴随着战争以及商贸、移民等的持续互动,地方认同逐渐被转化为民族或国家认同。这一点通过媒介空间的梳理可以清晰地得到呈现。

1851 年在美国加州某中餐馆门口悬挂的一幅黄色的丝绸旗帜,就象征着某种从地方认同向国家认同的萌芽③。到了 20 世纪,这个转变过程已经基本完成。以新西兰华文报刊为例,1920 年代有关中国的空间叙事占绝大篇幅比重的都是地方叙事,而 1930 年代抗日战争时期有关中国的叙事与地方叙事形成了更为紧密的同构关系,1950 年代开始新西兰在地化叙事逐渐成为主流。1920—1960 年代新西兰华文报刊表征与生产了两种典型的认同模式,即针对祖籍国的国家-地方认同以及针对住在国的在地化认同。尽管存在差异,核心仍然是华人移民如何通过媒介实践重建自我的身份与文化认同。从时间维度来看,存在由国家-地方认同向在地化认同转化的趋势。这种媒介空间叙事及认同的阶段性转化呼应了叶宋曼瑛等学者关于早期新西兰华人认同从"侨居者"(sojourners)到"定居者"(settlers)的转化④。

对媒介内容的空间性进行更细致的分析发现,新西兰华文报刊的新闻信息大量使用提喻手法,即以广东的新闻代替中国的新闻,以番禺、花县、东莞、增城、四邑等地的新闻代替广东的新闻。这个过程同时也就意味着对中国其他地方、对广东其他地方的空间省略。在空间的修辞学中,什么地方弃之不顾、什么地方获准进入叙事空间,筛选的准则在更本质上对应着主体的认同问题——对何谓远近(亦即他我)的判断,通过对情感上"近"的地区进行报道而对"远"的地区视而不见,来巩固某种既定的政治文化效果(尽管这种效果可能是扭曲和偏向的)。正如《民声报》1921 年的一则文本所示:

> ……是夕所有双门底,广府前惠爱马路、永汉马路、长堤、西关各街,各大小商店,以我军攻克南宁,战事可告结束,商务自无影响,其惊喜状态,出自本心。故亦鸣串炮表示祝捷。永汉马路某影画戏院,与对门永汉侨店,彼此竞燃串炮,至四十分钟之久。⑤

---

① 刘禾:《跨语际实践:文学,民族文化与被译介的现代性(中国,1900—1937)》(修订译本),宋伟杰等译,北京:生活·读书·新知三联书店,2008 年,第 60—61 页。

② 吴志远:《离散的认同:网络社会中现代认同重构的技术逻辑》,《国际新闻界》2018 年第 11 期。

③ Liu Haiming, *From Canton Restaurant to Panda Express: A History of Chinese Food in the United States*, London: Rutgers University Press, 2015.

④ Manying Ip, "Chinese Media in New Zealand: Transnational Outpost or Unchecked Floodtide?" in Wanning Sun, ed., *Media and the Chinese Diaspora: Community, Communications and Commerce*, London: Routledge, 2006, pp.178-200.

⑤ 《援桂成功大庆闹》,《民声报》1921 年 9 月 12 日。

　　面向新西兰华人详细描述"远方"的广州街市生活情景，建构有关故乡的温情想象，一方面更接近粤侨读者的文化习惯和认同，另一方面也为下一个阶段对国家空间的广泛叙述和想象作铺垫。1920年代云南军阀侵入广东并占领了番禺的大部分，家乡发来紧急请求募捐的信函，呼吁筹集资金建筑炮台以抵抗土匪的侵扰，新西兰华人给予了迅速回应①。而抗日战争爆发之初尽管广东尚未被战事直接波及，《中国大事周刊》的报道却很快就动员道，"我们国土不幸……炸到广东了，你们有家人妻子吗？快起来抵抗吧……"②"国土"与"广东"的整体-部分关系，从对"家人妻子"和"广东"的情感到对"国土"和国家的情感，形成了清晰而微妙的对应关系。

　　因经济条件以及新西兰移民政策的影响，二战前新西兰华人妻儿多留在国内，部分淘金时期的华人已几十年未曾返乡③。就算是抗日战争期间，有幸将妻儿接入新西兰的华人也只是少数，大部分华人仍急需来自家乡的消息。相对其他地方的抽象地名，读到或耳闻关于故乡街市、风物的近况及详细描述，内在情感将被激活④。情感需要正是华侨阅书报社1910年以前就能够在新西兰出现的深层原因。这些阅读室依托中华会馆等机构，在新西兰各地均有分支机构，向没有读写能力的华人提供他们所关心的来自中国的信息。正如段义孚发现的，非直接经验为人的感受、思考和行动提供确切的语境，比如在某一时刻对个体至关重要的可能不是周围的直接环境，而是他偶然从媒介读到或听到的事情——"意识到媒介的存在，能提醒我们不是在生活在地方而是在空间中，一个不仅被近处也被远处所定义的空间中"⑤。尤其对移民而言，关于故乡的报道能提供特别的"亲切感"⑥，从而影响其对此处、此时的情感。

　　地方叙事的风格在澳洲华文报刊《东华新报》（1898—1902）中也有体现，尽管该报主要关注中国内政外交，但"相当大篇幅报道的是广东局势而明显忽略大清帝国内的其他地区"⑦。抗日战争期间，有关中国的战争叙事不时涉及全国广泛的地名（不再只是微观层面的故乡地名），对很多来自广东的华人而言，这无疑是一种持续不断的符号和精神冲击，对共同"空间"的持续想象得以强化。

　　二战之前的新西兰华人主要来自广东尤其是珠三角地区，具体包括四邑（即台山、开

①　Charles P. Sedgwick, "The Politics of Survival: A Social History of the Chinese in New Zealand," PhD Thesis, University of Canterbury, 1982, pp.327-329.
②　《纽威拿华联会为继续抵抗捐款宣言》，《中国大事周刊》1937年10月8日。
③　1921年新西兰华人总数为3 425人。《我华侨在纽丝伦人数》，《民声报》1921年10月2日。
④　Charles P. Sedgwick, "The Politics of Survival: A Social History of the Chinese in New Zealand," PhD Thesis, University of Canterbury, 1982, p.315.
⑤　Yi-Fu Tuan, *Dear Colleague: Common and Uncommon Observations*, Minnesota: University of Minnesota Press, 2002, p.125.
⑥　[美]段义孚：《空间与地方：经验的视角》，王志标译，北京：中国人民大学出版社，2017年，第110—121页。
⑦　李海蓉：《保皇会在澳洲的兴起——基于〈东华新报〉的媒体传播理论与量化分析》，《华侨华人历史研究》2015年第2期。

平、恩平、新会），三邑（番禺、南海、顺德），东莞，增城等地①，来自共同家乡的移民自然地聚在一起并形成各种同乡会组织。上述媒介内容的空间性既表达了对华人籍贯与地方关系的再确认，也为来自这些地方的华人提供了空间认同及认同转化的实践场域。新西兰华人在不断出现的地名中重温自己是谁、来自哪里、与谁相关等问题，围绕地方所形成的情感网络也在移民报刊和移民群体中得到彰显和维持。1950 年代以前的新西兰华文报刊对地方信息的强调，使得对民族和国家的想象与认同有了地方这一作用的基点，同时也在具体表征上进一步促使国家（中国）与地方（广东）形成互为表里的关系。尤其随着后续国民党新西兰支部的积极动员，华人社会内部因不同乡缘、地缘等所形成的不和（比如三邑和四邑的长期不和），更有可能被民族主义叙事所整合，从而由基于姓氏或祖籍地的同乡派系认同转化成民族或国家认同。

值得说明的是，经历一百多年波澜壮阔的实践，中华民族认同已经成为非常成熟的分析概念，但这并不意味着一种去地方化的抽象空间性主导了我们对国家认同、民族认同的理解。事实上对家的想象与情感，是因为那里有着"更为丰富的联系"，能够提供"熟悉感"②。这种想象与情感在本质上由血缘关系所决定——对祖籍国的认同取决于与上一代的关联，对住在国的认同取决于与下一代的关联③。移民借由报刊所追溯和建构的空间叙事，在根本上回应的即是这种情感的需求。对抽象国家或民族的认同，无不附着在对地方或具体关系（包括血缘关系）的情感之上，由地方所中介、支撑、解释和延续。

三、认同的转向与混杂：从远方到在地

住在国的社会环境和生存境况也会反过来作用于移民媒介实践，并给移民认同的地方性带入新的在地化维度。对移民而言，对远方故土的情感与对近处生活环境的情感并不矛盾，在这种混杂认同中是无法回避在地化内容的，也与具体的在地化实践（包括出版移民报刊等媒介实践）紧密相关。同样以新西兰华人为例，随着更多华人在新西兰安家，大约从 1950 年代开始在地化成为新西兰华人社区无法回避的主题④。尽管这种在地化实践仍以同乡会组织（与祖籍国的关联）的兴起为特征，但更多对本地新闻的报道反映了在地想象逐渐凸显。就像唐人街为华人提供了物理意义上的族群飞地，华文报刊在象征意义上为华人移民提供了文化飞地。

---

① Charles P. Sedgwick, "The Politics of Survival: A Social History of the Chinese in New Zealand," PhD Thesis, University of Canterbury, 1982, p.60.

② ［英］多琳·马西：《保卫空间》，王爱松译，南京：江苏教育出版社，2013 年，第 169 页。

③ ［马来西亚］游俊豪：《广东与离散华人：侨乡景观的嬗变》，卢婷、谢文君等译，广州：世界图书出版公司，2016 年，第 68 页。

④ 曹小杰：《认同的阈限：媒介消费与移民身份的建构——以新西兰报刊广告为镜像》，《新闻与传播研究》2018 年第 9 期。

表 1   1920—1970 年代新西兰主要城市名及其中译

城 市 名	中 译	城 市 名	中 译
北 岛		南 岛	
Auckland	屋仑	Ashburton	亚市巴顿
Dannevirke	登尼获	Blenheim	办兰泵
Foxton	福士顿	Canterbury	坚都布厘
Gisborne	基士彬	Christchurch	卡赖初治埠、卡拉佐治、加拉阻珠、加拉佐治
Hamilton	夏马顿、夏姆顿		
Hastings	希市定、起斯定市	Dunedin	丹衣顿、丹依顿、端连埠
Hawera	巧威拿、巧威那	Greymouth	企利茂
Hawke's Bay	托市比、托士比、鹤士卑	Invercargill	丁巴加高
Hutt Valley	客威利	Nelson	你路慎
Levin	李温	Oamaru	庵马鲁
Manawatu	面那威吐	Otago	区他告
New Plymouth	纽披林麻	Southland	修付仑
Ohakune	区哥尼	Timaru	添马鲁
Otaki	区他忌		
Palmerston North	巴马士顿、北扒马士顿		
Raetihi	拉地希		
Rotorua	洛打劳		
Taihape	太希备		
Wairapa	怀笠巴、威笠罢		
Wairoa	怀罗瓦		
Wanganui	汪架女		
Whangarei	汪家李		
Wellington	威灵顿、惠灵顿		

    对新西兰 1920—1970 年代华文报刊提及的本地城市信息进行汇总(表 1),可以发现在此期间,华人移民几乎将新西兰从北岛至南岛的城市都以中文重新定义了一遍①。无

---

    ①   Charles P. Sedgwick, "The Politics of Survival: A Social History of the Chinese in New Zealand," PhD Thesis, University of Canterbury, 1982, Appendix XXX.

疑中文地名系统是华人作为移民适应新空间、构建空间感的能动反映,形成了某种文化或者至少说是语言上可识别、有意义的象征空间——该空间只对华人开放,对同样生活在此空间中的本地西人(尤其是不懂中文的西人)几乎没有任何意义。对地名的翻译与使用,使得空间的政治性得以凸显①。客观上新西兰华人对移民社会自上而下的社会空间进行了一番自下而上的重新改造,重构后的中文地名系统对移民社会及制度力量形成了冲击②,后者所施加的统治力量如果缺乏文化或语言中介就不能顺畅地延伸进华人族群。对华人移民而言,这种地名再造无疑提供了适应和融入地方空间、地方社会的手段。

早期华人移民面对欧洲白人主导的文化体系,需要通过对自然空间和社会空间进行区隔,来重新安排空间构成和空间秩序,从而为适应新西兰社会及文化做铺垫。随着时间的推移尤其是新西兰政府对移民英文能力要求的提高(自 19 世纪末开始,入境华人需要辨认至少一百个英文单词),英文使用也逐渐进入华人的日常生活。因为寄信者常略去英文 Te Aro 而引起邮件错寄,1922 年《民声报》提醒读者,"请照下开之址(英文地址)寄来,庶不致误"③。1946 年《中国大事周刊》转发驻惠灵顿总领事馆的通告,要求侨民发往国内的"电报之收电人及地址一律采用华文译码"④。此案例显示,随着华人移民对英文地名及使用逐渐熟悉并接纳,使用英文已成为部分华人的习惯,以至于拍发电报回国也使用英文来标注收电人地址。当然在转向的过渡期,因不同华人的英文能力不同,不同情境下语言也有可选择性(何时何地使用英文是一种微妙的认同操演),中英两种语言通常是混杂存在于华人移民社群,这种状况持续至 1960 年代甚至更晚。《侨农月刊》在 1969 年的一则启事中称:"本刊免费赠看,欢迎各界侨胞索阅,如将英文门牌寄来,自可按址寄到。"⑤强调"英文门牌"地址,间接说明使用中文翻译地址在某种程度上已经成了交流的阻碍,影响到了华人的日常生活。有关地名的语言选择及其阶段性,在更深层次上反映了处于过渡期的华人移民在认同方面所发生的细微改变。

对空间的表述深受空间实践的影响。排除在表述过程中存在的新闻把关人的选择,总体来看,华人移民从未涉足的空间场所,是不会进入其表述层次的,也就是扮演了意识外的不存在之物。以该时期《民声报》《中国大事周刊》《侨农月刊》这三份报刊消息中出现的华商分布情况来看,华商存在的地方往往也是华人移民的聚集区。在 1921—1922 年间,怡昌荣号、进和号、德利号、周利和、朱华记、美香楼、同利号、黄树公司等华商均位于首都惠灵顿地区,具体分布在 Molesworth Street,Tory Street,Courtenay Place,Cuba Street,Taranaki Street,Haining Street 等街区。而在《民声报》上出现过的西商在上述地

---

① 包亚明:《现代性与空间的生产》,上海:上海教育出版社,2003 年,第 50 页。

② James C. Scott, John Tehranian & Jeremy Mathias, "The Production of Legal Identities Proper to States: The Case of the Permanent Family Surname," *Comparative Studies in Society and History*, 2002, Vol.44, No.1, pp.4-44.

③ 《紧要启事》,《民声报》1922 年 7 月 11 日。

④ 《中国大事周刊》1946 年 4 月 4 日。

⑤ 《侨农月刊》1969 年第 5—6 月刊。

址(除 Taranaki Street 和 Haining Street 外)也有较多分布。这意味着至少在 1920 年代早期的惠灵顿,一条街道上同时出现华商和西商的状况是存在的。但诸如 Old Custom House Street,Blair Street,Allen Street,Manners Street,Herbert Street,Holland Street,Vivian Street 等西商分布的街区似乎并没有华商分布;而华商分布的 Taranaki Street 和 Haining Street,似乎也没有西商入驻①。这意味着当时的惠灵顿地区,华人与主流社会间并未形成彻底的物理性(亦即文化性)"空间"隔离,在部分唐人街外的其他地方,双方的空间关系存在更多犬牙交错的层次与可能。

到了二战期间,出现在《中国大事周刊》上的华商不仅分布在首都惠灵顿,同时也分布在北岛的 Otaki, Rotorua, Fielding, Palmerston North, Featherston, Waipukurau, Stratford, Napier 等地区,以及南岛的 Christchurch, Ashburton, Dunedin, Oamaru, Nelson 等地区。华商在新西兰的空间分布变得更为广泛。1949—1972 年间,根据《侨农月刊》报道,除了惠灵顿外,奥克兰和基督城成为新的华商聚集区,此外在 Lower Hutt, Petone, Masterton, Hawke's Bay 等地区也有华商存在。

以上不同时期新西兰华商由聚到散的分布特征,与既有研究关于新西兰华人的分布变迁也是相吻合的②。后淘金时代华人移民向城市和小城镇由聚到散的迁移行动和趋势,有利于其与新西兰社会产生更广泛的接触并寻找更多生存机会,但同时也使针对华人的种族歧视行动以"全国性"的方式表征出来。正如有学者发现的,分布广泛的华人更常暴露在新西兰公众视野中,这种暴露虽然提升了华人移民的社会可见度,但也使得他们从被排斥的意义上来说变得"更脆弱"③。

更为广泛的分布空间也意味着华人对于住在国的空间探索在逐渐深入。认同在一定意义上正是由移民对住在国空间的探索程度来衡量的。越多的地名进入媒介表述,也就等于对住在国越熟悉,在地化实践产生了在地化知识与情感,进而就存在在地化认同的可能。尤其当部分华人在新西兰去世并长眠纽岛不再回乡,在地化实践逐渐与传统文化中对祖先、对自我、对身份的认同发生深刻关联④。当然从一种远方的地方认同到一种在地化的认同,既是华人移民应对自身认同危机的策略性调适,也是他们不断探索和扩大生存

---

① Haining Street 在 19 世纪末 20 世纪初被视作惠灵顿的华人聚集区,该街曾被具有排华立场的惠灵顿中心区白人议员描述为"到处是不应该存在的脏乱状况",而 1905 年 9 月 23 日,西人 Lionel Terry 枪杀华人 Joe Kim Ling (Yung)一案也发生在这里。Charles P. Sedgwick, "The Politics of Survival: A Social History of the Chinese in New Zealand," PhD Thesis, University of Canterbury, 1982, pp.231, 223.

② 从 1870 年代开始,华人逐渐往北边的大小社区迁移,截至 1896 年,在当时 2 936 名华人中,准确的信息显示,共有 1 208 人散布在全国 66 个行政社区(总共 95 个),而到 1920 年代 86 个行政社区有华人居住。Charles P. Sedgwick, "The Politics of Survival: A Social History of the Chinese in New Zealand," PhD Thesis, University of Canterbury, 1982, pp.155, 365.

③ Charles P. Sedgwick, "The Politics of Survival: A Social History of the Chinese in New Zealand", PhD Thesis, University of Canterbury, 1982, p.326.

④ Yi-Fu Tuan, *Cosmos and Hearth: A Cosmopolite's Viewpoint*, Minnesota: University of Minnesota Press, 1996, p.35.

小生境的自然结果①。

聚焦移民认同的在地化并不是对移民身份政治的浪漫化(romanticization)。地方性也经常作为问题而存在,并深受住在国内部的政治文化张力的影响。比如新西兰不同城市对多元文化的接受与认可程度就存在较大的差异,奥克兰和惠灵顿相比保守主义势力较强的基督城,对移民的态度就会相对更包容。同样,尽管澳洲政府近些年大力推行多元文化主义政策,久居的华人移民逐渐转向对澳洲本地的认同,但这种认同本身由于华人移民无法成为平等主体而具有不稳定性,在相当长时间内,华人移民与原住民族群及其他非英国凯尔特人(Anglo-Celtic)群体一块成为"建构澳洲国族认同的他者"②。除了在地自身的政治文化与历史因素,远方的地方性与在地地方性之间的张力也同样不能忽略。比如二战期间马来亚华人报刊所显示的,当时来自中国的华人会因中日战争而反日,但当地出生的华人却因反英而支持日本。不同华人社群对不同"地方"所表达的认同感以及被不同地方认同所作的文化区隔,有时比空间区隔可能产生更深远的影响。

从远方到在地的认同转向并不意味着在地认同对远方情感的替换,更多的结果是形成一种非他非我、亦他亦我的共存性混杂认同(hybrid identity),并在地方与世界其他地方的关系网络及互动中得到进一步衍化。地方是世界中的地方,由信息、资本、移民等关系构筑的网络成为地方及地方认同建构的关键。邮政、港口、车站等是书刊流动的动脉,为包括华文报刊在内的移民媒介定义自我、想象国家提供可能,也为"想象超越国家边界的更大世界"③提供条件。以新西兰华文报刊为例,其内容虽然是关于祖籍国故乡或者住在国的,但信源往往来自中国各地以及世界其他地方,是世界性的。其中香港、澳门等核心节点城市在很长一段时间内,扮演了新西兰华人信息、资本、日常消耗品的重要枢纽站④。中澳轮船公司联系地址为悉尼的George Street⑤,《侨农月刊》也登载过不少香港和澳门当地华商的信息。这从侧面反映了新西兰华人作为全球华人消费网络的组成部分,与港澳地区的某些商业联系和互动非常活跃。根据《侨农月刊》的消息,华人农民不仅消费德国制造的有机磷肥,也消费各国尤其是英国的种苗。作为英国殖民地,新西兰处在多语言、多文化的跨洲殖民体系中,是复杂的信息、人口和货物流通网的环节之一。便捷的全球交通与电报系统,使得能量、原料、劳动力和信息等相互依存并不断流动,形成了列斐伏尔意义上的"流动经济"⑥。在这种全球化的语境之下,对住在国本地的情感与对祖籍

---

① 陈志明:《迁徙、家乡与认同——文化比较视野下的海外华人研究》,段颖、巫达译,北京:商务印书馆,2012年,第58页。

② 陈光兴:《去帝国:亚洲作为方法》,台北:行人出版社,2006年,第146页。

③ Mayfair Yang, "Mass Media and Transnational Subjectivity in Shanghai: Notes on (Re) Cosmopolitanism in a Chinese Metropolis," in Aihwa Ong & Donald Nonini, eds., *Ungrounded Empires: The Cultural Politics of Modern Chinese Transnationalism*, London: Routledge, 1996, pp.287-319.

④ Elizabeth Sinn, "Hong Kong in the Chinese diaspora, 1849-1939," in Donna R. Gabaccia and Dirk Hoerder, eds., *Connecting Seas and Connected Ocean Rims*, Leiden: Brill, 2011, pp.225-247.

⑤ 《来函照登》,《民声报》1922年7月21日。

⑥ 包亚明:《现代性与空间的生产》,上海:上海教育出版社,2003年,第47页。

国的情感形成一种随时作用于华人认同的结构性张力,并存在向某种更为混杂的认同感(去地方性的或者说世界主义的)转向的可能。

四、结论与讨论:地方认同对世界主义的协商

行文至此我们需要重申的观点是,地方性本非本质化、一成不变的,而具有液态、流动的属性①。地方想象是通过互动建构出来的,既不完全先验地存在于移民那里,也不是完全被主流文化所左右。对华人移民而言,他们经常性地按照故乡经验和情感重新改造住在国的地方(以一种地方改造另一种地方),同时反过来接受住在国地方重新积累的经验与情感的重塑,而这种实践既改变了地方性(形成新的地方认知和地方认同),也对世界性产生了影响。

对移民而言,如何想象住在国的空间与地方结构具有一定的主观性,并受移民社群整体的约束,为文化认同所束缚并反过来影响文化认同②。同时,因为身处两种或多种文化的阈限(liminal)区域,移民的空间想象在很大程度上具有杂糅性和异质性:既受到来自祖籍国传统的影响,又深刻地卷入住在国的地方、经济、文化乃至日常生活和行动的建构过程,并与世界其他地方的空间叙事连接在一起,成为典型的"第三空间"③。在彻底被同化之前(此过程相当漫长),这种特征将始终伴随移民的空间和文化实践,并以文化多元性甚至是另类世界主义的面貌出现。

伴随全球化以及对人类共同面临问题的关注,相比聚焦地方而言,关注世界或世界主义(cosmopolitanism)的解释框架似乎更具有启发性。后者鼓励实践者放弃"地域性忠诚"(如民族主义)、呼吁回归对话模式并以践行多元文化主义为使命④。但忘掉"我们"是谁并不容易,世界性也并不能脱离地方性而得以独存。事实上世界主义者所推崇的"对话模式""多元文化"恰恰预设了差异和地方性的存在,地方性和世界性互为存在关系。在移民媒介空间及内容层面,地方性的概念对我们理解移民媒介空间与认同的关系更为重要。地方性指向地方作为空间的特殊、具体、已知、熟悉、有界限等层面的特性⑤,连接移民情感与特定空间⑥,并外在地表现为地方记忆、地方叙述或者地方特定仪式的消费等。当然

---

① T.S. Oakes, "The Cultural Space of Modernity: Ethnic Tourism and Place Identity in China," *Environment and Planning D: Society and Space*, 1993, Vol.11, pp.47-66.

② Elizabeth Sinn & Wong Wai Ling, "Place, Identity and Immigrant Communities: The Organization of the Yulan Festival in Post-war Hong Kong", *Asia Pacific Viewpoint*, 2005, Vol.46, No.3, pp.295-306.

③ Homi K. Bhabha, *The Location of Culture*, London: Routledge, 1994; Edward W. Soja, *Thirdspace: Journeys to Los Angeles and Other Real-and-Imagined Places*, Massachusetts: Blackwell, 1996.

④ [美] 奎迈·安东尼·阿皮亚:《世界主义:陌生人世界里的道德规范》,苗华建译,北京:中央编译出版社,2012年。

⑤ Stuart Hall, "The Question of Cultural Identity," in Stuart Hall, David Held and Anthony G. McGrew, eds., *Modernity and Its Futures*, Cambridge: Polity Press, 1992, pp.273-325.

⑥ [美] 段义孚:《空间与地方:经验的视角》,王志标译,北京:中国人民大学出版社,2017年。

强调地方性并不等于重回狭隘的民族主义或激进的反全球化框架,恰恰相反,它为理解世界主义所倡导的多元文化、对话模式提供了"认识论支点"①。

正因如此,本文认为对移民媒介实践和移民认同的讨论,地方维度比世界维度具有分析上的优先性。可以这么说,每个地方都在表达和建构其他地方,同时也都表达和建构着由地方所组成的世界。坚持地方性的分析视角,意味着需要反对两种误区。第一是反对纯粹的、一元化的地方性误区,或者说反对狭隘的地方保护主义或与此相关的认同。第二是反对激进的世界主义或者去地方化误区,鼓励和倡导多元化(diversity)、多元文化主义(multiculturalism)和平等对话精神。在这个基础上来讨论地方性,其实就是讨论地方性的排列组合或多重地方性的问题,相应地,讨论地方认同其实也就是讨论多元认同。而世界主义的框架,正是因为它遮蔽或削弱了地方认同,其自身非常容易沦为一个看似无所不包但却非常空洞的能指。我们可以追问的是,假设世界主义实践者宣称他们对多元文化、多重地方性、混杂认同是尊重的②,那么地方性的实践者又何尝不是呢? 从这个角度来看,"地方性"的概念在知识论层面已经足够,完全没有必要额外再提出一个"世界主义"的概念。

那么提出世界主义的概念究竟有没有意义? 我们需要承认的是,它的提出仍是有意义的,因为它以去地方化的激进为我们反思不同地方性的伦理价值提供了机会。缺乏一种世界性的审视,往往容易将一种地方性凌驾于另一种地方性之上。美国的排华法案、澳洲的白澳政策以及新西兰面向华人征收的人头税等,深刻地说明了等级化、阶序化地方性可能带来的灾难。呼吁多重地方性,同时平等地对待各种不同的地方性,可以视作地方认同对世界主义的协商与回应。与此相关的更多议题,留待另文讨论。

---

① 钱力成:《记忆研究:超越民族国家和世界主义框架》,《学术月刊》2021 年第 11 期。
② [美]奎迈·安东尼·阿皮亚:《世界主义:陌生人世界里的道德规范》,苗华建译,北京:中央编译出版社,2012 年。

殖民统治下的汪伪报业纸荒问题研究[*]

陈　康[①]

摘　要：汪伪为扶持、统制汉奸报纸，设专门机构，统一采购、配给白报纸。太平洋战争爆发后，由日本输入的纸张骤减，汪伪发生严重纸荒。纸荒极大阻碍了汪伪治下报纸的印行，有碍日本在华殖民宣传。为应对纸荒，日汪采取侵占控制纸业、利用纸业行会、限制纸类流通、缩减报纸篇幅、强制合刊停刊、严格纸张配给、操纵新闻团体等方式，深度介入纸张的生产、运输、消费。然而，日本政治遥控下的汪伪统制措施未能真正奏效，纸荒随日本军国主义的败亡愈发严重，汪伪报业也被推向破产。

关键词：日本；汪伪；纸荒；报业

日伪报业是抗战新闻史研究无法忽略的对象，也是学界关注的重点领域之一。但与伪满洲国、华北伪政权报业史的研究盛况相比，当前学界对汪伪报业的研究相对薄弱，而且主要集中在对新闻统制政策、报刊管理机制的讨论上，缺少对新闻生产基础物质的关注[②]。纸张是报纸印刷的基本材料，纸张统制是日伪战时新闻统制的重要组成部分。当前，虞文俊、春原昭彦等中日学者已对战时日伪纸荒展开讨论，马光仁也在其著作中谈及汪伪报业的纸荒问题[③]。然而，受限于汪伪报业研究尚处于初级阶段的现状，纸荒方面的史料发掘不足，现有成果基本停留在史实陈述层次。

报纸是日本在华殖民宣传体系的重要一环，纸张、报人、管理者、新闻统制体制等共同构成一个由日本操纵的新闻生产实践网络。故研究汪伪报业纸荒不仅要看到日本当局、

　　*　本文系湖南省教育厅科学研究项目（优秀青年项目）"建党初期中共党报党性、人民性特征的建构研究"（项目编号：24B0160）的阶段性成果。

　　①　陈康，湘潭大学文学与新闻学院讲师，硕士生导师。

　　②　汪伪报业史的代表性研究有刘其奎：《汪伪时期的新闻出版事业述评》，复旦大学历史系中国思想文化史研究室：《中国文化研究集刊》（第 3 辑），上海：复旦大学出版社，1986 年，第 414—443 页；黄士芳：《汪伪的新闻事业与新闻宣传》，博士学位论文，复旦大学，1996 年；陈细晶：《日军占领下的上海媒体文化的转变（1937—1945）》，《抗日战争研究》2010 年第 4 期；[新加坡] 卓南生：《东亚新闻事业论》（"南京汪伪政权的新闻论及其治下的报纸""南京汪伪政权的新闻法令及其管理体制"两章），北京：中国社会科学出版社，2020 年。

　　③　日伪报业纸荒的代表性成果有虞文俊、黄萃：《殖民统治下的伪满洲国纸荒问题研究》，《新闻大学》2022 年第 4 期；春原昭彦：《戦時下における新聞用紙の需給状況と統制経過日》，《コミュニケーション研究》1977 年第 9 期；马光仁：《上海新闻史（1850—1949）》，上海：复旦大学出版社，2014 年，第 979—989 页。

汪伪政府、汉奸报人这些"人",也有必要从纸张这一"非人"的媒介物切入,同时关注新闻生产中"人"与"非人"的一切关联。本文以前人研究为参照,讨论汪伪报业的纸荒问题,分析纸荒的发生、应对及效果,考察纸荒背后的殖民政治逻辑。

一、统一配给：汪伪的白报纸政策

"八一三"事变后,上海、南京等地相继沦陷,华中报业遭受战火摧残,呈一片荒芜状态。原本抗日的报纸或被迫内迁,或主动停刊,或遭日寇取缔。《上海公共租界工部局年报》称:"自十一月华军退出上海后,出版物之停刊者,共 30 种。"[①]日本有关调查显示,战前华中地区有报纸 710 种,被战争破坏 378 种,至 1939 年 3 月仅存 67 种[②]。随着侵略战争的深入与殖民宣传的需要,因战争破坏而在沦陷区形成的报业真空旋即被日伪报纸所侵占。

伪中华民国维新政府时期,仅伪宣传局资助创办的汉奸报纸就有《南京新报》等 30 余种。这些报纸或由汉奸报人组织、日本人参与实际经营,或属于日中合办,以鼓吹"中日亲善""反共反蒋"为己任,其经费、纸张由伪维新政府视各报营业情形按月发给[③]。所供纸张系伪维新政府"拨款交由报业联络室办理,该室附设于日本派遣军报道部,与维新政府宣传局取得联络"[④]。据日本统计,1937—1939 年,华中地区年输入白报纸分别为 178 377 000 听、36 233 000 听、65 110 000 听[⑤]。三年白报纸进口数量的剧烈波动也从侧面印证,该地报业经历了一个从繁盛到荒芜再到"复苏"的发展历程。

汪伪政府 1940 年 3 月成立后,随即安排伪宣传部接收、整理伪维新政府宣传局管辖的汉奸报社,推行报社直属、分级、分区管理及纸张器材统一管理的新闻统制体制。原本以民营报纸为主的华中报业变为以汪伪官营为主,并且大多成为日汪的宣传机器。至1941 年 6 月,伪宣传部将 38 家报社确定为直属中央和地方的机关报[⑥]。直属报社"视篇

---

① 上海公共租界工部局:《上海公共租界工部局年报》,1937 年,第 244 页。
② 西村舍也调查:《华中に於ける"教育、思想、宗教、宣传、外国势力"に关する报告书(第四篇宣传)》,参谋部,1940 年,第 72—73 页。
③ 汪伪中央政治委员会秘书厅:《中央政治委员会政治报告(民国二十九年四月一日起至十月十日止)》,1940年,第 142 页。
④ 汪伪宣传部:《宣传部第一届全国宣传会议报告汇编》,1941 年,第 113 页。
⑤ 王子制纸株式会社贩卖部:《内外纸业统计 第三卷》,1940 年,第 129 页。
⑥ 据伪中央报业经理处 1941 年 12 月公布的数据,汪伪治下官方直属的半官方的报纸除上海分区 17 种之外,尚有南京分区 18 种、苏州分区 5 种、杭州分区 4 种,共计 44 种。其中,上海的《平报》《国民新闻》《大英晚报》和南京的《中报》《民报》《时代晚报》《京报》等 7 种半官方的汪伪派系报纸也可以官方直属报纸看待。"太平洋战争爆发后,汪伪宣传部为增强新闻宣传,对直属报社进行调整和扩大,增加了一批新的成员。《绍兴日报》《高邮日报》《新泰兴日报》《新兴日报》《兴盐日报》等升格为直属报纸。同时,上海及其周边地区的浦东、南汇、浦南、奉贤、川沙、松江、青浦、金山、宝山、嘉定各报实行合并,组成联合出版办事处,分别出版《沪江东报》《沪江西报》《沪江北报》3 家报纸。经过这次调整,1942 年时直属报社增至 39 家,并增设苏北分区,管理《淮报》等 5 家报社。"参见余子道:《汪伪政权全史》(全三册),上海:上海书店出版社,2020 年,第 839 页。

幅之大小,经费及发行额之多寡,所在地之重要性如何"①,分为甲乙丙三级。原本负责统购纸张的报业联络室与伪维新政府主办的中华联合通讯社广告部合并改组为"中央报业经理处","所有华中各报需用纸张及印刷材料,统由该报业经理处经办"②。伪中央报业经理处有一整套组织章程,内部分设"总务组""调查组""供应组"和"广告组",执行具体经营管理工作。就纸张而言,调查组负责调查各报社所需纸张,审查各报社申请配给、领用的纸张;供应组负责纸张的采购、运输、登记事项。此外,伪中央报业经理处还派专员驻扎各地,调查各报社的纸张消费状况,"宣传部直属报社,辅助报社。及经宣传部核准代配用纸之报社,须按期将纸张消费及发行状况具表报告中央报业经理处"③。

与伪维新政府一样,汪伪中央报业经理处采购的纸张基本来自日本。汪伪1941年初的宣传工作报告讲道:"报业用纸,现在我国方面实无法生产供应,而第三国纸张,不惟在事实上无大量购用之可能,即租界中有部分存储,亦率在第三国商人手中,囤积居奇,价格特昂,且无供给和平宣传机关应用之诚意。故全部用纸,全系仰仗于友邦之供应。"④这些白报纸由伪中央报业经理处与日本企业订立合约购买,并经华中日军报道部批准,作为军需品运输;纸张价格比市面上的低廉,但供应量较少,很难满足需要。为筹集纸张,伪中央报业经理处曾派出大批人员赴日本采购⑤。

对于不同类型、背景的报社,伪中央报业经理处的纸张配售也有相应区分。一种是针对无能力负担纸张费用、营业不能自供给的各级直属报社,由伪中央报业经理处免费发给(由伪宣传部付给纸价),"每月共配发白报纸三千三百七十一令"。另一种是"付价领用者,计有中华日报,国民新闻,平报,中报,时代晚报,民报,京报等七家⑥。及中央导报大亚洲主义月刊等杂志九家,每月共配用六千二百八十令"。这些报社、杂志社领用的白报纸"仅付给纸价每令日金十八元",当时市价"每令约为法币五十余元,则所需成本约可减轻六分之一,对于营业推广发展自易"⑦。其他汪伪所谓"渝方反动报刊"、违背汪伪宣传规定的报社无法得到配给,只能从市场高价购买。即便一些"和平阵营"报社,一旦被发现有违"和平"宣传情事,也往往受到停配纸张的惩罚。汪伪通过伪中央报业经理处控制各报的纸张,在新闻生产的物质基础层面实现了新闻统制。报业用纸的统购统配是汪伪所谓"一个代表国家的计划新闻制度"⑧的重要组成部分。

---

① 汪伪国民政府宣传部中央报业经理处:《新中国新闻论》,1942年,第200页。

② 汪伪宣传:《宣传部第一届全国宣传会议报告汇编》,1941年,第113页。

③ 汪伪国民政府宣传部中央报业经理处:《新中国新闻论》,1942年,第193—196页。

④ 伪《中国国民党中央执行委员会宣传工作报告》,中国第二历史档案馆藏,转引自马光仁:《上海新闻史(1850—1949)》,上海:复旦大学出版社,2014年,第980页。

⑤ 叶再生:《中国近代现代出版通史》(第3卷),北京:华文出版社,2002年,第1071页。

⑥ "……计有中华日报,国民新闻,平报,中报,时代晚报,民报等六家,每月共配用四千七百九十令。"汪伪中央政治委员会秘书厅:《中央政治委员会政治报告(民国二十九年四月一日起至十月十日止)》,1940年,第142页。按:这里的统计数据与汪伪宣传部的数据不一致,此处并录,供参考。

⑦ 汪伪宣传部:《宣传部第一届全国宣传会议报告汇编》,1941年,第113页。

⑧ 汪伪国民政府宣传部中央报业经理处:《新中国新闻论》,1942年,第29页。

二、输入骤减：汪伪纸荒的发生

报业用纸依赖日本既是日汪新闻统制的需要，也是迫于本地极少出产白报纸的无奈选择。全面抗战爆发前，上海原是中国机器造纸工业较为集中之地，战前造纸厂数量（东北除外）占全国 31.25％，薄纸产量占全国 68.8％[①]。再加上江苏、浙江的几家纸厂，汪伪拥有中国机器造纸工业的精华。不过，这些纸厂"因资本薄弱，缺乏技术人才，出品种类亦极有限。所造之纸，大都为连史、毛边、海月、道林纸、牛皮纸、卷烟纸、蜡光纸、书面纸、招贴纸、糊墙纸、灰报纸、三顶纸、卫生纸及灰黄白等纸版。其中以连史、毛边、道林及黄纸版产量最多，约占百分之七八十"。白报纸素来"全部仰自舶来，每年所值甚巨"[②]。表 1 显示，抗战全面爆发后，中国普通印书纸、印报纸的进口数量大幅减少，自日本进口的比例却有明显增加。尤其是 1939 年，从日本进口的纸张价值占总量的 54.7％。"……民二十八年，以日本输入最大，盖因战争以来，日本为独霸东亚市场，排斥欧美货物，各海关及沦陷区俱在日本控制之下，故帝国纸类乘机倾销，以遂其强调行为……中国纸业市场已为日本所有矣。"[③]单就普通印书纸、印报纸而言，尽管在 1938—1941 年间除日本外的其他国家仍是中国洋纸的主要来源地，但这些纸张多从上海等地输入，大都不在汪伪的统制之内，对于汪伪而言"不惟在事实上无大量购用之可能"。

表 1　1937—1942 年中国纸张进口数量、价值表[④]

年份	普通印书纸、印报纸数量			各类纸张价值			备　注
	各国（公担）	日本（公担）	百分比（％）	各国（万元）	日本（万元）	百分比（％）	
1937	1 102 720	—		6 530	—		
1938	391 308	60 998	15.59	4 530	1 450	32.01	除日本外，各国进口数量均见减少

---

① 上海社会科学院经济研究所轻工业发展战略研究中心：《中国近代造纸工业史》，上海：上海社会科学院出版社，1989 年，第 167 页。

② 单岩基、王季深：《上海之造纸业》，潘吟阁等：《战时上海经济》（第 1 辑），上海：上海经济研究所，1945 年，第 200—219 页。

③ 韦斐斌：《中国造纸工业概述》，《广西企业季刊》1943 年第 1 卷第 4 期。

④ 资料来源：《民国二十六年海关中外贸易报告》，《海关中外贸易统计年刊》，上海总税务司署统计科，1938 年，第 167—169 页；《民国二十七年海关中外贸易报告》，《海关中外贸易统计年刊》，上海总税务司署统计科，1939 年，第 203—205 页；《民国二十八年海关中外贸易报告》，《海关中外贸易统计年刊》，上海总税务司署统计科，1940 年，第 199—201 页；《民国二十九年海关中外贸易报告》，《海关中外贸易统计年刊》，上海总税务司署统计科，1941 年，第 171—172 页；《民国三十年海关中外贸易报告》，《海关中外贸易统计年刊》，上海总税务司署统计科，1942 年，第 68—69 页；《民国三十一年海关中外贸易报告》，《海关中外贸易统计年刊》，上海总税务司公署统计处，1943 年，第 53—54 页。

续　表

年份	普通印书纸、印报纸数量			各类纸张价值			备　注
	各国 (公担)	日本 (公担)	百分比 (%)	各国 (万元)	日本 (万元)	百分比 (%)	
1939	546 389	185 842	34.01	6 070	3 320	54.70	其中来自日本者,占最 大比重
1940	334 950	112 854	33.69	7 600	3 210	44.24	日本仍为主要来源国
1941	327 965	83 014	25.31	10 270	4 430	43.14	
1942	42 938	—	—	6 580	6 270 (伪满 690, 日占台湾 420)	95.29	本年输入纸张,大多数 经由华北各埠进口

　　实际早在 1941 年初,汪伪便已意识到白报纸的供给危机,并在其宣传工作报告中提出担忧:"惟世界局势,顷刻万变,海陆交通工具既已对应时局,缩减用纸,我直属各报,亦当时加约束,以资尊节。"[①]至 1941 年 12 月 8 日,太平洋战争爆发,中国沿海各埠的对外贸易普遍限于停顿。原本维系太平洋交通的美国船只彻底停运,中国仰仗的加拿大和美国纸张再难运来。报人回忆,当时"海上交通被友军控制,日敌运输船只时遭击沉,报纸来源日见减少"[②]。故自此时起,汪伪纸张的来源地仅以日本及其占领地(所谓"日元集团国家")为限,并且绝大多数来自日本本土。1942 年,中国(汪伪海关总税务司署所辖关口)输入的普通印书纸、印报纸数量较上一年骤减 86.91%,纸荒彻底爆发。据统计,汪伪中央报业经理处在 1941 年 10 月尚能购进白报纸 9 944.8 令,1942 年 4 月减至 9 000 令,1943年 10 月更减至 8 000 令[③]。在 1943 年 1 月召开的日军报道部、报业组合、伪中央报业经理处联络会议上,三方讨论了白报纸、油墨等资材消耗状态及补充实况。"特以白报纸,本年度输入减少乃势所必然。今即接到日本方面减少一成之通告,今年四月份以后恐即减少二成。故本年白报纸之供给极为困难,对减少页数及统制报社应速谋对策。"[④]故太平洋战争爆发引发的海上交通停顿是汪伪报业发生纸荒的直接诱因。

　　除海上交通断绝外,日本有限的白报纸生产能力是供给不足的另一原因。1938 年,日本基于"物质总动员计划",将纸张纳入统制范畴。之后,军事占领区的扩大、生产总量的局限使日本的纸张供应愈发紧张,统制也日渐增强。至 1940 年 5 月,企画院、内阁情报

　　① 伪《中国国民党中央执行委员会宣传工作报告》,中国第二历史档案馆藏,转引自马光仁:《上海新闻史(1850—1949)》,上海:复旦大学出版社,2014 年,第 980 页。
　　② 孙润身:《造纸工业之今昔观》,《商业月报》1946 年第 22 卷第 5 号(纸业专号)。
　　③ 叶再生:《中国近代现代出版通史》(第 3 卷),北京:华文出版社,2002 年,第 1071 页。
　　④ 《友军报道部·报业组合·中央报业经理处联络会议》,《新闻月刊》1943 年第 6 期。

部、商工省、拓务省、陆军省、海军省等联合成立"新闻杂志用纸统制委员会",统制白报纸供给。同年 8 月,日本商工省颁布《关于对"关东州""满洲"及"中国"贸易调整之件》,进一步强化了对中国的纸张输出统制。随着中日战争的泥沼化及太平洋战争的爆发,纸浆等原材料的供应与纸张生产、运输更加恶化,日本内外纸张供给数量持续减少①。表 2 显示,日本 1937 年全面侵华后受到制裁,白报纸进口量骤减,至 1939 年已趋近于零;出口量则在 1941 年达到顶峰,之后持续递减。

表 2　1936—1945 年日本白报纸生产量、进出口量、消费量(单位:千磅)②

年份	生产量	进口量	出口量	消费量
1936	567 650	139 057	11 194	695 513
1937	626 104	73 134	13 888	690 350
1938	647 132	6 201	18 384	634 949
1939	612 156	28	33 364	578 820
1940	572 988	38	47 864	522 162
1941	588 468	——	58 812	529 656
1942	401 874	——	46 592	355 282
1943	304 858	——	47 113	257 745
1944	280 838	——	29 364	251 474
1945	163 712	——	5 112	158 600

三、政治遥控:日汪的应对措施

纸荒问题极大程度地阻碍了汪伪报纸的印行,这既不利于日本"大东亚共荣圈"思想政策的宣传,也不利于汪伪的"和平反共建国"的反革命事业。1942 年 9 月 1 日,周佛海派系报纸《平报》发文指出,"日用纸张来源的不继"是"现在新闻界所最感困难的问题"。"现在各地报社所用的报纸,或由自身积储,或由当局统筹拨给,但数量是有一定限额的,所以篇幅只好紧缩,报纸发行的数额也决不能无限制的任其增加。"③而且,日本殖民侵略

①　春原昭彦:《戦時下における新聞用紙の需給状況と統制経過日》,《コミュニケーション研究》1977 年第 9 期。
②　资料来源:春原昭彦:《戦時下における新聞用紙の需給状況と統制経過日》,《コミュニケーション研究》1977 年第 9 期。
③　范一:《近五年来之中国新闻界》,《平报》1942 年 9 月 1 日。

的本质及日本国内的纸荒也使日本当局希望从占领区掠取、控制更多物资以供养其在华殖民宣传机构。因此，日汪深度介入纸张的生产、运输、消费，对华中沦陷区的纸业、报业实施统制。

（一）纸张、纸业

1. 侵占控制纸业

华中的日方造纸业起步甚早，但规模小、发展缓慢。"八一三"事变后，江浙一带的华方纸厂"仅有竟成纸厂因设在公共租界安全区内，得以幸免，其余各厂均受极大影响，被迫停工"①。而后"鉴于纸市发达，各地需纸甚殷"②，日本当局在地方秩序稍稍恢复时即开始设法复工，侵占华方纸厂。太平洋战争爆发后，日军更是进入公共租界，强占美商纸厂及标榜美商的华方纸厂。据统计，日本当局在华中占领区以"军管理""委任经营""中日合资""租赁""收买"等方式侵占的纸厂有江南纸厂、天章造纸厂、大中华制纸厂、国华造纸厂、美锦腊光纸厂、竟成造纸厂、金星造纸厂、中国版纸制品公司、株式会社上海纸业公司、杭州造纸厂、民丰造纸株式会社等十多家③。与此同时，日本当局还在占领区开设新厂，在上海先后成立的有"上海纸器株式会社、冈田纸器业厂、上海纸公司、大同腊纸厂、东华纸器工业厂等"④。这些纸厂是华中纸厂中规模较大、设备较先进的，产品质量也较好。

然而，沦陷时期"上海各纸厂所产之纸张，大都系粗制品，如毛边纸、连史纸、黄版纸、灰版纸、白版纸、道林纸、牛皮纸、小腊灰报纸、包纱纸、洋孩纸、火柴纸之类"⑤。据不完全统计，1942 年间华中日方纸厂产纸 24 355 吨，包括"各种印刷纸"906 吨、灰报纸 658 吨；华方纸厂产纸 6 305 吨，含灰报纸 410 吨；白报纸未作主要产品单独列出。随着纸荒的加剧，日本当局尽力谋求华中各纸厂增产纸浆、报纸。江南制纸株式会社"计划增设长网造纸机二部，以应时势需要而制造模造纸日报纸等"。该厂的纸浆工厂"正在扩充内部，三十二年底已增产至每日十吨，现拟增至三十吨乃至五十吨，以大量供应华中造纸业之需要"。中国版纸制品公司"由王子公司依精巧技术加以改造，可以制造新闻用纸"。东洋制纸工业会社上海工厂也增设"长网造纸机一部"，并"计划创设大规模的纸浆及制纸工厂"⑥。

2. 利用纸业行会

为"强化统制之计划，遂其搜括之目的"，日本当局组织华中占领区的日、中纸厂成立"中支制纸协会"等多个行会⑦。1942 年 3 月，日本兴亚院指导"中支制纸协会"与"上海特别市造纸同业公会"合并，改组成立"日华制纸业联合会，为中日两纸业团体的基层机构"。

---

① 《上海工商界之概况》（纸厂与纸业专号），上海：中国经济研究社，1940 年，第 67 页。
② 同上书，第 68 页。
③ 金润痒：《造纸工业概况》，《商业月报》1946 年第 22 卷第 5 号（纸业专号）。
④ 阮景周：《沦陷时期之造纸工业》，《商业月报》1946 年第 22 卷第 5 号（纸业专号）。
⑤ 同上。
⑥ 周之鼎：《纸荒问题与造纸工业概况》，《申报月刊》1944 年复刊第 2 卷第 3 号。
⑦ 金润痒：《造纸工业概况》，《商业月报》1946 年第 22 卷第 5 号（纸业专号）。

该联合会的使命"是以造纸业之统制,制品供需之犹整及销售价格之统制等为中心"①。1943 年 11 月 18 日,日本当局为求华中纸业自足,又以华中制纸业者为中心,与原料纸浆业者及与纸张有关各业联合,成立"华中日本纸业统制协会"。其任务涵盖调整价格、生产与配给纸张、采买造纸原料及其他有关纸张统制事宜②。

3. 限制纸类流通

日军占领上海、南京后,即对华中占领区实施直接控制的物资统制。1940 年 12 月,日军土桥部队公布《关于限制搬运物资的布告》,规定"纸类"运出运入上海地区须持有该部队"经理部长发给之特别许可证"③。1942 年 3 月 27 日,上海方面日本陆海军最高指挥官发表布告,要求自 4 月 1 日起"关于重要物资之在上海地区内,凡使用制造及贩卖等,概由兴亚院华中联络部任统制运用之责",包括"纸类① 卷筒报纸、② 平报纸、③ 模造纸、④ 纸浆"在内的 18 种物资"非有兴亚院华中联络部发给许可证,概不准在上海地区内私自移动"④。次日,兴亚院华中联络部长官太田发表"统制方针",说明"物资运用"的统制细则及"限制限度"。"凡欲移动物资者,须以兴亚院华中联络部所规定之用纸,将所要事项填入,各别经由物资公会提交兴亚院华中联络部",并明确"纸类在一令以上,须要许可证,纸浆全部必须经过许可"⑤。同月,"上海特别市物资统制委员会"成立,隶属于汪伪中央物资统制委员会,全力配合兴亚院华中联络部,控制上海地区物资的外流。当时,上海的十多家华方纸厂就是通过"上海特别市造纸同业公会"等纸业行会,向兴亚院申办纸浆物料及其他统制物资事宜⑥。

1943 年"对华新政策"出台,日本当局为有效利用汪伪政府,将物资统制的经管权交给汪伪全国商业统制总会。凡华中"统制物资之收买配给""各地域物资交换之营运"等事项,均归其掌理⑦。纸张一项归伪全国商业统制总会下属的日用品统制委员会管辖。5 月 15 日,伪全国商业统制总会公布《重要物资由苏浙皖三省移往其他地域统制暂行办法》,规定"纸类(烧纸除外)"等 25 种物资"由苏浙皖三省(包括上海、南京两特别市)移往蒙、疆、华北、广东汕头、厦门及汉口地区","须经全国商统总会之许可"⑧。1944 年 10 月,伪实业部修正《主要商品品目表》。"又白报纸关系文化事业至重且巨,并各报业业由宣传部

---

① 周之鼎:《纸荒问题与造纸工业概况》,《申报月刊》1944 年复刊第 2 卷第 3 号。
② 陶水木、周丽莉:《杭州运河老厂》,杭州:杭州出版社,2018 年,第 47 页。
③ 浙江省档案馆、中共浙江省委党史研究室:《日军侵略浙江实录(1937—1945)》,北京:中共党史出版社,1995 年,第 456—458 页。
④ 《上海重要物资运用　下月由兴亚院统制》,《平报》1942 年 3 月 27 日。
⑤ 《兴亚院联络部发表统制物资运用方针》,《平报》1942 年 3 月 28 日。该方针发布前(3 月 7 日),上海市纸业同业公会便已发布紧急公告,表明其"奉当局令办理洋纸移动审核签证事宜"。"规定凡欲移动白报纸(不论卷筒、原件,或已切成令,而尚未打件者均包括在内)、白有光纸、白道林纸、白模造纸四种纸货者应先向当局领取空白移动证。自行填就后送交本会审查核发本会证明书,然后向当局申请发证,再向本会领取出栈证明书,方可向各堆栈房出货。"参见《上海市纸业同业公会紧急公告》,《申报》1942 年 3 月 7 日。
⑥ 《解放前造纸公会的一般情况》,上海市档案馆藏,档案号:S70-3-1。
⑦ 《全国商业统制总会暂行条例》,《申报》1943 年 3 月 12 日。
⑧ 上海市档案馆:《日伪上海市政府》,北京:档案出版社,1986 年,第 656—658 页。

实施配给,为防止囤积起见,故特入本表为品目之一。"①白报纸列入主要商品后,汪伪要求存有白报纸的纸商及其他货主限期到纸业同业公会办理登记,以便备案呈报②。

(二) 报纸、报业

格雷戈里·凯萨丝(Gregory Kasza)在关于日本战时的国家和媒体关系的研究中提到,日本战时有两个新闻政策:一是,在一种顾问制度下以开"咨询会"的方式,促进官僚与报人的直接接触。如1942年2月,日本设立统制机关"日本新闻会",意在控制报社人事权,将报社的经营、编辑、合并、转让、资源分配等纳入政府管辖。二是,合并报纸。因为报纸种类的减少有利于抑制竞争,节约本就缺乏的资源,还有助于控制新闻内容③。作为日本扶持的傀儡政权,汪伪的新闻统制明显有着日本侵略者的痕迹,受到日本当局的操纵。日本与报业用纸相关的统制规定也被汪伪模仿并贯彻、实施下来。

1. 缩减报纸篇幅

1941年,汪伪在接收、调整报纸时,就奉行"节约纸张"的原则,对"各报均实行定量之减缩",并对甲乙两级直属报社的篇幅数量提出具体要求。甲级报又分"甲级中央报"和"甲级地方报":甲级中央报是指在"首都(民国日报)及上海(中华日报)发行",代表"国民政府","篇幅最大,价格最高,现日出六页";甲级地方报系在"省政府所在地发行","篇幅仅次于中央报,价格相同。如江苏日报、浙江日报、安徽日报,现每星期三天发行六页,四天发行四页"。乙级报"系在上述甲级报发行地点以外之主要都市发行者"。"现每报日刊四页,且每逢星期一休刊,以资节约用纸。"④具体实施上,各报社依照自身情况有时间先后的差异,但大都在1941年完成。如原本每日发行两大张(8页)的《中报》《平报》和《中华日报》分别在1941年5月1日、5月1日、8月19日改为每日发行一大张半(6页),《江苏日报》在1941年10月10日创刊后就执行"每星期三天发行六页,四天发行四页"的标准。

太平洋战争爆发后,日本在华占领区的"各大报都逐渐趋向于缩减篇幅改小字体的一途"⑤。1942年2月,《申报》《新闻报》复刊;《申报》从原先的三大张缩减为一大张半,后一度增至两大张;《新闻报》则出版两大张。《江苏日报》6月2日刊出启事:"兹为节约纸张,增加发行数额,以谋普遍报道起见,自本月一日起,每日改出一大张,并将版面重行调整……"⑥"迨至三十三年二月间,各报为节约纸张适应战时体制起见,订定缩减篇幅办法,计新闻报、申报、平报、新中国报每逢星期一、三、五改出半张,国民新闻每周出半张四天,中华日报及新申报则日出一大张。至于晚报,原有新中国晚报及新申报夕刊两种,后

---

① 《主要商品品目表修正　昨经行政院会议通过》,《申报》1944年10月26日。

② 《纸业公会办理报纸登记》,《申报》1945年5月19日。

③ Gregory J. Kasza, *The State and the Mass Media in Japan*, *1918-1945*, Berkeley and Los Angeles: University of California Press, 1988, pp.216-217, 188.

④ 汪伪国民政府宣传部中央报业经理处:《新中国新闻论》,1942年,第108—110页。

⑤ 《八　小型报的最近趋势》,申报年鉴社:《申报年鉴》,上海:申报社,1944年,第1002页。

⑥ 《本报启事》,《江苏日报》1942年6月2日。

因纸张供给困难,均于三十三年初停刊。"①一些地方报也缩减篇幅,以求自保。至1944年7月1日,各报又"依照中央报业经理处规定"继续缩减,如《平报》"每周发行全张二天(逢星期三、六)半张五天"②,《江苏日报》"每月发行对开十天四开二十天并为充实内容起见于同日起全部改用六号字体"③。1945年2、3月,不少报纸减至每日出版半张,甚至《平报》为"响应战时物资节约政策"于6月30日停刊④。

2. 强制合刊停刊

1943年1月对英、美等同盟国家"宣战"后,汪伪为进一步强化其对新闻舆论的统制,开始推行全面法西斯化的"战时新闻体制"。具体操作上,伪中央报业经理处着手调整治下报社的分布和构成,以"参战后报纸与新闻报导(道)工作,允宜集中人力物力,积极整理改进加强阵容,以适应战时体制"为由,合并娱乐性小报⑤,强化政治军事宣传报刊。"宣战"当月,伪宣传部驻沪办事处通令以文化娱乐为主的上海各小报从2月起分别实行合并。通令称:"现值政府正式对英美宣战,在战时状态之下,凡吾国民均应节省物资财力,协助政府完成战争体制。本市小型报林立,当局为谋协助合理之发展……并节省纸张之无谓消耗,尽速于本月三十一日前将合并手续办妥……"⑥几乎同时,南京各小报也被要求整理合并。经过这次调整,上海原有的30余家小报仅存14家⑦,南京9家小报合并为5家。

为使新闻宣传适应战时需要,汪伪继续对直属报社进行调整。1943年3月,《苏北日报》和《苏北话报》合并,组成新的《苏北日报》,列入直属甲级地方报。另将《江阴日报》撤销。6月10日,汪伪最高国防会议发布《战时文化宣传政策基本纲要》,作为"战时文化宣传政策之基本方针"。该纲要"实施"部分模仿日本1942年7月公布的"一县一报"方针,提出推行"一地一报"和"一事一刊"政策,即"除重要地点外,采一地一报政策","除地方性质外,其属于全国性质者采一事一刊政策"⑧。根据这一政策,汪伪直属报社继续合并,至1944年9月,直属报社只剩27家⑨。

3. 严格纸张配给

纸张不仅是一种物质材料,它还服务于日伪通过报纸向民众灌输殖民宣传的目的。随着日汪走向穷途末路,"生产运输均感困难,白报纸来源渐减",伪中央书报发行所为"妥慎分配,力求节约,以杜无谓消耗,而绝流弊",于1944年1月29日公布《文化用纸配给办

① 《二 上海的主要报纸》,申报年鉴社:《申报年鉴》,上海:申报社,1944年,第995页。
② 《平报启事》,《平报》1944年7月1日。
③ 《江苏日报》1944年6月2日。
④ 金雄白:《休刊辞》,《平报》1945年6月30日。
⑤ "1月5日,宣传部驻沪办事处冯处长发表谈话,关于沪各报合并问题。又南京各小报,有关当局即将加以整顿,应时代之需,酌于合并。"参见《京沪小报将合并》,《新闻月刊》1943年第6期。
⑥ 《本市各小报自下月起 分别实行合并出版》,《中华日报》1943年1月17日。
⑦ 马光仁:《上海新闻史(1850—1949)》,上海:复旦大学出版社,2014年,第981页。
⑧ 《战时文化宣传政策基本纲要》,《中华月报》1943年第6卷第1期。
⑨ 余子道:《汪伪政权全史》(全三册),上海:上海书店出版社,2020年,第840页。

法》,强化对白报纸定量配给的管控。该办法规定"凡杂志社、出版社,发行杂志书籍,及机关团体,发刊有关文化宣传刊物,须领用配给白报纸时,应详细计核需用数量,以最低限度数目,按照规定,填具数量预算表,送宣传部中央书报发行所办核"。白报纸领取后须"填具用纸消耗表,送宣传部中央书报发行所查核"。若"配给白报纸之使用"未依照"核定之数量预算表",伪中央书报发行所将"随时停止其配给,如流为他用之白报纸,并得折合市价追偿之"。出版物"一经印就应即全数送宣传部中央书报发行所点验","刊物印数"须与"数量预算表绝对符合"。配给的白报纸"如有余剩,应于出版物送验时,填入用纸消耗表一并送核","前次之余剩配给纸,除并入为下次印刷刊物用纸外,绝对不得移作别用"①。任何单位领用白报纸均需经过预算申请、用纸查核、印后点验的层层检查,足见此时汪伪纸张统制之严苛。

4. 操纵新闻团体

1943 年 1 月"宣战"后,汪伪为强化新闻统制,成立了"上海新闻联合会""上海杂志联合会""中国新闻协会"等多个团体,将报纸、杂志纳入统一的组织。伪中国新闻协会于1944 年 9 月 25 日在上海成立,它并非一个专业性的社团,而是汪伪"实施新闻政策之共同机关"②,是具有政治、行政和经营权力的新闻统制机关。该协会的会员报社不仅有汪伪直接管辖的直属报社、半官方报社、《申报》《新闻报》等被劫持的原民营报社(合计 45家),还有伪华北政务委员会辖境内各报社③及上海《大陆新报》等 11 家日籍在华报社④。《中国新闻协会章程》规定,该协会监督办理会员报社"主要消耗资材之筹划制造及配给"⑤等八个方面的事项,实际取代伪中央报业经理处、伪中央书报发行所的纸张配给职能。伪中国新闻协会成立后,汉奸报人任云鹏提出,"由新闻协会发起","全国报社一律投资","建立大规模造纸厂",以此应对报业纸荒,为新闻事业的发展排除障碍⑥。不过,伪中国新闻协会作为汪伪操纵报业的机构,实在没有如此巨大的号召力和能量。

除上述应对措施外,汪伪报业为节约仅剩的版面、增加揭载量、"适应将来之新事态"⑦,决定各报改用更小的六号铅字。1944 年 6 月 2 日,《江苏日报》就宣称"为充实内容起见",将"全部改用六号字体"⑧。按照伪中央报业经理处的要求,汪伪各分区报业改进

---

① 《文化用纸配给办法》,《出版月报》1944 年第 5/6 期。
② 《中国新闻协会章程》,《浙江日报》1944 年 9 月 27 日。
③ 伪华北政务委员会辖境内各报社的纸张由该伪政权配给,报业纸荒也十分严重。"华北前有报馆二十五家,纸张向由当局配给,后因种种原因,配给一再减少,自三十三年元旦起,不得已加以重大调整,以小城市每地一报,大都市每地一大报,一小报(或二小报)为原则。经调整后,北京仅存新民报、实报、民众报三家,天津存庸报、新天津报二家。迨至纸张供给益感困难,华北新闻会为适应时局,于同年五月一日将北京、天津两地五报一律停刊,新设华北新报社发行《华北新报》,设总社于北京、支社于天津,各于两地发行名称相同之报纸。"参见《五 北方的主要报纸》,申报年鉴社:《申报年鉴》,上海:申报社,1944 年,第 995 页。
④ 《中国新闻协会在沪成立》,《申报月刊》1944 年复刊第 2 卷第 9 号。
⑤ 《中国新闻协会章程》,《浙江日报》1944 年 9 月 27 日。
⑥ 任云鹏:《中国新闻协会成立以后》,《申报月刊》1944 年复刊第 2 卷第 10 号。
⑦ 《适应将来之新事态 各报改用六号字》,《新闻月刊》1944 年第 11 期。
⑧ 《江苏日报》1944 年 6 月 2 日。

委员会纷纷推进所属报社铸造、改用六号字体。南京分区《民国日报》的六号铅字于 6 月中旬铸竣,《安徽日报》《芜湖新报》《新皖日报》《海州日报》铅字由民国日报社逐次代铸之而后改用。苏州分区《江苏日报》《无锡日报》自 7 月 1 日起使用六号字,《武进日报》《常熟日报》《镇江日报》则自 8 月 1 日起使用六号字。"启事广告标题,不得使用二号以上之大型铅字。"杭州分区《浙江日报》《绍兴日报》《嘉兴日报》《浙赣日报》均预定 7 月 1 日起铸造六号铅字,若准备不及则自 8 月 1 日起实施①。

四、归于失败:日汪的应对效果

汪伪报业如同它的整个政权一样,天生就具有傀儡性,是日本军国主义侵华的工具。从新闻政策、人事配置、报道内容、宣传活动到纸张等物资配给,汪伪报业完全受侵华日军的控制和指挥。在日本的政治遥控下,汪伪推出的统制措施未能真正奏效,纸荒问题随着日本军国主义的败亡愈发严重,汪伪报业也被推向破产。

首先,纸浆的缺乏、电力的限制使华中纸厂不能尽力生产,无法提高报业用纸的本地供应量。上海、江浙一带虽集中了中国造纸工业的大部分产能,但由于本地无法自制纸浆,只能全部从瑞典、美国、加拿大、芬兰等国输入,"每年进口约在八千吨至一万吨之间"。太平洋战争爆发后,纸浆来源当即断绝,"改由日本、满洲,及台湾三地输入,因交通关系,输入量逐渐减少",末期甚至绝迹。《申报》1943 年 6 月报道称:"本市(上海)目前华商造纸厂共计十七家,自去年九月份起迄今,即未获配给纸浆,以旧字纸为造纸之主要原料,致废字纸之价格为之大增,而造纸厂生产量亦减至六成。"②"加以纸类均受统制,运输亦极不便,故产销两方均感困难。"另外,纸厂所需电力"因当局缺乏煤斤",1942 年以来"业经四次被减。被减量多寡不一,平均仅存原量六分之一。电力一再被减,产量随之下降"③。至于"留沪之各小造纸工厂在敌伪时期停工者占大半,即照常开工者亦仅造包裹纸油光纸等以维最低限度之产量,总之在敌伪时期我国造纸工业,完全陷于停滞状态之中"④。

其次,汪伪的纸张统制既不能保障治下报社的需要,也难以抑制纸张价格的狂涨。从伪中央报业经理处到伪中央书报发行所再到伪中国新闻协会,汪伪政府为统制纸张先后设立三个机构,配给政策也越来越严。但是,由于白报纸一直依靠日本供给,汪伪统制机构能做的仅是配给,甚至连分配也未做到数量合理、物尽其用。大量官方配给的白报纸从报社流向黑市,甚至成为黑市白报纸的最大供应来源。当时,汪伪治下报社社长、总编辑等高级人员"好处"的主要来源就是倒卖官配纸。各报通过每月多报发行量,获得更多纸

①　《各分区报业改进委员会工作状况》,《新闻月刊》1944 年第 12 期。
②　《首批纸浆月内运沪》,《申报》1943 年 6 月 7 日。
③　单岩基、王季深:《上海之造纸业》,潘吟阁等:《战时上海经济》(第 1 辑),上海:上海经济研究所,1945 年,第 200—219 页。
④　孙润身:《造纸工业之今昔观》,《商业月报》1946 年第 22 卷第 5 号(纸业专号)。

张配给,再拿一部分变卖,以此赚取利润①。如《中华日报》作为汪伪政府的机关报,配给的纸张数量特别多,每月约达1 700令。依靠变卖多余白报纸,伪宣传部部长、《中华日报》社长林伯生大捞一笔②。再如广州《南粤报》的负责人虚报所需纸量,申请多配,而将白报纸大量高价卖掉③。此外,汪伪对纸价的调剂、对囤积居奇的打击也未能奏效。白报纸价格从战前的"每令二元二三角至三元",涨至1942年的"每令二百三四十元新法币"④,至1945年更高达每令三万元⑤。

最后,为节省纸张而采取的缩减版面、合刊停刊等应对措施,极大削弱了报纸的新闻宣传能力,这对汪伪而言无异于饮鸩止渴。周之鼎在《申报月刊》上发文道:"一方面大家嚷着复兴文化、发展教育、准备建设三民主义的新中国,另一方面,承担着这一重任的新闻界出版界,却因纸荒问题而有此种不良现象(即'停刊或缩小篇幅以及不断提高售价'),结果不只是记者作家们失业人数的增加,而且是国家社会无形的损失。"⑥许力求也在文章中指出:"如果我们留意的话,现在就有许多重要的消息,以及更重要的法令,和文告之类,往往为了篇幅的限制,而不能刊载出来。"⑦汪伪的新闻宣传空间大受压缩,使之更难与重庆国民政府争夺国民党政治符号。就连日本人都觉得,断然实施消极的缩减版面政策是对中文报"致命的打击"⑧。

总而言之,与日本在伪满洲国的新闻统制相似,汪伪亦在日本殖民政治的遥控下,仿照日本在其统治区建立起整套的新闻统制体制,从人员配置、组织管理、报道内容、物质材料等诸多方面对其治下报社实施了全面统制。通过把持白报纸的供应,日本当局间接控制了汪伪的新闻宣传,充分体现出汪伪报业的殖民色彩。这也是汪伪作为傀儡政权,纸业、报业等一切受日本指挥,白报纸依赖日本供应的必然结果。

五、结语

日本侵略者将宣传置于与经济、军事同等重要的地位,积极操纵报纸等大众媒介并辅以消极的媒体控制,强行制造民众对殖民体制的"总体认同",实现对大众的"同调支配"。

① 沈立行:《汪伪时期的〈武进日报〉》,中国人民政治协商会议江苏省常州市委员会文史委员会:《常州文史资料》(第2辑),1982年,第41—44页;陈通:《回忆〈的了〉》,中国人民政治协商会议江苏省常熟市委员会文史资料研究委员会:《常熟文史资料辑存》(第14辑),1987年,第123—131页。
② 郭秀峰:《汪伪时期的〈中央日报〉》,中国人民政治协商会议上海市委员会文史资料工作委员会:《文史资料选辑》(第5辑),1980年,上海:上海人民出版社,第166—169页。
③ 郑广忠:《沦陷时期广州敌伪报业》,中国人民政治协商会议广东省委员会文史资料研究委员会:《广东文史资料》(第18辑),1965年,第33—47页。
④ 范一:《近五年来之中国新闻界》,《平报》1942年9月1日。
⑤ 《经济局公布执行主要商品限价》,《申报》1945年2月21日。
⑥ 周之鼎:《纸荒问题与造纸工业概况》,《申报月刊》1944年复刊第2卷第3号。
⑦ 许力求:《对于新闻事业改进之意见》,《新闻月刊》1944年第9期。
⑧ 井川充雄:《日刊新聞時代(復刻版 第2卷)》,金沢:金沢文圃閣,2017年,第350页,转引自虞文俊、黄萃:《殖民统治下的伪满洲国纸荒问题研究》,《新闻大学》2022年第4期。

纸张作为新闻生产的必需材料,自然要被日本纳入统制之中,其对白报纸的把控、对机器造纸业的侵占使汪伪丧失了自主造纸、搭建自己造纸印刷体系的能力。尽管日汪采取了多种措施,无论开源或是节流,均以失败告终。受制于无法解决的纸荒现实,汪伪报业同它的政权一样,随日本军国主义一起走向败亡。事实证明,本质上属于殖民政治问题的汪伪报业纸荒,无法通过"立法""行政""经济"等手段有效解决。

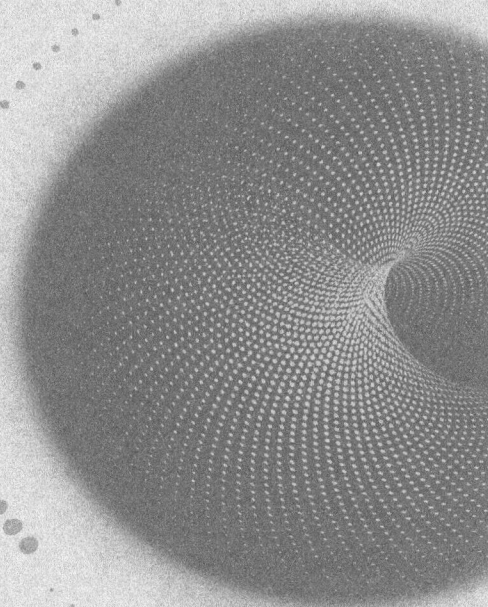

广播史研究

沦陷时期伪华北广播协会的
组织运作及传播策略*

艾红红　李佳铭①

摘　要：与当时国内以"协会"为名的各类同业组织不同，伪华北广播协会是北平沦陷时期以"财团法人"名义创设的广播事业统制机关。其日常工作一是与日本控制下的"东亚"各广播机构联合，成为日本帝国广播网的重要一环；二是受伪华北政务委员会的直接领导与控制，与多家日伪媒体社团组成闭环式的殖民传播矩阵。假借民众教育和生活娱乐之名，通过安排各类广播节目和组织多项文娱活动，对华北民众施行政治宣传与社会教化，以实现其所倡导的"东亚新秩序"之意识形态灌输，则是该组织贯穿始终的传播策略。

关键词：伪华北广播协会；政治宣传；社会教化

日本侵华期间，陆续在其控制区内建立起一套殖民地性质的新闻宣传及控制系统，伪华北广播协会就是其新闻宣传控制体系的重要一环。1938年1月1日，伪北京中央广播电台开始用日语和汉语两种语言广播②，发出日伪电台在华北地区无线电广播的"先声"。此后随着平津等地陆续陷落，各城市原有的广播电台相继被日军接管，至1940年2月，北平、天津、唐山、济南、青岛、徐州、石家庄、太原八地的日伪电台均已开展播音业务。为谋求其广播事业在华北地区的长期发展，伪中华民国临时政府③与日本兴亚院华北联络部④商议，准备成立正式机构管理华北广播事业⑤。1940年6月29日，伪华北政务委员会⑥颁布《华北广播协会条例》（以下简称"条例"），两天后的7月1日，伪华北广播协会正

　＊　本文系国家社科基金重大项目"百年中国播音史"（项目编号：20&ZD326）的研究成果。
　①　艾红红，中国传媒大学新闻学院教授，博士生导师；李佳铭，中国传媒大学新闻学院博士研究生。
　②　哈艳秋、何昊东、李佳：《回旋历史的声音（下篇）：简论日本侵华时期的日伪广播》，《中国广播》2005年第12期。
　③　1937年12月13日，日本侵略者扶植汉奸王克敏、王揖唐等人在北平成立汉奸傀儡政权"中华民国临时政府"，又称"华北临时政府""北平临时政府"。
　④　1938年12月16日，日本内阁设立兴亚院，负责处理侵华事宜，并于多地下设联络部，指挥当地工作，华北联络部即为其中之一。
　⑤　《华北广播事业确立正式机构》，《晨报》1940年2月29日。
　⑥　1940年3月30日，汪伪国民政府成立后，日伪中华民国临时政府并入其中，并重新成立"华北政务委员会"，虽名义上归属汪伪政权，但享有极高自治权，仍为由日本实际控制的傀儡政权。

式成立,统辖伪北京中央广播电台及华北各地方电台①。7月5日,伪华北广播协会成立庆典在北京中南海怀仁堂内府补行,伪华北政务委员会代表、伪华北军司令部、日本兴亚院华北联络部、日本递信省②、"新民会"③、日本吉田政府北平特务机关等机构均派代表参加,中日长官及中日各机关团体学校代表累计到场三百余人,会场四周还遍布中日国旗④。伪华北广播协会对区域内广播事业和收音机用户的严密控制自此开始。

一、以"统合"之名行统制之实

"条例"称,伪华北广播协会是伪华北政务委员会为谋华北广播无线电事业之"统合发展"而设立的"财团法人"。其经营事业包括"一、广播无线电事业;二、前项事业之附带事业;三、对于经营前面各项事业所必需之其他事业之出资"。在实际运营中,伪华北广播协会"因事业经营上之必要,得收用或使用他人之土地建筑物及其他物件或权利,或限制其权利之行使,关于前项损害赔偿及收用价格之核算方法以命令定之"⑤。除此之外,伪华北广播协会还"对经营上述事业必要上他种事业出资,即以独占经营华北广播事业为主体,不承认将来本协会以外之新设广播事业"⑥。也就是说,与华北沦陷区广播事业相关的电台选址与土地征用、收音机等广播设施标准的制定与落实、用户收音费用的起征与调整等一应事项,都是伪华北广播协会的管辖范围。

为实现该目标,伪华北广播协会一面通过派员到各地视察,组织"华北各地台长会议"等方式⑦,"统合"各地广播电台工作内容,一面收购他国在华电台,以实现对播送内容的完全垄断。1940年12月7日,伪华北广播协会经多次协商后,收购了位于北平的意大利百利维电台,接收其一切设备及业务,彻底实现了华北广播事业的"一手经营",其广播"统合"之基础也就此奠定⑧。在原有八台⑨的基础上,伪华北广播协会又陆续在开封、保定、运城、烟台、北戴河五地开设新的广播电台,至1945年抗战胜利前,其下属广播电台已达13座⑩。

---

① 《中国占领地域の放送とラジオ(Radio in Occupied Area of North and Central China)》,日本ラジオ博物馆(Japan Radio Museum),第1展示室。

② 日本政府中央行政机关,管辖交通、通信(包含邮政与电信)、电力等事务。

③ 1937年12月24日在日本华北方面军特务部的策划操纵下成立的汉奸团体,目的主要为配合日本侵略者的武力征服,对沦陷区人民进行欺骗宣传和奴化教育。

④ 《华北广播协会创立式昨在怀仁堂举行 中日各长官均莅临祝贺 会后盛宴来演剧助兴》,《晨报》1940年7月6日。

⑤ 《华北广播协会条例(华北政务委员会令会字第二四号)》,北京市档案馆藏,J109-001-00082。

⑥ 《华北广播协会条例公布 明日正式组织成立 重要职员人选已明令发表 下月二日在怀仁堂盛宴中日长官》,《晨报》1940年6月30日。

⑦ 《华北各电台台长会议昨日业已闭幕》,《晨报》1940年10月23日。

⑧ "Italian Station Bought By North China," *The North-China Daily News* (1864-1951), 1940-12-09, (03).

⑨ 伪华北广播协会创设之前,已建立并开展播音的八座日伪广播电台分别位于北平、天津、唐山、济南、青岛、徐州、石家庄、太原。

⑩ 《华北广播协会业报概要报告书》,北京市档案馆藏,J109-001-00540。

　　"统合"广播事业的名义背后,是伪华北广播协会作为日本对华强力统制机关的本质。作为一种"他治"法人,财团法人的目的、活动范围和宗旨均由捐助人的意志所决定①。而对伪华北广播协会而言,其"起业"所用之基本财产均由伪华北政务委员会及日本放送协会捐助,其中伪华北政务委员会捐助 713 973 元,日本放送协会捐助则达 1 756 746 元,占比过七成②。另外,根据协会成立当年的收支计算书统计,另有北支放送设施委员会及兴亚院分别向伪华北广播协会交付助成金 31 323 元和 27 000 元③。即所有资金财产均来自日方。而日方高度参与的特征在其职员构成中体现得更为明显。伪华北广播协会创立之初的主要职员包括:"会长董事——周大文,专务董事——蒐村外雄,常务董事——土肥友三,董事——井上乙彦,董事——内滕熊垚,董事——林文龙,监察人——山崎晃、蒋尊袆。"④其中,周大文(图 1)名义上为协会会长并兼任北平广播电台台长,但协会事务实则由日本人蒐村外雄把持⑤。这种资金与人事上的中日严重比例失衡,贯穿在其日常组织运作的各个环节(图 2):协会专营统制下的 8 个重要领导职位和 4 部、18 个科、20 个系,共 48 个领导管理职位中,除会长等 5 个职位由中国人担任外,其余 43 个岗位全由日本人担任或兼任⑥。日方实控,在地(华北地区)运转,是伪华北广播协会这一机构的本质。

图 1　伪华北广播协会会长周大文等
在日本放送协会门前合影

　　与之形成鲜明对照的是日本本土放送协会的社团法人形式。社团法人以人的集合为成立基础,设立人在法人成立时可以成为法人的社员,属于"自律法人",有自己的意思机关,即本身有一定自主权;财团法人是以捐助的财产为基础而成立,设立人不能成为法人的成员,没有自己的意思机关,属于"他律法人"。一字之差,昭示的是日本侵略者对伪华北广播协会的绝对控制意图。

　　分析上级管理机构与伪华北广播协会之间的协调运作,更能看清这一组织的本来面目。伪华北广播协会的"董事及监察人之选任退任、董事会之重要决议案、事业之计划以及概算决算、捐助章程之变更及解散之决议"等运营事务,均需报告于伪华北政务委员会,

---

① 罗昆:《我国民法典法人基本类型模式选择》,《法学研究》2016 年第 4 期。
② 《华北广播协会起业预算书和收支预算书等》,北京市档案馆藏,J109-001-00117。
③ 《华北广播协会 1940 年度决算书及收支计算书、概算表》,北京市档案馆藏,J109-001-00097。
④ 郑远:《中央广播电台改组成立华北广播协会　周大文氏担任会长》,《立言画刊》1940 年总第 93 期。
⑤ 吴洪成、张华:《抗日战争时期沦陷区的奴化教育行政管理制度》,《衡水学院学报》2008 年第 2 期。
⑥ 薛文婷:《日伪沦陷区的广播媒介控制》,《中国广播电视学刊》2005 年第 8 期。

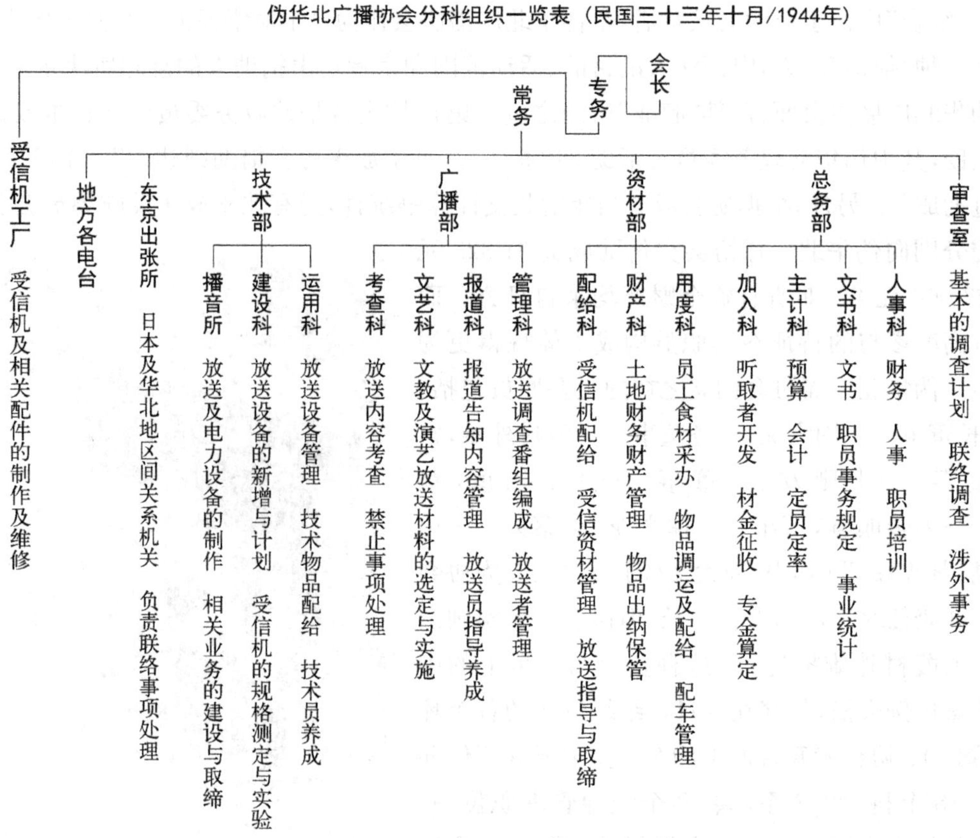

伪华北广播协会分科组织一览表（民国三十三年十月/1944年）

会长
专务
常务

审查室　总务部　资材部　广播部　技术部　东京出张所　地方各电台　受信机工厂

审查室：基本的调查计划　联络调查　涉外事务

总务部
- 人事科：财务　人事　职员培训
- 文书科：文书　职员事务规定　事业统计
- 主计科：预算　会计　定员定率
- 加入科：听取者开发　材金征收　专金算定

资材部
- 配给科：受信机配给　受信资材管理　放送指导与取缔
- 财产科：员工食材采办　物品调运及配给　配车管理
- 用度科：土地财务财产管理　物品出纳保管

广播部
- 管理科：放送调查番组编成　放送者管理
- 报道科：报道告知内容管理　放送员指导养成
- 文艺科：文教及演艺放送材料的选定与实施
- 考查科：放送内容考查　禁止事项处理

技术部
- 播音所：放送及电力设备的制作　相关业务的建设与取缔
- 建设科：放送设备的新增与计划　受信机的规格测定与实验
- 运用科：放送设备管理　技术物品配给　技术员养成

东京出张所：日本及华北地区间关系机关　负责联络事项处理

地方各电台

受信机工厂：受信机及相关配件的制作及维修

图 2　伪华北广播协会组织机构图（民国三十三年/1944 年）

得许可后方可执行①。而根据《华北广播协会监督规程》，伪华北广播协会的"组织章程、放送计划"和"行程、人事、会计、任务变动"等事项，均需经过日本陆军最高指挥官审批承认。此外，北支日本陆军司令官还可根据"军事需要"，要求伪华北广播协会进行"战备广播"，并可在"紧急状态下直接命令广播协会进行必要放送"②。这种组织运行上的双重审查和广播业务上的直接插足，说明伪华北广播协会是十足的日本侵略军的"声控"机关。

二、以纵贯横联之组织实现日伪当局意志的"全媒体"覆盖

自伪华北广播协会创设之初，会长周大文及专务董事葭村外雄便频频赴日汇报考察，与日本本土的放送协会紧密配合，伪华北广播协会也成为日本"大东亚战略"宣传棋局的一分子③。其中，自 1943 年起开办的"东亚广播联络会议"，正是伪华北广播协会与日本

① 《华北广播协会条例（华北政务委员会令会字第二四号）》，北京市档案馆藏，J109-001-00082。
② 《华北广播协会监督规程、广播计划和全国各地电台一览表》，北京市档案馆藏，J109-001-00079。
③ 《华北广播协会周大文会长明日东渡　土肥理事赴石门视察　开封电台定期播音》，《晨报》，1940 年 8 月 1 日第 2 版。

本土及日据广播机构进行整体战略部署的重要组织。该会议由伪华北政务委员会宣传部、日本大使馆及陆海军报道部、"大东亚省"情报局总司令部联合召集,参加者包括伪中国广播事业协会[①],伪华北广播协会,日本、朝鲜、台湾各地放送协会,伪满洲电信电话株式会社,蒙疆电器通讯设备株式会社,以及香港、广东、厦门各地放送局等广播团体,目的正在于"唤起东亚民族意识,检讨今后广播战略"[②]。在以此会议为代表的广播管理机关的统一领导下,各沦陷区与台湾、伪满广播机构的横向联结日渐紧密。日本当局还试图推广伪满和台湾广播的模式,建构"统一播放""交换广播"等网络化、一体化的"帝国广播"模式[③]。但相比伪满和台湾两大殖民地,"统一播放""交换广播"在华北沦陷区广播电台和节目中的占比明显要少一些。这或许与几大区域的政治、经济、文化差异及日本在这些地区的统治时间、控制力不同有关。

伪华北政务委员会作为伪华北广播协会的上级机构,主要负责对华北地区宣传舆论工作的统筹与管理。为强化战时宣传工作,伪华北政务委员会及下属情报局多次组织召开宣传工作会议及"宣传讲习会",除伪华北广播协会外,伪华北电影公司、伪华北新闻协会、伪中国记者会以及各报社社长均会出席相关会议,"加强整备华北决战体制,宣传报道工作,实为重要,为统一宣传理念、指导实践技术、贯彻正确知识、启发新的自觉"[④]。这也是伪华北政务委员会统一宣传战线的重要举措(图3)。

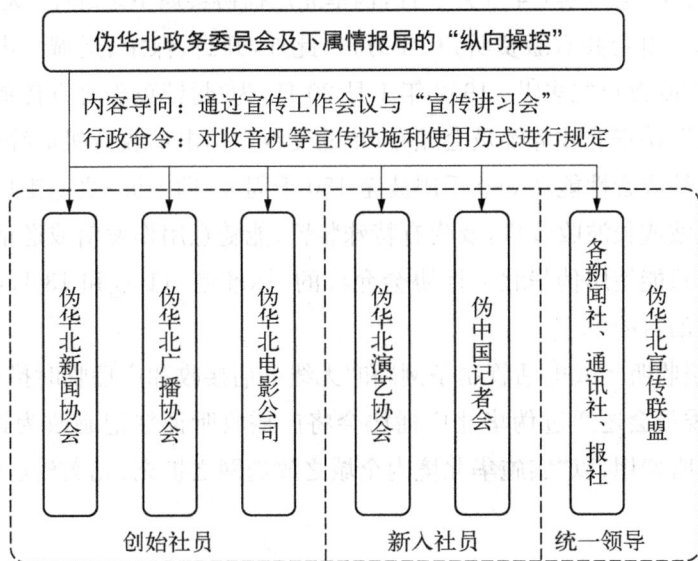

图3　伪华北政务委员会及下属情报局对宣传战线的操控

---

①　1941年,汪伪国民政府为统一上海、南京、汉口、苏州、杭州等地广播事业,在日本放送协会协助下设立的广播管理机构。

②　《唤起东亚民族意识　检讨今后广播战略　东亚广播联络会议揭幕》,《新镇报》1943年6月19日。

③　川岛真:《战争与广播:东亚的电波战争》,《政治大学历史学报》(台湾)2006年总第25期。

④　《华北宣传讲习会日内即开幕由二十三日起举行五日》,《晨报》1943年3月21日。

　　伪华北宣传联盟是在华北沦陷区各媒体机构之上组建的另一联合组织，伪华北广播协会是其创始"社员"之一。1942 年底，"为响应当前形势而谋华北宣传事业之发展"的伪华北宣传联盟正式组建，成为"华北宣传事业统治团体"。其所主持事务包括："（一）关于宣传事业统制运营，谋与当局协力。（二）关于宣传事业计划与经营，作综合研究而确立方案。（三）关于宣传事业，对各机关取得联络，或助力与投资。（四）宣传事业从业者之养成与训练事项。（五）宣传联盟在进行业务上，得附设报道、广播、电影、演艺，及其他资委会专门研究各项事业计划。"①伪华北宣传联盟的组建，一方面解决了华北地区各宣传单位的路径统一、职责划分和人才培养问题，另一方面也在宣传之外的物质维度上统一了其内部政治力量。1943 年 9 月 18 日，伪华北宣传联盟借口"当此大东亚战争下，为昂扬国民协力圣战之热忱"，向伪华北中日各新闻社、通讯社、报社，伪华北广播协会，伪华北电影公司等部门筹集得到十万元募捐款项，并与伪华北政务委员会宣传处佐佐木理事长向华北日军方面捐赠②。伪华北广播协会成为伪华北政务委员会联结华北沦陷区宣传阵线的一个重要节点。

　　在伪华北政务委员会的行政命令要求下，伪华北广播协会通过发放收听执照、控制广播听众的收音机型号及收音性能，实现对"敌方"广播的封锁。1940 年 3 月，北平地区由警察局办理登记进行收音的有 35 460 户，华北各省市配备装置设施或真空管式收音机的户数则约在 15 万③。至 1944 年 8 月 5 日，伪华北广播协会属下之北平、天津、济南、青岛、太原、石门、唐山七电台共有缴费听户 24 万户；此外，开封、保定、运城三电台属下之不纳费用户共计亦在 30 万户之多④。1942 年 1 月 20 日，为"封锁英美之宣传放送及违法无线电通信之谋略战"，伪华北政务委员会颁布《华北无线电信电话收音机取缔暂行办法》及实施细则，要求"取缔收音性能在 550 千周波至 150 千周波（即中波）之范围以外之所谓全波收音机及其他短波或长波收音机，及附有特殊装置，能随意用作发信或送话之收音机"，并要求控制区域内只能使用伪华北广播协会允许的"标准型"11 号和 13 号收音机，以达到其控制舆论的政治目的⑤。

　　通过对《广播收听无线电话管制条例》和"无线电话接收和广播临时措施"等规章的修改，伪华北政务委员会还通过伪华北广播协会将广播收听证登记制改为许可证制⑥。其后又多次上调收听费用，以"实施华北境内全域之放送网之扩充、充实放送内容，及防空防

---

① 《战时华北宣传联盟强调组织　新协资协昨举行大会　各会新职员均当场选定》，《晨报》1943 年 2 月 11 日。

② 《协力圣战热诚　华北宣传联盟各团体向军方献金十万元　华北电影亦发起募集军用机基金》，《晨报》1943 年 9 月 19 日。

③ 《记者讲习会第十二日　华北广播事业的现况　广播协会沈放送科长讲述》，《晨报》1940 年 12 月 8 日。

④ 《华北广播协会积极加强宣传力》，《天津华北新报》1944 年 8 月 5 日。

⑤ 《华北政务委员会关于令发华北无线电信电话受信机取缔暂行办法及实行细则给华北广播协会的训令》，北京市档案馆藏，J109-001-00156。

⑥ 《华北广播协会广播收听规约修正草案要纲、业务概况和事业监察要项》，北京市档案馆藏，J101-001-00557。

备设施之强化等"①。许可证制度与收听费制度的更改,为伪华北广播协会筛选和控制收音机用户打开了方便之门。

　　细密编织的官方管控及宣传体系未必能收买沦陷区民众的心。日伪当局还以允许民间"自由"成立"民众团体"的形式,实现其背后实控的目的。以"新民会"为例,作为"与政府表里一体"的"民众教化团体",它与伪满洲国的"协和会"类似,均为日本军国主义者在华扶持的汉奸组织。该团体被希望"着重于精神方面的培育",负责收买和安抚民心,宣传殖民思想②。"新民会"并不直接对各宣传机构工作进行管理,但其与伪华北广播协会亦存在较多合作关系。伪华北广播协会经常邀请"新民会"干部领导进行广播演讲,二者还会共办宣传活动,如1942年6月13日,"新民会"中央总会及伪华北广播协会就联合主办了"第二届华北青年辩论比赛大会",鼓励"挺身东亚解放之新中国青年基于实践之体验发表其觉悟",以求"昂扬东亚共荣圈建设之意义"③。以"新民会"为代表的汉奸团体虽并不具备对伪华北广播协会进行纵向操纵的能力,但前者作为日本奴化思想的传播者,后者作为大众传播媒介的控制者,二者结合,必然产生一种"扩音器"效应和更大范围的模仿与实践。

三、以宣传教化之名,行思想改造之实

　　在播音内容上,早在伪华北广播协会成立以前,华北沦陷区日伪电台便已开始"日夜从事广播华北政权之纲领政策,及粉碎敌性煽惑放送,同时并努力阐明东亚新秩序大义,此外并广播新闻及健全娱乐等,向达成文化目的而迈进"④。这也奠定了伪华北广播协会的播音内容及目标。

　　融入"大东亚共荣圈"下的"帝国交换广播网络"是伪华北广播协会的目标之一。在"东亚广播联络会议"的领导下,与"日满联络放送"和"满鲜惯例交换广播"类似,伪华北广播协会也在其控制区域内建立起中日双语统一广播和交换广播模式。其中日语统一广播的目的是让华北沦陷区的日本人可以在第一时间了解到本国情报,或是以日本帝国的扩张成果感染懂日语的部分华人,以实现培养广播参与意识和促进殖民宣传的目的。而中文的交换广播则以各广播局下的"东亚广播"节目为代表,且作为"帝国广播网"的一部分。1942年第五次"东亚放送协议会"上,伪华北广播协会专务董事葭村外雄与伪满洲电信电话株式会社新京中央广播局副局长武本正义达成"日满华"交换广播协议,但伪满与华北

---

① 《华北广播协会　收总费改　收四十元》,《天津华北新报》1945年4月6日。
② 吴洪成:《日伪在中国沦陷区实施奴化教育的若干问题分析》,《直面血与火——国际殖民主义教育文化论集》,河北大学教育学院,2003年,第18页。
③ 《广播协会主办二届华北青年辩论比赛会　先在各地举行地方预选　中央总会定期在京举行》,《晨报》1942年6月13日。
④ 《华北广播协会条例公布　明日正式组织成立　重要职员人选已明令发表　下月二日在怀仁堂盛宴中日长官》,《晨报》1940年6月30日。

之间的交换广播内容仍需全部经由东京转接,而无法直接进行信号交换。对此,日本放送协会理事中乡孝之助直言,"在日本若是有适当的满华语广播人就好了",这种事无巨细的控制与参与,彰显出日本当局对华北地区广播宣传工作的高度重视①。

1940年12月7日,伪中央广播电台放送科长沈宗汉在北京记者讲习会上介绍了协会成立之初的播音内容管理情况:"各项节目之内容可分三大类:(一)报道类,关于各相关行政工作报告、国内外新闻、商情行市、职业介绍、预告节目等。(二)教养类,关于名人演讲、新民讲坛、日语讲座、佛学讲座、交通常识、音乐常识、儿童时间及新民体操等。(三)文艺类,如京戏、大鼓、单弦、相声、话剧、中西音乐及各种唱片等。每日放送时间为六百八十五分,合十一小时又二十五分。"②其中除去大鼓、单弦等纯音乐性质的内容外,绝大多数节目中都不同程度地加入美化日本侵华和宣扬日本文化、语言的内容。这种改造主要体现在伪华北广播协会所组织的"政治宣传"与"社会教化"两类活动之中。

在政治宣传方面,伪华北广播协会积极配合日军侵华进展,颠倒黑白,操纵舆论,如:对"觉悟抗战之非,并报告战地民众困苦情形"的战俘谈话的灌制传播③;积极宣传"大东亚战略",抬高日本侵华战争的"合法性",如在"中日满三国缔约周年"等各类"节庆日"期间播送特备节目,以博取民众好感④;积极宣传华北建设情况,用"各地建设突飞猛进情形"来展示自身统治的优越,保证现有殖民地区的舆论稳定⑤。此种政治宣传之极致表现为协会会长周大文于1943年1月16日发表的对英美宣战谈话。谈话中,周大文先以"友邦"称呼日本,并称赞其假意返还租界行政权与撤销治外法权的骗局是"共存共荣互相平等之具体表现",将日本归为"世界上以平等待我之民族";又将日本侵略战争包装为"为解放全东亚之圣战",并号召全体国民"以世界正义和平为目标,而以吾人之热血誓雪百年之耻"⑥。这种以义正词严之势混淆是非的广播宣传在当时并不少见,也正是伪华北广播协会作为日伪殖民机器对民众进行政治宣传的典型体现。而在社会教化上,协会积极推进日本流行音乐、"播音小说"等文艺内容在华北地区的传播⑦,并通过比赛等多种群众参与方式,让华北民众尤其是中小学生认同日本文化,以实现其文化殖民的目的。这种在成立之初便确立的播音统制策略一直延续至其终结。

对广播这一传播形式而言,校园是一个重要场域。校园广播可以以共时、共在的形式对本区域内的所有青少年群体实现同时播送,校园中的集体环境和教育氛围也更利于学生听众对广播内容的理解与接受,因此校园广播节目自然成为伪华北广播协会进行播音

---

① 《第五回东亚放送协议会会议事录》,日本放送协会,1942年4月,转引自川岛真:《战争与广播:东亚的电波战争》,《政治大学历史学报》(台湾)2006年总第25期。

② 《记者讲习会第十二日华北广播事业的现况广播协会沈放送科长讲述》,《晨报》1940年12月8日。

③ 《伪军俘虏谈话唱片华北广播协会灌制自五日起放送三天》,《晋南晨报》1941年6月10日。

④ 《广播协会特辑庆祝节目祝中日满缔约周年明日起下月二日止》,《晨报》1941年11月25日。

⑤ 《广播协会宣扬华北建设情况 派员赴各地录音 武鸿谦等昨已离京赴晋》,《晨报》1943年5月8日。

⑥ 《拥护对美英宣战! 华北广播协会周大文发表谈话以吾人热血誓雪百年之辱》,《晨报》1943年1月17日。

⑦ 《"播音小说"电台今晚开始广播》,《晨报》1941年6月26日。

统制的重要内容。1942 年 1 月 28 日，协会与北平市教育局联合，增加"对本市私立中小学、体专、以及各职业学校广播"，所增加节目定名为'对学校放送'，讲述内容则为聘请专家对当下战争时局进行解说，以此"肃清各学校学生过去对英美之错误认识"，营造对日本军国主义扩张有利的舆论环境。至 1942 年 12 月 3 日，伪华北广播协会在北平市内各中小学已设置收音机 126 处，并又特别求得教育总署、京市教育局之后援，向北平地区京师师范学校等七所学校加设全新收音机，以进一步"推广学校放送机会，向学校传达防空命令、防空训练、日语教授、无线电体操"等内容①。其中"无线电体操"一项尤其值得留意，这种以广播内容影响青少年成长的节目，实际上是一种半体育半军事化的节目，其根本目的在于借助体育从事集体化的规训教育，为日本侵略战争培训"后备力量"，最终为日本所谓的"大东亚圣战"服务②。

除针对青少年的校园广播外，面向更广泛听众群体的社会广播节目同样是伪华北广播协会进行社会教化的重要内容。这类节目以文化改造为主要目的，同时也包括必要的政治宣传及群众动员内容。如 1942 年 5 月 1 日，伪华北广播协会专程聘请各大学教授及国内知名人士担任讲师，强化原有常识讲座内容，具体包括日语讲座、警章解说、法律常识、家庭时间等内容，协会声称以"提高一般市民之知识程度"为目的，但实际是通过对生活规则的传播，影响市民认知，实现文化改造③。协会还分别以"大东亚解放与共荣圈之完成"④和"大东亚解放与知识阶级应负的任务"⑤为题，于 1942 年 5 月 2 日及 6 日组织名流座谈会，通过各界名流及教育界精英的讨论，"唤醒民众与友邦彻底合作"之精神，意在进一步宣传"大东亚战略"，为战争赋予更多政治合法性。

在广播节目之外，伪华北广播协会还积极组织开办各项社会活动，通过征文、演讲、戏剧等线下文艺形式对当地民众的文化娱乐生活产生影响。其中，京剧戏曲是华北地区民众的重要娱乐方式之一。1942 年 7 月 5 日起，伪华北广播协会举办了为期一个月的"京剧票友清唱放送比赛"，比赛以"促进京剧票友艺术之普及与深造，而提高对京剧之鉴赏力"为主旨，并为前三名获奖选手每人提供 500 元、300 元、100 元国币和不同等级的银杯奖励⑥。值得一提的是，比赛在审查员评分制度外，还额外增加了听众预测投票，这也彰显出当地民众对该活动的喜爱和积极参与，说明这类活动对吸引民众参与互动的重视⑦。但类似的社会活动并非如此单纯。伪华北广播协会于 1942 年 7 月 23 日宣布征求音乐爱

① 《广播协会甄选七校装置播音设备　昨在宏庙小学招待各界参观　松崎机关长等均亲临指导》，《晨报》1942 年 12 月 3 日。

② 张晓亮：《管窥抗战时期的沦陷区体育》，《运动》2016 年第 11 期。

③ 《广播协会强化各种常识讲座》，《晨报》1942 年 4 月 29 日。

④ 《广播协会昨举行名流座谈会》，《晨报》1942 年 5 月 3 日。

⑤ 《广播协会将开教师座谈会延聘教界名流参加》，《晨报》1942 年 5 月 6 日。

⑥ 《华北广播协会主办票友清唱放送比赛　比赛部门分为老生青衣二组　自即日起开始办理报名手续　振兴国剧之创举》，《晨报》1942 年 7 月 5 日。

⑦ 《华北广播协会主办票友清唱比赛揭晓　青衣老生两组中选名单均发表　预测投票亦宣布结果》，《晨报》1942 年 8 月 22 日。

好者成立"华北广播协会合唱团",但其入团考试指定歌曲均与其"大东亚战略"的传播相关,例如"新亚进行曲,大东亚总进军之歌,保卫东亚,前进亚细亚,东亚进行曲"等①。同年10月3日,伪华北广播协会还主办了第一回"全华北中等学生演讲比赛大会",主题仍为"发扬新中国中坚分子中等学生对于华北建设之抱负与热诚"②。这些看似意在丰富市民文化生活的社会文娱活动只是一种幌子,掩盖不了为其文化殖民服务的目的。

四、结语

1945年10月9日,经国民党中央驻北平各关系机关商洽,伪华北广播协会被确认将于双十节当日由国民政府接收,后续也未见有其他相关报道,其下属各电台则逐渐被接收重整③。

伪华北广播协会名为"广播协会",实质是掌控华北地区民众收听工具与节目内容的权力机构。而在广播之外,其与各沦陷区、殖民地媒体机构间的横向连接和与日本当局、伪华北政务委员会等政治机构间的纵向贯通,更凸显了这一"协会"的特殊性和辐射力。这种超出广播事业本身的文化统制,正是伪华北广播协会在整个抗战时期贯穿始终的核心任务,也是伪华北广播协会与同一时期国内绝大多数媒体类协会在组织与传播等方面存在的显著差异。

---

① 《华北广播协会征求合唱团员》,《晨报》1942年7月23日。
② 《华北广播协会举办讲演比赛大会　参加者为华北中等学生》,《晨报》1942年10月1日。
③ 《华北广播协会定于国庆日接收》,《国光日报》1945年10月9日。

抗战时期的中日广播战

朱时宇①

摘　要：抗战时期，中日在广播这一特殊"战场"展开了激烈较量。中国积极进行广播电台建设，并向战区、沦陷区广播。在战争中，中国还利用自身控制的广播电台，与日伪方面进行针锋相对的广播宣传战与广播干扰战。但是中日广播在数量、电力、播音时间等方面均存在明显差距，中国一方劣势明显。全面抗战前，中日听众收听对方广播电台的现象较为常见。全面抗战爆发后，国民党政权与日伪方面分别在国统区与沦陷区实施严格的收听管制政策，但这一政策成效有限。事实上，中国由大后方播出的广播不仅国统区民众会收听，沦陷区民众、港台同胞、海外华侨华人同样会收听，听众的收听选择本身已说明其民族认同与国家认同。广播中的声音成为中华民族的象征，能够激发听众的民族意识，促进民族共同体的维系。

关键词：抗战时期；空间主权；中华民族意识

二战期间，广播被各国普遍视为"第四战线"，是进行宣传战的重要"战场"。"九一八"事变后，中国开始加快公营广播电台的建设进程，但是与日本、苏联等邻国相比，中国公营广播电台无论是在数量还是电力方面均不占优势。"九一八"事变后，中日两国已经在广播领域开展了针锋相对的宣传战。全面抗战爆发后，中日在广播空间中的博弈更为激烈。国民党与日伪一方面在广播领域展开宣传战与干扰战，另一方面分别在国统区和沦陷区进行严格的收听管制，防止民众收听对方广播。

有关抗战时期的中日广播战，中外学界已有研究较少涉及②。本文充分发掘中国第二历史档案馆、"国史馆"亚洲历史资料中心、重庆市档案馆及其他各省市档案馆中有关中日广播战的相关史料，并利用已出版史料集、日记、报刊等资料，尽可能还原抗战时期中日广播战的相关史实，包括中日广播电台的宣传战与干扰战、国统区与沦陷区的收听管制政

---

①　朱时宇，南京理工大学马克思主义学院讲师。

②　贵志俊彦等人的专著中涉及伪满洲国与日据时期台湾的广播发展情况，参见贵志俊彦、川岛真、孙安石编：《战争・ラジオ・記憶》，东京：勉诚出版，2006年。国内学界对于中日广播战的研究成果较少，代表性成果有廖利明、仇玉勇：《国民政府军委会政治部第三厅与抗战广播》，《郭沫若学刊》2018年第2期；廖利明：《中日交锋中的一场广播抗战》，《中国档案报》2019年7月12日。

策及中国民众收听情况等内容,以深化抗日战争史与新闻传播史研究。

一、国统区广播电台建设与对战区、沦陷区广播

从 1920 年代到 1930 年代,广播是当时最先进的传播媒介之一,代表了人类科技的发展水平。列强广播业的迅速发展,深深刺激了国人的民族自尊心。时人曾发出感叹:"吾国号称文明最早之古国,奈因国民性之关系,致今日科学工业,事事落后,与欧美日本相较,瞠乎其后。即无线电一项,近虽蒸蒸日上,但视之他邦相距尚远。"①国民党从建政时起就加快了广播电台建设。

1928 年,国民党在南京建立中央广播电台,标志着国民党党营广播事业建设的开启。1932 年 11 月,中央广播电台扩建后正式开始播音,该台由国民党中央执行委员会直接管辖,电力达到 75 千瓦,呼号为 XGOA。除中央广播电台外,在"七七"事变前,中央广播事业管理处(以下简称"中广处")还下辖有河北(后移设西安)、福州、长沙三座广播电台。交通部所属广播电台有北平、上海、成都三座。全面抗战开始后,中央广播电台西迁重庆,于 1938 年 3 月恢复播音,但电力减小为 10 千瓦,呼号仍为 XGOA②。此后中央广播电台虽然多次增设中波与短波发射机③,但电力始终未能恢复到全面抗战前的水平。

1939 年 2 月 6 日,中央短波广播电台建成播音,后改名为国际广播电台,呼号为 XGOY。国际广播电台建成之际,全面抗战已进入相持阶段。此时日军完全封锁中国海岸线,试图断绝中国与外国的联系,使中国陷入孤立无援的境地。国际广播电台因而肩负起对沦陷区及海外广播的双重使命。到 1945 年上半年,东亚、东南亚与美国成为国际广播电台最为重要的广播地区,对这些地区的播音时长占到国际广播电台播音总时长的半数以上。其中对东亚、东南亚的广播因包括中国东北、华东、华南、台湾等沦陷区及华侨在内,所占时间最长④。

全面抗战时期,为弥补中央广播电台电力的不足,负责党营广播事务的中广处在国统区先后设立多座广播电台,形成广播网。如表 1 所示,到 1943 年,中广处所辖各广播电台电波已经基本能够覆盖全国。到 1945 年 6 月,中广处所辖包括中央、国际、昆明、贵州、甘肃、西康、江西、陕西、福建、湖南等电台以及一座战区流动电台,电台数量达到 19 座,总电

---

① 《广播特刊发刊词》,《无线电问答汇刊》第 19 期,1932 年 10 月 10 日。
② 吴保丰:《中国广播事业》,《新闻战线》第 2 卷第 4—5 期,1942 年 8 月 16 日。
③ 广播发射机按照波段长短分为长波、中波与短波。当时各国广播电台所用波段划分的大致情况为:"一千公尺以上之无线电波为长波,一百至一千公尺者为中波,十至一百公尺者为短波,十公尺以下者为超短波。"长波机电波覆盖范围有限,易受干扰,较少在广播中使用;中波机介于长波与短波之间,多用于国内广播;短波机覆盖范围广,多用于国际广播。参见彭乐善:《广播战史话》,《新闻战线》第 2 卷第 7—8 期,1942 年 11 月 16 日。
④ 《国际广播宣传播送时间统计》(1945 年 1 至 6 月),中国第二历史档案馆藏,国民党中央宣传部档案,七一八(4)/229。

力 169.94 千瓦①。

表 1　1943 年中广处所辖各地方广播电台播音对象

广播电台	昆明台	贵州台	福建台	陕西台	西安台	湖南台	甘肃台	西康台	上饶台
播音对象	大后方、沦陷区、东南亚	贵州、东南亚	福建、台湾	陕西及邻省	西北	湖南及战区	西北	西康、西藏、四川	战区与沦陷区

资料来源:《中央广播事业指导委员会第二十三次会议议事日程》(1943 年 1 月 30 日),中国第二历史档案馆藏,社会部档案,一一-9435。

　　中央广播电台在重庆恢复播音后,各类广播演讲为常设节目。从 1939 年 2 月起,中央广播电台"联合政治部第三厅增延党政军各负责当局,每周播讲三次",每到重要纪念日会邀请蒋介石及国民政府主席林森进行广播演讲。蒋介石、林森等国民党要人的广播演讲多有针对战区与沦陷区民众的内容,这些演讲节目通常由国际广播电台及各公营广播电台统一进行转播,使战区与沦陷区民众有机会收听②。

　　在全面抗战时期,广播对沦陷区的宣传作用得以凸显。"沦陷区域民众,因敌寇严禁各地报纸输入,对于中央军事政治消息,无法传达,只能在广播方面,得到各地抗战建国之新闻,互相传递。"为此陈果夫于 1938 年提出,随着沦陷区域日益广泛,抗战时期更期持久,为使激发其明耻教战、同仇敌忾之心理,与夫坚强其抗战必胜、建国必成之信心,亟应增加一种特殊节目。各种材料,如讲演、歌曲、话剧等等,凡足以激励其爱国思想者,应广为征集,借播音之力量,远达于各沦陷区域③。军事委员会亦提出"乡村宣传,以播音效率最大,希望各电台增加提高抗战情绪节目"④。

　　中央广播电台为此于 1939 年增设了抗战教育、敌情论述、抗战讲座、抗战歌曲等节目,既是针对大后方听众,亦有争取沦陷区民众的用意。1940 年,因"各地听众对于抗战话剧极感兴趣",中央广播电台"经请增加播送时间",重点编撰抗战题材的广播剧本⑤。1941 年 3 月,军事委员会再次提出增设对沦陷区民众广播节目,由中央宣传部与军事委员会政治部"分别敦请中央要员及各界人士担任","题材以阐明中央对沦陷区域之关怀,收复失地之决心,最后胜利之接近,当前于我有利之国际形势,敌伪之阴谋毒计及其崩溃

---

①　吴道一:《中广四十年》,台北:"中国广播公司",1968 年,第 128 页。

②　《中国国民党第五届中央执行委员会第六次全体会议中央宣传部工作报告》(1939 年 11 月),中国第二历史档案馆藏,国民党中央秘书处档案,七一一(5)-260;国家总动员会议文化组:《扩展广播宣传办法草案》,中国第二历史档案馆藏,教育部档案,五-12095。

③　《中央广播事业指导委员会第七次会议记录》(1938 年 12 月 9 日),中国第二历史档案馆藏,社会部档案,一一-10306。

④　《中央广播事业指导委员会第六次会议记录》(1938 年 9 月 8 日),中国第二历史档案馆藏,社会部档案,一一-10306。

⑤　《中央广播事业指导委员会第十三次会议记录》(1940 年 3 月 30 日),中国第二历史档案馆藏,社会部档案,一一-9436。

之必然性为限"①。中央广播电台同意从同年 6 月 19 日起,"每星期四上午二时半至三时一节目,专对沦陷区广播"②。由于相关史料缺失,此后沦陷区节目的变动情况笔者未能完全掌握。最迟到 1942 年 9 月,抗战教育、敌情论述、抗战讲座、抗战歌曲等节目被取消③,其原因有待进一步考证。但这些节目的取消并不意味着国民党放弃了对沦陷区同胞的争取。1943 年 10 月,中央广播电台"增设对敌占领区人民特种广播演讲,并增加粤语节目,其他原有时评等节目,亦加强以沦陷区同胞为对象之成分"④。这些对沦陷区的节目主要以广播演讲的形式播出,受到战区与沦陷区民众的重视。

二、中日广播电台的宣传战与干扰战

中央广播电台建成时电力达到 50 千瓦,但是从 1932 年以后未再扩大电力,而邻近的日本、苏联此后却加紧进行广播建设,对中国的广播业造成压力。1934 年,日本放送协会制订了广播电台电力扩充计划,并准备在大阪、九州等地增设广播电台⑤。到 1936 年,日本本土除已有 10 千瓦广播电台多座暨全国广播网之设置外,又在东京附近建成了一座 150 千瓦的电台,该国中波广播电台有 40 余座,电力总计约 150 千瓦,听众不下 200 万。日本还在中国东北的长春设立了 100 千瓦电台,电力已经超过中央广播电台。苏联在莫斯科设有 500 千瓦的大电力广播电台,在西伯利亚的伯力设立了 20 千瓦短波电台,每日对中国及日本进行宣传⑥。

在"七七"事变前夕,日本与苏联都建立了大电力的广播电台。日本所辖广播电台总电力达到中国的 5 倍以上,日本收音机数量达到中国 4 倍以上⑦。有人认为"他们的用意,完全是想运用强大的电力,来干扰压制,使我们至非常时期失了广播宣传的效用。所以我们为民族统一抗战计,为国际宣传正义计,筹设强力的大电台,与广设分电台,以相抗衡,实为我国目前急不容缓的要图"⑧。还有论者感到"远东的空中宣传战,已经开始了。远东的空中秩序,已经因日苏之互相放送同波长之播音而扰乱了"。"如果我们不从速建立大的电台,一旦远东有战争",则中国的"领空权操在他人之手,是多危险多可怕的

---

① 《中央广播事业指导委员会第十六次会议记录》(1941 年 3 月 7 日),中国第二历史档案馆藏,社会部档案,一一-9434。

② 《中央广播事业指导委员会第十八次会议议事日程》(1941 年 7 月 22 日),中国第二历史档案馆藏,社会部档案,一一-9435。

③ 《中央广播事业管理处中央广播电台每周播音节目表》(1942 年 9 月订),中国第二历史档案馆藏,社会部档案,一一-9435。

④ 《梁寒操呈蒋介石》(1943 年 10 月 30 日),台北"国史馆"藏,国民政府档案,001-090006-00005-004。

⑤ 《日建强大播音台　以利对外宣传　经费三百万元》,《申报》1934 年 8 月 23 日。

⑥ 《中央广播事业指导委员会第一次会议记录》(1936 年 2 月 20 日),中国第二历史档案馆藏,社会部档案,一一-10306。

⑦ 彭乐善:《广播战》,重庆:中国编译出版社,1943 年,第 26、28 页。

⑧ 世杰:《广播材料的选择及其效果》,《江苏广播周刊》第 46—47 期,1937 年 7 月 1 日。

事"①。各国领空均有一定界线,但广播电波却是无远弗届的。中国广播在国际广播竞争中,具有维护国家主权的功用。

全面抗战以前,中日已开启了在广播领域的交锋。1937年春季,日本在上海租界收购大东广播电台。日本将该台"移设于虹口日人集中区,呼号为 XQHA,频率为五八〇千周,所播节目全用日本唱片,但并非为日侨收听,而用国语报告,不断播送损害我国国体之宣传,造谣生事,跋扈异常"。国民政府交通部虽取消该台波长呼号,但是受形势影响,无法实际取缔该台。上海有两座公营广播电台,分别隶属于交通部和上海市政府。中广处针对大东广播电台,"选定虹口附近,装设二百瓦电力正言台一座,转播上海交通部、上海市政府两台,或其他民营台节目,用五八一千周频率,和大东同时启闭。因为电力相差不大,而发射地点相距极近,所以对方的宣传力量可说毫无作用"②。

"七七"事变之后,日军陆续在其所占领的各主要城市建立广播电台,由日军直接经营。日军十分重视广播宣传的作用,自称"为作战进行上之必要及维持占领地内之治安起见,随同作战地域之扩大,在各重要都市建设广播电台,一面使因事变已失去机能之中国广播机关复兴,以资民众文化之再建,同时对重庆及中国内地实施广播,或行远以南洋华侨为对象之海外广播,努力达成东亚新秩序建设运动先驱之使命"③。日军设立的上海广播电台"一切业务,由特务部主持,并自社团法人日本放送协会派遣干员负责运营"④。

"八一三"事变后,日本陆军下令炸毁南京的中央广播电台,因为中央广播电台将会"扰乱"伪满洲国和华北沦陷区民众的思想。日军更试图利用中央广播电台的波长继续对中国广播,开展思想宣传战⑤。日军轰炸虽给中央广播电台造成损失,但并未达到完全摧毁的目的。日军占领南京后,立即对原有的中央广播电台进行重建,名为南京广播电台,于1938年9月正式播音,采用中日两国语言⑥。1939年,日军先后在汉口、苏州、杭州建立广播电台⑦。1939年4月起,为进一步应对重庆方面的广播电台,日本将在朝鲜、台湾、伪满洲国等地建立的广播电台联合起来多次对重庆进行广播⑧。

---

① 星:《日本苏联之空中宣传战争》,《申报》1936年8月31日。

② 《中央广播事业指导委员会第五次会议记录》(1937年5月13日),中国第二历史档案馆藏,社会部档案,一一一-10306;吴道一:《中广四十年》,台北:"中国广播公司",1968年,第70—71页。

③ 《日本军方关于"交还"广播事权谈话》,赵玉明:《日本侵华广播史料选编》,北京:中国广播影视出版社,2015年,第65页。

④ "中国广播事业建设协会":《民国三十年度事业报告》(1941年12月31日),中国第二历史档案馆藏,汪伪政府行政院档案,二〇〇三(4)-894。

⑤ 《南京放送局爆撃に関する件》,JACAR(亚洲历史资料中心),Ref.C01003299700。

⑥ 《(2)南京、漢口放送局》,JACAR(亚洲历史资料中心),Ref.B10075007200。

⑦ 《日本军方关于"交还"广播事权谈话》,赵玉明:《日本侵华广播史料选编》,北京:中国广播影视出版社,2015年,第65页。

⑧ Jane Robbins, "Tokyo calling: Japanese Overseas Radio Broadcasting, 1937-1945," PhD Thesis, University of Sheffield, 1997, p.57;《第4回対重慶電波集中放送実施に関する件》,JACAR(亚洲历史资料中心),Ref.C04122289400。

全面抗战时期,中日广播较量再次集中于上海。日军占领上海后,将两座公营广播电台"接管",设立"上海广播电台"①。到 1940 年 3 月,上海的"播音电台已有三十七座之多,英美倭各国独有者各四座,法德意瑞士瑞典各国独有者各一座,英美联合者二座,敌伪及商业电台共十八座,日夜播送新闻与音乐"。上海在太平洋战争爆发前是欧美各国在东亚的舆论中心,且是当时中国拥有收音机数量最多的城市,国民党亟需对上海进行广播宣传。因当时上海"须有七灯收音机方能直接收听重庆消息,普通居民均用五灯机",军事委员会委员长侍从室建议"在沪建一广播电台以转播中央消息"②。但这一建议显然难以实现。中广处退而求其次,选择利用设于丽水的浙江广播电台。该台原本电力为 500 瓦特,成为当时国民党"吸引东南听众",向上海进行广播宣传的"唯一工具"③。中广处"为谋抵制及干扰敌伪在沪播音起见",经与浙江省电信局商议,将浙江广播电台电力扩大到 2 千瓦,"并另装设干扰机一架",以抗衡上海的日伪广播④。

1941 年 2 月,日本与汪伪政府策划建立所谓"中国广播事业建设协会",并于同年 3 月 15 日正式成立⑤。日本表面上将该协会的广播管理权交给汪伪政府,但该协会中的理事与监事中均有多名日本人,实际仍由日本掌控。其下属南京、上海、汉口、杭州等地广播电台都由日本人担任要职⑥。国民党方面的广播宣传给日军造成不小的压力,日军在"中国广播事业建设协会"成立后宣称:"渝蒋之广播机关,不分昼夜,继续广播虚构之消息。加之现在战争某种意味上,亦可称为思想宣传之战,今日军方面对利用广播之报道宣传,痛感有加强之必要,向来由日本军掌管之作战及治安工作之广播部门,今后自当仍由新协会继续实行。"⑦"中国广播事业建设协会"成立后将南京的广播电台改名为"中央广播电台",且故意使用与重庆中央广播电台相同的呼号与波长。该会下辖汪伪地区各广播电台,以对抗国民党广播宣传作为首要任务,"每次举行对重庆特别广播时",会邀请汪伪政府要人进行广播演讲,"俾与各电台广播之新闻互相呼应",以劝说重庆方面人士投靠日本。该会"除上海广播电台第四、第三广播设备及汉口第三广播设备每夜自十时至十一时举行一小时之对重庆特别广播外,更随时规定一定时间联络本协会以外各电台举行对重庆集中宣传"。每逢重要纪念日,该会都会举办一些特别广播节目,例如"七七"事变纪念日前一周的广播节目"以七七纪念日为中心","八一三"事变纪念日前一周的广播节目"以

---

① 赵玉明等:《新修地方志早期广播史料汇编》(上),北京:中国广播影视出版社,2016 年,第 371 页。

② 灯数即收音机真空管数,灯数越多,收音机价格越高,能够收听的范围越大。《军委会委员长侍从室抄送各国近在沪之宣传广播战情报乙件》(1940 年 3 月 8 日),重庆市档案馆藏,00040001000420000003。

③ 《中央广播事业指导委员会第十三次会议记录》(1940 年 3 月 30 日),中国第二历史档案馆藏,社会部档案,一——9436。

④ 《国际广播电台函》(1940 年 3 月 21 日),重庆市档案馆藏,00040001000420000003。

⑤ 《中国放送協会設立に関する件》,JACAR(亚洲历史资料中心),Ref.C04122962600。

⑥ 《3 国民政府機関聘用日系職員表 2》,JACAR(亚洲历史资料中心),Ref.B02031706000。

⑦ 《日本军方关于"交还"广播事权谈话》,赵玉明:《日本侵华广播史料选编》,北京:中国广播影视出版社,2015 年,第 65 页。

八一三纪念日为中心"①。此外,日本还建立"华北广播协会""华中广播协会""蒙疆广播协会""广东放送局"等对各沦陷区广播电台进行统制②。

广播战除进行针锋相对的广播宣传外,还有一种方法"就是利用扰乱音波的方法,使敌方的广播混乱,不能清晰收到。这种方法,虽早已发明,但只能作个别的应用,而不能普遍的大量实行","因为扰乱对方的音波,则自方的广播也不能为人听到,结果是同归于尽"③。因此中日广播战中,直接的电波干扰战并非常态。遇有日伪方面的重要广播,中广处会对其电波进行干扰。1940 年 3 月 23 日,汪精卫在南京建立汪伪政府时发表《"国民政府"还都之重大使命》的广播演讲,由中广处所辖广播电台进行干扰④。汪伪政府成立后,中日广播战更趋激烈,而中广处所属电台力量有限,陈果夫为此在国民党中央广播事业指导委员会(以下简称"中指会")会议中提议,因"敌伪电台数量较多,往往以多座电台联合广播,殊足影响民心士气,而我方广播电台数量较少,所有周波不敷抵御,致虽全部干扰,端赖通力合作,以资补救,拟分请交通部、政治部、军令部、中央广播事业管理处、中央宣传部国际宣传处将所有发报台与广播台现用与可用周波一律开交本会,俾遇敌伪重要播音时,由本会支配分别对准干扰,并于接到本会通知后,立即实施"⑤。其中中广处主要负责中波方面的干扰⑥,其他部门或是协助中广处进行中波方面的干扰,或是负责短波方面的干扰。这一提议在同年 3 月 30 日首次得以实施。当日汪精卫与日方进行交换广播,蒋介石下令设法进行破坏。国民党方面由中广处、中央宣传部国际宣传处、交通部、政治部等部门"所属各台联合分别干扰"⑦。据中指会报告,这次联合干扰取得了效果,除东京广播电台"电力宏大尚能隐约辨听外,余均不能入耳"⑧。此后国民党方面虽有针对日伪广播的干扰活动,但中广处承认因"敌伪重要广播,都以多数电台联播,因此干扰作用不大"⑨。

在中日军队交战的战区,同样有广播战存在。武汉会战期间,日军"于九江及汉口,设

---

①　"中国广播事业建设协会":《民国三十年度事业报告》(1941 年 12 月 31 日),中国第二历史档案馆藏,汪伪政府行政院档案,二〇〇三(4)-894。

②　臧运祜、王希亮:《中国抗日战争史》(第七卷),北京:社会科学文献出版社,2019 年,第 327 页;《華中放送協会設立に関する件》,JACAR(亚洲历史资料中心),Ref.C04122121200。

③　王云一:《战时宣传性能》,中国第二历史档案馆藏,国民党中央宣传部档案,七一八-286。

④　《汪逆精卫广播演讲"国民政府"还都之重大使命》(1940 年 3 月 23 日),台北"国史馆"藏,国民政府档案,001-103100-00008-006。

⑤　《中央广播事业指导委员会第十三次会议记录》(1940 年 3 月 30 日),中国第二历史档案馆藏,社会部档案,一一-9436。

⑥　《中国国民党中央执行委员会广播事业指导委员会致中央宣传部国际宣传处函》(1940 年 3 月 28 日),中国第二历史档案馆藏,国民党中央宣传部档案,七一八(4)-178。

⑦　《中央广播事业指导委员会第十三次会议记录》(1940 年 3 月 30 日),中国第二历史档案馆藏,社会部档案,一一-9436。

⑧　《中央广播事业指导委员会第十四次会议记录》(1940 年 5 月 30 日),中国第二历史档案馆藏,社会部档案,一一-9436。

⑨　吴道一:《中广四十年》,台北:"中国广播公司",1968 年,第 104 页。

置临时野战设备，以占领地域内外中国民众为主要对象，并对渝方及日本将兵、第三国侨民、日本侨民等，分别开始广播"①。1939 年底，日本在上海"编组播音机队两队，每队辖三班，每班配播音机六架"，随后转赴前线"企图宣传和平，借以动摇我军民抗战决心"。中广处原已有在战区设立流动广播电台的计划，此时中广处提出的对策是请国民政府"将广播事业指导委员会通过之添设流动电台案，赶速进行，并于各战区分设电台，其经费概由军费项下拨付，以免延滞"②。

此后，中广处多次建议设立战区流动广播电台。中广处设想"为增强国内广播机构，使前后方军民取得密切联络，中央广播电台播音，由战区各台转播，普及于前方，各战区电台播音，亦得由中央及各地电台转播，普及于后方，同时并可借以干扰敌伪电台播音，巩固我广播壁垒"。国民党建成"广播壁垒"，需要"每一战区各设立三百五十或五百瓦特短波广播机一套，分装于两卡车，并附设发音、收音、扩音、发电机等设备"。"各台除自备节目播音外，并有转播设备，以供转播中央或他战区及各地电台节目之用。"对于处于敌后的游击区，中广处亦建议"于各游击区根据地设立一千瓦之移动电台（担驮式为便），属游击区总司令或总指挥"，以加强对民众的宣传③。

但流动电台的建设工作进展迟缓。1941 年，江西上饶设立的第三战区流动广播电台开始广播，"该台为我国前方广播电台之首先出现者，除教育我民众士兵外，并将与敌伪展开宣传战"④，"每日播音三小时。嗣后因战事关系，随该战区长官司令部迁移到建阳、铅山、邵武等地，随时工作"⑤。然而，其他战区增设流动广播电台的计划"因需款较大，搁置未议"。且江西上饶所设短波机"仍系固定性质，并未装在车上"⑥。这与原先流动广播的设想不符。1943 年，军事委员会政治部按照蒋介石的命令，"办理对部队播音及前线对敌伪播音宣传，拟成立军中播音宣传网"。政治部为此"向资源委员订购一千瓦广播机一部，十瓦小型流动广播机四十部，收音机一百二十部"，在各战区成立军中播音队，巡回各地工作，并在重庆成立播音总队部⑦。

全面抗战时期，由于日伪方面在广播电台数量、电力、每日播出时间方面均占有绝对优势，国民党处于不利地位。1938 年时，中指会曾指出："广播效用，足以影响民心士气，故播音侵略、播音壁垒之作用，不啻攻守之运用，实为战时主要工作之一。"而日本的广播"势力膨胀迥胜于我，每以数台固当地之壁垒，御我音波"，形成对国民党公营广播电台的

① "中国广播事业建设协会"：《民国三十年度事业报告》（1941 年 12 月 31 日），中国第二历史档案馆藏，汪伪政府行政院档案，二〇〇三(4)-894。

② 《委员长侍从室十二月二十二日抄送侍六第 6395 号情报》，中国第二历史档案馆藏，社会部档案，一一-9436。

③ 《中央广播事业指导委员会第十一次会议记录》（1940 年 1 月 20 日），中国第二历史档案馆藏，社会部档案，一一-9436。

④ 《战区流动电台在东南前方开始广播，将与敌伪展开宣传战》，《中央日报》1941 年 10 月 1 日。

⑤ 吴道一：《中广四十年》，台北："中国广播公司"，1968 年，第 96 页。

⑥ 《中央广播事业管理处致中央宣传部国际宣传处函》（1942 年 2 月 28 日），中国第二历史档案馆藏，国民党中央宣传部档案，七一八(4)-199。

⑦ 吴道一：《中广四十年》，台北："中国广播公司"，1968 年，第 116 页。

强力干扰①。到 1944 年 2 月底,国民党对抗敌伪的广播电台共达 23 座,总电力 154.09 千瓦。其中中广处下辖电台 16 座,电力 141.59 千瓦②。而日伪方面除台湾外,此时在沦陷区共有广播电台 19 座,电力达到 500 千瓦,此后日本又在沦陷区新建 10 余座广播电台③。且国民党方面由于受到日军封锁,真空管等重要配件补给困难,因而每日播音时间较短。除国际广播电台每日广播时间可以达到 15.5 小时以外,中央广播电台每日广播 9 小时,昆明广播电台每日广播 7 小时,贵州、福建两电台每日仅广播 6 小时,陕西、湖南两电台每日播音时间甚至不足 6 小时④。而日伪在沦陷区的长春、北平、南京、武汉等广播电台每日播音时间可以达到 18 小时⑤。双方差距较为明显。

三、国统区与沦陷区的收听管制

中日之间的广播较量直接对听众收听产生影响。1933 年,中央广播电台播送的日语节目已能够扰乱日本"九州六十万收音家之思想",因其所播"日语与日人丝毫无异,话术甚佳,日人以为日方之播音,深信其消息为确实"。为此日方决定在其广播中"以华语播音中国消息,在必要时,则兼用厦门话播音"。台湾因离中国大陆较近,日本殖民统治者在台北设立的广播电台此时亦加入到对华播音中⑥。次年,中国收音多已受到日方广播电台的干扰。在上海的"中国自有之电台,声浪皆不甚清晰",日本等国的广播电台"则量大声宏,往往盖过中国电台之声浪"⑦。有听众感慨由于国内广播电台大多电力较小,除中央广播电台外,仅能听到日伪方面的广播。武昌、汉口"居国内中心,普通三四管机多不能收两广,川、湘腹地亦莫由听平、津,他若晋、陕、黔、滇更无待论,开机静听,除中央外,不独难闻他地,而满盘反多是仇音:'支那……膺惩……'噪聒不休,闻之心碎!"⑧吴道一说,日方广播"声大力宏,我方一般电台与较,不啻小巫之见大巫,试以收音机于晚间接听,可以说该机周率盘上之全部,泰半是东瀛声调,除中央台外,其余各台之音波,多数为其压制,模糊不清,而若辈对于中央台之播音,已准备有双倍电力之大电台数座来应付,则我国广播事业之将被摧残,亦岌岌可危矣"⑨。

①　《中央广播事业指导委员会第六次会议记录》(1938 年 9 月 8 日),中国第二历史档案馆藏,社会部档案,———10306。
②　吴道一:《中广四十年》,台北:"中国广播公司",1968 年,第 96 页。
③　同上书,第 104 页。
④　《中央广播事业指导委员会工作报告》(1940 年 7 月至 1941 年 2 月),南京图书馆藏。
⑤　Matthew D. Johnson, "Propaganda and Sovereignty in Wartime China: Morale Operations and Psychological Warfare under the Office of War Information," *Modern Asian Studies*, 2011, Vol.45, No.2, p.332.
⑥　《中日播音战　台北电台将用华语播音　我沿海听众应加辨别》,《申报》1933 年 5 月 7 日。
⑦　王崇植、恽震:《无线电与中国》,北平国立图书馆,1931 年,第 123 页。
⑧　引文中"三四管机"指装有三个或四个真空管的收音机。《听众意见》,《广播周报》第 66 期,1935 年 12 月 21 日。
⑨　吴道一:《列强广播事业与中国》,《广播周报》第 14 期,1934 年 12 月 15 日。

1930年代中期，随着华北危机的不断加深，日伪方面对华北地区亦加强了广播干扰。北平、天津人口密集，收音机听众较多，但当时交通部直属的北平广播电台实际电力"其实远不如津沪之百瓦电台，其播送力极弱"。1936年，河北通县、唐山相继设立广播电台。冀东伪政权在靠近北平的通县设立冀东广播电台，"查其所播出之内容，多为不利于我之论调，娱乐节目均为粗俗萎靡之乐曲，危害华北社会人心"。唐山的广播电台虽为民营，但背景不明，其"为取媚伪政府，在晚八点至九点时间，不转播中央台，又不休息，播一乱般乞丐流氓式票友清唱，致大多数听户不能听取中央重要节目，故均异常怨恨"。而中央广播电台此时在华北地区直接收听已经较为困难，"仅日没之后，得聆中央播音，然至晚十点多就完毕了；其他如北平济南各地，小收音机均听不到，又因有日本及伪国电台干扰，实在不易听到良好节目"。其中日本在长春设立的广播电台因"电力强大，其波长又与中央电台相近，故于华北收听中央播音，极受其影响"，有听众担心"华北方面之社会人心，民族意旨，亦必蒙其害矣"①。

各国在战时均会禁止本国民众收听敌国广播。全面抗战开始后，国民党政权对于民众收听日伪广播怀有高度警惕心理。有人认为，"一般无知民众，因我方广播电台不易收听，乃改收敌方广播，以资反证，遂致以讹传讹，谣言繁兴"，由此产生的可能后果是"抗战意识模糊，抗战信心动摇，抗战勇气消失，抗战情绪衰颓，甚至认识差误，思想反动，顺民与汉奸心理，因以长成；且扰乱后方民心，抗战与建国力量，因而减低。苟不及早防范，严行统制无线电广播宣传，则我方所装置之收音机，适足资敌寇宣传之用，贻害将不堪言！"②加强对民众收音机的统制已是势在必行。

全面抗战之初，国民党就发现河南省各县收音机用户"每有暗收平津等处敌方播送之无稽消息，相互传告，至足摇惑民心，影响抗战前途甚大"。行政院为此严禁国统区收听平津日伪广播③。1941年7月，中广处侦听发现"南京伪广播电台前仅沿用中央电台六六〇千周波，呼号为XOJC。近已改用中央广播电台XGOA呼号，冀图鱼目混珠，淆乱听闻"。中广处认为"敌伪广播宣传猖獗异常，近竟盗窃呼号，用意所在，无非因我广播宣传已深得听众信仰，故出此丑恶伎俩，以求一逞，亟应昭告全国听众，勿为所弄"。中指会为此要求国民党"党政军各机关凡装有收音机者，应一律收听我中央台一二〇〇、九七二〇、五九八五三种千周波，勿再收听伪中央台"④。

此后为防范民众收听日伪广播，国民党军政机构多次下达禁令。1941年夏，军事委员会因"近来民间以及各机关各银行方面往往私自收听敌伪播音，并随即任意口头传讯散布，无异为敌伪作反宣传，对于国民心理影响甚大"，下令"此后除由政府指定机关收听敌

① 《听众意见：冀东平市等地广播异动》，《广播周报》第115期，1936年12月5日；《听众意见：伪满冀东二伪组织破坏我播音网》，《广播周报》第113期，1936年11月21日。
② 周凯旋：《怎样统制无线电广播》，《电教通讯》第1期，1939年1月。
③ 《江西省政府训令》(1938年1月11日)，江西省档案馆藏，J023-1-00663-0023。
④ 《江苏省政府训令》(1941年7月5日)，江苏省档案馆藏，江苏省政府江南行署档案，1001-002-0504-0191。

伪播音外,其余无论公私团体或人民均应严加取缔,以杜流弊",并由各地治安机关负责办理①。9月,因"查近来常有不谙军事之人轻信敌方广播消息,不加审释,佻口传述,殊多影响军民心理,亟应从严取缔,以免淆惑听闻",军事委员会与行政院再次下令"以后凡未经特许者,不得接受敌方广播消息,尤不得随意告人,倘敢故违,即予按照军律惩办,不稍宽贷"②。但是私人收音机在收听监管上存在困难,导致民众收听日伪广播的现象屡禁不止。

　　1930年,交通部曾规定"凡装户所装之广播无线电收音机,其机器程式及波长范围暂均不加限制"③。在战时收音机的相关政策收紧。1939年,中广处在《战时广播改进方案建议书》中要求"调查登记战区及后方民间收音机,订定取缔规则,代改线圈,使利于收听我方播音,防止收听敌伪播音"④。但交通部指出代改线圈工作事实上难以实行⑤。此后,军事委员会提出《非常时期限制广播无线电收音机办法草案》,亦要求限制私人收音机波长范围,"各用户所装置收音机其真空管之总数不得超过五只",以限制用户收听范围。不符合规定之收音机需由指定工厂改装,"其不依限拆除或改装者,没收其机件"。在该草案中军事委员会甚至想禁止商店装设收音机。教育部对于草案中限制收音机的各项办法以及禁止商店装设收音机持有不同看法,但亦承认"在此非常时期,收音机之管理,确有必要"⑥。严格的收听管制给大后方收音机普及人为制造了障碍,但在战时亦是无奈之举。

　　国民党军政部门对于私人收音机加强了管理。以重庆卫戍总司令部颁布的收音机检查办法为例,该部要求辖区内"凡欲装设广播无线电收音机者,无论其系购买或自行配置零件而成者,均应依限向本部稽查处登记,填具装用广播无线电收音机申请书,领取登记证后方可使用",收音机"内部装置不能任意变更作为发报或发话之用"。如果用户"有意规避登记或隐瞒不报",以及擅自更改收音机线路,会被该部没收收音机。该部会定期对用户的"收音机程式、机件、性能、线路图、波长范围及天地线情形"进行检查,且用户不得私自移动装设地点,不得私自转让收音机⑦。到1940年7月底,重庆卫戍总司令部已登记收音机用户700余户⑧。8月,蒋介石命令重庆卫戍总司令部与重庆市政府先进行收音

　　① 《四川省政府训令》(1941年7月),重庆市档案馆藏,0055002000220000030000;《江苏省政府代电》(1941年8月8日),江苏省档案馆藏,江苏省政府江南行署档案,1001-002-0504-0149。
　　② 《军事委员会暨行政院训令》(1941年9月29日),中国第二历史档案馆藏,社会部档案,一一一10279。
　　③ 《装设广播无线电收音机登记暂行办法》,赵玉明:《中国现代广播史料选编》,汕头:汕头大学出版社,2007年,第61页。
　　④ 《中央广播事业指导委员会第十次会议记录》(1939年12月28日),《中央广播事业指导委员会第十一次会议记录》(1940年1月20日),中国第二历史档案馆藏,社会部档案,一一一9436。
　　⑤ 《中央广播事业指导委员会第十一次会议记录》(1940年1月20日),中国第二历史档案馆藏,社会部档案,一一一9436。
　　⑥ 《非常时期限制广播无线电收音机办法草案》及所附《教育部参事室拟签条》(1941年12月12日),中国第二历史档案馆藏,教育部档案,五-12095。
　　⑦ 《重庆卫戍总司令部办理广播无线电收音机登记办法》,《重庆卫戍总司令部收音机检查办法》(1940年3月6日),重庆市档案馆藏,01410001000260000011。
　　⑧ 《重庆卫戍总司令部改进重庆卫戍区无线电收音机登记办法会议记录》(1940年8月20日),重庆市档案馆藏,00670001014610000005。

机用户的调查和登记,然后逐步禁止私人拥有收音机①。但此后重庆市的私人收音机用户并未减少。根据军事委员会调查统计局的秘密调查,到1941年底,重庆市"装有五管以上之长短波收音机(可能收听敌伪播音)用户计有七百二十九家之多"。此外,陕西省政府称该省领取收音机"许可证者竟有数百份,其中商店占百分之七十",省政府认为"该商店等实无装设收音机之必要,似应封存机件,禁止收音,以免淆惑听闻"②。由于国民政府内部意见不一,且执行颇有困难,全面抗战时期国民党军政机构仅加强了对私人收音机的调查管理,而未能真正限制私人收音机。

全面抗战时期,沦陷区各城市私人收音机用户远多于大后方。例如在北平,由于殖民统治者的提倡,几乎"家家户户都有一具长波收音机,而且很便宜"③。上海收音机的销量甚至超过战前④。到1943年2月,江苏镇江仅参与登记的收音机就达到3860台,其中六灯及以上收音机达到708台⑤。

日伪方面在沦陷区同样对收音机进行了严格管控。汪伪政府禁止私人持有、使用、转让七灯以上的收音机以及"内部装置可随时改装为发报用或通话用者",并严格限制收音机收音范围⑥,"七灯以上者,交由中国广播事业建设协会备价收买,收听短波者需送往指定处所将短波设备除去"⑦。进口收音机亦"要登记拆查,并剪断短波线圈贴上封条,借以封锁消息"⑧。这些规定随后在汪伪政府所辖地区得到执行,日驻华陆军及海军最高指挥官为此还特别"会衔发出布告,协同取缔,如有违反规定者,即视为利敌行为,除将收音机予以没收外,并按军法严重处罚"⑨。伪华北政务委员会亦对收音机收音范围进行限制⑩。

四、中国听众的收听选择

1936年起,全国广播电台在晚间统一转播中央广播电台节目,"同时使全国人民,每

① 《重庆卫戍总司令部参谋处致重庆吴市长函》(1940年8月11日),重庆市档案馆藏,0053-0023-00040-0000-007-000。
② 《行政院秘书处抄送军委会公函》(1941年12月6日),《军事委员会代电》(1941年12月6日),中国第二历史档案馆藏,教育部档案,五-12095。
③ 陈纪滢:《忆满炭》,《传记文学》(台湾)第33卷第3期,1978年9月。
④ 圈吉:《从世界无线电的进步说到上海广播》,《上海周报》第3卷第7期,1941年2月8日。
⑤ 《江苏省省会取缔违禁收音机统计报告表》(1943年5月21日),中国第二历史档案馆藏,汪伪政府内政部档案,二○一○-1947。
⑥ 《修正无线电收音机取缔暂行条例草案》,中国第二历史档案馆藏,汪伪政府行政院档案,二○○三-2085。
⑦ 《宣传部致内政部公函》(1942年12月18日),中国第二历史档案馆藏,汪伪政府内政部档案,二○一○-1947。
⑧ 谭宝林:《偷播日本投降的新闻》,赵玉明、艾红红:《中国抗战广播史料选编》,北京:中国广播影视出版社,2017年,第309页。
⑨ 《中日会同取缔无线电收音机 日总司令布告取缔办法 违者依照军法严重处罚》,《申报》1942年12月18日。
⑩ 《收听广播用无线电话暂行办法草案》,中国第二历史档案馆藏,伪华北政务委员会档案,二○○五-371。

日于一定时间内,聚精会神,一致收听中央电台之节目。对于统一全国意志,集中全国力量,行将借播音之力,于无形中,完成其重要使命焉"①。全面抗战时期,中央广播电台节目继续由国统区各广播电台进行转播,"每晚中央台播出之重要节目,经常由全国各省市电台同时收转,时限自三十分至一小时不等,代表民族之统一意志,象征国家之自卫力量,其意义之重大,非其他公共事业可与伦比也"②。遇有蒋介石等国民党要人广播演讲时,亦由全国广播电台进行转播。

全国广播电台统一转播节目可以使全体民族成员产生共时性的收听体验,激发民众的民族意识。1937年2月19日,蒋介石为新生活运动三周年发表广播演讲。岭南大学组织学生进行集体收听,该校"除本附中员生外,尚有大学员生,大约三百余人,颇形拥挤。但全堂肃静,但闻讲者声音,一若站在讲坛上发出焉"③。除此之外,当日济南、北平、南昌等城市听众均收听了蒋介石的广播演讲,例如济南"凡备有无线电者咸收听其讲词,尤以青年为最踊跃"④。10月9日晚,国民政府官员陈克文与友人收听蒋介石国庆节演讲,此为全面抗战爆发后首个国庆节,陈克文与友人收听时极受触动。"蒋委员长刚毅坚定,沉着有力之声音,即从收音机中铿锵发出。历十余分钟词毕,所以鼓舞劝勉国人者备至。词意声音,均不失为全民族艰难苦斗中最高领袖之表现,室中人均肃静倾听。"⑤1943年夏,江西赣州"每一收音站的周围,都挤满了各式各样的人,当然有一部分是来凑热闹的,而大都数人却真的是要听听我们抗战六周年的成果,和今后一年中的计划"。蒋介石为纪念"七七"事变六周年向全国发表广播演讲时,赣州当地"每架收音机周围的人,足足在一万以上,这种盛况确是空前"⑥。国统区民众收听广播的热情由此可见一斑。

相较于报纸,广播能够更迅速地传播战况,因而在全面抗战初期受到听众的青睐。"七七"事变后,陈克文在收听中央广播电台广播的同时,亦收听日方的广播。1937年9月5日,陈克文用借来的收音机"听东京及台湾之中国语播音。谓中国军百战百败,宣传之技若此",令陈氏感觉"殊可笑"。9月13日,陈克文称"东京广播台宣布,我上海市中心区、杨行、月浦均陷于敌手,山西大同亦有失陷之说。日方报告者,扬扬得意,已不复计及其代价之重大矣"⑦。陈克文的收听经历说明,收听中日双方的广播在全面抗战初期是较为普遍的现象。

尽管受到日伪的严格管制,在沦陷区仍有不少同胞收听国民党广播。沦陷区民众的收听选择正是其民族认同的体现。北平、天津等城市沦陷后,民众"想得到一点真实的国

①　吴保丰:《十年来的中国广播事业》(1937年6月),赵玉明:《中国现代广播史料选编》,汕头:汕头大学出版社,2007年,第106页。

②　彭乐善:《广播战》,重庆:中国编译出版社,1943年,第27页。

③　《收听蒋委员长夫妇广播演讲》,《私立岭南大学校报》第9卷第12期,1937年2月28日。

④　《蒋院长广播演讲:今日青年的责任》,《广播周报》第71期,1936年2月1日。

⑤　《陈克文日记》(上册),陈方正编辑、校订,台北:"中研院"近代史研究所,2012年,第119—120页。

⑥　溶:《赣州古城"七七"听播音》,《广播通讯》第1卷第6期,1943年8月31日。

⑦　《陈克文日记》(上册),陈方正编辑、校订,台北:"中研院"近代史研究所,2012年,第107、110页。

内新闻,唯有由无线电中收到中央广播电台之播音"①。北平"市民既无报纸可阅,则竞设收音机,收听我中央广播消息。友朋相见,必首先互询:'南京有什么好信传来?'有心人且将收听佳报油印若干,秘密分发,甚至有意制造捷音"②。但有时商铺收音机中"汩汩的有怪电波扰乱",使关心时局的听众只能失望散去③。天津情况与北平类似,"每夜街头巷尾,老是有许多人围在收音机人家的附近,屏息静听,只有从无线电里希望佳音"④。1937年秋,当收听到中国空军在南京的空战中取得胜利时,平津民众"非常兴奋,相视而笑"⑤。1938年台儿庄战役期间,"日军当局虽下令禁止各报登载华军胜利消息",但平津"一般民众由无线电广播及天津外报所载之消息,皆知鲁南华军大捷,故皆奔走相告,欣欣然有喜色"⑥。有人曾作诗描写其在北平沦陷初期的心境:"南京的广播,渐渐被扰乱中断,我徘徊在风露中,望着长天不眠。"⑦这里的南京广播已经成为一种国家与民族的象征,而其"被扰乱中断"既是写实,亦暗喻了北平脱离国民政府,沦为日本占领区。老舍在小说《四世同堂》中对于北平青年收听南京广播亦有生动的描写:

> 瑞丰屋里的广播收音机只能收本市的与冀东的播音,而瑞宣一心一意的要听南京的消息。他能在夜晚走十几里路,有时候还冒着风雨,到友人家中去,听南京的声音,或看一看南京播音的记录。他向来是中庸的,适可而止的;可是,现在为听南京的播音,他仿佛有点疯狂了似的。不管有什么急事,他也不肯放弃了听广播。气候或人事阻碍他去听,他会大声的咒骂——他从前几乎没破口骂过人。南京的声音叫他心中温暖,不管消息好坏,只要是中央电台播放的,都使他相信国家不但没有亡,而且是没有忘了他这个国民——国家的语声就在他的耳边!
>
> 什么是国家?假若在战前有人问瑞宣,他大概须迟疑一会儿才回答得出,而所回答的必是毫无感情的在公民教科书上印好的那个定义。现在,听着广播中的男女的标准国语,他好像能用声音辨别出哪是国家,就好像辨别一位好友的脚步声儿似的。国家不再是个死板的定义,而是个有血肉,有色彩,有声音的一个巨大的活东西。听到她的声音,瑞宣的眼中就不由的湿润起来。他没想到过能这样的捉摸到了他的国家,也没想到过他有这么热烈的爱它。平日,他不否认自己是爱国的。可是爱到什么程度,他便回答不出。今天,他知道了:南京的声音足以使他兴奋或颓丧,狂笑或落泪。⑧

---

① 桐古:《沦亡后的平津》,范长江:《沦亡的平津》,生活书店,1938年,第78页。
② 莫青等著、华之国编:《陷落后的平津》,上海:时代史料保存社,1937年,第36页。
③ 曹实:《记宋哲元退出后的北平》,《申报》1937年8月27日。
④ 大公报:《挥泪话天津》,范长江:《沦亡的平津》,生活书店,第70—71页。
⑤ 《平津陷落回忆录:广播无线电》,《立报》1938年6月27日。
⑥ 《平津民众,闻捷相庆》,《大公报》(汉口)1938年4月11日。
⑦ 马文珍:《北平秋兴》,《宇宙风》第68期,1938年5月30日。
⑧ 老舍:《四世同堂》,天津:百花文艺出版社,1985年,第322—323页。

对于沦陷区的同胞而言,中央广播电台的广播使得模糊的国家形象变得清晰。沦陷区同胞通过收听国民党广播可以建立起与国家、民族之间精神上的联系。1938年"七七"事变一周年之际,瑞宣听到蒋介石"告全国军民的广播。他的对国事的推测与希望,看起来,并不是他个人的成见,而也是全中国的希望与要求。他不再感觉孤寂;他的心是与四万万同胞在同一的律动上跳动着的"①。国民党在全面抗战时期坚持对包括沦陷区在内的全国领土进行广播,正是希望通过广播直接唤起沦陷区民众的这种民族想象。

1938年底,上海的英文报纸报道称,在上海的中国人从未被切断与国民党政权广播电台的联系。尽管南京与汉口的电台已被毁坏,但是福州、西安、长沙的广播可以在夜晚被清晰地收听②。1943年,有从北平、天津到大后方者向中广处报告:"在平津一带收听我们广播情形,昆明成都两台可以收到,播音时间以在重庆八时至十时为最适宜,又北方禁止收听短波,故对平津播音仍须利用中波机。"③可见国民党建立的广播网对沦陷区广播发挥了一定的作用,且沦陷区民众收听国民党广播者不在少数。

在台湾、香港等地,国民党的广播亦受到欢迎。台湾的"青年们待集会结束,讲师离去以后,他们乃利用收音机大收南京的广播。表面上是为参加日语进修,但事实上却是为着偷听南京广播"④。日军占领香港后,香港居民对于报纸消息已不信任,不少民众私自收听中央广播电台节目⑤。到1943年9月因为收听国民党方面的广播"而被捕者已有三起"⑥。

海外华侨华人对于祖国抗战极为关注,收听祖国广播尤为积极。外交部"为使海外侨胞明了祖国情形","令饬驻外各使领馆普遍收听本国广播,并随时公布"⑦。有驻外记者称其在英国伦敦"除了因为气候不佳收不到国内广播之外,每天总听上两小时重庆中央电台的国际广播。离国久了,对国内的事,愈加怀念,真是只听见国语就已足心喜,更不必说国乐了"。由于其"见人就鼓励他去装无线电收音机,所以两月来在伦敦直接收听国内广播的人数,已经大量增加"⑧。马来西亚华人报告称当地一台收音机在"抗战军兴后,已成为千人之精神食粮,每每候守消息至深夜十二时后,皆无倦容,于此可见一斑"⑨。1939年,菲律宾巴老湾华侨抗敌援助委员会"购置收音机一架,专听抗战消息"。该会报告"中

---

①　老舍:《四世同堂》,天津:百花文艺出版社,1985年,第529页。

②　"Chungking to Start Broadcasting," *The North-China Daily News*, December 30, 1938, p.6.

③　《第二十四次业务会报记录》(1943年2月1日),《广播通讯》第1卷第2期,1943年4月30日。

④　叶荣钟:《台湾人物群像》,台北:时报文化出版社,1995年,第386页。

⑤　《邓友德等谈沦陷后之香港　侨胞视汉奸报纸如敝屣　私自收听中央广播消息》,《中央日报》(贵阳)1942年3月17日。

⑥　《军事委员会调查统计局致中央广播事业指导委员会函》(1943年9月27日),重庆市档案馆藏,00040001000590000034。

⑦　《中央广播事业指导委员会第二十二次会议记录》(1942年9月14日),中国第二历史档案馆藏,社会部档案,一一一9435。

⑧　《我们的国际广播》,《战时记者》第12期,1939年8月1日。

⑨　《海外来鸿》,《广播周报》第177期,1939年10月14日。

央广播电台播音清晰，祖国一切新闻瞬息达于海外，由是海内外同胞精神上之联系，愈加密切。海外华侨莫不欣慰"①。同年，菲律宾宿务的林玉树观察到当地"凡属华人中等商店，莫不各置收音机一座，尤其是近来益为普遍。每于九时闭店后，全体店员，皆环列收音机之下，以听取祖国战事消息。一闻前方忠勇将士得到胜利，辄拍手欢呼；一闻倭寇肆虐，则咬牙切齿"。菲律宾"马尼拉，虽有华报五所，最快亦须两天，始可披阅，总不及当前可直接向收音机听取。此外华人小商店，虽无听取机会，而学校方面之学生会，则于每晚收译记录新闻，用简便印刷机印刷，于翌早分送侨界。所以对于祖国战讯无不家喻户晓，盖其宣传已普遍化矣"。因语言习惯，当地华侨华人尤其重视国际广播电台的闽南语广播，"每于播送闽南语之际，亦莫不关心收听"②。

重庆国际广播电台的广播甚至受到外国友人的关注。有非洲的德国人致信中广处，盛赞国际广播电台的广播节目。"虽收音机为一陈旧不堪者，然仍能收听非常清响，足征贵台成绩之超越"。该德国人声称"对于贵国军民为争取自由而奋斗，为打倒日本而苦战，不胜钦佩！每于无线电中听得贵国军队英勇杀敌之消息，为之肃然起敬"。爱尔兰听众在收听后致信称："余与余之友人均祈祷中日战争早日结束，而中国能获得极大之胜利，从帝国主义压迫下解放出来。余敢言全爱尔兰之同情，属于中国。"③外国听众的反应充分证明中华民族通过抗战赢得了世界其他民族的尊重。

1945 年 8 月，日本投降的消息经广播播出后，更是激发了听众的民族情绪。1945 年 8 月 10 日，"日本投降的消息被美国新闻处证实"，中央广播电台播音员"以中央广播事业管理处的衔名起了头，于是诵读了合众社、中央社的新闻电，接着说：中国苦战八年，终于赢得胜利，赢得和平……现在大重庆大街小巷百万市民已在狂欢中"④。当日"重庆附近各乡镇都挤满在有收音机店铺的门前，静静地听广播电台重复的播音"。重庆设有收音机的"商店门前，便被人群挤满，左三层右三层，大约有二三百人之多，引颈驻足，倾耳细听。因为是重复的广播，而且声音急昂激动，所以人人听得清楚，人人面部表情在欢欣中有严肃"。有听众甚至放声痛哭，"这种动人的场面，从所未见"⑤。同日，在南京汪伪中央广播电台工作的谭宝林收听到重庆广播，得知日本投降，"决意将这消息转播出去，告诉中国同胞：我们胜利了！他立即同江东门发射台电话联系，得知此时机房内并无日本人"，于是冒险"卡断'大东亚联播'，改播重庆电台的新闻"。日本投降消息由此得以率先在沦陷区传播，谭宝林当晚下班后"经大行官、太平路回到白下路住处，沿途看到同胞们奔走相告，额手相庆"⑥。抗战胜利时，大城市中的中国民众最先从广播中获得消息。收音机成为这

---

① 《海外来鸿》，《广播周报》第 175 期，1939 年 8 月 12 日。

② 《听众来函》，《广播周报》第 173 期，1939 年 7 月 1 日。

③ 慈涵：《广播点滴》，《广播周报》第 171—172 期，1939 年 6 月 3 日。

④ 《日本投降消息传出　重庆大欢乐　百万市民兴奋不眠之夜》，《中央日报》1945 年 8 月 11 日。

⑤ 陈纪滢：《独山震撼与胜利后接收》，《传记文学》（台湾）第 32 卷第 6 期，1978 年 6 月。

⑥ 汪学起、是翰生：《第四战线——国民党中央广播电台掇实》，北京：中国文史出版社，1988 年，第 162 页。

一经典历史场景的重要组成部分,而长存于中国民众关于抗战胜利的历史记忆之中。

五、结语

广播可以打破战争造成的空间限制,通过电波无远弗届地传播信息,因而在二战期间被各国视为宣传利器。抗战时期,中日之间的交锋延续到广播与收听领域。国民党在极为困难的条件下规划和建设多座广播电台,与日本开展广播战,禁止国统区民众收听日伪广播,以维护中国在广播空间的主权。这与军队维护国家主权和领土完整具有相同的用意。但是与中日军队在武器装备上存在差距类似,中日在广播电台数量、电力、播音时间上同样存在差距,且随着战争深入,双方差距有逐渐拉大的趋势。

在全面抗战时期,中国国土可分为国统区、战区、沦陷区以及敌后抗日根据地等区域,还存在无政府管辖的所谓"灰色地带"。广播更多用于突破既有空间秩序。尽管广播的受众范围有限,但对沦陷区民众及海外华侨华人的广播确实获得了一些同胞的收听,由此既有空间秩序造成的窒碍被打破。战争"是一种对族群情感和民族意识的动员手段。对共同体来说,战争提供了一种向心的力量,能够为子孙后代提供神话与记忆"[1]。沦陷区民众、港台同胞与海外华侨华人的收听选择本身已说明其民族认同与国家认同。对于全体民族成员而言,尤其是当民族成员身处战区、沦陷区或海外时,播音者的声音成了民族的象征。民众的收听行为使民族成员与抽象的民族之间建立起精神联系,民族成员亦因为共时性的收听体验感受到彼此之间的联系。播音者与收听者均借助广播强化了民族共同体意识。广播中的声音作为中华民族的代表与象征,能够激发听众的民族意识,促进民族共同体的维系。

---

[1]　[英]安东尼·史密斯:《民族认同》,王娟译,南京:译林出版社,2018年,第37页。

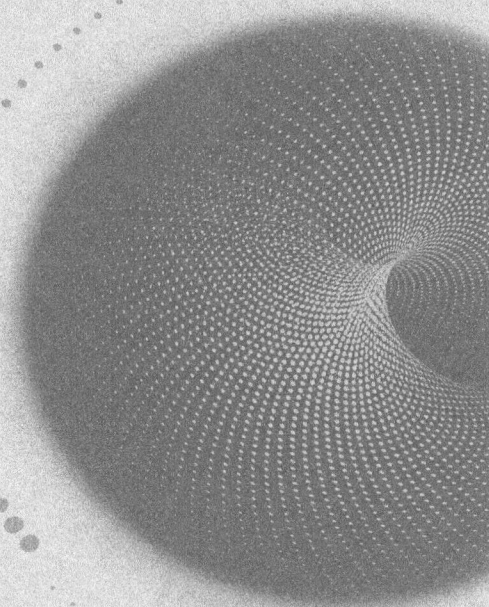

媒介史研究

交通基础设施与近代上海新闻业的在地化

——以电车为中心（1908—1937）

武家璇①

摘　要： 基础设施与新闻业的发展存在密切关系。从上海电车和近代报刊媒介出发，研究发现，电车不仅成为新闻报道的第一现场，更是成为记者抢占新闻时效的第一写作现场。以电车线路为中心的城市贩报网络直接影响了报纸发行。作为基础设施的电车通过车载广告促进了城市经济信息的流动，电车对城市区域的联结推动了城市边缘群体参与现代性的可能。报刊中的"读者来信"推动了现代公共议题讨论的形成，成为报刊在地化的主要表现。研究认为，在近代新闻业的发展中，交通基础设施在为报纸提供新闻内容、发行渠道、广告生产等新闻资源的同时，加快了新闻界走进日常生活的可能，成为新闻业扎根实践的"新营生"和展现近代中国新闻业在地化、本土化的一种独特视角。

关键词： 上海电车；新闻业；媒介；在地化

一、引言

1923 年 5 月，《时报》一则消息描绘了上海文化生活、交通设施与报刊媒介之间的紧密联系：

> 本埠卡尔登戏院，兹为远地观客于深夜返家便利起见，故特向电车公司商定，每晚在散戏时，特备电车多辆，停候在派克路口，俾观客搭车返家。又该院近出口小报赠送，奈因此报材料有限，现拟征求著作，凡关于该院影片有所评论者，皆所欢迎。②

保罗·亚当斯（Paul C. Adams）认为："媒介的连接会创造出独特的时空环境，导致事

---

① 武家璇，中国人民大学新闻学院博士研究生。
② 汉荣：《卡尔登戏院消息》，《时报》1923 年 5 月 9 日。

物之间的共振,继而带来它们的共同演化。"①电影院的放映空间中,观众与电影媒介联系在一起;影院出口的城市空间中,观众与小报联系在一起;派克路口的电车空间中,观众变成乘客,使日常生活与城市联系在一起。上述一切媒介和城市空间都被纳入《时报》新闻文本的生产中,并由交通基础设施所联结。在现代性条件下,"缺场"(absence)将空间(space)与地点(place)逐渐分离,地点被场所(locale)概念化,被远离它们的社会影响所穿透并据其建构而形成,建构场所的不单是在场发生的东西,场所的"可见形式"掩藏着那些远距关系,而正是这些关系决定着场所的性质②。以电车为代表的城市交通在《时报》的这则本埠新闻中联结了报纸、戏院、观众、读者和作者,演绎了城市生活的一个侧面,那么我们不禁要问,以交通为代表的基础设施是如何影响新闻业的这种在地化倾向,又是如何联结起报刊与现代城市生活的?

交通作为当代网络基础设施的一部分调适了现实与虚拟世界,成为国家治理环节中的重要力量③。以海底电缆为代表的交通基础设施在当代国际传播活动中成为观察社会与技术不平等的一种视角④。反思此类跨国式交通基础设施的建造、使用和扩散过程,有助于分析国家传播领域的行为规范,以及重新瞄定全球传播史的书写方式⑤。这种以地理位置服务、移动通信技术为核心的媒介基础设施成为中国传播软实力走向全球化的重要力量⑥。

这种对"物"的关注和对信息传播领域权力纷争的阐释不能仅局限于技术本身的先进程度这一个方面。回溯近代中国,晚清邮传部的设立,使我国的轮、路、电、邮四政作为交通系统的基本组成,第一次被纳入统一的最高管理机构中⑦,使交通逐渐在词语意义和物质实践中得到统一。近代交通系统的引进和信息传播速度的加快为时人认识新闻业提供了物质基础。戈公振就认为:"盖报纸者,人类思想交通之媒介也。夫社会为有机体之组织,报纸之于社会,犹人类维持生命之血,血行停滞,则立陷于死状;思想不交通,则公共意识无由见,而社会不能存在。"⑧戈公振通过对交通的隐喻,将报纸视为人类思想交通的媒介,维系社会发展和沟通各方的公共交通,交通基础设施与报刊之间就具有了共性,都蕴含了以沟通为基础的传播特性。

① Paul C. Adams, "Geographies of Media and Communication II: Arcs of Communication," *Progress in Human Geography*, 2018, Vol.42, No.4, pp.590-599.

② [英]安东尼·吉登斯:《现代性的后果》,田禾译,南京:译林出版社,2011年,第16页。

③ 张超义:《能源网、交通网、信息网:作为媒介的网络型基础设施与三网融合》,《全球传媒学刊》2023年第5期。

④ 陆国亮:《国际传播的媒介基础设施:行动者网络理论视阈下的海底电缆》,《新闻记者》2022年第9期。

⑤ 史安斌、朱泓宇:《媒介基础设施视角下全球传播史的再书写——以跨洋电报与跨国通讯社为例》,《上海交通大学学报》(哲学社会科学版)2024年第9期。

⑥ 胡泳、张文杰:《位置媒介基础设施化的技术政治反思——从中国布局"高精地图"谈起》,《南京社会科学》2023年第4期。

⑦ 《交通银行史》编委会:《交通银行史》(第1卷),北京:商务印书馆,2015年,第10页。

⑧ 戈公振:《中国报学史》,北京:中国传媒大学出版社,2016年,第7—8页。

　　交通与新闻业的关系直接体现在媒介的网络节点之中。电报、驿站、马车、火车等交通传送渠道，与大的社会通讯系统互嵌，涉及有形的网和无形的网、大网和小网，彼此勾连。地理区域水路状的通道、火车组成的实体性的通道和马匹组成的驿站通道都成为分析新闻实践的历史现场①。如果以交通工具为线索，可以看到，1838 年至 1840 年间林则徐自北京到广州的旅途以马匹和驿站为中心。在鸦片战争前清朝的社会传播网络和信息流通方式较为落后，交通及新闻纸则成为打破闭塞环境、促进思想流动的重要方式②。鸦片战争后，中国与世界的交往更为密切，在上海等通商口岸，海运和贸易的发展为新闻业的信息传播带来新的可能，《申报》与《上海新报》通过轮船，以上海为中心，在全球信息网络和报刊新闻网络中得到前所未有的发展，早期上海中文报纸的崛起也得益于传统交通信息网和轮船之间的合力③。此后，火车在中国出现，影响了报馆的新闻采集和发布环境，并加速了新闻业的扩张，报纸的网络也从地方扩展到全国④。新中国成立以后，基础设施建设的飞速进步使长江"天堑"不复存在，架桥技术的发展带动了武汉长江大桥的建设，桥梁成为透视武汉几十年来城市社会发展与历史记忆的缩影，交通也成为国家形象塑造和城市文化传承的物质媒介之一⑤。

　　类似地，1831 年美国《巴尔的摩太阳报》通过巴尔的摩至俄亥俄铁路将范布伦总统的咨文从华盛顿送到报社⑥。迈克尔·舒德森（Michael Schudson）在探究美国新闻史时也提及轮船等交通工具在 19 世纪成为美国各大报纸重要的新闻源⑦。詹姆斯·凯瑞（James W. Carey）认为在电报发明之前，communication 意为运输，因为当时的各类信息传输均依赖人力、马匹以及火车铁轨的运载。而电报使虚拟的符号信息与物资运输和交通工具逐渐分离⑧，并允许符号信息独立于地理空间，最终促进商品市场的发展和土地辽阔国家的民主化进程⑨。交通运输所具备的传播特性，在新闻生产、信息运输、信源获取等方面推动了工业革命时期新闻业的发展。

　　然而，电子媒介的崛起、印刷媒体的衰落和新闻档案的丢失使新闻机构失去了"记忆基础设施"（memory infrastructure），依赖互联网的外部检索服务和这种关键资源的

---

① 王天根：《中国近代新闻舆论史多重面相及其书写》，《广州大学学报》（社会科学版）2022 年第 3 期。

② 卞冬磊：《林则徐去广州：19 世纪中国"传播网络"的一个片段》，《国际新闻界》2018 年第 11 期。

③ 钱佳湧、陈李龙：《轮船与早期上海新闻业——基于〈上海新报〉和〈申报〉的考察》，《新闻记者》2021 年第 10 期。

④ 陈李龙：《火车通行与民国报业的发展》，《编辑之友》2019 年第 1 期。

⑤ 黄骏：《作为媒介的交通设施：武汉长江大桥的国家符号与城市记忆（1954—2018）》，《新闻界》2019 年第 11 期。

⑥ ［美］迈克尔·埃默里、埃德温·埃默里、南希·L.罗伯茨：《美国新闻史：大众传播媒介解释史》，展江译，北京：中国人民大学出版社，2009 年，第 118 页。

⑦ ［美］迈克尔·舒德森：《发掘新闻：美国报业的社会史》，陈昌凤、常江译，北京：北京大学出版社，2009 年，第 20 页。

⑧ ［美］詹姆斯·凯瑞：《作为文化的传播》，丁未译，北京：华夏出版社，2005 年，第 162 页。

⑨ James W. Carey, "Time, Space, and the Telegraph," in *Communication in History*, New York: Routledge, 2018, pp.113-119.

缺失,导致了集体遗忘(collective forgetfulness)的出现①。对交通基础设施的遗忘也使信息传输时空被技术垄断所异化,重新审视基础设施与交往生活的互动成为社交媒体时代的热门议题之一。尽管无数证据表明新闻业与交通基础设施关系密切,甚至将某些交通工具视为一种媒介,但这种媒介史意义上的研究,无法突出它与报纸等传统意义上的大众媒介究竟有何区别,两者关系如何,尚不明确。因此,为避免在物质性思潮下出现"媒介泛化"的困境,本文将近代中国新闻业的发展置于讨论的中心,而非讨论一种物质媒介,分析交通如何影响新闻业的经营,以及交通区别于报纸等媒介的传播特性究竟是什么。最终,通过"读者来信"这一现象,阐释交通对报刊在地化和城市现代性的影响。

二、直接新闻资源的配置: 交通与新闻生产、报刊发行

1908年,上海第一条电车线路开通后,由于民智未开,谣言四起,有人称电车乘不得,"偶一不慎,就要触电"②,静安寺附近围观电车的路人认为"电车之开,势必与人力车有一番竞争"③。电车公司面对负面舆论,组织了盛大的通车典礼,并邀请上海名流虞洽卿、朱葆三及电车公司的中外董事等20多人乘坐第一班电车。电车公司同时宣布大促,乘坐电车者不仅免票,乘客还可以拿到免费的香皂、牙膏和花露水等赠品④,车厢外和车站等区域还张贴了"大众可坐,稳快价廉"的广告招揽乘客⑤。电车公司一度联系《上海画帖》等报刊,在其专栏上刊登关于电车的图画,进行宣传⑥。《申报》《新闻报》等几家大报还发布了通车典礼现场照片,电车第一次大规模进入报刊之中,交通新闻开始成为城市生活的重要组成部分。1909年上海公共租界电车乘客为11 772 715人次,1918年为78 683 690人次⑦,1936年为112 085 248人次⑧,乘车人次大幅增长,交通在城市生活中的影响力进一步提升,与新闻实践的联系更加密切。

(一) 新闻生产的时空拓展

以电车为代表的现代交通工具的引进极大地促进了新闻生产的在地化倾向,从交通新闻的生产流程出发,电车成为新闻发生的第一现场,记者和编辑对交通新闻的报道逐渐

---

① Sharon Ringel,"The Future of Our Past: The Absence of Memory Infrastructure in Journalism," *Journalism*, 2025, Vol.26, Issue 6, https://doi.org/10.1177/14648849241242976.
② 熊月之:《稀见上海史志资料丛书7》,上海:上海书店出版社,2012年,第306页。
③ 上海市公用事业管理局:《上海公用事业1840—1986》,上海:上海人民出版社,1991年,第334页。
④ 杨早:《元周记》,北京:九州出版社,2020年,第201—202页。
⑤ 熊月之:《稀见上海史志资料丛书7》,上海:上海书店出版社,2012年,第306页。
⑥ 周源和:《上海交通话当年》,上海:华东师范大学出版社,1992年,第55—57页。
⑦ 《上年电车乘客之统计》,《申报》1919年1月9日。
⑧ 上海公共租界工部局:《上海公共租界工部局年报》,1937年,第83页。

形成了一系列判断新闻价值的标准。电车作为落地上海的新事物,报刊对其交通功能和社会影响的报道突出了对新鲜和时效的价值选择。《申报》认为:"近世城市之交通,无不让电车独擅其长,远者吾不暇论,吾国上海天津各租界之电车,利便岂不易见。国人果能建电车为城市交通,不特人民称便,商业易兴,商场居宅亦不致于混淆。若更由城市之交通,而展延郊外,连接邻镇,则各城镇之车轨互接,除客车往来以便旅行外,更可以货车通商品。"①

交通还为新闻记者提供了新闻生产的第一现场,推动了新闻"时间性"的发展和记者职业化的进程。交通作为一种运输工具,提升了新闻写作和信息传输的时效性。记者孔昭恺在供职北平国闻社期间曾在电车上撰写新闻稿件,并乘坐电车、火车等交通工具前往报馆供给稿件:"1930年在北平举行华北篮球赛,赛场在西什库。每日赛事完毕,天已薄暮,回到菖蒲河再整理稿件,就不容易赶上去天津的火车。那时电车里不挤,且常有座,我就在电车里把稿子整理好,下车回到社里马上交给信差送站,没有一次脱班。"②除了孔昭恺外,夏衍等人也经常在电车上写社论等文章③。从此类新闻采写经历来看,电车成为记者追赶新闻时效性的"采写工具",也是将新闻稿送递至报馆的主要方式,如同"电缆"一般在城市中传播信息。

另外,交通领域的突发事故成为重要的新闻来源。据公共租界车务处统计,1932年1月到11月间,公共租界车辆肇祸案件共有10 924件,死亡共120人,受伤共3 947人④。规模较大的交通事故因其新闻价值的"重要性"而受到关注。1923年曾有报刊报道《时报》总经理狄楚青遭遇电车车祸的新闻:"前日自其公馆出门,经由静安寺路,适后有电车驶来,将狄先生之汽车一撞,汽车损坏,玻璃震碎,狄先生头颅受伤,出血甚多,当时昏晕,即入宝隆医院,然幸尚无大碍。"⑤报馆老板遭受电车事故且受伤入院、财产受损,必然导致报界增多关于电车事故的报道,交通事故的现场也成为新闻报道的第一现场,加速了报界对社会新闻和本埠新闻的重视。这一时期专职采写社会新闻的本埠记者逐渐受到上海各大报馆的重视⑥,新闻记者的职业化正在加速。

无论是交通事故的伤亡情况,还是电车临时改站的即时通知⑦,都成为报刊介入社会生活、塑造生活秩序、实现新闻社会价值的组成部分。除此之外,交通事故报道还加速了新闻摄影技术在报刊中的应用。与刚刚在新闻摄影方面起步的中文报刊相比,在沪英文报刊《大陆报》《上海泰晤士报》等报资金技术较为雄厚,并较早使用了

---

① 少琴女士:《城镇交通应注意电车之我见》,《申报汽车增刊》1924年1月26日。
② 孔昭恺:《旧大公报坐科记》,北京:中国文史出版社,1991年,第11—12页。
③ 唐振常:《旧报旧谈二题》,唐振常著,唐明、饶玲一编:《唐振常文集》(第5卷),上海:上海社会科学院出版社,2013年,第197页。
④ 摩亚:《一九三二年公共租界车辆肇祸统计》,《申报》1932年1月1日。
⑤ SS:《三日报告 其一》,《晶报》1923年6月12日。
⑥ 《添招南市访员》,《申报》1916年3月2日。
⑦ 《上海英美租界电车改站广告》,《申报》1909年10月16日。

新闻摄影①。在沪英文报刊经常在电车事故报道中用照片展示电车撞击的事故场景、受伤的乘客和路人,照片提升了新闻现场的冲击力和还原度。对本地新闻的重视和投入使在华外报下沉至中国基层社会,融入当地外国人群体和中国知识分子之中,实现了英文报刊的在地化。

(二) 报纸发行的基层网络

报刊的"在地化"过程离不开交通发行网络的支撑。电车线路覆盖上海城市主要干道后,电车成为市内报纸发行、销售和传阅的重要基础设施,甚至影响了报纸的生存。《新闻报》在 20 世纪 20 年代就设置了推广科,专门研究邮政线路,包括航空、公路、铁路、轮船以及城市交通信息,设计发行路线,保障报纸按时到达各地②。戈公振就认为,报纸"间接订阅者,本埠由报贩批购,外埠由分馆或代派处代发。以上海情形言,此种贩报人数极多……有立街头叫卖者,有专送住宅商店者,各有主顾,互不侵犯,诚足推广报纸之销路也","吾国报纸之销行日多,乃社会进步促成之,非报馆努力也"③。电车覆盖了上海的商业区和住宅区,包括报馆集中的四马路地区,报贩沿线或沿站叫卖,方便报纸的市内运输和销售。

报纸贩卖与电车存在紧密关系,电车运行一旦出现故障,报馆经营将直接受到影响。1927 年,近代上海小报《查禄》曾记录电车运行顺利状况与报馆派报效率之间的关系:"近日小报大跌,每报销数,总跌数百份,询之报贩,答以近日小报汗牛充栋,日出麋穷,又云小报与电车,大有关系。若电车行驶时,每一站头,小报贩呼卖,总可多销若干张,今电车因事罢工停驶,每一站头少销若干张,会而计之,故近日小报大跌。余闻而思之,小报销数与电车,不无小因也。"④一旦电车因为各种原因停运,报贩就无法依靠电车网络售卖报纸,导致报纸的发行量下降,可见交通已经成为支撑新闻业发展的重要基础设施。

夏丏尊在《平屋杂文》中还记述了上海电车站附近的报刊叫卖:"五云日升楼卖报者的叫卖声。那里的卖报的和别处不同,没有十多岁的孩子,都是些三四十岁的老枪瘪三,身子瘦得像腊鸭,深深的乱头发,青屑屑的烟脸,看去活像是个鬼,早晨是不看见他们的,他们卖的总是夜报,傍晚坐电车打那儿经过,就会听到一片发沙的卖报声。他们所卖的似乎都是两个铜板的东西(如《新夜报》《时报号外》之类)。"⑤刘尊棋在回忆中谈到 1926 年在北京电车上卖报的经历:"外交部长陈友仁宣布收回九江的英国租界,北京的学生们非常

---

① 可参考《大陆报》报道"Motor Car Crushed Between Two Trams; Passengers Escape; Chauffeur Is Injured," *The China Press*, May 5, 1926, 以及《上海泰晤士报》报道"Heavily Loaded Tram and Bus Collide on Bridge," *The Shanghai Times*, February 4, 1936.
② 王润泽:《北洋政府时期的新闻业及其现代化(1916—1928)》,北京:中国人民大学出版社,2010 年,第 238 页。
③ 戈公振:《中国报学史》,长沙:岳麓书社,2011 年,第 189—190 页。
④ 尔言:《小报与电车》,《查禄》1927 年 12 月 8 日。
⑤ 《夏丏尊作品选》,北京:中央民族大学出版社,2005 年,第 8—9 页。

兴奋。当时在北京出现了陈友仁主编的英文日报,名字是《中国时报》,我们学校一向是重视英文的,这个报每天送给我们学校100份左右,分给同学到街头卖。这时北京刚刚通了有轨电车,我记得卖《中国时报》可以不买车票,我就常常换乘电车,卖的报,比别人都多。"[1]电车客流量大、流动性强,成为售卖报纸和宣传革命的绝佳空间。

交通对报纸贩卖和发行的影响不仅在于路线、客流上,还涉及车站冠名的问题。1936年,英商电车就电车站牌名的更换问题曾与《时报》报馆发生过争议。《时报》希望将原"神仙世界站"改为"时报馆站",以扩大报馆影响和报纸发行。但电车公司认为"事极困难,盖乘车者呼站名无非取其便利,神仙世界已深印于一般人之脑筋,一时欲以易其名,殊非易事,且公司之中,一切印刷品,均为神仙世界站,全部更易,亦费周章,此犹南京路中段停车站,至今犹称日昇楼,永安先施两公司,虽曾取法改称,亦未成事也"[2]。车站名称成为交通基础设施的一部分受到报馆重视,上海城市社会的商业化氛围也为交通和新闻行业的快速发展带来新的机遇。

总的来说,由于近代中国城市的报纸发行方式多为报贩街头叫卖,报纸销量就与人群的聚集与流动关系密切。电车站点附近是人流较大的地方,间隔固定时间就会产生新的客流,因此也成为报贩卖报的主要空间。电车客流的早晚高峰恰好对应了日报和晚报的印刷出版与贩卖时间,电车的乘客往往具有一定经济基础和文化常识,是主要的阅报群体。每个报贩都有固定的派报地点和承包的报纸[3],报贩携带大量报纸前往自己负责的电车站点,甚至有些报童直接就跳上电车叫卖报纸[4]。报贩往往站在电车站台附近叫卖,等待上车的、刚下车的、路过的人都可能购买报纸,电车稳定的客流也为报贩带来稳定的收入,最终使报馆受益。一旦电车因罢工或其他原因停运,会直接影响报贩和报馆的收入。甚至到20世纪末21世纪初,中国城市的报刊亭也常常建在路口、出站口等人流密集处,地铁站内还有"免费阅报处",这也说明报刊发行量与城市交通系统存在持久的联系。

三、间接新闻资源的整合:交通与信息传播、现代体验

(一) 基础设施与信息承载

20世纪20年代,随着广告业的发展,电车公司的广告业务开始外包给专门的广告公司,作为基础设施的交通成为信息传播的载体。在华商电车上刊登广告,需要联系黄春荪的南洋广告公司办理相关业务,《申报》载:"本市沪南华商电车公司,近来增加车辆,营业极著孟晋,顷悉该公司现以全部各路电车及拖车车顶上两边之广告地位,委托黄春荪君全

① 刘尊棋:《往事的回顾》,中国人民政治协商会议全国委员会文史资料委员会《文史资料选辑》编辑部:《文史资料选辑》(第20辑),北京:中国文史出版社,1990年,第7页。
② 《时报电车站问题》,《金钢钻》1936年8月15日。
③ 洪煜:《近代上海报贩职业群体研究》,《史学月刊》2008年第12期。
④ 菁如寄:《现社会中儿童的斗争 卖报童生活一斑》,《大公报》(天津)1933年4月14日。

权办理,以谋上述业务之进展,如各界有欲登该公司电车广告者,可向本埠福州路东华里南洋广告公司与黄君接洽。"①外包广告业务以及允许在电车上投放广告成为电车公司商业化运作的新模式。电车不但允许商业广告,还为公益广告预留了一定空间。《时报》曾宣布,商业广告期满不再刊登,而慈善和公益广告仍可以继续在电车车首刊登:"电车广告自本月八日起不再接新主顾,一俟旧合同满期概行截止,此后惟事关公司或有慈善与公共性质者仍可悬牌于车首云。"②

通过外包的广告公司投放广告,还需要向政府登记,缴纳税款。上海市公用局就曾致函法商电车公司,要求各广告公司及时补缴广告税款:"本市法商电车五六两号行驶华界,其车身内外所揭布之广告种类甚多,尚未纳税。昨悉市公用局函知,法电车公司转饬各广告公司,尽本月十五日以前,至斜桥南制造局路余庆里公用局沪南广告管理处补行,登记纳税,否则不得揭布通行,以重定章。"③国民党上海市政府也要求广告公司在电车上刊载广告需要登记,以方便管理④。统一管理广告公司以及电车广告业务成为多方共识。电车广告作为一种经济信息载体,反映了城市工商业的发达和广告行业的兴盛,同时也构建起电车乘客与生产商之间的经济联系。电车上的广告分布广泛,车顶、车头和车厢内均被覆盖,电车采用揭布广告的形式塑造了电车内外的媒介空间。乘客在上下电车时可以看见车头、车顶的广告,在乘车时可以看到车厢内的广告,电车中的广告将空间资源利用最大化,重塑了电车本身的内外空间。

还有一种在电车车厢内的信息服务,即售卖员或推销员拿着商品在电车中叫卖。售卖产品往往是牙刷、牙粉等小作坊生产的低成本商品,由于其品牌知名度低、没有完整的销售渠道,只能选择在电车等人流量较大的地方叫卖⑤。时人还认为在电车上叫卖需要注意几点,如服装整洁、态度和蔼、口齿清楚、说明国货,才能卖出更多的产品⑥。不过,电车公司对"上车叫卖"持反对态度,由于部分售卖员有扰乱乘车秩序的嫌疑,1936年,电车公司开始禁止在车中叫卖:"兹悉上海电车公司鉴于此种叫卖员推销行为,似有扰乱公众乘客秩序之嫌,故即令行禁止,并在车上用白漆漆成警告云'不论何种货物,不准在车叫卖',故日来电车叫卖货物者,已属少见。"⑦从时间上看,新中国成立后的铁路系统依然延续了"车中叫卖"的广告模式,直至今天。这种模式或许不再只是为了盈利,也包括了介绍铁路沿途的风土人情、为旅客消磨时间、调节车厢情绪等。"车中叫卖"的广告模式没有因为交通速度的提升和新广告模式的出现而消失,它依然在现实生活中发挥着重要作用。

---

① 《黄春荪承办华商电车广告》,《申报》1931年10月27日。
② 《电车广告之限制》,《时报》1919年4月11日。
③ 《法商电车广告必须补行登记 否则不得揭布》,《时事新报》1931年2月14日。
④ 《上海市政府指令第二二五三三号》,《上海市政府公报》1937年第178期。
⑤ 显颀:《电车上的售货员》,《大公报》(上海)1937年3月22日。
⑥ 渡云:《告电车上国货推销员》,《新闻报本埠附刊》1935年4月21日。
⑦ 《上海电车公司禁止在车叫卖 以免扰乱公共秩序》,《申报》1936年9月22日。

以上海为例，电车线路经过了重要的商业区、住宅区和工业区，到 1936 年，上海电车的行驶路线数为 32 条，线路总长度为 155.6 公里，车辆数为 516 辆，日平均乘客数为428 678 人次[①]。电车蕴含的商业价值和媒介潜力不容小觑。交通基础设施作为城市的信息承载工具在广告公司的商业运作下，加快了城市经济信息的沟通交流，成为塑造城市现代化的重要一环。

（二）基础设施与现代体验

基础设施作为上海城市现代化的一部分，为市民带来丰富的城市体验。基础设施因其服务的公共性、开放性为居住在城市边缘地区的人参与城市的现代体验提供了机会。上海的晚场歌剧和表演较多，为方便虹口地区居民来往公共租界体验现代城市的文化生活，英商电车公司往往会增开有轨电车，便利城市各地居民出行[②]。华界公园在夜间同样会举办一些庆祝活动，为方便游客往来欣赏夜景，华商电车还会延长当日电车的运行时间[③]。在重大节庆日等活动期间增加特定专线、开辟新的停靠站点、增加班线密度已经是当代城市公共交通应对城市活动的日常性工作。当时还有一些社会团体会包下电车，专门规划路线，开展旅游活动："南市中华武术会，订本星期日即三十一号午前八时半，乘坐法租界电车公司，专车赴杨树浦一带游览，借吸新鲜空气，并参与精武体育会十周纪念大会，兼表演武术，午后五时半，仍乘专车回十六铺。是日午餐，由马玉山公司预备，凡为该会会员，均可加入，惟须先期向事务所签名云。"[④]尽管近代上海产生了许多丰富的"夜经济"活动，但城市功能区域的划分阻碍了市民的现代体验。如南京路一带作为商业区，闸北、虹口作为住宅区，迫切需要城市交通联系两地的日常生活。电车构成的基础设施网为身处租界之外的城市"边缘地区"的华界的普通民众参与近代城市发展、体验现代物质文明，提供了根本保障。

经济利益的驱动和民众对现代交通便利的需求，共同为修建交通基础设施提供了舆论支持。公共租界众多商户要求在自家附近设置电车站，以求得客流："南京路山西路附近商店老九章、老凤祥、时新昌、陈嘉庚等三十四家，以南京路山西路口电车站，自去年撤销后，左右各商店营业，深受影响，电车上落，诸多不便，特呈请工部局俯鉴商情，力予维持，转令电车公司核准，仍于南京山西路口建设电车站。"[⑤]从电车线路与城市空间来看，电车经过的区域就是上海发展水平较高的地区，相对远离城市核心区域的青浦、浦东、闸北、宝山等地区没有电车。电车线路越密集的地区，经济发展水平越高，人口密度越大，像

①　赵曾珏：《上海之公用事业》，上海：商务印书馆，1949 年，第 84 页。

②　"News Brevities," *The China Press*, January 1, 1918.

③　《半淞园灯彩游艺大会准于今日正式开幕　午夜燃放异样焰火　华商电车延长时间》，《申报》1934 年 7 月28 日。

④　《中华武术会电车旅行》，《民国日报》1920 年 10 月 30 日。

⑤　《商店要求恢复山西路口电车站》，《申报》1928 年 3 月 28 日。

图 1　上海电车线路图(1937 年 4 月)

公共租界和法租界靠近黄浦江一带、上海老县城周边等地区的电车线路较多,并线通车的情况也较为常见。电车线路密集的地区一般商业势力较强,集中了上海的银行、保险等产业,如公共租界南京路一带;而高级住宅较多的地区或后期开发的地区电车线路较为稀疏,如法租界西部。这是因为公共租界商业密集区的公司较多,人流量大,白领人群需要乘电车往返,而僻静的法租界西部的高级住宅住户,喜欢安静,且不需要乘坐公共交通,汽车等私人交通工具出行较为普遍。上海电车路线的延展是根据租界的扩张方向进行的。最早设立的英法租界电车线路密集,开发早,后期租界向西部地区扩张,该地区的电车线路较长且较为稀疏。整个上海的电车线路呈现"放射状",多为东西走向,由黄浦江岸延伸至租界西部地区(图1)。

以公共租界南京路一带的英商电车为例。近代上海四大百货公司先施、永安、新新和大新公司于 20 世纪 20 年代前后创办,这四大公司均位于南京路的西端。英商电车一路的行车线路经过西藏路和浙江路,这两条路恰好是南北向的道路并与东西向的南京路交会,四大百货公司正位于此处。除英商一路外,二路、三路、五路等线路均经过这些大型百货公司。这些商业性消费场所需要依赖大量的消费群体才可以生存,公共交通系统正是达成此一目标的重要途径。上海的大型百货公司均设在南京路上,而这正是上海最早的电车所经过的路段,甚至在公司门口就设有站牌,交通与商业的互动性可见一斑①。除百货公司外,南京路还聚集了大量的银行、保险等金融公司和咖啡馆、饭店等消费性场所,电车给这些商业场所带来了客流,同时这些商业场所的选择也会考虑交通线路的位置,两者共同形塑了近代上海的商业地理空间。上海电车还经过一些城市休闲场所,如外滩、抛球场、跑马场、虹口公园、兆丰公园、静安寺、大世界游乐场和戏院等地。1929 年上海有地方戏院 20 家,发达的公共交通也为市民出门看戏提供了便利,南京路、四川路等主要路段,平均两分钟就有一辆电车驶过,票价低廉。出租车的生意也相当不错,仅祥生出租车公司就有车 150 多辆②。现代交通和城市商业及服务业均属于第三产业的范畴,这三者的发展必然互相融合渗透,上海能够成为近代中国第一大工商业城市,电车作为体验城市现代

---

① 连玲玲:《打造消费天堂——百货公司与近代上海城市文化》,北京:社会科学文献出版社,2018 年,第57—58 页。

② 王敏、魏兵兵、江文君、绍建:《近代上海城市公共空间(1843—1949)》,上海:上海辞书出版社,2011 年,第201 页。

性的中介起到了不可替代的作用。

　　据《东方杂志》统计,1909 年上海公共租界电车的乘客数大约为 11 000 000 人次,1921 年为 120 000 000 人次;1909 年上海法租界电车的乘客数为 7 000 000 人次,1921 年为 33 000 000 人次;1921 年上海华界电车乘客数为 30 000 000 人次;到 20 世纪 20 年代,上海公共租界每人每年乘车次数已达 145 次,法租界及华界为 100 次①。到战前的 1936 年,上海电车的行驶路线数为 32 条,线路总长度为 155.6 公里,车辆数为 516 辆,日平均乘客数为 428 678 人次,而公共汽车只有 155 390 人次,轮渡则为 40 000 人次②。战前上海电车的载客规模总体处于上升趋势,平均每个市民每三天左右就会乘一次电车。

　　到 20 世纪 20 年代,中国已有上海、北京、香港、天津、哈尔滨、沈阳、大连等地兴办了电车事业并有更多的城市计划兴办电车。这些城市无不以上海作为现代化的范例,各地区报刊都学习上海的交通建设以打造舆论阵地③。近代上海引领了全国创办电车事业的热潮,交通基础设施一方面成为体验城市现代化的一种方式,另一方面作为体验其他城市生活的中介,将城市边缘地区和群体纳入现代文化的感知范畴,整合了城市的经济信息和现代文化。交通基础设施为近代上海的新闻业带来了间接的新闻资源,加速了以阅读报刊、讨论公共生活等为标志的现代城市体验的形成,为新闻业的在地化起到重要作用。

四、"读者来信"与报刊的在地化

　　媒介对现存社会形式产生的主要影响是加速度和分裂。汤因比(Arnold Joseph Toynbee)认为,加速度这一因素将物质问题转换成道德问题。昔日的狗拖车、马拉车、人力车拥挤的道路上充满着令人烦恼的事情,同时又处处潜藏着危险,由于驱动交通的力量日益增强,拖拽搬运的问题已不复存在,相反,体力问题变成了心理问题,这一原理适用于一切媒介研究④。晚清民初城市街道上的轿子、马车、人力车、步行的垄断格局逐渐演变成与电车、公共汽车和私人汽车并行的局面,交通工具速度不断增加使通勤时长和体力问题转变成一系列社会道德问题,而报刊的"读者来信"栏则成为城市交通生活的公共论坛。

　　报刊上关于电车社会问题的讨论最多的是"让座"问题。尊老爱幼一直都是中华民族的传统美德,也是社会公认的道德准则,但封建王朝时期没有足够的社会空间为其提供道德实践和公共讨论的机会,而电车这一新型公共交通的出现,提供了绝佳的城市空间和展演形式。时人多通过"读者来信"的方式发表意见,《申报》曾刊文:

　　　　某日,余因事出外,乘三路电车,至大马路购物。甫上车,三等中已人满,至新闻
　　桥站,上一老妪,白发小脚,站立不稳,状殊可怜,但车至北泥城桥后,仍无一让坐(座)

　　① 沙公超:《中国各埠电车交通概况》,《东方杂志》1926 年第 14 期。
　　② 赵曾珏:《上海之公用事业》,上海:商务印书馆,1949 年,第 84 页。
　　③ 《开办苏常电车之先声》,《无锡日报》1918 年 9 月 18 日。
　　④ [加拿大] 马歇尔·麦克卢汉:《理解媒介:论人的延伸》,何道宽译,南京:译林出版社,2019 年,第 123 页。

者。余当时以为三等中多下流分子，恐不知让位之礼节，亦不以为奇，不意顷刻之间，上一年约十七八衣粉红衫大脚状极艳丽之少女后，不约而同之让位者，竟有四五人之多。嗟夫，此等让位者之用心，可怜而复可笑，道德何在，人格何在。①

《申报》读者来信认为，让座不应有选择性，"若因西人让女子座，吾亦随而效之，即侈谓文明时髦而不知非仅须对待妇女为然，是已失让座之本意而迹近于取媚"，"电车中让西妇座固甚宜，因不特为个人道德问题上所应为之事，且可表示吾人礼让之风不亚欧美，兹事虽微，亦所以保持国体也。惟其宜让西妇座，故尤宜让本国妇人，盖恭维他人侮辱自己，人非至愚必不出此，而不谓今日反其道以行者，不知凡几，此则又为取媚中之下流者矣"②。这些"读者来信"普遍认为，让座不优先老幼，而是优待西人或貌美女子，是对个人道德的讽刺。

随着时间的推移，五卅运动后的上海，民族主义勃兴，让座优先西人的做法遭到了报刊舆论的猛烈抨击，社会各界对让座给西人，尤其是日本人，或欺压中国人之外人尤为愤慨，许多民族主义者纷纷致信报纸，刊载其关于电车让座的文章，对建立国人自信奔走呼告。《申报》对此让座问题的演变曾做总结："年来国人吸受欧化，对于妇女颇知尽庇护之责。故在电车中见有妇女无坐（座）而起立让之者，不乏其人。夫揖让之风，固为吾国旧有之美德，降及近世，风俗渐移，少壮者每存傲岸之态，对于老幼男女，若以不屑一顾，今能矫正前弊，诚为国民进步之好现象也。惟其中不免有不明让坐（座）之真义，甚至有见华服之少年妇女，则起让坐（座），而见蔽衣之妇女及童叟，则漠然置之，更有见漂亮之妇女，则起立不遑，让之就坐（座），表现其爱护之意，而存非非之想者，亦颇有之。凡具此种观念，非特为旁人谱讪，亦自丧其人格矣。"凡妇女老少，不论贫富均应当给其让座；给妇女让座不必越过多个座位，只让就近妇女即可；让座后不可频频回顾此人或与之攀谈；如果不愿接受让座也没必要强求③。有识之士已经意识到让座关系中国人的文明形象和道德水准，在饱受外人入侵的民国时期，报纸认为只有矫正电车让座的认识，才能真正提高人格，改善国人的形象。

《时事新报》的"青光"栏目在1922年前后接到了八十多件关于电车让座问题的投稿，该栏目编辑感叹："大家肯这样热心讨论社会小问题，真是难得！我把许多投稿统计一下，多数的主张还是：'比我弱的要让，与我一般强健的不必让。'这件议案大概这样可以算多数通过了罢。我们为节省篇幅起见，只得把八十几位先生在电车里所遇的让座不平等的例子，一概从略了。"④对电车让座问题的讨论可以说是1920年代报纸反映社会舆论的典型代表，报纸深刻介入交通基础设施所引发的社会问题的讨论，规范了让座的道德实践，使让座走进中国人的精神世界和社会生活中，"读者来信"又将交通生活的日常转化为对

---

① 殷李涛：《电车中让位者之本意》，《申报》1926年4月15日。
② 毅：《电车中让座》，《申报汽车增刊》1923年10月13日。
③ 达：《电车中让坐（座）之问题》，《申报汽车增刊》1923年7月21日。
④ 《坐电车的两个新问题》，《时事新报》1922年12月19日。

城市公共事务的讨论,并逐渐改变了人们的心灵世界。

对电车中的卫生问题的讨论是"读者来信"的又一重要内容。自西方医学和现代卫生体制引进中国以来,政府、报界和卫生部门均认识到在公共场合防止疾病传染的重要性。电车内部产生的"吐痰"和"抽烟"方面的卫生问题也成为报刊热议的焦点。读者来信为禁止电车吐痰起到一定作用,《申报》就认为"凡乘电车者,对于公众之道德与卫生亦须在注意,一则以表自己之人格,二则勿被外人之轻视"①。《申报》还为乘客提供了吐痰的解决办法,以消除疾病传染的风险:"随地吐痰乃我国人最普通之恶习惯,办电车者深知之,故于电车内大书禁止吐痰字样……痰多之人,宜备旧手帕,一专供盛痰之用,用后置沸水中煮之,以免危险。"②《大公报》(上海)的读者来信还建议电车上设置痰盂、废纸以便规范吐痰行为,避免飞沫肆意传播,并对违反规定的乘客采取罚款的措施③。

电车内第二类严峻的卫生问题是"抽烟"。《民报》曾刊一读者来信,描绘了车厢中吸烟对周围乘客造成的伤害,"电车上吸香烟,真是最损德的恶习惯。乘客稀少,还没甚要紧,在人多时,挤挤推推,手指间夹着或口上□着一支香烟,乘客的衣服,遭映的机会就很多……吸完了,照例是很潇洒的随手把烟屁股一□,等它慢慢地在木板上自尽,一股形容不出的刺鼻的恶臭,中人欲晕"④。电车内吸烟造成的健康危害极大,《申报》读者来信认为"车内吸烟有碍他人自由,亦宜制止。我国妇女大概缺乏适宜运动,每有晕车之事,设车内更烟雾迷漫,则其所受痛苦,又将何似,况吸烟不慎,屡因烧毁他人衣服,肇其交涉,车内所居之时间不多,曷不稍耐,以尊他人之自由哉"⑤。吸烟可能导致他人晕车、呼吸受困、烧坏衣物、引发纠纷,最终导致他人自由和身体健康受到损害,这也是车厢中禁烟的主要原因。

读者来信的意见表达逐渐转变成社会各界通过报刊向电车公司投函,由报刊中介下的公共事务讨论向解决实际问题的道路迈进。1923年,上海中国基督教勉励合会郑应奎通过《申报》向英商电车公司致函:"近来电车乘客,无论晴雨,均极拥挤,于公众卫生方面,当加注意,应奎屡见搭客在车中吸烟,非烫痛他人,即烧破衣服,夏季更甚,有时烟气飞腾,使妇孺及不惯烟味者,脑涨咳呛,于公众卫生,于电车公司章程,大有关碍,非严重禁止不可。照鄙见所及,除揭示或登报警告外,如有犯者,照赤膊例处办,不准乘车,毋少宽容,或有成效,倘蒙实行,则社会幸甚,应奎幸甚,是否有当,还祈赐教,不胜待命之至。"⑥电车车厢因其公共性、密集性成为易传播疾病的社会空间,卫生议题也随之产生。可以说,电车带来了对公共卫生问题的思考,而报纸成为卫生问题建言的主要媒介,电车通过报纸联结

---

① 实秋:《乘电车应注意之要点》,《申报》1923年12月14日。
② 勋:《乘电车之公德》,《申报》1923年9月1日。
③ 群桥:《电车中的吐痰问题》,《大公报》(上海)1936年10月25日。
④ 而隐:《在电车上》,《民报》1935年3月29日。按:文中符号"□"表示难以辨认之字。
⑤ 勋:《乘电车之公德》,《申报》1923年9月1日。
⑥ 《电车内严禁吸烟之函请》,《申报》1923年7月5日。

了城市生活的其他方面,加速了城市卫生现代性进程。

五、结论:交通现代性与新闻业的在地化

1929 年,上海还出现了设置电车信箱的讨论:"听说已规定全上海电车上先设十四个信箱……是否同航空邮件同一功效,使邮务经济多所糜费,是否有亟待恢复的邮路,较千百倍重要于这件事,愿当局们仔细考量。"①在电车上设置信箱、运输信件、传播信息,实际上是将交通与邮政合二为一。在城市内传播文字信息,如同海底电缆对各大陆之间的联结一般,交通成为媒介基础设施建设不可或缺的一部分。正如德布雷(Régis Debray)所言:"传播的加速没有使我们免除物理性的转移,而是扩大了交通工具的使用。"②

不过,考察交通基础设施的技术应用只是对其物理意义上的讨论。对新闻业而言,基础设施的影响可能是直接的新闻资源,对新闻议题的把控和生产,以及将新闻转换为阅读的可能;在间接的新闻资源方面,基础设施本身塑造了一种城市文化和现代性体验,同近代报刊的发展一道构成了一种城市特性,阅报、乘车、漫步本身都作为城市与人联结的一部分,影响了知觉体验,乃至社会观念。当然,基础设施的发展不仅限于城市近代化的线性过程,与之伴生的必定是对公共问题的讨论。在电车诞生之前,公共场所的让座和卫生等问题甚至本来就是不存在的,而电车自诞生以来经过报刊报道和读者来信,使一系列社会问题变得"可见",并提供了讨论公共议题的方式。这种现代性议题的转换并非简单指向"公共空间",而是将抽象的社会观念问题变得"可感"。这一过程本身就是报刊在地化的过程。现代化历程中出现的一系列新名词和新问题,直接使报刊基于交通生活融入城市实践。在报刊提供的公共平台和媒介基础设施的加持下,基础设施自身也成为城市媒介逻辑的一部分。一切交换和人际交往的手段,往往随速度的增加而得到改善,反过来,速度又加重了形式和结构问题③。基础设施带来的报刊在地化与报刊带来的基础设施的文化转向共同塑造了人际交往形式和结构的变化,提醒着我们重新审视报刊走进社会、扎根现实的意义与物对媒介文化的塑造。

---

① 防风:《电车上将设信箱》,《礼拜六》1929 年 8 月 24 日。
② [法]雷吉斯·德布雷:《媒介学引论》,刘文玲译,北京:中国传媒大学出版社,2014 年,第 204 页。
③ [加拿大]马歇尔·麦克卢汉:《理解媒介:论人的延伸》,何道宽译,南京:译林出版社,2019 年,第 123—124 页。

媒介、心理与情境：以"时务学堂之争"为核心的考察

刘 畅①

摘 要：1898 年时务学堂之争是晚清湖南维新运动中的一个重要事件。媒介，作为行为主体声音的承载者，是文本形成过程中的重要环节。不同性质的媒介选择，既受到舆论主导权、人物心理等多元因素的影响，又传达着行为主体对事件态势的理解与把握。以媒介为线索，对文本形成过程的综合考察，使我们得以还原时务学堂之争的动态演进过程，考察不同的历史时刻中，事件亲历者对矛盾与冲突的理解：3—6 月间，各个群体之间的冲突尚未充分外现，核心人物态度趋向尚不明朗，诸多群体并未将当下的不和谐视为一场纷争，并有意通过更为隐蔽的信息沟通渠道，将舆情控制在一定的范围之内。7 月，舆论场域生态逐渐异化，各个群体试图利用各种媒介发声，以获取更多支持，此前一系列零散的异议也逐渐被统合为一场系统性的纷争。8 月，被卷入舆情的人越来越多，纷争态势最终难以逆转。从媒介到文本形成过程的考察思路，或能促进湖南维新运动乃至整个戊戌变法研究，反思先验的冲突观念，在人物心态、舆论场域、人际关系的考辨中，还原更加真实全面的历史场景。

关键词：媒介；心理；情境；文本形成过程；时务学堂之争

晚清的湘省，汇聚四方英才，在维新运动中，引领一国风气之先。改革开放以来，戊戌变法研究范式逐渐由建国初期、"文革"前后的革命史观，转入更加多元的学术视角。但在思想启蒙与近代化的语境之下，学界仍长期以二元或多元的纷争、对立思维来理解、阐释相关事件。近年来，黄彰健、汤志钧②等学者的研究，尤其是茅海建③研究戊戌变法的系列著作，通过对档案记载的逐日考辨，把各方之间的权力演进与异动过程精确到日，还原出一个更加真实全面的历史演进过程，使我们对戊戌变法的整体认识进入新的视域。

---

① 刘畅，复旦大学历史学系硕士研究生。
② 相关研究有黄彰健：《戊戌变法史研究》，上海：上海书店出版社，2007 年；汤志钧：《戊戌变法史》，上海：上海社会科学院出版社，2015 年；汤志钧：《乘桴新获：从戊戌到辛亥》，北京：北京师范大学出版社，2018 年。
③ 详细可参考茅海建：《戊戌变法史事考》，北京：生活·读书·新知三联书店，2005 年；茅海建：《从甲午到戊戌——康有为〈我史〉鉴注》，北京：生活·读书·新知三联书店，2009 年；茅海建：《戊戌变法史事考二集》，北京：生活·读书·新知三联书店，2011 年；茅海建：《戊戌变法的另面："张之洞档案"阅读笔记》，北京：生活·读书·新知三联书店，2021 年。

　　1898 年"时务学堂之争"是晚清湖南维新运动中的一个重要事件。近年来,学界对纷争原因的探讨,逐渐摆脱非新即旧的刻板认识,形成了"政见之争""学术之争""文化领导权之争""利益之争""权力之争""名分之争"等多元看法①。然而,"时务学堂之争"这一事件,本身是否带有某种预设? 当研究者习惯性地以纷争为前提展开对相关史料的解读,便不自觉地将人物关系与心态情境的动态演进过程,简化为一场不可规避的矛盾与冲突。冲突与纷争预设的形成,主要缘于我们长期缺乏对文本形成过程的审视和对史料的批判性利用,仅仅局限于作为结果的文本,较少综合考察一则信息生成的整个过程。

　　媒介,作为行为主体声音的承载者,是文本形成过程中的重要环节。选择何种媒介进行信息传达,不仅是行为主体心理状态的主观反映,更与事件的发展态势密切相关。本文将以时间为线索,通过分析时务学堂诸事件中各群体的媒介使用情况,还原人物关系、心理状态、舆论场域态势的动态演进过程,在更加真实全面的历史场景里,呈现既往对"时务学堂之争"的理解与真实历史情境之间的距离,反思先验的冲突观对湖南维新运动乃至整个戊戌变法研究的影响②。

一、媒介与文本的形成过程

　　"媒介本身的含义是'in the middle'(在中间),或者叫'go between'(在两者之间),是一个信使,一条通道,一种某物经由某个手段、工具、途径到达另一物的中介空间。"③传播学领域研究的媒介,主要指现代性技术出现后,用以向大众传播消息或影响大众意见的信息工具。本文所指的"媒介",含义则更为广泛,泛指一切承载文本的信息传播渠道:既包括日记、信函等私人性媒介,也包括报纸、杂志等公共性媒介。

　　研究与思考的惯性常常让我们对媒介承载内容的关注,远远超过媒介本身。不仅在历史学中如此,在传播学研究中亦是这样。加拿大原创媒介理论家马歇尔·麦克卢汉于1964 年出版《理解媒介——论人的延伸》一书,提醒人们重新思考媒介的意义,"媒介即讯

---

　　① 郑大华的《湖南时务学堂研究》是研究时务学堂的专门性著作,其第四章对时务学堂纷争产生的原因进行了较为全面的梳理,涵盖了政见分歧、学术观点差异、经费、人事纠葛等多个维度。另有若干学术论文从不同的角度,探讨时务学堂纷争产生的原因。其中,周明昭的《梁启超与湖南时务学堂研究》,阳海洪、阳海燕的《论文化领导权与长沙时务学堂新旧之争》,丁亚杰的《〈翼教丛编〉的经典观》重点关注双方对文化领导权的争夺;贾小叶的《再论湖南时务学堂之争》认为,时务学堂的纷争不是简单的新旧之争,更存在着一明一暗两条线索,其核心与焦点都是"康党"与"康学";何文辉的《失势的精英及其反抗——戊戌前后湖南新旧之争的政治学分析》则认为,维新运动的激进尤其是科举改革的启动导致了文化权力以及与之相伴生的社会政治权力的急剧倾斜。详细可参考郑大华:《湖南时务学堂研究》,北京:民主与建设出版社,2015 年;周明昭:《梁启超与湖南时务学堂研究》,硕士学位论文,华东师范大学,2021 年;阳海洪、阳海燕:《论文化领导权与长沙时务学堂新旧之争》,《长沙大学学报》2018 年第 3 期;丁亚杰:《〈翼教丛编〉的经典观》,《湖南大学学报》(社会科学版)2004 年第 4 期;贾小叶:《再论湖南时务学堂之争》,《湖南大学学报》(社会科学版)2017 年第 6 期;何文辉:《失势的精英及其反抗——戊戌前后湖南新旧之争的政治学分析》,《北京行政学院学报》2004 年第 5 期。

　　② 本文探讨的核心,主要是 1898 年 3 月至 8 月期间,围绕时务学堂产生的一系列纷争。

　　③ 胡泳:《理解麦克卢汉》(序言),[加拿大] 马歇尔·麦克卢汉:《理解媒介:论人的延伸》,何道宽译,南京:译林出版社,2019 年,第 7 页。

息"是其"媒介理论"的核心观点之一：

> 我们对所有媒介的传统反应是：如何使用媒介至关重要。……媒介的影响之所以非常强烈，恰恰是另一种媒介变成了它的"内容"。一部电影的内容是一本小说、一部剧本或一场歌剧。电影这个形式与它的节目内容没有任何关系。文字或印刷的"内容"是言语，但是读者几乎完全没有意识到印刷这个媒介形式，也没有意识到言语这个媒介。①

麦克卢汉并没有完全否定内容的重要性。只是，他强调内容比媒介更容易吸引我们的注意。"媒介影响着讯息，但是具有讽刺意义的是，正是我们对媒介的忽视使得讯息变得更加重要。"②麦克卢汉从媒介影响社会发展与人类心态的角度，完成了传播学视角下媒介意义的再挖掘，这也为历史学研究中对文本形成过程的考察提供了新的思路。

本文对媒介信息的特别关注，主要基于时务学堂乃至湖南维新运动相关史料的基本特征③。今天研究者所谓的不同史料类型，在当时即是不同的信息传播媒介。在时务学堂纷争的不同时期，各个群体所选择的信息传递渠道，随着事件情境的发展，呈现出一定的偏向性，并集中表现为私人性质媒介或公共性质媒介的选择。此处，本文首先以表格的形式，将相关史料在公共性质媒介与私人性质媒介间的分布情况略作说明（表 1）④：

表 1　时务学堂之争中不同人群对于媒介的使用情况

群　体	媒　介	
	私人性质媒介	公共性质媒介
1898 年 3—6 月间（以札记事件为主）		
时务学堂诸教员	总体来看，使用率较高（代表性史料如谭嗣同 4 月初至 5 月中旬致欧阳中鹄的信函⑤、唐才常与谭嗣同致欧阳中鹄信函⑥、梁启超对时务学堂教学经历的记录⑦）	总体来看，使用率较低

---

① ［加拿大］马歇尔·麦克卢汉：《理解媒介：论人的延伸》，何道宽译，南京：译林出版社，2019 年，第 29—30 页。
② ［美］理查德·韦斯特、林恩·H.特纳：《传播理论导引：分析与应用》（第二版），刘海龙译，北京：中国人民大学出版社，2007 年，第 479 页。
③ 本文参阅的史料类型主要有：档案类，如《戊戌变法档案史料》《清代起居注册》等；日记类，如《皮锡瑞日记》《王文韶日记》《郑孝胥日记》等；报刊类，如《湘报》《湘学报》《时务报》《申报》等；信札类，如《汪康年师友书札》等；传记类，如《康南海自编年谱》《梁启超年谱长编》等；以及以人物或事件为线索的综合性史料汇编，如《张文襄公全集》《谭嗣同全集》《唐才常集》《熊希龄集》《沅湘通艺录》《翼教丛编》《葵园四种》《戊戌变法文献资料系日》等。
④ 本文论述中所探讨的私人性质媒介主要包括日记、信札等，公开性质媒介主要包括报纸、杂志等。为了更好呈现出不同的情景之下，各群体的心理状态、事件发展态势与媒介选择之间的关系，我们主要选取与时务学堂相关的四个代表性群体：其一是时务学堂诸教员（侧重维新派）；其二是叶德辉、宾凤阳、王先谦等人；其三是以湘抚为代表的湖南地方官员；其四是事件旁观者。
⑤ 《上欧阳中鹄（二十一至二十六）》，蔡尚思、方行：《谭嗣同全集》（增订本）（下册），北京：中华书局，1981 年，第 474—478 页。
⑥ 《与谭嗣同上欧阳中鹄书二则》，中华书局编辑部：《唐才常集》（增订本），北京：中华书局，2013 年，第 535—537 页。
⑦ 梁启超：《时务学堂》，《梁启超自传》，南京：江苏文艺出版社，2012 年，第 26—27 页。

续　表

群　体	媒　介	
	私人性质媒介	公共性质媒介
叶德辉、宾凤阳等人	总体来看,使用率较高(代表性史料如宾凤阳、叶德辉、梁鼎芬、王先谦等人之间为"整顿湘省学风"的往来书信①)	总体来看,使用率较低
湖南地方官员	总体来看,使用率相对较低	总体来看,使用率相对较高(代表性史料如陈宝箴、黄遵宪等人对札记事件的批复②)
事件旁观者	总体来看,使用率相对均衡(代表性史料如皮锡瑞日记中的相关记录③)	总体来看,使用相对均衡(代表性史料如当时的商业性、娱乐性报刊中对札记事件的记录)
7月(以公文互相论辩为主)		
时务学堂诸教员	使用率较低	总体来看,使用率较高(代表性史料如《公恳抚院整顿通省书院禀稿》《上陈中丞书》等④)
王先谦等书院山长	使用率较低	总体来看,使用率较高(代表性史料如《湘绅公呈》等⑤)
湖南地方官员	使用率较低	总体来看,使用率较高(代表性史料如陈宝箴对双方论辩的回复⑥)
事件旁观者	总体来看,使用率相对均衡	总体来看,使用率相对均衡(代表性史料如当时的商业性、娱乐性报刊中的报道)

---

① 《岳麓书院宾凤阳等上王益吾院长书》,苏舆:《翼教丛编》,上海:上海书店出版社,2002 年,第 144—149 页;《梁太史与王祭酒书》,《翼教丛编》,第 154—155 页;《王猷焌上王院长书》,《翼教丛编》,第 155—156 页;《宾凤阳与叶吏部书》,《翼教丛编》,第 156—157 页。

② 《札饬查禁冒刻时务学堂课艺》,汪叔子、张求会:《陈宝箴集》(中册),北京:中华书局,2003 年,第 1156—1157 页;《禁止盗刻时务学堂课艺告示》,黄遵宪撰,吴振清、徐勇、王家祥编校整理:《黄遵宪集》(下卷),天津:天津人民出版社,2003 年,第 618 页;《遵饬再行禁止盗刻时务学堂课艺告示》,《黄遵宪集》(下卷),第 618—619 页。

③ 本文主要将这一时期的皮锡瑞视为事件的旁观者,因其尚未对外表现出明确的群体倾向性,参见皮锡瑞 1898 年 3 月—5 月日记中对时务学堂相关问题的记录。皮锡瑞著、吴仰湘点校:《皮锡瑞日记》(第二册),北京:中华书局,2020 年,总第 568—654 页。

④ 《公恳抚院整顿通省书院禀稿》,《湘报》(下册),北京:中华书局,2006 年,总第 1045—1046 页;《上陈中丞书》,《湘报》(下册),总第 1057—1068 页。

⑤ 《湘绅公呈》,苏舆:《翼教丛编》,上海:上海书店出版社,2002 年,第 149—150 页。

⑥ 《陈宝箴批复》(一八九八年七月十八日),周秋光:《熊希龄集》(上册),长沙:湖南出版社,1996 年,第 71—72 页。

续　表

群　体	媒　介	
	私人性质媒介	公共性质媒介
8月（以宾凤阳揭帖事件为主）		
维新派师生	总体来看，使用率相对较低	总体来看，使用率相对较高（代表性史料如时务学堂学生张伯良等《恳请严提劣衿质讯雪谤禀》①）
王先谦、黄兆枚等书院师生	总体来看，使用率相对较高（代表性史料如王先谦为宾凤阳一事致徐仁铸的相关书信②，王先谦为宾凤阳一事致陈宝箴的相关书信③）	总体来看，使用率相对较低（代表性史料如黄兆枚、杨宣霖等人为宾凤阳的辩词，《湘省学约》等④）
湖南地方官员	总体来看，使用率相对均衡（代表性史料如徐仁铸为宾凤阳一事致王先谦的相关书信⑤）	总体来看，使用率相对均衡

　　在纷争的不同阶段，各个群体在公共性媒介与私人性媒介之间的偏向与选择，启发着我们从媒介的角度重新审视这场论争。媒介或能作为重要线索，辅助我们对文本形成过程（而不仅仅是文本内容本身）的考察，更好进行史料批判与文本解读，还原一个更加真实全面的历史场景。下面本文将按照时间顺序，围绕札记外散、公文互辩、宾凤阳揭帖三个核心事件，依次分析 1898 年 3 月以来时务学堂相关事件中主要群体的媒介使用情况，以探讨媒介信息的引入对文本考察的重要意义。

二、札记外散

　　在湖南地方政府、士绅、维新派的多方合力之下，湖南维新运动一度呈现良好开局，时务学堂的创建也是各方力量共同推进的结果。曾参与力争粤汉铁路"入湘"的湘乡人蒋德钧，是时务学堂创建的最早倡议者之一。1897 年夏，熊希龄、胡矩贤、赵启霖、王先谦、张祖同、蒋德钧等士绅又为时务学堂经费事由，一同呈文陈宝箴："绅等查此项补收盐款，若

---

① 《张伯良等：恳请严提劣衿质讯雪谤禀》，汪叔子、张求会：《陈宝箴集》（中册），北京：中华书局，2003 年，第 1352—1353 页。
② 《王先谦：致徐仁铸书》，汪叔子、张求会：《陈宝箴集》（中册），北京：中华书局，2003 年，第 1355 页。
③ 《王先谦：致陈宝箴》，汪叔子、张求会：《陈宝箴集》（下册），北京：中华书局，2003 年，第 1757—1758 页。
④ 《黄兆枚：揭帖诬蔑辨明实无闻见呈词》，汪叔子、张求会：《陈宝箴集》（中册），北京：中华书局，2003 年，第 1360 页；《杨宣霖等：辨明揭帖实情蒙冤请雪呈词》，《陈宝箴集》（中册），第 1360 页；《湘省学约》，苏舆：《翼教丛编》，上海：上海书店出版社，2002 年，第 150—153 页。
⑤ 《徐仁铸：答王先谦书》，汪叔子、张求会：《陈宝箴集》（中册），北京：中华书局，2003 年，第 1355—1356 页。

值销数旺时,实不止一万四千之数,易道所禀乃指销路最滞而言。……为此公恳大公祖大人,俯准移咨两江督部堂衙门,批饬湘督销局立案,遵办施行,实为德便。"①光绪二十三年十二月(1898年1月)、二十四年闰三月(1898年5月),陈宝箴多次为时务学堂经费事由上奏朝廷②。

伴随着建设经费、师资力量、规章制度的日渐完备,时务学堂的教育工作逐步走向正轨。但学堂运行没有多久,大小风波便接连出现。1898年5月,中丞调阅时务学堂学生札记,维新运动风波初现,此后南学会停讲、《湘报》停刊,各项维新事业面临停滞。如若要对"时务学堂之争"做全新的审视,考辨在哪一个时段,偶然的因素与事件真正发展成为一场论争(而不只是后来的研究者所认为的冲突),我们就有必要对札记事件前后的人物心态、舆论环境与历史情境进行更为充分的考察。

不得不承认的一点是,1898年4月,刊刻出版的时务学堂学生札记流布社会,因其内容"悖乱圣教",确实已经在社会层面形成了一定的影响。久历官场的敏感让湖南巡抚陈宝箴不得不早做打算,免贻人口实。为平息各方浮议,5月初,陈宝箴下令调阅时务学堂学生札记。经过初步调查,5月下旬,陈宝箴为事件做出基本定调,时务学堂课艺系不法书商伪造,为长沙新学书局刻卖,非时务学堂学生亲笔所为。在《札饬查禁冒刻时务学堂课艺》中,陈氏批复道:"复加查核,所称果为不谬,必系射利书贾所为,亟应札饬查禁。"③他同时亟令盐法道黄遵宪,刊布告示,今后对此类行为严惩不贷。

但札记事既出,熊希龄等人遂被推上社会舆论的风口浪尖。从4月开始,谭嗣同、唐才常等人频繁地通过信函这一私人性媒介,向欧阳中鹄力辩时务学堂诸教员之清白。4月30日,谭嗣同上欧阳中鹄称:

> 得此正好力为雪清此谤,惟学堂事则有传闻不确者。姑无论功课中所言如何,至谓"分教皇遽无措,问计秉三,乃尽一夜之力统加决择,匿其极乖谬者,就正平之作临时加批"云云等语,嗣同于调札记时虽未到省,然于秉三及分教诸君,深信其不致如此之胆小。④

在谭、唐等人看来,中丞调阅札记,便是对维新人士不信任之体现。一直持续到6月,唐才常仍为"外间攻学堂事"单独致函欧阳中鹄,极力为熊秉三等人鸣不平:

> 外间攻学堂事,三月即有所闻。或谓中丞已厌卓如,或谓日内将使祭酒公代秉三,叶奂彬为总教习。种种讹言,皆云出自中峰。韩、欧、叶三君闻之,即悉然欲去,经

---

① 《为提拨盐款为时务学堂经费恳请咨两江总督立案呈陈宝箴文》(一八九七年夏),周秋光:《熊希龄集》(上册),长沙:湖南出版社,1996年,第56—57页。

② 陈宝箴于光绪二十三年十二月十八日(1898年1月10日)、光绪二十四年闰三月二十四日(1898年5月14日)上呈的奏折,分别参见国家档案局明清档案馆:《戊戌变法档案史料》,北京:中华书局,1958年,第243—244、247页。

③ 《札饬查禁冒刻时务学堂课艺》,汪叔子、张求会:《陈宝箴集》(中册),北京:中华书局,2003年,第1156—1157页。

④ 《上欧阳中鹄(二十一)》,蔡尚思、方行:《谭嗣同全集》(增订本)(下册),北京:中华书局,1981年,第474页。

受业再三婉留,始安其位;然其愤懑之心,未尝一日释也。

至中丞调阅札记,乃陈、杨二君自内学生收取,收齐后,始汇交受业一阅。受业深恐三教习闻之,致滋不悦,且戒秉三勿与三教习言,亦绝不料中丞已有疑心,果如外人所云也。来谕云"分教等皇遽无措,及尽一夜之力统加抉择,匿其极乖谬而临时加批"等语。果谁见之,而谁闻之? 其中涂改处,韩树圆极多,即卓如亦常有之。岂受业能竭一夜之力通行涂改乎?①

其间,5月中旬左右,谭嗣同、唐才常两人在致欧阳中鹄的信函中,虽没有直接论及札记事,但中心意旨大抵相同②。短短两个月里,频繁往来的数封信函,无非传达了这样一个意旨:以素日品行、札记删改不现实等为由,极力将熊希龄等人与札记批示撇开干系,为时务学堂诸教员辩白。

在札记事件中,私人性质的媒介是谭、唐、梁等时务学堂教员在发声时的首选。"当你讨论媒介时,永远不能只讨论这个居中的空间,还一定要讨论该空间所连接的两方是什么。媒介天生要把作者/读者、发送者/接收者、表演者/观看者等存在关系的两方联结在一起。"③作为谭、唐两人的师长,算学馆的倡导者,陈宝箴的幕僚,身处官绅之间的欧阳中鹄,既是维系双方的重要桥梁,也是信息情报的关键来源。在这里,私人信函联结沟通的双方,表面似乎是康党与欧阳中鹄,但谭、唐真正想要通过私人信函说服、打动的,更是欧阳中鹄的幕主——湖南巡抚陈宝箴。维新党人在这一阶段的舆论环境中并不占据优势,因而,私人性媒介的选择,在无意间透露出其真实的心理状态与目的:既欲利用私人关系,拉拢官方立场,试探陈宝箴的态度,打探其最终可能对事件做出怎样的评定;又欲以信函为媒介,不受干扰地对事件做出有利于自身的解释与辩白,尽快使诸教员摆脱舆论困境,避免使当下的浮议发展为更大范围的、不可控的社会性争论。

进言之,私人性媒介的选择,也透露出谭、唐等人对当下事件态势的看法与理解:他们似乎尚未将当下的攻击视为一场不同派别之间的论争。争论本身是一场双方之间的交互性行为,其成立的前提是首先需要得到双方的公共认可。不论出于怎样的利益考量,至少在这一时期,时务学堂诸教员尚且不希望将当下的舆情扩大化,并有意通过相对隐秘的私人性媒介进行信息的传达,力求将舆论控制在一定的范围之内。

后来在自传中,梁启超曾提及,自己在时务学堂的札记批阅与课堂讲授中,常有民权革命思想与康党观念的渗透:

启超每日在讲堂四小时,夜则批答诸生札记,每条或至千言,往往彻夜不寐。所

① 《上欧阳中鹄书十则(九)》,中华书局编辑部:《唐才常集》(增订本),北京:中华书局,2013年,第531—532页。

② 《上欧阳中鹄(二十五)》,蔡尚思、方行:《谭嗣同全集》(增订本)(下册),北京:中华书局,1981年,第476—477页;《上欧阳中鹄(二十六)》,《谭嗣同全集》(增订本)(下册),第477—478页。

③ 胡泳:《理解麦克卢汉》(序言),[加拿大]马歇尔·麦克卢汉:《理解媒介:论人的延伸》,何道宽译,南京:译林出版社,2019年,第7页。

言皆当时一派之民权论，又多言清代故实，胪举失政，盛倡革命。……及年假，诸生归省，出札记示亲友，全湘大哗。……时吾侪方醉心民权革命论，日夕以此相鼓吹，札记及批语中盖屡宣其微言。……及进到时务学堂以后，谭壮飞先生嗣同、唐绂丞先生才常和我都在堂中教授。我们的教学法有两面旗帜，一是陆王派的修养论，一是借《公羊》《孟子》发挥民权的政治论。①

因而可以说，梁启超等时务学堂教习在教学活动中多有康党思想的教授，当为一个客观事实。相比后来在宾凤阳揭帖事件中，时务学堂师生大张旗鼓地反复上呈公文，这一时期，学堂师生几乎没有选择任何公开性媒介对札记批语高调辩驳，在调查结果公示之前，始终偏向通过私人性媒介发声。他们似乎并不希望太多的人知晓、议论（时务学堂教习在教学活动中多有康党思想的教授）这样一个客观事实，尤其不希望其成为宾凤阳、叶德辉等人煽动舆论的把柄。与其因为公共性媒介的发声，引发更加难以掌握的舆情纷扰，不如首先通过私人渠道，稳住抚台的立场。

同一时期，5、6月间，叶德辉等人虽然暂时占据了舆论的主导权，但就现存史料来看，他们也没有首先选择公共性媒介，同样主要通过私人性媒介进行沟通。6月下旬，宾凤阳致王先谦的一封书信，较为典型地反映了他们此时的心理状态。宾凤阳首先论述梁启超等人来湘后，以康有为之学说祸乱湘省学风，有违中丞设立时务学堂之本意，进而恳请王先谦作为湘省德高望重之宿儒代表，带头整顿湘省学风，清除康党在湘恶劣影响，并附以梁启超批阅的诸篇学生札记为证。

这一时期，像宾凤阳这样的后生晚辈，并没有首选公开性媒介，对时务学堂教员展开进攻。叶德辉等士绅确实希望抓住札记事件这一时机，与时务学堂教员展开论辩，但各个群体之间的冲突尚没有充分外现，诸多核心人物态度趋向尚不明朗，核心人物态度尤处于暗处，以私人信函这种较为隐蔽的方式频繁致信王先谦，其实是对王先谦态度的试探与鼓动。当双方之矛盾尚处于蓄势与酝酿阶段，王先谦等名流长者还没有牵头露面，直接交锋，作为后生晚辈的宾凤阳等人，自然不能大张旗鼓地公然造势。因而，私人性媒介的选择与偏向，恰恰代表了宾凤阳、叶德辉对当时事态进程的理解与考量。

同一时期，像皮锡瑞这样颇有社会影响力但立场尚不十分明确的人士，也成为叶德辉致信的重要对象，其核心目的便在于拉拢人心。皮锡瑞在日记中，接连多日记载了自己拟答复叶焕彬（叶德辉）的书信：

> 得焕彬所寄书，拟答之云：昨同席畅聆大教，顷复拜读手书，议论崇宏，词意严正，明中外之辨，峻夷夏之防，名言不刊，钦佩之至。向蒙雅爱，结文字之深交。今又惠贻以书，似犹以弟为可教而未忍遽绝之者，用敢略陈其愚，惟先生詧焉。②

① 梁启超：《时务学堂》，《梁启超自传》，南京：江苏文艺出版社，2012年，第26—27页。
② 详细可参考皮锡瑞光绪二十四年三月十九日（1898年4月9日）日记所述内容，皮锡瑞著、吴仰湘点校：《皮锡瑞日记》（第二册），北京：中华书局，2020年，总第609页。

　　拟复叶焕彬书云：拜诵手书并惠大著，不以弟为不可教而再谆谆诲所不及，良友之责善，且感且愧。然区区苦衷似有未尽谅者，欲默而谢，恐违盍各之义，敢略陈其愚，惟公督焉。①

　　答叶君书云：拜读手书并惠大著，不以弟为不可教而再谆谆诲所不及，且感且愧。顾区区之衷似有未谅，而用流俗人之言以相訾謷，敢略陈其愚，惟公督焉。②

　　可以看出，皮锡瑞在对叶德辉回信一事上反复思量，对字词表述斟酌再三。这一方面固然是出于礼节性的寒暄，但也透露着皮锡瑞弥合双方抵牾的尝试。而从叶德辉一方来看，其仍在暗中拓展自己的力量，以便在更广泛的社会层面掌握舆论主导权。但很难说这一时期，各方人员已然将札记事件视为一场纷争。同样是对人心的拉拢与舆论态势的争取，与7月间公共性媒介的高频使用相比，这一时期对私人信函的偏重，也不只是一种偶然。5月下旬，札记事件有了初步结果，陈宝箴始以公文形式，将调查结果与处理办法布告社会：

　　为此札仰总理时务学堂盐法道黄道即便遵照，立将此种冒刻时务学堂课艺板片、刻本查出，一并销毁，严饬毋得再行刷印售卖，致干咎戾。并出示晓谕，一体严禁。此后如有书贾及刻字铺店人等，再敢冒刻书籍文字，希图射利，不顾误人，除将该坊店立行封闭外，并即从严究办，勿稍宽贷。③

　　遵陈宝箴之令，黄遵宪先后发布《禁止盗刻时务学堂课艺告示》《遵饬再行禁止盗刻时务学堂课艺告示》两则告示，再次说明官方对时务学堂札记事件的处理意见，除对事件结果的基本认定之外，尤其言明对后续类似行为将严加惩治④。针对同一事件，官方连日内频繁发布数则相似公文，其主要对象，既是争斗直接涉及的纷争方，更是暂时处于纷争之外的若干旁观百姓。诚然，中庸调和的"第三条道路"是陈宝箴主持湖南新政的一贯思路，但在5月中下旬的这一时间，公文作为公开性媒介，尤其承担着安定社会、安抚人心、弥合社会纷争的作用。至黄遵宪的两则公文发布，《湘报》先后在107号、130号原文转录，两个月来，《湘报》首次论及札记相关内容，这既是此前谭、唐等人极力弥合纷争意图的反映，也不排除受到官方意旨的影响。

三、公文互辩

　　因札记事件引发的风波逐渐平息，7月前后，围绕时务学堂，表面似乎未激起新的波

　　① 详细可参考皮锡瑞光绪二十四年四月初二日（1898年5月21日）日记所述内容，皮锡瑞著、吴仰湘点校：《皮锡瑞日记》（第二册），北京：中华书局，2020年，总第642—643页。
　　② 详细可参考皮锡瑞光绪二十四年四月初三日（1898年5月22日）日记所述内容，皮锡瑞著、吴仰湘点校：《皮锡瑞日记》（第二册），北京：中华书局，2020年，总第645页。
　　③ 《札饬查禁冒刻时务学堂课艺》，汪叔子、张求会：《陈宝箴集》（中册），北京：中华书局，2003年，第1157页。
　　④ 《禁止盗刻时务学堂课艺告示》《遵饬再行禁止盗刻时务学堂课艺告示》两则公文的详细内容见黄遵宪撰，吴振清、徐勇、王家祥整理：《黄遵宪集》（下卷），天津：天津人民出版社，2003年，第618页。同时，《湘报》光绪二十四年107号、光绪二十四年130号也都将其内容原文转录。

澜。然而,也正是在这一时期,此前各种偶然的事件真正被当事人统合为一个整体,上升为一场纷争,当事人试图利用各种途径获得舆论主导权,以谋取纷争结果的胜利。

7月10日,岳麓书院山长王先谦联合张祖同、叶德辉、孔宪教、黄自元等上呈《湘绅公呈》,要求严加整顿时务学堂,辞退异学之人:

> 窃以为本源不清,事奚由治? 伏乞大公祖严加整顿,屏退主张异学之人,俾生徒不为邪说诱惑,庶教宗既明,人才日起,而兼习时务者,不至以误康为西,转生疑阻,学校幸甚,大局幸甚。[1]

《湘绅公呈》言梁等入湘之后,以西学之名,行康党之实,要求陈宝箴更换时务学堂教师及管理人员,以阻止康党思想在书院生徒中的传播,校正湘省士风。随着各方势力之间的冲突公开化,即便是在公开性媒介之上,王先谦等于措辞也无甚避讳,"梁启超及分教习广东韩、叶诸人,自命西学通人,实皆康门谬种,而谭嗣同、唐才常、樊锥、易鼐辈,为之乘风扬波,肆其簧鼓"[2]。

维新党人也不甘示弱,由熊希龄领衔,针锋相对地先后在7月13日、7月15日上呈《公恳抚院整顿通省书院禀稿》与《上陈中丞书》。前者由熊希龄与黄膺、戴展诚、吴獬、戴德诚等人联呈,向陈宝箴控诉"通省书院积弊太深,由于山长无人,恳请遵旨力加整顿,以作育人才事"[3],矛头直指王先谦,建议以定教法、端师范、裁干脩、定期限、勤功课、严监院、速变通[4]七条措施整顿通省书院。在《上陈中丞书》中,熊希龄又揭发王先谦、张雨珊、叶德辉的诽谤,极言王、叶等人在制度与人事权力上之"专办",在经济利权上之"难于同事",在学术宗旨上之"路见不平"[5],同时历陈自己自办理学堂之事以来,惨淡经营之苦心,并利用自身的公共媒介优势,在《湘报》《湘学报》上集中性大批转载相关公呈。这一时期,双方不约而同地增加了公开性媒介的使用率。在公呈中,王先谦等极力论述维新派对于名教纲常之破坏,熊希龄则历数前者在经济、文教、人事权力上的专权排挤,彼此之间用语极尽刻薄。

公开,意味着更多人的围观。无论是王先谦领衔的《湘省学约》《湘绅公呈》,还是其后熊希龄上呈的《公恳抚院整顿通省书院禀稿》与《上陈中丞书》,其对话的对象,表面是陈抚台,其实是一个隐形的、更为广大的、立场尚不明确的旁观群体。无论是王先谦等士绅还是维新派人士,从私人性媒介到公共性媒介的转向,意味着那些此前不欲示人的东西,这时希望被更多的人看到、议论。

札记风波之后,伴随着新政措施的逐渐推行,谭、唐等人逐渐发现,此前的辩白与回避,并无益于制止风波,消弭不利言论,反而使得鼓动不满言论者越来越多,社会整体的舆

---

① 《湘绅公呈》,苏舆:《翼教丛编》,上海:上海书店出版社,2002 年,第 149—150 页。

② 同上。

③ 《公恳抚院整顿通省书院禀稿》,《湘报》(下册),北京:中华书局,2006 年,总第 1045 页。

④ 同上。

⑤ 《上陈中丞书》,《湘报》(下册),北京:中华书局,2006 年,总第 1057—1068 页。

论环境日益向着有利于对方的局势发展。与其处处躲避，倒不如打开天窗说亮话，利用公开性的媒介回应论辩，借平台造势，主动与其他力量争夺舆论场域的主导权，在更广泛的社会层面树立相对优势。正是伴随着事件态势与舆论场域生态的变化，各群体的心态以及对形势的理解逐渐发生异化，此前一系列零散的异议被整合统一为具体的事件，偶然的事件又逐渐演进为系统性的纷争。

一个月之后，皮锡瑞以日记的形式记录事件经过，并提及个人对纷争的看法："五月廿六日秉三与黄、戴禀陈中丞，言书院积弊、山长非人，意在沛公。廿七日秉三刊其《上中丞书》，自明心迹及王、张、叶三君之行为。其余我皆不知，而言梁卓如来，诸人倾服，自是实事。"①叶德辉的拉拢似乎并没有达到预期的效果，后来的皮锡瑞已经不能算作完全意义上的旁观者，对事件的记录逐渐带有了价值倾向。从相对中立到逐渐带有情感态度的价值评判，皮锡瑞在立场上的微妙变化，恰恰是舆论场域整体态势的一个微观缩影，也印证了双方对舆论主导权的争夺之激烈。

四、揭帖事件

1898 年 8 月，时务学堂中再起波澜，宾凤阳揭帖事件将士绅内部冲突推向了新的高峰，官绅关系也在这一事件中迅速恶化。

8 月，时务学堂学生张伯良等以公文形式上呈《恳请严提劣衿质讯雪谤禀》，其中不仅提到王先谦、叶德辉等人假学术为名，觊觎谋占学堂总理及教习各席，更揭露了守旧学生代表宾凤阳刊刷揭帖的恶劣行径：

> 该劣衿等变羞成怒，而又不敢彰明较著，于是造为谣谤，鼓惑人心，并将前次原函添加蜚语，谓"学堂教习争风、择堂中子弟文秀者，身染花露，肆行鸡奸"，刊刷揭帖，四处张贴分送，冀以泄其私忿。②

接读禀稿之后，陈宝箴大为愤怒：

> 兹阅该学生等抄粘此函，其中丑诋污蔑，直是市井下流声口，乃犹自托于"维持学校"之名，图报复私忿。此等伎俩，阅者无不共见其肺肝。若出于读书士子之手，无论不足污人，适自处于下流败类，为众论所不容耳。③

他批示，"仰总理学堂布政司迅饬长沙府查明宾凤阳等系何学生员，立传到司，澈底根

---

① 详细可参考皮锡瑞光绪二十四年六月廿二日（1898 年 8 月 9 日）日记所述内容，皮锡瑞著、吴仰湘点校：《皮锡瑞日记》（第二册），北京：中华书局，2020 年，总第 689 页。

② 《张伯良等：恳请严提劣衿质讯雪谤禀》，汪叔子、张求会：《陈宝箴集》（中册），北京：中华书局，2003 年，第 1353 页。

③ 《张伯良等恳请严提劣衿质讯雪谤禀批》，汪叔子、张求会：《陈宝箴集》（中册），北京：中华书局，2003 年，第 1351 页。

究出自何人、刊于何地何时,务得确情禀复,严加惩办,以挽浇风而端士习"①。学政徐仁铸也迅速做出表态:"惟本院职司风教,若不严行根究,无以对三湘读书向学之士。仰三学官传谕各士,确切查明宾凤阳等系何学生员,立传讯究,以惩滥习而定士心。"②

陈宝箴、徐仁铸的批复固然是面向社会,而张伯良作为时务学堂学生的代表,将宾凤阳的行径上报抚台,又何尝只是希望得到抚台一人的关注。无论事件原委究竟如何,他们都希望这件事情能够引发更广泛群体的关注与共鸣,让民众"公审",从而吸引更广泛的群体转移到己方阵营。

抚台果决的彻查态度让王先谦有些始料未及,他开始试图以私人信函为媒介,扭转官方态度。在给学政徐仁铸的信中,王先谦极力为宾凤阳辩白:"弟忝居讲席,从不袒护生徒。至此事由来,因诸生欲厘正学术,致书鄙人,遂致鬼蜮横行,恣为诋斥。弟蓄愤未摅久矣,不敢不引为己任,一雪斯言。"③同时也以康党之名,向徐仁铸施压:

> 阁下主持康教,宗风所扇,使承学之士望景知归。此次敝郡岁试,弟之亲友以"南海圣人"获隽者,不下十人;以"南海先生"入选者,则指不胜屈。④

但王先谦与徐仁铸的私信,并没能直接改变陈宝箴对案件的审理决议:

> 仰布政司转饬长沙府访查刊刻揭帖痞徒,严拿讯办,并饬县严禁刻字各店,毋得替人刊刻匿名书帖,致干重惩。⑤

这样的审理结果显然难以令王先谦满意,短短几日内,他不厌其烦,反复致信陈宝箴,希望能扭转其对宾凤阳事件的态度。正如4、5月间谭、唐等人向欧阳中鹄的致信,为宾凤阳等生辩白同样也成为王先谦诸信件的核心主题:

> 徒以前此先谦等为学堂事公具呈词,举宾凤阳等所上先谦书函为证,含恨而欲一泄之,今忽以揭帖架词,图入人罪。查禀称"刊刷揭帖,四处张贴分送"等语,昨遍询诸人,城中实未见此揭帖。……而揭帖之由来,甚为暧昧。以学堂得之、学堂呈之之私物,而诡称岳麓诸生所为,殊觉远于情理。先谦因公呈首列之故,为人集矢,横加污蔑,揭帖通衢,众所共见。只以此事类系痞徒乘机播弄,不复查究。今若辈欲陷害宾凤阳等,假造揭帖,又恐事无主名,例所不究,因取前上之书,增入污蔑之语,以为波累张本。其设心亦巧且险矣! 宾凤阳等相从最久,品学俱端,平日于外事毫无干预,此

① 《张伯良等恳请严提劣衿质讯雪谤禀批》,汪叔子、张求会:《陈宝箴集》(中册),北京:中华书局,2003 年,第1352 页。
② 《徐仁铸:张伯良等恳请严提劣衿质讯雪谤禀批》,汪叔子、张求会:《陈宝箴集》(中册),北京:中华书局,2003 年,第 1354 页。
③ 《王先谦:致徐仁铸书》,汪叔子、张求会:《陈宝箴集》(中册),北京:中华书局,2003 年,第 1355 页。
④ 同上。
⑤ 《宾凤阳等诬蔑学堂匿名揭帖辨明无涉禀批》,汪叔子、张求会:《陈宝箴集》(中册),北京:中华书局,2003 年,第 1357 页。

等造言恶习,可保必无。①

但陈宝箴始终态度强硬,即使王先谦以辞去山长之职为代价力保宾凤阳,也始终没能改变陈宝箴对事件结果的认定与处理,官绅矛盾至此无以复加。王先谦在《葵园自定年谱》中记载:

> 旋由时务学堂学生呈控宾凤阳等匿名揭帖诬蔑,伊等就宾等元禀添砌多语,抚、学竟准讯究惩办。余函致中丞辞馆,复书挽留。俞廙轩中丞时为藩司,向中丞力言:"因此影响之语,致王某辞馆,有碍体面。"中丞答云:"岂但辞馆,我要参他!"②

相较札记外散与公文互辩时期,8月份的宾凤阳揭帖事件中,时务学堂师生、王先谦等士绅、湘省官员等群体的媒介使用都较为多元,但我们仍能通过各方群体对媒介的选取,把握当时的历史情境与行为主体的心理状态,以及各群体对当下事件态势的理解。

8月上旬,既有光绪帝谕旨定调在先,又有湖南巡抚陈宝箴的支持,这一时期舆论场域的力量对比短暂地向维新派倾斜。总体而言,维新派在揭帖事件前期占据主动,既掌握理,遂占据势。选取公开性媒介,极论己方冤屈与宾凤阳手段之卑劣,目的遂在于借主导地位,制造声势。为配合王先谦对宾凤阳的营救活动,确实不乏学生以公文方式向陈宝箴上呈讼词:

> 昨初六日,时务学堂学生张伯良等以生等刊刷揭帖控院,不胜骇诧。窃生等志在厘正学术,何至甘居下流?且将原函增入詈语,列名刊布,授人以柄,虽至愚不出此。此中情理,料在宪鉴之中。生等近两月以来,实不闻外间有传播揭帖之事,故无由早为辨白,且学堂诸人,至今始行禀究。③

8月12日,王先谦亦联合城南、求忠二书院山长及部分学生商订《湘省学约》,提出"正心术""核名实""尊圣教""辟异端""务实学""辨文体""端士习"七条规约,以重塑湘省名教④。

但整体来看,私人性媒介仍是各个群体更为偏向的信息沟通途径。恰似札记事件中的谭、唐等人,拉拢试探也好,施压也罢,既于心理上遮掩回避,又于舆论场域中处于不利态势,私人信函的往来沟通、个人日记的真实情感宣泄,凡此种种,都是客观情境影响下的主观媒介选择。同样是对私人性媒介的使用,札记事件与宾凤阳揭帖事件中,目的却不尽相同,谭、唐等人此前一系列行为表现,又在王先谦、叶德辉等人处出现。当前者力图借助时机,进一步引发更大层面的社会关注之时,王先谦等人却不想陷入更大的舆论困境,唯

---

① 《王先谦:致陈宝箴》,汪叔子、张求会:《陈宝箴集》(下册),北京:中华书局,2003年,第1757—1758页。

② 《王先谦:〈葵园自定年谱〉》,汪叔子、张求会:《陈宝箴集》(下册),北京:中华书局,2003年,第1760页。

③ 《杨宣霖等:辨明揭帖实情蒙冤请雪呈词》,汪叔子、张求会:《陈宝箴集》(中册),北京:中华书局,2003年,第1360页。

④ 《湘省学约》,苏舆:《翼教丛编》,上海:上海书店出版社,2002年,第150—153页。

恐矛盾冲突再度演进,极力通过私人关系疏通情面,试图将不利局面控制在一定的范围之内。但冲突既已愈演愈烈,更多的牢骚也只得通过日记与私人信函来表达。

王先谦既反复来信疏通,陈宝箴、徐仁铸遂逐一回应。相比此前,在宾凤阳事件中,信函成为与公文并列的官方主要发声媒介。除了被动回应的因素之外,私人信函媒介的选用,在某种程度上也是官方群体心理活动的微观反映。8月,伴随着士绅内部冲突的不断加剧,官绅冲突也愈演愈烈。守旧士绅不满官方对诸多事件的处理态度,大有将湘省地方官员康党化的倾向。为了避免引火烧身,给自己带来更大的麻烦,徐仁铸等人也希望将矛盾限制在私人性媒介之内,尽可能以秘密方式,调和双方的冲突。

五、结语

"思想"的表达需要依托于一定的媒介,媒介的选取不是偶然的,而是孕育于一定的历史情境之中的主观选择。不同性质的媒介选择,既受到舆论场域主导权、人员关系、态度立场等多元因素的影响,又传达着行为主体的心理状态、目的意旨、对事件态势的理解与把握等多重信息。媒介并不总是仅仅沟通着其表面联结的双方,每一次发声其实都有其复杂的潜在对话对象,内容不同,欲求达成的效果也不尽相同。

以媒介为线索,对文本生成过程的综合考察,使我们得以还原时务学堂相关历史场景的动态演进过程,考察不同的历史时刻中,事件亲历者对矛盾与冲突的理解:1898年3—6月间,各个群体之间的冲突尚没有充分外现,诸多核心人物态度趋向尚不明朗。大多数人并未将当下的不和谐声音视为一场纷争,并有意通过更为隐蔽的信息沟通渠道将舆情控制在一定的范围之内。7月,各群体的心态在舆论场域生态的影响下逐渐发生异化,此前一系列零散的异议逐渐被统合为一场系统性的纷争,各群体试图利用各种途径谋取纷争结果的胜利。8月,被卷入舆情的人越来越多,即便诸多群体极力控制局面的无限发展,但纷争之态在历史时空的交互作用下,已难以逆转。

文本之外,亦为文本。倘若仅仅着眼于斗争双方相互攻讦的具体内容,就很容易把一个渐进的动态的历史演进过程,简单化、概念化为一个固定的指标。无论是将时务学堂之争归结为不同思想的争论,还是由经济利权与制度人事安排引发的冲突,看似越来越全面化,其实都是将时务学堂创办以来,复杂而生动的历史图景,模式化地理解为二元或者多元的纷争与对立。当我们习惯了以争论和冲突为预设去解读相关的文本信息,便很容易将与之相关的一系列事件,无辨析地统摄到"时务学堂之争"的范围之内。同时,当研究者将先验的冲突观附加于历史场景中的文本本身时,充满无限复杂性的历史便成了围绕既定线索的单调定向运动。

时务学堂的创办作为湖南维新运动中的代表性事件,其研究中存在的冲突、纷争先行的叙述模式,也在一定程度上反映出当前湖南维新运动乃至整个戊戌变法研究中存在的视角局限。茅海建的相关研究,从宏观层面上将我们对整个戊戌变法的理解提高到一个新的视域，但与戊戌变法相关的诸多事件，在短时间内仍未能摆脱先验的冲突观。本文的诸多分析，在微观考察上仍存在诸多粗疏之处，史料搜集仍不尽完善，但希望从媒介进入文本形成过程的考察思路，能够促进湖南维新运动乃至整个戊戌变法研究，跳出冲突先行的叙述模式，在人物心态、舆论场域、人际关系的考辨中，还原出更加真实全面的历史场景。

新闻教育史研究

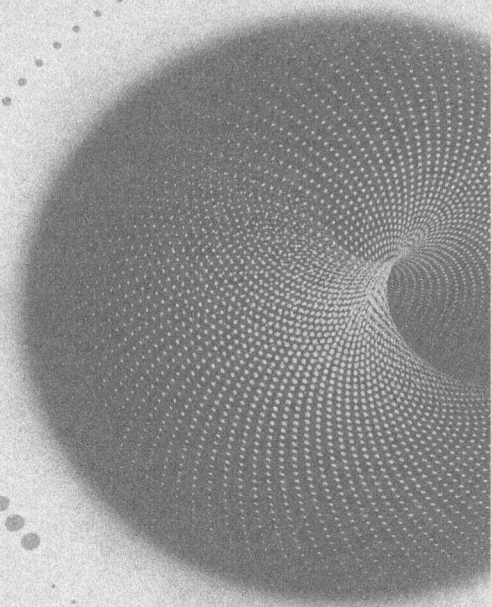

延安时期的文化实践与革命叙事

——以陕甘宁边区文教大会为中心的解读

王春泉[①]

摘　要：延安时期，中共以"做哲学"的姿态开辟人类文明新道路，"开会"成为重要的工作资源与建设进路。1944 年，延安召开陕甘宁边区文教大会，《解放日报》社论视之为重要历史事件，断言"将来修中国文化史的人，对此不可不大书一笔"。遗憾的是，陕甘宁边区文教大会何以是延安时期中国革命的"奇点"与"阿莱夫"，并未得到应有的/可能的观照。本文以陕甘宁边区文教大会为例，从"事件"的角度切入并凝视延安时期的政治智慧与文化技艺，绽放其中秘密，希望能为历史性的考量与评估延安时期新闻传播生产的相关问题贡献些微的意见和智慧。

关键词："做哲学"；延安时期；陕甘宁边区文教大会；文化实践

1944 年 10 月 11 日至 11 月 18 日，陕甘宁边区文教大会在延安召开，历时 37 天，参加大会的代表总计 450 多人。关于这次会议，彼时的延安《解放日报》视之为"新文化运动空前创举"[②]，相关报道、评论文章高达 126 篇，断言"将来修中国文化史的人，对此不可不大书一笔"[③]；当代学术界则以历史的眼光将它与 1940 年的陕甘宁边区文化协会代表大会、1942 年的延安文艺座谈会"捉置一处"，在单元史的维度上判定为"新民主主义文化理论创新的三个波峰"[④]之一。

陕甘宁边区文教大会堪称延安时期中国革命的"奇点"与"阿莱夫"。借用英国学者戴维·莱恩在《马克思主义的艺术理论》一书中肯定《在延安文艺座谈会上的讲话》的那段话说，它"被证明具有一种生产力，一种不是提供现成的思想，而是激发读者思想的能力"[⑤]。遗憾的是，陕甘宁边区文教大会至今未能够迎来历史的"大书一笔"，截至今日，知网上仅有 4 篇文章涉及陕甘宁边区文教大会，且普遍偏向于做一般性质的述评或深度有限的介绍。无

---

① 王春泉，西北大学新闻传播学院教授。
② 《新文化运动空前创举　边区文教会议开幕》，《解放日报》1944 年 10 月 13 日。
③ 社论：《此次文教大会的意义何在？》，《解放日报》1944 年 11 月 23 日。
④ 杨凤城等：《中国共产党文化思想史》，北京：中共党史出版社，2023 年，第 136—137 页。
⑤ ［英］戴维·莱恩：《马克思主义的艺术理论》，艾晓明等译，长沙：湖南人民出版社，1987 年，第 97 页。

论是当年艾思奇以解放的行动、团结斗争的仪式、盗火与凿光的行动、冲决网络的象征所做的阐释①,抑或是当今学者就革命卫生工作与建设、根据地小学教育的发展等所做的切入与凝视,都还不能充分绽放其"开放代码营销"②的方法论价值与意义。简单地说,陕甘宁边区文教大会还没有得到存在意义上的观照,它的本真性书写依然处于"尚未"状态。

本文希望在系列理论资源的支持下,重读陕甘宁边区文教大会,尤其是它回应根本性焦虑、筑造革命文化传奇品牌的实践与智慧。其中核心,则是具有"做哲学"③特色的中共革命实践,何以透过"话语性设计"④,发现它的"文化技艺",执行它隐身于内里的"历史性签名"。

一、造一河大水,通过"事件"行销新民主主义文化

"任何事都要通过群众造成'群众运动'才能搞好。"⑤延安时期,"清凉山上插了一面旗子,叫做新民主主义"⑥。但因为"挂在空中的"教条主义等原因,落实成效并不完全理想。毛泽东《在延安文艺座谈会上的讲话》引起了巨大的震动,但在1942年秋天,中组部确定117人去敌占区工作时,他们当中"除少数人表示服从党的分配、接受工作外,其余大部分人均把个人利益放在第一位,或掩饰推诿,或当面拒绝"。中组部部长陈云认为:"在国内外斗争日益艰难的时期,尤其在整风时期,竟有这样多的新党员新干部的党性观念如此薄弱,实在是相当严重的现象。"⑦发愿开好"政治房子、政治工厂"⑧的中国共产党积极创造,走"全国人民的总动员"⑨道路,在"开会"的基础上"开大会",以"事件化"姿态造成一河水,建设伟大的新民主主义文化。

作为"事件化"和"去事件化"的重要装置,陕甘宁边区文教大会和许多存在的力量相关联——国家文化景观、地图、展示、凝视、协商、统一、"慢"/"耐心"、"第三空间"、集体化观看……

(1)陕甘宁边区文教大会首先是一个新民主主义文化的大展示——37天;会议代表

---

① 艾思奇:《改变面目改变脑筋》,《解放日报》1944年11月6日。
② [美]克里斯托弗·洛克:《刚左营销——网络时代的商业艺术》,李华芳、梁捷译,上海:上海人民出版社,2006年,第114页。
③ 关于"做哲学"的解释,请参见张能为:《何谓"做哲学"及其主要面向问题》,《哲学分析》2020年第1期。
④ 关于"话语性设计"的解释,请参见张黎:《译者序 话语如何设计:另类之物与沟通伦理》,[美]布鲁斯·M.撒普等:《话语性设计:批判、思辨与另类之物》,张黎译,南京:江苏凤凰美术出版社,2024年,"译者序"第1—15页。
⑤ 《谢觉哉日记》(上卷),北京:人民出版社,1984年,第612页。
⑥ 毛泽东:《时局问题及其他》,《毛泽东文集》(第三卷),北京:人民出版社,1996年,第258页。
⑦ 迟爱萍:《陈云推动落实〈在延安文艺座谈会上的讲话〉》,《党史博览》2013年第1期。
⑧ 毛泽东:《在中国共产党第七次全国代表大会上的口头政治报告》,《毛泽东文集》(第三卷),北京:人民出版社,1996年,第340页。
⑨ 毛泽东:《反对日本进攻的方针、办法和前途》,《毛泽东选集》(第二卷),北京:人民出版社,1991年,第346页。

450多人;各行各业、各宗教团体;卫生、教育、艺术、报纸等界别;大会报告、小组讨论、典型报告、总结报告;模范的文教工作者、模范家庭、模范村子、光辉的范例……边区文教工作的新天地。就此而言,它呈现出繁荣的人民文教事业的"第三空间"特性。小说家博尔赫斯发明了一个神奇的地方叫"阿莱夫",在博尔赫斯的小说世界中,"阿莱夫"是"一切地方都在的地方"①——空间理论学者爱德华·苏贾在此基础上更进一步,祭出了他的"第三空间"理论,用以描绘那个既包含物质空间(第一空间)、精神空间(第二空间),又超越它们并进而整合真实空间与想象空间为一体的奇点空间。在爱德华·苏贾的"第三空间"里,"一切都汇聚在一起:主体性与客体性、抽象与具象、真实与想象、可知与不可知、重复与差异、精神与肉体、意识与无意识、学科与跨学科等等"②。毫无疑问,陕甘宁边区文教大会就是所有的革命文化建设者、所有的革命文化主题、全部的革命文化的文体资源、所有的革命文化建设收获的成绩与遭遇的问题、革命文化的现实与"尚未"等等的大聚集。"相遇开启新的存在维度"③,无论是政协礼堂庄严且神圣的历史相聚,还是分组形式中的众语喧哗与心声互动,抑或是文教展览——"边区文教大会陈列室十一月五日开放,共有石窑二十二孔,其中除少数民族单设一窑外,其余二十一窑按教育、卫生、艺术、报纸四大业务分类,各类又按问题性质分别陈列。艺术部分有群众艺术、戏剧音乐等"④,更或者是高潮迭起的表彰与鼓励……陕甘宁边区文教大会以复数的形式,全方位地呈现/绽放了"第三空间"的智慧与秘密。

(2)陕甘宁边区文教大会同时显示为一个新民主主义文化的本真状态,就此而言,它和齐泽克所说的那种情形很契合——"事件"同时就意味着全部"坠入"其中与融合一体,以及新的生态⑤。

"聚集"某物,便意味着"令某物成为中心,使其清楚明白"⑥。陕甘宁边区文教大会以新民主主义文化建设为鹄的,最典型地呈现了螺旋式传播/分形传播的基本特性。以《延安文艺丛书·文艺史料卷》所勾画的新秧歌图景为例,则可看到:

时间与人物——"边区文教大会艺术组从十月十四日到十六日介绍群众秧歌典型。共有九位代表发言。"

场景与细节——"首先由几位群众代表分别报告群众秧歌的经验和创作方法,边讲边表演。刘志仁唱了《新三恨》,汪庭有唱了《表顽固》,景海清唱了道情。鲁艺同志为他们表

---

①　[阿根廷]豪尔赫·路易斯·博尔赫斯:《阿莱夫》,转引自[美]Edward W. Soja:《第三空间——去往洛杉矶和其他真实和想象地方的旅程》,陆扬等译,上海:上海教育出版社,2005年,第68页。

②　侯斌英:《去往真实的和想象的空间的旅程——析爱德华·苏贾的"第三空间"理论》,《新疆大学学报》(哲学社会科学版)2010年第2期。

③　《叙言:我和你》,方维规:《思想与方法——全球化时代中西对话的可能》,北京:北京大学出版社,2014年,"叙言"第3页。

④　《延安文艺丛书·文艺史料卷》,长沙:湖南文艺出版社,1987年,第213—214页。

⑤　何成洲:《何为文学事件?》,何成洲、但汉松:《文学的事件》,南京:南京大学出版社,2020年,第7页。

⑥　邱慧:《焦点物与实践——鲍尔格曼对海德格尔的继承与发展》,《哲学动态》2009年第4期。

演了《有吃有穿》《团结歌》，并把口琴、提琴、手风琴、钢琴等外来乐器作了介绍性的表演。"

书写与绘图——"马可、清宇执笔的文教大会艺术组介绍群众秧歌典型《刘志仁和南仓社火》，十月二十四日在《解放日报》发表。苏林执笔的文教会艺术组文章《杜芝栋和镇靖城的秧歌活动》，十月二十六日发表。丁玲十月三十日在《解放日报》撰文介绍文教会典型人物：《民间艺人李卜》。安波执笔的文教会艺术组文章《驼耳巷区的道情班子》，十月三十一日发表。艾青十一月八日在《解放日报》撰文《汪庭有和他的歌》。萧三、立波十一月九日在《解放日报》载文《练子嘴英雄拓老汉》。"

秧歌戏剧会演——"陕甘宁边区文教大会艺术组十一月六日在边区参议会大礼堂举行群众秧歌戏剧第一次会演。节目有：关中刘志仁、汪庭有、王中泉领导并参加演出的社火《跑红灯》，三边杜芝栋领导并参加演出的秧歌《破除迷信》，陇东黄润领导并参加演出的秧歌《减租》，延安市桥镇乡群众改编演出的《小姑贤》《蛮婆算命》，拓开科的练子嘴《闹官》，民众剧团李卜的郿鄠剧《张琏卖布》。整个演出有民间艺术特殊风味，优美、活泼、新颖，观众无不交口称赞。"①

倘若再延伸到周而复的《人民文化的时代——陕甘宁边区文教运动的成果》，又一定会遇到这样的场面与景致："至于出席这次文教大会的工农兵代表，更是充满了才能的群众艺术家，比如练子嘴（接近一种快板的形式）专家拓开科，他出席文教大会，即席就编了下面的鼓词：'文教大会把会开，代表同志各地来，所有的材料拿出来，民办公助能解开……'"②

（3）陕甘宁边区文教大会逻辑性地开启了一个新民主主义文化的新时刻，就此而言，它以自身的插入、整合施行了历史性的阻断与开新，是新的时间文化的"外部之物"③。简单地说，作为新民主主义文化"有边无边"的新剧场，陕甘宁边区文教大会引入了一种新的时间意识——"再"，这个"再"不单对中国/中华文化的再造具有非凡的历史意义，就是从中共革命内部而言，也可以看作是天翻地覆的大革命。从《在延安文艺座谈会上的讲话》开始，借用南·艾琳的话说，延安时期的新文教运动进入到了它运动形态的"再使用、再思考、再创新、再构建、再完成、再装饰、再建设、再创造、再浇铸、再点燃、再回归、再定义、再恢复青春、再流行、再组合、再评价、再工作、再酬谢、再出众、再记忆"的"人民的时刻"④。就此而言，"我们说这次文教大会表示了一个破天荒的成功，表示了边区人民在中国文化史上完成了比孔子所做的更伟大得多的事业"⑤之类的总结和概括，宣告一个历史运动的成效和周期的结束；而大会通过的《关于开展群众卫生医药工作的决议》《关于培养知识分子与普及群众教育的决议》《关于发展群众艺术的决议》《关于发展群众读报办报与通讯工

①　《延安文艺丛书·文艺史料卷》，长沙：湖南文艺出版社，1987年，第212—214页。
②　《人民文化的时代——陕甘宁边区文教运动的成果》，周而复：《新的起点》，上海：新文艺出版社，1953年，第192页。
③　参见［意］吉奥乔·阿甘本：《万物的签名：论方法》，尉光吉译，北京：中央编译出版社，2017年，第35页。
④　［美］南·艾琳：《后现代城市主义》，张冠增译，上海：同济大学出版社，2007年，第4页。
⑤　社论：《此次文教大会的意义何在？》，《解放日报》1944年11月23日。

作的决议》《关于开展工厂文教工作的决议》《关于机关学校文教工作中的几个问题的决议》《关于加强荣誉军人教育及娱乐活动的决议》和号召文化工作者向模范革命出版工作者邹韬奋学习的决定等，则"不如说是出了伟大的题目"，"简直说得上一场'微妙'的战争"①，意味着未来的诸多"尚未"。

《开展大规模的群众文教运动——十一月十五日在边区文教大会上的总结提纲》的总结最本真，它宣布，"内战暴风雨时期：人民把教育权夺到自己手里，为革命事业服务。文艺方面，除各种剧团外，革命歌曲普遍流行，报纸也能反映群众的战斗生活。这时的文教工作，虽是比较粗糙与简略的(受当时环境的限制)，但由于密切联系了群众和实际，对革命事业起了鼓舞群众意志与动员群众行动的积极作用，新鲜活泼，又健壮有力。抗战后，至一九四三年：边区尚未遭敌人蹂躏，处在相对和平的环境，大批外来知识分子进入边区参加文教工作，数量上和规模上都有发展。但由于教条主义(内容上和方法上)与形式主义(作风上)作怪，日益同实际脱离，同群众需要违背。初期犹有一种活泼气象，一九三九年后便转入沉闷与软弱无力。一方面，代表正确方向的因素被挤掉，或退居于次要地位；又方面，客观上帮助了封建文化残余的活跃(教育方面，特别是文艺方面)。一九四三年以后，特别是今年，开始了一个新的局面，从沉闷转向活泼，并转向大规模发展(村学、识字组、读报识字组、黑板报、秧歌等)的局面。由于生产发展，群众的文化需要提高了。更重要的，是由于整风运动，文教工作从与实际脱离，转向与之联系，知识分子从与工农隔绝，转向与之结合，因而被群众所热烈欢迎。新时期与新局面，是第一时期优良作风与第二时期发展规模相结合的产物。其前途将是大规模群众文教运动的展开"。"新的时期开始了"，"但已预示了灿烂的前途。群众创造能力的闸门，被打开了，我们已经发现了不少的模范医生，模范医药组织，各卫生模范村，各模范小学与识字组，各模范黑板报、读报组、工农通讯员，模范秧歌队……。只要我们善于坚持下去，一定能在数年之后，使边区面目为之完全改观。边区将在各方面都成为全国的模范"。

二、共同"凝视"与"绘图"，建设人民至上的"文化新政体"②

根据地新的文化建设工作尚且存在许多问题与挑战。按照毛泽东的总结，"我们边区的党部、政府甚至某些管理机关，如某些宣传机关，在议事日程上还没有把文化教育问题提出来，还有同志不晓得在这些方面要做什么事情"③。当下急务，"今年要学会文化建设"④，掌握其中的规律与技能。

①　社论：《此次文教大会的意义何在?》，《解放日报》1944年11月23日。
②　参见[澳]约翰·哈特利：《全民书写运动：改写媒体、教育、企业的运作规则，你不可不知的数位文化素养》，台北：漫游者文化事业股份有限公司，2012年，第124—130页。
③　毛泽东：《关于陕甘宁边区的文化教育问题》，《毛泽东文集》(第三卷)，北京：人民出版社，1996年，第107页。
④　同上书，第120页。

　　"领导就是带路。"(毛泽东语)陕甘宁边区文教大会不仅积极践行了"要把问题摆到桌面上来","互通情报","不懂得和不了解的东西要问下级",做到"胸中有数"等①工作方法,更置身事内、实事求是,智慧睿敏地寻觅构建"共识-确定性矩阵"②的突破口,让现实的工作有了具体的抓手,是一次极具探索性的实践。

(一) 通过凝视,自觉加入新文化

　　"看"是最基本的加入世界的能力,通常情况下,"看"是散漫的和无意识的,要想做到画家安·塔比亚斯的那种境界③,接受他的那种邀请④,就需要去"凝视"。因为,"凝视闯入物的内部,深入物穴或存在之洞,看见了物的内部秘密(暗面)";"凝视"是一种存在的回响,"凝视者的目光照亮或驱散了物的内在阴影,即阴暗的内核;这一阴暗物如同偶像或雕像有待'开光'";"凝视"具有转换身份的功能,基于激活存在的本质与行动,"凝视者升华为冒险者,这个'有待展开的褶子'成为冒险者的乐园";"凝视"绽放秘密,启迪前行,因为基于凝视的行动,"目光所照亮的世界从此向人们展开了,它一旦对外开放就大放光彩,变得清晰明白,成为路灯(路标),给人指路和启示,这样,凝视者本身也被照耀,显出光辉,得到启发,不再深处迷途。主体与客体、光与影、明与暗相得益彰,甚至各自有了自己的转折和功能"⑤。"凝视"说到底是一种积极的参与行为,究其实"是全身参与的一套复杂的感觉反馈系统,而并非只是眼睛"⑥。

　　1."凝视就是关注"⑦

　　陕甘宁边区文教大会以文教为视点,呈现边区/根据地现实与身处。所有的材料都能证明,以文教大会之眼开展的"凝视"首先从基层做起。这是规定的动作,基本的要求。就此而言,各分区的行动细腻周全。以《绥德分区文教会中的几个中心议题》聚焦"大众黑板报""读报识字"为例,处处可以感受到文教大会凝视细腻、场景频出的整体取向。例如,在"《抗战报》上的拾谷槎、捉路虎、治蝼蛄等,和《群众报》上的医治畜病,清洁卫生,破除迷信等,均在各地读报组的推动下,在农村普遍实行了"的概括下,文章用了几个镜头细腻地呈现和绽放。镜头Ⅰ——"绥德四十里铺区三乡王家桥,在乡文书贺汉德领导下,组织了一七二人(儿童、妇女、变工队员)的识字班,他给读了《抗战报》上捉路虎的消息后,当夜即组织了捉路虎队。全乡因而捉了一斗八升路虎。"镜头Ⅱ——"米脂卧羊中心小学办的大众

---

　　① 毛泽东:《党委会的工作方法》,中共中央文献研究室:《毛泽东、周恩来、刘少奇、朱德、邓小平、陈云思想方法工作方法文选》,北京:中央文献出版社,1990年,第293页。

　　② [法]亨利·利普曼诺维奇、[美]基思·麦坎德莱斯:《释放性结构:激发群体智慧》,储飞、曹宝祯译,北京:中国广播影视出版社,2023年,第270页。

　　③ [西班牙]安·塔比亚斯:《艺术实践》,河清译,杭州:浙江摄影出版社,1989年,第62页。

　　④ 同上。

　　⑤ 于奇智:《凝视之爱:福柯医学历史哲学论稿》,北京:中央编译出版社,2002年,第118—119页。

　　⑥ [英]尼古拉斯·米尔佐夫:《如何观看世界》,徐达艳译,上海:上海文艺出版社,2017年,第15页。

　　⑦ 于奇智:《凝视之爱:福柯医学历史哲学论稿》,北京:中央编译出版社,2002年,第119页。

黑板报上登了一个治羊瘟的药方后,搭救了一百多只羊。"镜头Ⅲ——"吴堡识字班创办人任逢华,五年内由一个村子发展到八十五个村子,由二十一人发展到一七〇一人,其中有不少人已认了五千字。"镜头Ⅳ——"米脂民丰区老秀才李鹏翼,他亲自领导识字班,创造许多教识字的新办法,如加减识字法、分类识字法、分类讲意法、移地教学法……"镜头Ⅴ——"也有个别地方,有形式主义和教条主义现象,如有的农村大众黑板报上写着'路透社电'和欧化的文字,或写了很久不换,或刷了黑板不写等,读报时千篇一律照报上的念,不联系本村具体情况加以讨论,使听报的人感到枯燥无味等。"①材料也显示,文教大会人在积极地做全景的写真。就像周而复做的那样,"从这个运动中,我们可以看出:在一切为了群众的总方针下,边区最近二年来大大地发展了群众生产,得到很大的显著收获。生产建设,促进了文化建设,提高了人民的文化水准生活,这运动发展下去,反过来又会促进生产运动更向前发展,同时也会促进了其他的运动,那灿烂的远景,那辉煌的成果,在今天是完全可以预见的"。"这就是陕甘宁边区文教运动的一幅轮廓画及其远景。"②此外就是文教大会聚焦典型与发现问题。材料证明,典型报道数量较多,发现问题者,不能说无,却占比不多。就是通过这样的聚焦与凝视,陕甘宁边区文教大会生成了罗洛·梅意义上的"关切",进而以特殊的情感、认知、理智为中介,带领着根据地的人民最热烈地加入到了新民主主义文化的军阵,成了"红色文军"的一部分。

　　2."凝视要听取,要发言"(米歇尔·福柯)③

　　凝视并非只为凝视,凝视的目标往往在于侦测,在于诊断,在于发现问题与找到解决问题的可能路径。就是在这样的意义上,理论解释每每重复如下观点:这里没有"完全的陈述"——"完全的陈述只能是自释"④;"医生在'凝视'这一行为中实现了对疾病的连续解读,搜集和整理相关信息、资料、数据……"⑤"凝视不可思议地指向物和物所在的方向与位置"⑥;"述与看在客观物的知识化过程中或在客观物成为知识对象的过程中都起着各自的重要作用"⑦……就此而言,陕甘宁边区文教大会上的凝视不是仅对某一种样态做凝视,它需要的是"技术圈"的整体视野与自觉,也就是把个体扩大到群体中读解和分析。可以证明的材料其实很多,仅以正式大会之前的自我审视来看,就足以见到大会"望闻问切"的期许与行动。例如《解放日报》上刊发的文章《鄜县文教会议检讨文化卫生工作缺点》《安塞文教会议未能深刻检讨缺点,个别区乡政府对学校关心不够》《延川文教工作亟待改进,社会教育办得最坏》《延县文教会议纠正对"民办公助"的误解》《固临部分区乡不

　　① 《解放日报》1944年8月22日。
　　② 《人民文化的时代——陕甘宁边区文教运动的成果》,周而复:《新的起点》,上海:新文艺出版社,1953年,第203—204页。
　　③ 转引自于奇智:《凝视之爱:福柯医学历史哲学论稿》,北京:中央编译出版社,2002年,第10页。
　　④ 于奇智:《凝视之爱:福柯医学历史哲学论稿》,北京:中央编译出版社,2002年,第12页。
　　⑤ 同上书,第10页。
　　⑥ 同上书,第119页。
　　⑦ 同上书,第8页。

重视文教工作》《志丹教育工作缺乏群众观点,制度不健全亟待纠正》《延安市文教卫生组,参观延安市群众卫生,杨家湾最好,裴庄村最坏》等,可以代表这个叙述矩阵的一种取向。

3."开放性医学提出了集体性合作工作方案"①

延安/根据地的所有努力都是为了争取抗战的胜利,开会是一种工作方法,例如,"我们今天开会,就是要使文艺很好地成为整个革命机器的一个组成部分,作为团结人民、教育人民、打击敌人、消灭敌人的有力武器"②。借助凝视理论的相关表述,"这是一种新型综合:开放、无限、动态,它对医学凝视进行了整合"③。在这里,"医学、医生、凝视无处不在,并形成一个巨大网络……"④最终,众多的目光形成了"目光的王国"/"目光的诗学"⑤,"自由闪闪发光,目光也闪闪发光"⑥。

《文教陈列室观众踊跃,要求将重要材料印出普及民间》一文记录了寻找解放航线的一般规律:(1)"代表们在早饭后即纷纷前去,至天黑时仍不散,他们大部都抄记重要的材料。三边的秦彦林、张延昌、刘保堂等到展览室参观已达三次";(2)代表们现场讨论——"当其他代表在刘保堂办模范小学的图画说明前讨论……";(3)抄录经验——当其他代表讨论刘保堂的先进事迹时,"他正在一旁抄记其他学校的经验";(4)索要材料——"一般观众的反映都是,要求选择重要内容大量的印成小册子分发,达到普及。教育部分要求印教识字的办法,艺术部分要求集印民间曲谱,推广新剪纸和年画,医药部分要求印单方、妇婴卫生、养娃娃知识及牲畜防疫与治疗办法。报纸方面要求把群众报的编辑采访经验印出。"⑦正如福柯说的,"光本身属于它自己的王国,它的威力在于废除特权知识的阴暗王国,建立毫无隔绝的凝视帝国"⑧。

作为结晶与成果,1944年11月边区文教大会通过,边区二届二次参议会批准的《关于开展群众卫生医药工作的决议》《关于培养知识分子与普及群众教育的决议》《关于发展群众读报办报与通讯工作的决议》《关于发展群众艺术的决议》《关于开展工厂文教工作的决议》《关于加强荣誉军人教育及娱乐活动的决议》等,则显现了另一个值得注意和留心的道理,那就是,"看是探索和沉思的必要前提,没有看就没有探索和沉思,没有探索和沉思,所看仍处于野性(未开化的)经验状态而无法通向知识……"⑨

(二)通过"绘图"与命名建设"共识-确定性矩阵"

经过1942年的整风运动、《在延安文艺座谈会上的讲话》、1943年的"文艺下乡"运

---

① 于奇智:《凝视之爱:福柯医学历史哲学论稿》,北京:中央编译出版社,2002年,第35页。
② 毛泽东:《在延安文艺座谈会上的讲话》,《毛泽东选集》(第三卷),北京:人民出版社,1991年,第848页。
③ 于奇智:《凝视之爱:福柯医学历史哲学论稿》,北京:中央编译出版社,2002年,第35页。
④ 同上书,第36页。
⑤ 参见鲁明军:《目光的诗学》,郑州:河南大学出版社,2019年。
⑥ 于奇智:《凝视之爱:福柯医学历史哲学论稿》,北京:中央编译出版社,2002年,第37—38页。
⑦ 《文教陈列室观众踊跃,要求将重要材料印出普及民间》,《解放日报》1944年11月16日。
⑧ 转引自于奇智:《凝视之爱:福柯医学历史哲学论稿》,北京:中央编译出版社,2002年,第38页。
⑨ 于奇智:《凝视之爱:福柯医学历史哲学论稿》,北京:中央编译出版社,2002年,第79页。

动,延安时期新民主主义文化已然更彻底地跃出,暧昧不明的前清晰状态猛烈地转换到了相对明晰的显性状态。然而,不可否认的是,僵化教条的马克思主义文化、充满地方性知识特色的民间文化以及已然成为主导性文化的新民主主义文化之间的磨合尚未真正完结,纠缠与纷争依然存在,"主义"之后的精神谱系、符号轮盘、肉身呈现,仍为"尚未"状态。历史还在推进中,时代的焦虑还未被真实地释放,陕甘宁边区文教大会责任重大,使命光荣!

因应形势,陕甘宁边区文教大会立志将"认识论优势"转换成"本体论优势"①,这种特殊的运动式活动,倒是无意间实现了后现代戏剧所主张的"感知被听觉、视觉、语词、想象共同驱使"②的新目标。陕甘宁边区文教大会采取的方式不是简单的话语习得,而是带有"刚左营销"特点的参与、感受与生成。

通过地图——"它们呈现并再现过去累积的思想与劳动,以及我们生活其间同时又共同努力维持其存在的环境"③——建立联结,陕甘宁边区文教大会以具象方式及其感受呈现出一个诗意盎然的"人民的艺术""人民的教育""人民的医疗""人民的传播"。"让大地成为大地",海德格尔的说法是,"构造大地和展示世界,是艺术作品的两个基本宗旨"④。《此次文教大会的意义何在?》(1944年11月23日《解放日报》社论)提到边区文教大会的基本成就,"就是总结了自生产运动与整风运动以来群众文教工作的各种经验,提出了新的任务,并在各个阵地上表扬了群众中成功的典型,指出这些典型的方向是完成新任务的保证"。

通过叙事——阿尔托曾这样写道:"叙述者因此也是勘测者,并在多种意义上也是吟唱者,但同时也是诗人,因为只要通过对语言空间的使用,对'已知世界'的测定一定会成为对这个世界的某种创造,因为在'话语的秩序'和世界的秩序之间是存在关联的……"⑤就此而言,值得注意的是,陕甘宁边区文教大会凸显"人民文化的文类"——"文类本身也是一种地图"⑥,"文类,就像地图,其本质是组织知识,使事物具有意义"⑦——带着鲜明的立场,它螺旋式地深描了新秧歌、新秦腔、新版画、新木刻、新歌剧、枪杆诗、街头诗。例如,作全局总结的周而复这样介绍新的报纸:"在边区发行的报纸一共有下面三种";"不管是哪一种报,都有一个共同的特点:代表群众的意见";"培养工农通讯员,成为报纸的方针";"发展最快的是黑板报";"读报已成为边区群众日常生活中的重要一项";"读报同时又推动了其他运动";"在大家办报大家看报的方针下,边区的报纸真正做到了

---

① 转引自李亦男:《当代西方剧场艺术》,桂林:广西师范大学出版社,2017年,第31页。

② 转引自李亦男:《当代西方剧场艺术》,桂林:广西师范大学出版社,2017年,第35页。

③ [美]丹尼斯·伍德:《地图的力量》,王志弘等译,北京:中国社会科学出版社,2000年,"导言"第1页。

④ 参见[美]理查德·E.帕尔默:《诠释学》,潘德荣译,北京:商务印书馆,2012年,第211页。

⑤ 转引自[美]罗伯特·塔利:《空间性》,方英译,北京:北京大学出版社,2021年,第61页。

⑥ [美]罗伯特·塔利:《空间性》,方英译,北京:北京大学出版社,2021年,第69页。

⑦ 同上。

群众的喉舌"①。

通过"直证话语"——"'直证'这个词语，源于希腊语'deikny nai'，意思是展示、指明、揭示、预置，以便说明或教导"。"直证话语"的独特之处不在其方法，而在于其主体是具体的事物并处在世界中心的关注位置，它指引并使自己的世界聚焦②——陕甘宁边区文教大会直指内里，锁定这个节日的神圣意义与价值。《此次文教大会的意义何在?》有云："第一，它们正确地反映了同时指导了边区人民的民主生活。我们在卫生、教育、报纸、文艺各方面的组织和活动，都以能实现群众需要和吸引群众自愿参加为原则，而事实证明，凡是这些组织和活动得到成功的地方，群众的政治、经济生活也就比以前更活跃、更丰富，群众的民主团结也就更坚实，这在学校和报纸的作用上尤其明显。第二，它们灵活地适应了边区分散落后的农村环境，同时给以提高，不了解如何适应分散落后的农村环境，是边区过去文教工作失败的重要原因之一，现在这个问题是大体上解决了。农村里的一切文教工作，都从照顾农村的现状出发，纠正了从城市来的教条主义和脱离群众的急性病，但是工作的目的，仍是加速农村的前进和农民的觉悟，不因此而走到迁就封建迷信的路上去。第三，它们大胆地采取了人民传统中一切确实可用的部分，并因注入新的内容而使之获得新的生命，同时也同样大胆地采取和创造了为人民传统所没有而又为人民所需用的各种新形式。经过选择的中药、新村学和新秧歌属于前者，而西医西药、话剧电影、读报识字组和黑板报，则属于后者。这样，边区人民在文化发展上就得到一个极为广阔自由的园地，既不受东方的也不受西方的教条主义所限制，而只受人民的利益所限制——如果也叫做限制的话。""因此，我们说这次文教大会表示了一个破天荒的成功，表示了边区人民在中国文化史上完成了比孔子所做的更伟大得多的事业，难道我们是说错了吗?"

通过"阐释性话语"，也就是透过情感地图——"地图，所有的地图，势必如此地、不可避免地必然呈现了作者的成见、偏见与徇私（更别提较少被注意到的，制图者呈现其心血时的艺术、好奇心、优雅、焦点、细心、想象力、注意力、聪明与学识）。在描述世界的同时，描述者不可能不受到这些及其他性质的限制（或解放，这也是观点的问题）。即使是指出来，也总是指向作者所关注的某处；这不仅标示地点，同时也使其成为特定焦点之主体，指向此处，而非指向其他地方。这个指示者：作者、制图者；被指出的地方：主体、位置；特别的焦点：关注的方向、主题，而且任何地图不多不少正是包含这些东西"③——陕甘宁边区文教大会绽放玄机，让自古都以"缄默知识"而存在的艺术资源，成了新的知识，而且是普遍的新知识。新的研究证明，"如果人们分享，知识就一定会增加；如果将知识隐藏起来，它就会慢慢消失；如果知识实现了网络化，就会出现意想不到的结果。例如，创造力会随着平等参与者的增加而提高。所谓的'幸运的机会'也会随之增多：很多人参加有助于获

①　《人民文化的时代——陕甘宁边区文教运动的成果》，周而复：《新的起点》，新文艺出版社，1953年，第196—203页。

②　张春峰：《鲍尔格曼的技术实践思想研究》，《自然辩证法研究》2010年第3期。

③　［美］丹尼斯·伍德：《地图的力量》，王志弘等译，北京：中国社会科学出版社，2000年，第34—35页。

得意外之喜"①。"特等艺术英雄""刘志仁是第一个把秧歌与革命结合起来的人","是群众新秧歌运动的先驱与模范"。时任延安鲁迅艺术学院院长的周扬在文教大会上的总结报告中说,"他在艺术上是有创造性的,他把秧歌与跑故事结合成为秧歌剧;他的创作态度,处处以适应群众需要、群众乐于接受为标准。他的社火内部是民主的,对外关系是团结的。这种新的刘志仁式的秧歌值得提倡"②。《民间艺人典型报告》③记载:"刘志仁的歌曲,如《统一战线》《新三恨》《新文化歌》等,都采用与生活密切相关的工作方法,亦能打破旧的一套曲和词,都力求适合群众情绪,否则宁可整段丢弃或改编。他讲究'合韵',讲究用字斟酌,使歌曲能发生最大的效果。听刘志仁的社火,不敬神,不打架,打破了以前社火的种种弊端。在社内的教学上,采取谁会谁教的办法,彻底废除以前的师傅打骂及压迫制度,社员六十名,负责人都由大家民主选举。在演出方面,坚决反对过去捧大户等恶习,坚持为广大群众服务的精神。此外,随时宣传新政策,在灯笼上写新标语,为群众编写新对联等。"

三、结语：开会是一种生产力

"节日就是一次大征召。大征召就是一个节日。"④套用丹尼尔·阿莱维的那个精彩评论说:延安/根据地/解放区人出发了,"这便是他们的光荣"⑤;"这一步不是行动,而是'亮相'。在这个亮相面前,所有的困难烟消云散。这是魔法的语言……"⑥

陕甘宁边区文教大会具有"纪念碑性"——"正如世界上众多的纪念碑,从未以全面客观地展示过去为目标。它们经过刻意删削,将一种起源性的力量赋予群众。这种力量构筑群体的共同知识和自我认同,将'单个个体和一个相应的"我们"连接到一起'。"⑦"纪念碑性之所以如此特殊,正因为它在特定的时段,给予特定的群体以归属感和身份认同。"⑧由此,它将引领新的人民文化前行——"打开任何一本主题地图集,里面便是各种门路……"⑨

陕甘宁边区文教大会是"做哲学"的典范,充满并演绎了螺旋式传播的特性。以个体而论,《谢觉哉日记》记载:1944年10月11日,"文教会开幕";10月21日,"听文教会典型

---

①　[德]安妮·M.许勒尔:《触点管理:互联网+时代的德国人才管理模式》,于嵩楠译,北京:中国人民大学出版社,2015年,第9页。

②　《文教会上周扬同志总结报告　开展群众新文艺运动》,《解放日报》1944年11月21日。

③　《民间艺人典型报告》,《陕甘宁文教大会特辑——文艺工作的新方向》,冀鲁豫书店翻印,1945年,第34—35页。

④　[法]莫娜·奥祖夫:《革命节日》,刘北成译,北京:商务印书馆,2012年,第30页。

⑤　同上。

⑥　同上书,第32页。

⑦　宋昕:《纪念何需以碑——重思巫鸿的"纪念碑性"及中西文化隔膜》,《东方学刊》2019年第1期。

⑧　同上。

⑨　[美]丹尼斯·伍德:《地图的力量》,王志弘等译,北京:中国社会科学出版社,2000年,第13页。

报告";10月31日,"昨天毛主席至文教会讲话";11月3日,"下午听文教会报告";11月8日,"文教会约我讲话,准备如下";11月10日,"往西北局开会,讨论文教会";11月14日,"下午至文教会讲话";11月16日,"文教会闭幕"①。回到历史大剧场,本文希望特别提醒注意和建议深化研究的则是独特的论述单元史,它们是由1944年的陕甘宁边区文教大会引发的《开展大规模的群众文教运动》(毛泽东等著,中国出版社,1947年8月)、1945年的太行区模范文教工作者大会及其编印的《文教大会纪念特刊》,还有最为著名和富有历史贡献的《中华全国文学艺术工作者第一次代表大会纪念文集》(新华书店,1949年)……在这个单元史的剧场里,历史一次次光芒四射地呈现出史诗的震撼。

"相遇开启新的存在维度。"②透过"转译"③之力,陕甘宁边区文教大会最终亦能够成为参与未来性建设的强劲的生产力……

---

① 《谢觉哉日记》(上卷),北京:人民出版社,1984年,第695—709页。
② 《叙言:我和你》,方维规:《思想与方法——全球化时代中西对话的可能》,北京:北京大学出版社,2014年,"叙言"第3页。
③ 左璜等:《拉图尔行动者网络理论奠基事物为本哲学》,《自然辩证法通讯》2013年第5期。

殖民主义视域下抗战时期日本
对华殖民新闻教育探微

——以伪中华新闻学院为中心的批判性考察*

齐　辉　　沈玉莲①

摘　要：在殖民主义知识生产体系中，教育机构往往成为殖民权力实施文化宰制的重要场域。1937年全面侵华战争爆发后，日本军国主义为构建殖民宣传的意识形态国家机器，于1940年在北平创设伪中华新闻学院。本研究基于殖民主义理论视角，通过档案文献与历史话语分析发现：该机构以"新闻再建"为名，实质构建起殖民新闻教育的三重规训机制：在知识生产层面，通过重构"圣战""东亚新秩序"等殖民话语体系，实现新闻专业主义的意识形态置换；在身体管控维度，借由军事化管理与日常行为监控，塑造符合殖民统治需要的新闻从业者惯习；在精神驯化层面，运用"大东亚共荣"的虚幻共同体想象，培育服务于侵略战争的"报道战士"。这种将殖民权力渗透于新闻教育肌理的运作模式，不仅暴露了日本文化殖民的深层逻辑，更揭示了殖民主义通过教育机构实现文化霸权再生产的内在机制。对伪中华新闻学院的批判性考察，为解构殖民主义的知识暴力提供了典型样本，对当代警惕新殖民主义文化渗透具有警示意义。

关键词：伪中华新闻学院；殖民新闻教育；日本；精神驯化

　　中国近代新闻教育的制度化进程始于1918年北京大学新闻学研究会的成立，在20世纪二三十年代经由上海圣约翰大学报学系(1921)、北平新闻专科学校(1933)、燕京大学新闻学系(1924)及复旦大学新闻系(1929)等教育机构的接续发展，逐步建构起以专业主义为内核、以密苏里模式为范式的现代新闻教育体系。然而，这一现代化进程因抗日战争的全面爆发遭遇结构性断裂。1937年华北沦陷后，日本殖民当局在实施军事占领的同时，亟须通过文化殖民工程重构华北地区的意识形态场域，其将新闻媒介定位为"思想战"

---

　　* 本文系国家社科基金重大项目"日本馆藏中国共产党新闻宣传史料整理与研究(1921—1945)"(项目编号：21&ZD323)、国家社科基金重大项目"中国近代新闻通讯社史料搜集、整理与研究(1872—1949)"(项目编号：23&ZD216)、国家社科基金一般项目"中国近代新闻学期刊史研究(1919—1949)"(项目编号：23BXW012)的阶段性研究成果。

　　① 齐辉，重庆大学新闻学院教授、博士生导师；沈玉莲，重庆大学新闻学院博士研究生。

的核心装置,试图以媒介殖民主义消解沦陷区民众的民族主体意识。但战时华北新闻教育体系崩溃导致的专业人才断层,严重制约着殖民宣传机器的运作效能。在此背景下,伪中华新闻学院(1940)作为殖民统治方略中的重要文化装置应运而生,其本质是日本为实现"以华制华"殖民策略而构建的意识形态再生产工场。

当前新闻史学界对战时新闻教育的研究呈现明显的范式区隔:其一聚焦欧美新闻教育理念的本土化实践,其二着力进行国共两党新闻教育体系的比较研究。前者如燕京大学"适体新闻教育"的课程改革[1]、程沧波主持复旦新闻系期间的专业化探索[2],后者涉及中共"青记"系统的战时人才培养机制[3]、国民党中央政治学校新闻教育的党化模式[4]等。相较而言,殖民主义视角下的新闻教育研究尚存显著学术盲区——既缺乏对日本在华殖民教育政策谱系的系统考察,亦鲜见对伪政权新闻教育机构运作逻辑的微观解构。作为日占时期存续时间最长(1940—1945)、培养规模最大(累计600余人)的新闻教育机构,伪中华新闻学院不仅折射出殖民权力对教育场域的渗透机制,更构成观察日本文化殖民策略的典型样本。本研究通过发掘史料及学员回忆录等多种文献资料,采用殖民现代性理论框架,试图揭示该机构如何通过知识重构、身体规训与身份改造的三重机制,将新闻教育异化为殖民意识形态的传输载体,从而为解构日本侵华时期的文化殖民体系提供新的认知维度。

一、殖民权力装置形构:伪中华新闻学院的创设与殖民新闻教育

"七七"事变后,华北作为中国抗日宣传的中心地区,其新闻业遭到日本疯狂报复,大量爱国报刊被关停,报人被迫害[5]。日本通过扶植汉奸报人、霸占与侵吞爱国报业资产、盗用停刊报纸名称等方式,迅速成立了一批日伪新闻机构。据统计,截至1939年,华北地区有各类日伪报纸24种,通讯社近20家[6]。随着日本在华北殖民宣传体系的建立与扩大,日伪殖民宣传机构"深感报人之数量不足",迫切需要一支忠实执行其殖民宣传任务的"笔部队"。为此,1940年3月日本华北派遣军司令多田骏特别召见了同盟社佐佐木健儿、《新民报》武田南阳、《武德报》管翼贤等一批日伪报人训话。他提出"华北新闻界两年以来经营及言论诸方面均迈入正轨",要求日伪新闻界在"沟通中日实际亲善""反共抗苏"等方面发挥更大作用[7]。为贯彻其指示,时任华北"剿共"委员会宣传科科长的张铁笙公

① 向芬、谭丽:《走出"模糊的冒险":刘豁轩"适体新闻教育模式"研究》,《现代传播(中国传媒大学学报)》2021年第4期。

② 黄瑚、胡秋元:《程沧波与战时复旦新闻教育》,《新闻大学》2015年第5期。

③ 胡凤:《抗战时期中国共产党新闻人才培养:以"青记"为中心的考察》,《现代传播(中国传媒大学学报)》2019年第8期。

④ 王继先:《民国新闻高等教育的"政校模式"略论——以马星野的新闻教育实践为视角》,《新闻大学》2017年第5期。

⑤ 王隐菊:《沦陷时期北平的新闻业》,《文史月刊》2013年第12期。

⑥ 宁树藩:《中国地区比较新闻史》(上卷),上海:复旦大学出版社,2018年,第413页。

⑦ 《多田接见新闻界》,《新北京》1940年1月1日。

开鼓吹华北的"亟迫问题"是"新闻界人才的储备和训练"①。常年在华从事新闻间谍活动的佐佐木健儿亦提出,"育成大东亚建设上之先锋记者系当前之急务"②。于是1940年7月,在日本华北派遣军、"中华通讯社"以及日伪报人的共同运作下,一所以专门培训和输送日伪殖民宣传人员为目标的"中华新闻学院"由此成立。

作为战时"华北新闻报道教育者之唯一养成学府",日伪当局对"中华新闻学院"的创办颇为重视,办学经费由日本华北军报道部直接资助,接受"华北政务委员会"情报局的直接领导③,它们是日伪政权在华北"最高负责宣传之机构","凡华北各中文报纸及一切宣传机关设立,皆由报道部主持","一切总要施策及宣传事务,皆由情报局办理"④。鉴于该学校的特殊地位,日本华北军报道部部长、"华北政务委员会"情报局局长曾多次出席该学院的开学及毕业典礼⑤,可见日本及傀儡当局视该学校为其宣传机关的附属机构。

在"中华新闻学院",院长总揽一切事务,首任院长由日本同盟通讯社(后改称"中华通讯社")华北负责人佐佐木健儿担任。此人精通汉语,民初即以记者身份混迹于中国东北及华北地区搜集各类情报,是日本在华北地区报业统制与殖民宣传的忠实策划者与执行人。作为院长,佐佐木健儿对该学院一切事务均"亲自厘定"。在办学宗旨上,他明确要求以所谓"新闻再建为标的","育成大东亚建设上之先锋记者","领导全华北民众向前迈进",完成"报道报国"的最高使命⑥。在院长之外,该学院下设院务主任及教务主任各一人,分别由铃木幸次郎及管翼贤⑦担任。具体组织关系参见图1⑧。为了更好地从情感上

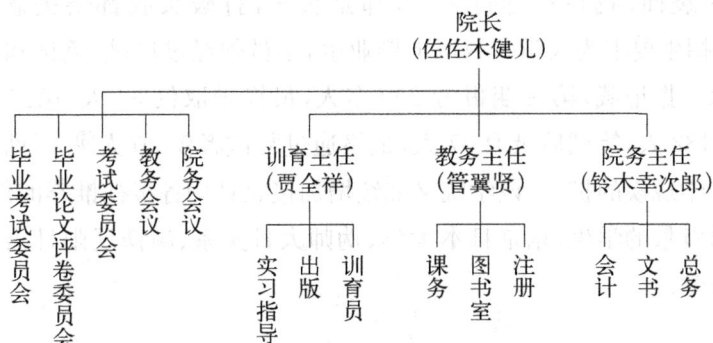

图1 "中华新闻学院"的组织关系图

---

① 《华北新闻记者讲习会讲义录》,北平:"华北新闻记者讲习会",1940年,序言。

② 管翼贤:《新闻学集成》(第六辑),北平:"中华新闻学院",1943年,第213页。

③ 方汉奇、王润泽:《中国人民大学图书馆藏燕京大学新闻系毕业论文汇编》(第二十一册),北京:国家图书馆出版社,2014年,第112页。

④ 张云笙:《华北沦陷时期日人宣传活动之研究》,硕士学位论文,燕京大学,1936年,第13页。

⑤ 虞和平:《中国抗日战争史料丛刊356 军事·间谍和情报》,郑州:大象出版社,2016年,第627页。

⑥ 佐佐木健儿:《中华新闻学院概况》,北平:"中华新闻学院",1942年,第45页。

⑦ 管翼贤早年留学日本,20世纪20年代初步入新闻界,创办了《实报》,是当时北平的知名报人,"九一八"事变后以抗日著称,后来其报业资产被汉奸潘毓桂没收后,多次辗转于济南、武汉等地,最终在佐佐木健儿的引诱下投靠日本,担任"华北政务委员会"情报局局长,与汪伪负责宣传的林柏生,一南一北成为抗战时期日伪宣传领域最大汉奸。

⑧ 佐佐木健儿:《中华新闻学院概况》,北平:"中华新闻学院",1942年,第6页。

笼络中国学生,该学院自 1941 年起由汉奸报人管翼贤继任院长一职①,此人与佐佐木健儿私交甚厚,是其殖民教育思想的忠实继承者,上台后积极为日本所谓"大东亚圣战"和"治安强化运动"输送宣传人员②,这使得该学院的办学深受日本殖民者的认可。

"中华新闻学院"尤为重视教员招聘,其教员不但要有良好的专业技能,更为重要的是,要在思想上认同日本的殖民统治,因此该学院的教员几乎全部由日伪各宣传及报道机关人员充任。资料显示,该院有专任教授 27 人,4 人为日语日文教授(分别是寺本正敏、池田一十四、铃木幸次郎和张我军),剩下 23 人为专业课教授(其中 2 人为第一期毕业学员),主要讲授报业实践课③。其特别讲座教授由学院聘评日伪报人或其骨干轮流担任,诸如《新民报》社长武田南阳、《武德报》社长龟谷利一、"广播协会"董事土肥友三、"政委会"专员及川、兴亚院调查官青山、日使馆书记官原田、德大使馆情报部部长柯德等,都是特别讲座演讲的常客。

除了师资外,日伪中华新闻学院尤其注重学员招生工作,于 1940 年 8 月进行第一期招生,在其存在的五年中,共招生六期(笔者注:第六期学员未毕业),学员修业期限为一年。当时平津地区本为中国高等教育发达之地,日本侵略导致大量高校学生失学失业,他们生活艰难、衣食无着,"中华新闻学院"采取引诱化的招生手段,以"免收学杂费用且每月发 35 元膳宿补贴,毕业后分发华北各新闻机关服务"为诱饵诱惑中国学生④。据学员王景羲回忆:"那时日本人已控制了华北,家境差了,家里连窝窝头都吃不起,而中华新闻学院每个月提供一袋面,我在家排行老二,却是长子,打破头我都要去念,把面粉扛回家。"⑤该学院的招生要求为大学专科以上毕业生,学员须经过口试、笔试和复试三轮严格考核后方能录取。据记载,第一期报考 200 多人,最终录取仅 30 人;第二期报考 300 多人,口试后录取 182 人,笔试后录取 57 人,最终通过复试者仅 30 人⑥,可见入学考试竞争之激烈。随着办学规模的扩大,该学院又陆续增加接收日伪各报社推荐的保送生,尤其注重招收具有日语背景的学生,东京日本大学、伪师大日文系、满铁辽阳日语专科学校的学生都曾被保送入学。

二、殖民规训机制的实践建构:新闻教育作为文化宰制工具

"中华新闻学院"成立的核心任务是为日本对华开展殖民宣传输送人员,为此日本将其国内的新闻教育移植到华北,结合对华宣传战实际需要,逐步摸索出一套殖民地新闻教

---

① 许晓明:《中国近代新闻教育发展史研究(1912—1949)》,石家庄:河北人民出版社,2016 年,第 159 页。
② 管翼贤:《新闻学集成》(第一辑),北平:"中华新闻学院",1943 年,第 139—140 页。
③ 佐佐木健儿:《中华新闻学院概况》,北平:"中华新闻学院",1942 年,第 34 页。
④ 赵厚勰、刘训华:《中国教育活动通史 第七卷 中华民国》,济南:山东教育出版社,2017 年,第 358 页。
⑤ 庄奴口述、杨曦冬编著:《怎能遗忘邓丽君》,北京:中国文联出版社,2005 年,第 47 页。
⑥ 佐佐木健儿:《中华新闻学院概况》,北平:"中华新闻学院",1942 年,第 37 页。

育模式。这套新闻教育在严格的纪律规训下，以日语强化训练为重点，以战争宣传实践为抓手，通过短期高强度的职业训练，使学员迅速掌握殖民宣传的基本技能，成为日本对华新闻侵略与殖民宣传的所谓"笔部队"。

（一）身体政治学：日常规训中的殖民权力微观运作

为了让业已成年的中国学员认同日本的殖民政策，"中华新闻学院"制定了一整套兼具惩罚性和奖励性的规章制度，通过严格的时间、空间甚至身姿控制来整肃学员的思想行为，使之顺从于日本殖民者所制定的秩序和理念。该学院在日常教学管理中鼓吹要用"铁一般的集团纪律"，塑造"铁一般的社会秩序"，进而完成"新闻再建"的使命①。据统计，该学院在办学期间制定的各类规章竟超 300 条，涉及学院的"行政管理""教师招聘""学生学业""日常生活"等各个方面，详情见表 1，其中针对"学生学业"的条规最多，共计 174 条，囊括了入学、学习、出勤、考试、毕业诸多方面，"可谓事无巨细，甚为严苛"②。

表 1　"中华新闻学院"规章制度统计表

类　别	规　章　制　度
行政管理	"中华新闻学院"院章（23 条），组织大纲（16 条），办事细则（7 条）
教师招聘	教授聘约规则（10 条），特别讲座规章（9 条），教员请假规则（5 条），讲义编印规则（6 条）
学生学业	"中华新闻学院"学则（174 条） ① 入学：招生简章（9 条），附学规则（9 条），招收旁听生规则（11 条） ② 学习：日语平时练习规则（8 条），日语奖励规则（11 条），新闻写作平时练习规则（7 条），国文平时练习规则（8 条），学员讲演规则（10 条），寒假作业规则（4 条），教室规则（10 条），自习室规则（13 条），图书室规则（13 条） ③ 出勤：学员出勤规则（7 条），学员请假规则（11 条），例假规则（7 条） ④ 考试：学员平时考绩规则（8 条），考试考场规则（9 条） ⑤ 毕业：学员实习规则（7 条），学员毕业论文规则（12 条）
日常生活	① 待遇：学员津贴颁发规则（11 条），学员贷金规则（10 条） ② 生活：宿舍规则（10 条），食堂规则（9 条），接待室规则（8 条），盥洗室规则（7 条）

在时间管理上，该学院对学员实行严格的时间控制，学习日程完全排满。以春季学期为例，全体学员每日需要"上午七时起床，八时早餐，九时开始上课，直到晚上十时半才就寝"。尽管学员在周六下午及周日可以离校，但因要完成下周一的"星期作业"，被迫在休息日外出采访，所以"周六和周日的训练较平日更为繁重"③。对于学员的请假，学院规定"因事请假者，每十小时，扣学期总成绩一分"，"因病请假者，每二十小时，扣学期总成绩一

①　《中华新闻学院三十年度年刊》，北平："中华新闻学院"，1942 年，第 1 页。
②　佐佐木健儿：《中华新闻学院概况》，北平："中华新闻学院"，1942 年，第 7—23 页。
③　同上书，第 31 页。

分",学员"每学期请假,达全部课程三分之二以上者,得受休学之处分"①。该学院严密监控学员的行踪,防止其逃课。在制度化的集体生活与苛刻的时间管控下,"中华新闻学院"如同一所"监狱",不仅禁锢了中国学生的思想,更试图泯灭学生的个性与特长,繁重的学业压力与高强度的职业训练,使学员最终彻底沦为一台学习机器。

此外,该学院还严格限制学生的空间活动范围,对于教室、自习室、图书馆、接待室、食堂、宿舍、盥洗室的使用均有详细的管理规则,严格规定学员在学校空间中的等级、秩序和纪律②。在日常教学中,日本着力训练和强化中国学生的等级观念与服从意识。全体学员应对教师恭敬服从,在教室和自习室内的座次,经排定后,不得私自调换,否则以缺席论。在日常生活中,该学院还注重规范和标准中国学生的言语和行为。学员要保持教室、自习室、图书室和宿舍内部之"整洁肃静",不得高声喧哗、随地吐痰。学员必须在规定的开饭时间内,全体共同进餐,逾时不得请求补开。学校通过一整套微观处罚制度,规训学员的言行举止,在学校空间里,形成了一种从行政到教师到学生的层级监视体系。

(二) 语言殖民主义:日语教育的文化霸权建构机制

在日本侵华宣传战中,语言障碍一直是影响其殖民宣传效果的重要因素。作为一种重要的象征符号,语言亦是一把通向文化核心的钥匙③。因此"中华新闻学院"在培训学员时尤其重视日语的训练。在课程设置上,该学院规定日语日文为基础科目和必修课程,其地位远在专业教学之上,强制要求学员不仅要"懂日文、说日语",还"应养成优异之日语会话、翻译、写作及讲演能力"④。在教学实践中,入学后所有学员必修日语和日文两门课程,每周课时长达 10 学时,居所有课程学时之首。该学院"日语平时练习规则"显示,学院为学员制定了严格的日语学习日程:在训育主任的监督下,全体学员每日早八点背诵日语,每日至少抄写一百个日文单字、五十句日语,每晚必须听日语广播,要养成随时随处讲日语的习惯⑤。为了加强对学生的日语训练,学院不惜重金购买无线电收音机,"专为学员收听日语之用",以期收"立竿见影之成效"⑥。

在教学之外,该学院注重强化学员日语的读、写、听、说能力,在平日的学习中,要求学员练习日语会话,阅读指定的日语文法、日文报纸杂志甚至专业论文;在阅读之外,要求学员背诵"讲授之日文读本",并使用日文写作新闻及评论⑦。为了激励学员学习日语的热情,该学院还通过举办日语讲演竞赛会、日文写作竞赛会等引诱学员学习日语。此外,该学院对那些拒绝日语学习或抵制日文竞赛会的学员给以取消考试成绩、剥夺考试权利,直

---

① 佐佐木健儿:《中华新闻学院概况》,北平:"中华新闻学院",1942 年,第 17 页。
② 苏尚锋:《学校空间论》,北京:教育科学出版社,2012 年,第 190 页。
③ 李燕:《语言文化十五讲》,天津:南开大学出版社,2015 年,第 32 页。
④ 管翼贤:《新闻学集成》(第七辑),北平:"中华新闻学院",1943 年,第 235 页。
⑤ 佐佐木健儿:《中华新闻学院概况》,北平:"中华新闻学院",1942 年,第 22 页。
⑥ 《中华新闻学校装收音机备学员收听日语》,《新北京》1940 年 11 月 19 日。
⑦ 佐佐木健儿:《中华新闻学院概况》,北平:"中华新闻学院",1942 年,第 21 页。

至不准毕业的严厉处罚。这种带有强迫性质的日语学习,曾引起学生的极大不满,有学生为此抱怨道,"日文日语是我们负担最重的一门课程","为了应付考试,常常害的学生经常要在夜里或清晨即高声朗读"①。经过一年不间断的训练,学员的日语能力明显提升,对此日军报道部负责人认可称,"诸位(学员)日语进步之速,实出本人意料之外"②。

突破了语言的障碍后,该学院又给学生安排了大量所谓"日本化"的课程,讲授日本"社会组织""民族性""风俗习惯""人文地理"等内容,大肆宣扬日本制度、文化的优越性,吹嘘日本是亚洲文明开化的典范。此外,学院还组织学员参观"大东亚战争写真展览会""大东亚博览会"等,每年举办"天长节"、"中日满国交成立"、香港沦陷日、汪伪政府成立等周年纪念日,借助庆典仪式强化学员对日本殖民统治的认同。院长佐佐木健儿要求学员毕业后,"最好到日本去一次,对日本有彻底之了解,才知道如何建设东亚新秩序"③。通过一年的日本化训练,学员或多或少都带有一些日本印记,这从很多学员的毕业论文选题便可见端倪。很多学员热衷以"日本"为研究选题,诸如《日本新闻发达略史》《中日新闻事业的概况》《统治新闻论》等④,从中折射出学生对日本及其殖民占领态度与观念的转变。

(三) 职业形态询唤:新闻专业主义的殖民性重构

"中华新闻学院"的创设初衷是为日本侵华宣传战培训新闻人员,故而在学院的教学安排和课程设计中,尤为重视对中国青年学生的思想矫正,并将其作为思想战的"精神训练"。在教学过程中,该学院对知识学问进行筛选,将政治观点充当教育内容,全面渗透在新闻职业教育中,持续不断地向中国学生灌输"圣战"与"兴亚"等带有殖民色彩的意识形态,强化思想控制。为了适应对华思想战与宣传战的需要,该学院内设"新闻""管理"和"宣传"三系,课程亦分为"基本科目"和"专攻科目"两大类⑤,详情见表2。值得注意的是,教务处还会不定期举办特别讲座,介绍国际现状,解析事态时局。

表 2　"中华新闻学院"1942 年的课程安排表

基本科目 第一学期	日语,日文,日本文化,日本新闻现状,政治纲要,国际问题与国际现状,现代思潮,社会学,世界史地,华北新闻事业概况,论评研究,论评实习
专攻科目 第二学期	① **新闻系**:新闻学总论,新闻写作,通讯写作,社论写作,通讯社实务,摄影,新闻法律,中国报业史,小型报纸研究,经济新闻,社会新闻 ② **管理系**:报业管理,广告,发行,统计,会计(附簿记、珠算、审计) ③ **宣传系**:宣传学,谍报学,群众心理学,讲演术,广播常识,演艺研究 ④ **辅助科目**:特别讲座,星期作业

① 《中华新闻学院三周年纪念特刊》,《晨报》1943 年 6 月 10 日。
② 《华北军报道部长昨视察中华新闻学校 并召集全体学员训话》,《晨报》1942 年 2 月 3 日。
③ 佐佐木健儿:《中华新闻学院概况》,北平:"中华新闻学院",1942 年,第 46 页。
④ 同上书,第 32 页。
⑤ 同上书,第 24—29 页。

　　从课程内容上看,该学院的新闻教育课程设置呈现出"宽基础"与"重实用"的特点:第一,在各系合修的"基本科目"方面,除了强化日语教学外,该学院尤其重视对国际情势和国际问题的探讨,几乎每周都有国际问题与国际现状、现代思潮、世界史地等课程。借助这些课程,日本殖民者给中国学员灌输所谓"中日共存共荣",将日本塑造成敢于打破"东亚地缘政治困境"的"解放者",宣扬日本是"大东亚共荣圈"的建设者,为日本的殖民占领寻求政治依据。第二,在"专攻科目"方面,该学院为宣传系学生特别开设了宣传学、谍报学、群众心理学、讲演术等经世致用的系列课程,向学员讲授"劝服"技巧,提高其对华开展舆论战和谍报活动的能力,力图将其培养成所谓"兴亚运动的全能的思想战士"[①]。

　　在课程教学之外,日本军方、情报部门、"新民会"等的高层官员多次到校就"大东亚战争"局势发表讲话,积极向学员推介日本的殖民政策和殖民扩张的新动向,力图将学院打造成日本侵华思想战的重要战场[②]。在时局讲话中,首先,采用"区分"的方法,将英法美等国家丑化为"东亚的敌人",将日德意等国家美化为"东亚的解放者",企图为日本发动侵略战争披上复兴东亚的"道德外衣"[③]。其次,采用"排斥"的方法,向学员灌输"反共抗苏"的殖民思想,告诫学员"偏浅的抗战言论和荒谬的共产邪说,为患已深",强调"新闻记者是社会木铎"[④],应担负起"挽救廓清,引导民众"的重责[⑤]。最后,采用"同化"的手段,强调日本"亲仁善邻"的态度,以及中日"唇亡齿寒"的利害关系,蛊惑中国学生,掩饰日本侵华罪行[⑥]。日伪在对中国学生开展思想管控的同时实施思想动员,而"中华新闻学院"的新闻教育最终也演变成了服务于日本殖民统治的"精神训练"[⑦]。

　　除了知识输入,学院还注重学员知识的输出,通过报社实习和出外勤的方式,强制学员参与到日本的殖民宣传活动中。在"治安强化运动"期间,学员还会被派遣到冀鲁豫晋各省市,视察、访问以及采访消息等。1941年,第一期学员被分成17个班,每班2人,"考察华北铁路沿线治安强化运动实施情况",其行迹遍及京浦、京汉沿线[⑧]。在这个过程中,学员被当成"传声筒",在华北地区替日本宣传"怀柔政策",以巩固和扩大其殖民统治。该学院采用知识讲授和实战练习相结合的方式,在日本殖民者看来,这不仅有利于"指导(学员)正确之思想,训练忠实人格",还能帮助学员"明了当前之事态",培养"丰敏之脑筋与迅速之写作"[⑨]。日伪利用该学院开展高强度的新闻职业训练,在短时间内速成了一批"宣传战士"。

①　佐佐木健儿:《中华新闻学院概况》,北平:"中华新闻学院",1942年,第20页。
②　杨琪:《日伪新民会与华北沦陷区的奴化教育》,《北华大学学报》(社会科学版)2004年第1期。
③　佐佐木健儿:《中华新闻学院概况》,北平:"中华新闻学院",1942年,第46页。
④　《华北新闻记者讲习会讲义录》,北平:"华北新闻记者协会",1940年,第5页。
⑤　李建新:《中国新闻教育史论》,北京:新华出版社,2003年,第163页。
⑥　赵幕儒:《建设新闻共荣圈》,《大亚洲主义与东亚联盟》1942年第4期。
⑦　朱丁睿:《日本对伪北京大学的殖民管控与奴化教育》,《抗日战争研究》2021年第4期。
⑧　《中华新闻学院三周年纪念特刊》,《晨报》1943年6月10日。
⑨　佐佐木健儿:《中华新闻学院概况》,北平:"中华新闻学院",1942年,第28页。

三、殖民现代性的悖反：日伪新闻教育机制的自我解构与历史祛魅

"中华新闻学院"在创办的五年时间内,为日本对华开展宣传战与新闻战输送了大量专业人员,它打着新闻职业教育的旗号,实质却是日本对华思想战的帮凶。其院志显示,该学院前两届学员毕业去向以"中华通讯社"为最多,共有 24 人;其次是日伪广播协会,有12 人;第三是天津《庸报》,有 11 人;其余则散布于日伪同盟通讯社、同盟会、"华北电电"、《武德报》等①,具体分布情况见表 3。对于学员去向,佐佐木健儿在"院记"中不无得意地写道,"嗣本院以征用机构甚多,学员不敷分配"。除了殖民新闻教育外,该学院俨然已成为日本研究对华宣传战的中心。华北沦陷期间,该学院多次举办"华北新闻记者讲习会""日满记者大会"等交流会。日本华北军报道部部长对该学院的办学颇为认可,多次强调"为成为社会大众之先导,为于世界思想战获得胜利,诸君之一举手一投足,均对于华北之前途有极大之关系,当然对于大东亚之前途亦有无限之影响"②。可见,"中华新闻学院"的殖民新闻教育,已成为日本对华殖民宣传体系的重要一环,其运作一定程度上弥补和缓解了日本在华殖民宣传人员不足的问题。

表 3　"中华新闻学院"第一、二届毕业学员服务机关分布统计表

服 务 机 关	第一届	第二届
中华通讯社	3	21
广播协会	9	3
天津庸报	8	3
武德报	3	2
北京新民报	0	4
山西新民报	0	3
石门新报	1	2
新民报	2	0
东京同盟社	2	0
东京同盟会	1	0
华北电电	1	0

---

① 佐佐木健儿:《中华新闻学院概况》,北平:"中华新闻学院",1942 年,第 33 页。

② 同上书,第 47 页。

续　表

服务机关	第一届	第二届
渤海道公署	0	2
北京公署	1	0
河北公署	1	0
烟台警察署	0	1
北京晨报	0	1
山西晨报	1	0
时报	1	0

　　然而随着太平洋战争的爆发，日军及日伪当局已无暇顾及"中华新闻学院"的运作。除了不可抗拒的外力作用外，该学院的内部管理更加速其走向终结。"中华新闻学院"开销庞大，资金亦捉襟见肘，所以"五年来并无长足之发展"①。此外，该学院的教育行政权集中于院长一人手中，预算编制、教师聘任、学员招生等事务均受到日伪的监督与管控。管翼贤自 1941 年接任院长后，把控"中华新闻学院"，更将其视为培植个人势力的工具，以期"独霸整个沦陷北平之报业"，所以该学院后期的新闻教育不乏"粗制滥造"，"已失教育之本义矣"②。日本战败投降后，佐佐木健儿被遣返回国，随后升任日本电通集团主要负责人之一③。而其追随者管翼贤被判处汉奸罪，解放后，在华北第一监狱接受改造，1951年被执行死刑，结束了其复杂罪恶的一生。

　　事实上，"中华新闻学院"所处的华北是中华民族意识最为深厚的地区，"九一八"事变后华北更是成为中国抗日救亡运动的中心。日本全面侵华后，华北的失学青年学生大多亲历了国破家亡的苦难，对日本侵华的暴行与掠夺有直观切身的体会④，加之受中共在华北活跃频繁的抗日活动影响，日本开展的殖民新闻教育，难以撼动植根于中国学员内心深处的文化基因与民族意识⑤。后期学院更成为中共地下党员潜伏并开展抗日工作的"根据地"。据学员董华回忆，"早在 1944 年日本败亡之前，中华新闻学院内部即已形成了若干抗日活动小组"。仅董华一人在不到两年的时间里即发展了多名具有进步思想的学生

---

① 《沦陷时期北平的报业》，北平：燕京大学文学院新闻学系，1946 年，第 109 页。
② 方汉奇、王润泽：《中国人民大学图书馆藏燕京大学新闻系毕业论文汇编》（第二十一册），北京：国家图书馆出版社，2014 年，第 116 页。
③ 《佐佐木健儿讣报》，《朝日新闻》1978 年 1 月 19 日。
④ 赵玉明、艾红红：《中国抗战广播史料选编》，北京：中国广播影视出版社，2017 年，第 307 页。
⑤ 王晓岚：《中国共产党抗战时期对日伪的新闻宣传》，《河北学刊》1996 年第 6 期。

到抗日根据地学习和工作①。从事这项工作的除了董华之外，还有第一期学员邹立山，第二期学员雷国才，第四期学员王若君、马成龙、姚仲文、杨昌年，第五期学员王彤淼（王起）、李达林、张殿甲等人。他们以"中华新闻学院"学生身份为掩护，有的秘密从事抗日宣传活动，有的帮助平津高校学生转移至抗日根据地，还有的借助在日伪新闻机构工作之便搜集抗日情报，为抗战胜利做出最大的努力。

四、结语

本文重新回溯了日伪中华新闻学院的创办过程及新闻教育活动。研究发现，作为日本殖民者在中国创办的唯一新闻院校，"中华新闻学院"存在尽管只有短短数年时间，却深度参与到了日本对华宣传战之中，其所培训的新闻人员成为日本对华新闻侵略的帮凶，其殖民新闻教育模式是中国近代新闻教育史上的一个"畸形儿"。

历史证明，新闻教育必须服务于民族的独立和解放事业才有旺盛不竭的发展动力。在新时代里，我们唯有牢固掌握新闻教育领导权和主动权，践行为国服务的使命担当，才能在复杂的国际舆论斗争中立于不败之地。作为殖民主义知识暴力实践的典型样本，伪中华新闻学院的命名策略本身即构成殖民话语的修辞陷阱——以"中华"的民族主义能指符号为表，行文化殖民与精神驯化之实，深刻印证了霍米·巴巴所指出的殖民权力"模拟"策略的双重性。该机构通过制度化建构的殖民教育装置，将新闻职业教育异化为"意识形态国家机器"②，其本质在于培育服务于"大东亚共荣"幻象的"殖民化知识主体"。这种以"现代性"为外衣的殖民教育工程，实质构成了日本殖民统治"治理术"③的重要实践，通过制造"专业主义"与"殖民效忠"的认知悖论，实现对中国新闻从业者的主体性剥夺。

在百年未有之大变局的当下，重审这段殖民教育史有助于警示我们殖民主义从未局限于军事占领，其通过教育实施的文化宰制更具深层破坏力。当下中国新闻教育必须坚守教育主权意识，在构建中国特色新闻学知识体系过程中，既要警惕新殖民主义的知识霸权渗透，更需以文明互鉴超越文明等级的殖民思维。唯有在新闻教育中铸牢中华民族共同体意识，方能确保中国新闻事业在国际传播格局中真正掌握话语主动权，这是历史赋予当代新闻教育的神圣使命，也是时代赋予的重大课题。

---

①　董华：《在中华新闻学院战斗的地下党》，中共北京市西城区委组织部等：《往事珍影——北京西城老同志回忆》，北京：中共党史出版社，2006年，第15—16页。
②　［法］路易·阿尔都塞：《意识形态和意识形态国家机器》，李迅译，《当代电影》1987年第3期。
③　于奇智：《福柯的政治哲学》，北京：商务印书馆，2022年，第87页。

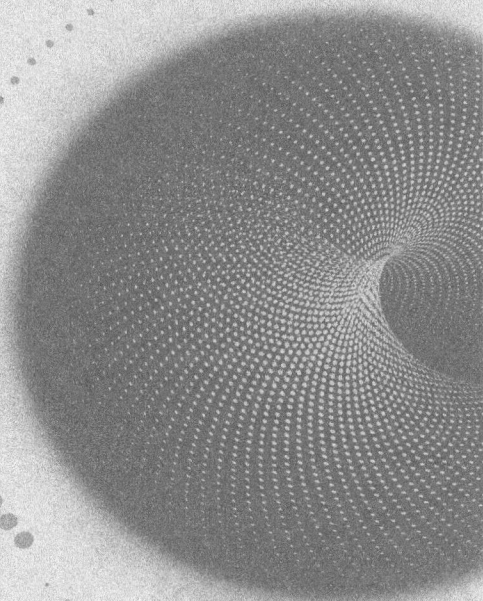

专题史研究

是名儒之论还是西夷之法：冯桂芬的
言论思想及其引发的时代争论

路鹏程[①]

摘　要： 冯桂芬立基儒家经典，融汇西学启迪，提出知识分子拥有针对国事民瘼陈诗言事的权利，并设想通过制度性建设为文人论政清除障碍，提供安全保障，这就从根本上动摇了清代的言禁政策。冯桂芬首次在"中体西用"的框架下系统阐释言论思想，围绕冯桂芬言论观念展开的争论恰恰反映出当时思想语境的巨大变化，这意味着中国知识分子开始在中西信息、观念、思想交汇下求知、思考和创获。

关键词： 陈诗；言路；中体西用

作为洋务运动的理论先驱，冯桂芬是中国近代思想史上里程碑式的人物，但却鲜见于新闻思想史的论述中。如果单就新闻而言，冯氏似乎仅是与王韬、林乐知等著名中西报人交游，确无专门文章论述报纸。但如果放宽眼界，以传播思想观之，冯氏提出的言论思想则上承魏源，下启王韬，是中国新闻与传播思想史上无法绕开的丰碑。

冯桂芬（1809—1874），字林一，号景亭，江苏吴县人。当他进士及第，步入仕途之时，正值鸦片战争爆发，清政府在内忧外患的冲击之下，风雨飘摇，岌岌可危。家国多难，世事多艰，促使冯桂芬立志拨乱澄清，师事林则徐，交游魏源、姚莹，入幕陶澍、裕谦等，始终致力于探究和解决现实问题，并开始初步关注和留心西方世界。特别是在第二次鸦片战争期间，冯桂芬避居上海，佐幕李鸿章，参与组织中外会防局，在与西人合力抵御太平军时，对西方政治、军事、经济、文化有了更为深切的体会和更为深刻的认识，这进一步促发他"纵览夷书，博采旁咨于通晓夷情之人"[②]，成为洋务运动的理论先驱，亦成为最早从洋务思想观中论述言论传播问题的晚清知识分子。

一、"复陈诗"：冯桂芬言论思想的主要内容

晚清知识分子通常将言论禁弛视为政事兴衰之关键，而政事则又是经世致用思想之

---

① 路鹏程，华东师范大学传播学院教授。

② 熊月之：《冯桂芬评传》，南京：南京大学出版社，2004年，第124页。

核心,因此,当时崇尚经世致用之知识分子均重视思考和探索言论秩序与政治统治之关系。如果说19世纪四五十年代以魏源等为代表的经世派知识分子还只是将西方言论实践形式当作一种增广见闻、开阔视野的新知识,而现在冯桂芬则开始将西方言论实践形式这种新知识化为一种"举而措之天下,能润泽斯民"的新思想①,即努力将其纳入儒家学说体系,并结合中国文化传统和社会现实加以转化与改造,最后具体化为富民强国的政策制度。

君民壅塞隔绝会导致社会百弊丛生,甚至会招致王朝覆灭,这是个古老的政治问题。历朝历代的政治家、思想家,甚至关心国事民瘼的普通知识分子都曾严肃地反复探讨过,并据此提出君主听取臣下之谏、民众之言以了解社会实情的种种主张和措施。晚清咸同时期,广大民众不堪其苦揭竿而起,西方列强虎视鹰瞵,侵边犯土,清廷面临空前的政治社会危机,即使当时在华西人也普遍认为中华帝国已濒临崩溃,行将毁灭。例如,《北华捷报》1860年发表的评论文章说,"它的垮台仅仅是时间问题,迟早必将来临"②。冯桂芬入仕前,因生活贫寒知悉民间疾苦③,踏入仕途之后,"间为大吏及州县纵言民间疾苦,多愕然谓闻所未闻者"④。特别是目睹和亲历了农民起义军以排山倒海的力量对政府造成剧烈的冲击之后,他对君民壅塞和社会隔绝所造成的社会危机感触尤为深切,他痛心地指出:

> 上与下又不宜隔,隔则民隐不闻,蒙气乖辟而乱又生。三代以下,召乱之源,不外两端:下所甚苦之政,而上例行之,甚者雷厉风行以督之;下所甚恶之人,而上例用之,甚者推心置腹以任之。……今世部院大臣习与京朝官处,绝不知外省情事;大吏习与僚属处,绝不知民间情事;甚至州县习与幕吏丁役处,亦绝不知民间情事。……浸假而一乡冤,浸假而一境冤,于是乎鸷民倡,奸民从,愿民为所胁,而大乱以作,亦上下不通之弊。⑤

中国历代王朝都通过严格管控社会各阶层的横向信息传播,单纯依靠政府系统内部的纵向信息传播来获悉社会情况,所以保持纵向信息传播畅通是进行国家管理、维护统治稳定的基础和条件。但冯桂芬发现,这种单通道的纵向信息传播制度表面上便于中央集权管理,但实际则弊端丛生,极为脆弱。正是在这种制度管控下,清政府各级官员的社会交往、信息交流仅局限在极为狭隘而封闭的官吏幕僚阶层之内,上级政府与下级政府之

---

① 《安定学案》,《宋元学案》卷一,转引自余英时:《中国知识人之史的考察》,桂林:广西师范大学出版社,2004年,第447页。

② 《北华捷报》1860年11月30日,转引自[美]芮玛丽:《同治中兴:中国保守主义的最后抵抗(1862—1874)》,房德邻等译,北京:中国社会科学出版社,2002年,第19页。

③ 冯桂芬:《五十自讼文》,《显志堂稿》卷十二,北京:朝华出版社,第8页,转引自熊月之:《冯桂芬评传》,南京:南京大学出版社,2004年,第90页。

④ 冯桂芬:《复陈诗议》,冯桂芬著、戴扬本评注:《校邠庐抗议》,郑州:中州古籍出版社,1998年,第161页。

⑤ 同上。

间,各级政府与社会各界之间,信息交流严重隔绝,因而中央堂官对全国情况,各省督抚对本省态势,甚至基层官员对治下一州一县之动态,均一无所知。各级政府之间以及政府与社会之间信息交流的隔绝不仅使政府无法及时有效地获知其各项政治举措的社会效果,反而促使各层级的地方官僚集团为维护一己私利,或迎合上意,或隐瞒己过,向上级政府、中央机构甚至皇帝个人传播虚假信息,导致上级部门做出的决策经常是扭曲甚至错误的①,使"下所甚苦之政,而上例行之,甚者雷厉风行以督之;下所甚恶之人,而上例用之,甚者推心置腹以任之"②。这也是许多有良知和责任的晚清官员的共同判断。就在冯桂芬思考这个问题的时候,郭嵩焘在受咸丰皇帝召见时就大胆地提出,王大臣去百姓太远,事事隔绝,要"以通下情为第一义"③。

冯桂芬认为只有立志去塞求通,改革信息传播制度,实现上下交通,方能国泰民安。甚至当时传教士在香港创办的杂志《遐迩贯珍》针对当时中国内外交困的局势,也指出中国政治制度改革的必要性与可能性:"余以外邦人,尝历观中土,因思今之民人,与朝廷作难相持,终将必有一胜。无论孰胜,澷庶民之政治,待外邦之制度,必有一次更张改作。"④但对身处专制体制之内的中国知识分子而言,呼吁去塞求通,实现上下通达,不仅要具备洞悉政治兴衰利弊的眼光,更需具有敢于抗击政治压力的勇气,历来具有这种眼光者众,但具有这种胆识者少,而两者兼具者寡。君民隔阂,去塞求通,是咸同时期胸怀国事民瘼的知识分子众所周知的问题,但这又是深触时忌,知识分子特别是一般官僚知识分子不愿不敢不能形之笔墨的问题,只有生性"愚直"的冯桂芬,不计个人利害,不避个人福祸,才敢诉诸笔端,宣诸笔墨,大声疾呼。

(一)"民风升降之龟鉴,政治张弛之本原":陈诗言事的政治性功能

就去塞求通问题,冯桂芬首先提出拓展言路,"许科甲出身之中书以上,及外任司道言事,……有可采耶,固拾遗补阙之攸资,无可采耶,亦询事考言之一法"⑤。清代言权高度集中,自雍正帝开始实施奏折制度后,拥有向皇帝上奏言事职权的官员十分固定。在中央,是各衙门的堂官、各军事单位的长官、谏台的言官和皇帝身边的词臣等;在地方,为各省总督、巡抚、学政、提督,各八旗驻防长官。人数总计约有数百人,但出于种种顾虑他们在行使上奏言事的职权时都极为慎重⑥。这种言权高度集中的政策,使得冯桂芬本人也深受其苦,"一官无言责,怀欲陈之,而未有路",他胸怀多年的政治主张、改革举措一直都没有向朝廷中枢乃至皇帝表达的渠道和机会。为此,冯桂芬主张在中层官僚体系内部放

①　丁学良:《中国模式:赞成与反对》(修订版),香港:牛津大学出版社,2014年,第160页。
②　冯桂芬:《复陈诗议》,《校邠庐抗议》,上海:上海书店出版社,2002年,第35页。
③　《郭嵩焘日记》(第一卷),长沙:湖南人民出版社,1981年,第215页。
④　《英国政治制度》1853年第1号,沈国威、内田庆市、松浦章:《遐迩贯珍——附解题·索引》,上海:上海辞书出版社,2005年,第715页。
⑤　冯桂芬:《汰冗员议》,冯桂芬著、戴扬本评注:《校邠庐抗议》,郑州:中州古籍出版社,1998年,第78页。
⑥　茅海建:《戊戌变法史事考》,北京:生活·读书·新知三联书店,2005年,第222页。

开言路。他说,如官员上书陈事于实有裨,切实可行,即可采纳资政建议;即使官员上书所陈之事俱无可采择,皇帝亦可借此了解多方情况。

就拓展体制内言路而言,冯桂芬似乎并没有超出传统经世致用的言论主张,但毕竟冯桂芬是在"天下之局大变",即中国被迫卷入全球政治经济格局中提出这个问题,是在"君民不隔不如夷"①,即以西方政治社会经验为参照的语境下分析这个问题,更为重要的是他试图通过"鉴诸国"②,即借鉴西方国家的制度和举措来解决这个问题。因此,他没有仅停留在广言路这一传统的解决手段之上,而是进一步提出以"复陈诗"的方式来去塞求通。

表面看来"陈诗"亦是中国古代去塞求通的传统政治传播措施和手段,但在冯氏"不如夷"的比较视域和"鉴诸国"的改革思维下,其陈诗的内容、途径和制度已发生深刻变化。首先,冯氏开宗明义指出他所说的"诗",不是世人俗意上吟风咏月、吊古思幽之作,而是"民风升降之龟鉴,政治张弛之本原也"。

> 如后世之言诗,止以为吟咏性情之用,圣人何以为与《易》《书》《礼》《乐》《春秋》并列为经?谓可被管弦荐寝庙。而变风变雅又何为者?尝体味群经,而始知诗者,民风升降之龟鉴,政治张弛之本原也③。

冯桂芬认为,"诗"不仅自古以来就是反映政治得失、社会利弊和民心相背的风标,而且还处于整个政治活动的核心地位,发挥着关键作用。"诗"是制定政治决策的来源、实施政府政策的原则、测量政治成效的标尺,这就赋予了"诗"更严肃的政治意义和更深重的政治责任。冯桂芬正是在西方近代政治思想和经验的观照和启迪下,才让陈诗采风这一远古的言论形式和秩序生发出新的理论生命与现实意义,它不仅是抗议和批判现实言禁制度的远古理想,而且演变成重构和改革言论制度的现实依据。

尽管冯桂芬是在中西文化交汇的启发下提出复陈诗的问题,但在儒家文化为意识形态的语境中,"凡言不合先王,不顺礼义,谓之奸言,虽辩,君子不听"④。因此,为论证诗是"民风升降之龟鉴,政治张弛之本原",冯桂芬从儒家经典理论和先王圣贤历史经验中寻找理论支持和知识资源。他说:

> 《左传》师旷引《夏书》曰:"遒人以木铎徇于路,官师相规,工执艺事以谏。"《礼》曰:"命太史陈诗,以观民风。"郑康成曰:"陈诸国之诗,将以知其缺失。"圣人盖惧上下之情之不通,而以诗通之。……旁考传记,黄帝立明台之议,尧有衢室之问,舜有告善之旌,禹立谏鼓而备讯唉。春秋时晋文听舆人之诵,子产不毁乡校。⑤

冯氏为论证其主张,征引儒家经典为其知识道德权威,依托先王圣贤为其政治权

---

① 冯桂芬:《制洋器议》,冯桂芬著、戴扬本评注:《校邠庐抗议》,郑州:中州古籍出版社,1998年,第198页。
② 冯桂芬:《采西学议》,冯桂芬著、戴扬本评注:《校邠庐抗议》,郑州:中州古籍出版社,1998年,第211页。
③ 冯桂芬:《复陈诗议》,冯桂芬著、戴扬本评注:《校邠庐抗议》,郑州:中州古籍出版社,1998年,第160页。
④ 荀子:《非相》,转引自刘泽华:《中国政治思想史集》(第一卷),北京:人民出版社,2008年,第290页。
⑤ 冯桂芬:《复陈诗议》,冯桂芬著、戴扬本评注:《校邠庐抗议》,郑州:中州古籍出版社,1998年,第160页。

力权威。他既试图借此为其论证提供无可辩驳的权威性，又试图借此让他人理解和认同自己的主张。自冯桂芬以后至戊戌变法之间三十多年，晚清知识分子在追求改革和重构言论制度的过程中，都会祖述上古三代的陈诗采风来建立论说的合法性和合理性。

其次，冯桂芬不厌其烦地追溯儒家理想化的陈诗采风政策，亦是因当时多数士子只读四书五经，"所解者，高头讲章之理，所读者，坊选程墨之文，于本经之义，先儒之说，概乎未有所知"①。他们不仅对西方发展现状茫然无知，而且对中国历史沿革亦所知有限。当然，中国知识分子对上古三代典章制度历来聚讼纷纭，信疑交错②。冯桂芬在引经据典，雄辩宏议一番陈诗采风制度之后，亦半信半疑地说，"后世以为迂阔而废之"③。但无论上古三代陈诗采风的典章制度是真是假，一经冯桂芬等知识分子集中明确地表述出来就成为晚清言论思想中的重要言说话题，成为晚清开明知识分子反思和探索言论制度的重要历史经验和理论依据。

（二）陈诗言事的制度化构想："椟藏其原本，录副隐名，送学政进呈"

冯桂芬不仅提出恢复陈诗的要求，并且创设出周密详备的陈诗制度。首先，扩大陈诗者的范围。"郡县举贡生监，平日有学有行者"，遇事皆可陈诗倡言。"有学有行者"是个模糊性很大、包容性极广的说法，这等于说贡生、监生这些处官僚体系边缘、地位卑微的一般知识分子都具有陈诗言事的权利。这就将言论权利主体从上层官僚知识分子阶层拓展到下层一般知识分子阶层，从达官显贵独擅的特权变成朝野一般知识分子的普遍权利。这不仅突破了嘉道时期思想家们提出的在官僚体制内部开放言路的改革思路，而且也破除了"思不出其位"的儒家传统言禁制度的约束。冯桂芬自己首先身体力行走出"思不出其位"的束缚，大声疾呼变法，其撰著名曰《校邠庐抗议》，"抗议"一词即寓位卑言高之意。

其次，解除陈诗内容的严格限制。自秦汉以来历朝历代陈诗言事受到地位和职务上的严格限制，即使专司谏言的言官在进谏时亦是繁文缛节，禁忌重重，清代尤甚④。倘若稍有不慎犯禁触忌，轻则议处降职，重则丢官丧命。冯桂芬在知识分子向政府和皇帝"陈诗"的程序和步骤中仅提出一条简单的采择标准"择其尤"。"尤"，优异的、突出的，凡针对国事民瘼，言之成理，见识卓越，均可上陈，这从根本上解除了传统陈言进谏的重重束缚。

再次，为陈诗者提供制度化保障。尽管陈诗言事，进谏议政，是有利于帝王统治的政治行为，但中国历史上真正从谏如流、虚心纳谏的英主明君是凤毛麟角的；言者无罪，闻者

---

① 张之洞著、李忠兴评注：《劝学篇》，郑州：中州古籍出版社，1998 年，第 114 页。
② 钱穆：《国史大纲》（修订本）（上册），北京：商务印书馆，1996 年，第 8 页。
③ 冯桂芬：《复陈诗议》，冯桂芬著、戴扬本评注：《校邠庐抗议》，郑州：中州古籍出版社，1998 年，第 160 页。
④ 刘泽华：《中国政治思想史集》（第三卷），北京：人民出版社，2008 年，第 412 页。

无心,表面上宽容陈诗进谏,实际上我行我素,虽平庸但宽容的帝王也不多见;历史上层出不穷、不胜枚举的是对陈诗进谏者以斧锯鼎镬相向的昏君暗主。在这种情形之下,谏官亦大多明哲保身,三缄其口。宦海沉浮多年的冯桂芬深刻洞悉其中的弊端之所在。他指出,当下"科道为耳目之官,……仗马寒蝉居大半,何取乎具臣?"①其根本原因就是,中国传统的谏议制度缺乏对进谏者的制度化人身安全保障,进谏者的命运完全取决于帝王的个人修养和一时之喜怒。冯氏为了真正实现言者无罪、闻者足戒的原则,煞费苦心地设计出一整套能够给陈诗士子提供有效保护的制度措施。他建议:

> 椟藏其原本,录副隐名,送学政进呈,国学由祭酒进呈,候皇上采择施行。有效者下祭酒、学政,上其名而赏之。无效者无罚,诗中关系重大者而祭酒学政不录者有罚。②

陈诗原件需添写实名,以防止有人乘机告密和恶意诬陷他人。陈诗上达时则匿名誊录,以防止因言论内容会触及某些人的利益而招致他们的怨恨和报复。陈诗言事有裨国事民瘼者皇帝予以奖赏,无裨国事民瘼者皇帝亦不予处罚,而对于未能转呈重要陈诗的政府官员,皇帝将予以惩罚。冯氏认为这种方式可以有效地保障陈诗者知无不言,言无不尽,又能防止不良分子借机恶言诬告,造谣生事,最终能够形成舒畅通达的言论环境。

封建王朝的言禁政策主要针对知识分子,核心在于对国事民瘼相关言论进行管控,以森严禁忌为主要控制方式,其威慑力则源自严刑重典。当冯桂芬提出知识分子普遍拥有针对国事民瘼陈诗言事的权利,通过制度建设为他们陈诗言事清除重重忌讳并提供人身安全保障时,这就从根本上动摇了封建言禁政策。这是从中国传统思想系统内对言禁制度所进行的最后的、最彻底的批评,也是借鉴西方现代思想资源对言禁制度所开展的最初的、最犀利的批判。这意味着,中国知识分子从此在批判言禁制度时不再局限于中国传统的思想体系,他们在继承传统敢言精神的基础上,开始借鉴、援引西方现代思想资源对言禁制度展开更为全面、更为深刻、更为猛烈的批判。这是中西、新旧思潮在历史性交汇中对言禁制度所进行的最典型的批判。

最后,冯桂芬深刻认识到,虽然君民隔绝集中体现在言论问题上,但其实际上与诸多政治体制架构和政治实践环节存在着纷繁复杂、盘根错节的联系,仅就言论制度谈言论改革并不能真正解决言论问题,言论问题的改革必须以其他问题的解决为前提,同时,言论问题的改革也推动其他问题的解决,政治、社会改革必须多措并举,系统推进。因此,冯桂芬在提出广言路、复陈诗之外,还提出一揽子改革设想:一是"采西学""重儒官",改革知识分子教育内容和选拔方式,使知识分子能够拓宽视野,厚积学识,砥砺道德;二是"复乡职",鼓励知识分子参与地方自治,使知识分子能够谙熟民间疾苦;三是"公黜陟",授权知

---

① 冯桂芬:《汰冗员议》,冯桂芬著、戴扬本评注:《校邠庐抗议》,郑州:中州古籍出版社,1998年,第78页。
② 冯桂芬:《复陈诗议》,冯桂芬著、戴扬本评注:《校邠庐抗议》,郑州:中州古籍出版社,1998年,第161页。

识分子选举地方官员，使知识分子能够监督官风吏治，洞悉政治得失。知识分子只有胸怀经世济民之志，秉持方正坚毅之德，才会关切国事民瘼，陈诗言事；知识分子只有谙熟中外掌故，周知民间疾苦，陈诗言事才能揭露社会矛盾，反映社会诉求；知识分子只有洞悉政治得失，并具备制约官吏的权利，在陈诗言事时才能避免被官员胁制和报复，同时陈诗言事也才能真正发挥监督官风吏治的作用。总而言之，只有政治、社会、教育各个层面进行全面而系统的改革，才能使复陈诗制度落到实处，陈诗亦才能发挥"民风升降之龟鉴，政治张弛之本原"的重要作用。

　　当代史家熊月之先生指出，在晚清史上，思想家多缺乏从政经验，陈义高而落实难，政治家又因为过于重视政治运作，囿于政治利益羁绊，而短于政治理想，疏于理论创造。既谙熟政治运作又能进行理论创造的人凤毛麟角，而冯桂芬恰是其中的佼佼者①。冯桂芬以复陈诗来去塞求通，并殚精竭虑地创设出周密详备的陈诗方案，充分展示出其改革思想的深刻性、改革措施的可行性。

（三）陈诗言事的限制性框架："以中国之伦常名教为原本"

　　冯桂芬秉持的变法原则是"以中国之伦常名教为原本，辅以诸国富强之术"②。但冯桂芬不识西文，寡识西人，当时可以读到的汉译西书多是有关声光电化的自然科学读物，论及西方政治制度的寥寥无几，冯桂芬对西方诸国富强之术所知毕竟极为有限。冯氏是在西方经验的启迪下，主要通过对中国传统政治资源的反思，提出变法方案和改革措施，即陈孟忠先生所谓的"从局限中打破局限，从传统中冲破传统"③。但毕竟时代局限难以突破，历史传统束缚沉重，冯桂芬终究无法彻底走出现实与历史交织而成的封建思想罗网，因此，冯氏变法观亦有明显的时代局限性和思想局限性。

　　冯氏主张上下不宜隔阂，但又提出"上与下不宜狎，狎则主权不尊，太阿倒持而乱生"。冯氏倡导在皇帝与臣僚、官吏与民众之间保证通顺畅达的信息交流，但这必须是建立在皇帝与臣僚、官吏与民众之间保持森然有别、井然有序的等级秩序基础之上。冯桂芬将打开的言路又放置在传统三纲五常的礼制约束之下。

　　冯桂芬从中国传统典籍中寻找复陈诗合理合法性的历史资源，但中国传统典籍关于知识分子上书言事之弊连篇累牍的记载，又使冯桂芬认识到全面放开言论，任由知识分子自由上书、集会必然对皇权形成一定程度的威胁。他说，如在唐代，知识分子"聚为朋曹，侮老慢贤，恶言斗讼诸习"；在宋代，知识分子横恣狂肆，阿谀权奸，"至与人主抗权"。冯氏没有深入分析其产生的复杂历史社会原因，而径直认为这是言论开放固有的弊端。因此，他认为，"今江河日下，未必不如唐宋时，脱稍假以权，有不为唐宋之为者几希。今仅许其

---

　　①　熊月之：《冯桂芬评传》，南京：南京大学出版社，2004 年，第 11 页。

　　②　冯桂芬：《采西学议》，冯桂芬著、戴扬本评注：《校邠庐抗议》，郑州：中州古籍出版社，1998 年，第 211 页。

　　③　陈孟忠：《冯桂芬维新思想之研究》，硕士学位论文，台湾大学，1977 年，第 171 页。

陈诗,不令呼群引类,以启党援,不令投匦击鼓,以近讦讼,庶几无流弊乎!"①冯桂芬要求知识分子必须通过学校系统,严格按照既定程序陈诗言事,禁止知识分子借上书言事同气相求,集社结党,禁止知识分子径向政府上书言事,以防其胁迫官员,制约政府。冯桂芬严格区分开议政与参政,即政治言论与政治行动,知识分子可以假言论来议政,但不能用实际行动干预政治。

尽管冯桂芬将陈诗言事的群体从达官显宦扩展至举贡生监,但并没有普及到社会全体知识分子群体中。举贡生监对于达官显宦而言地位卑微,是依附在统治政权外围的边缘群体,但对于一般知识分子而言他们又是取得一定学品和学衔,即已获得功名的特权阶层②。冯桂芬复陈诗只是将议政权利从极少数的上层特权阶层,拓展到较多数的下层特权阶层,概而言之,陈诗依然是特权阶层之特权。

二、是名儒之论还是西夷之法: 冯桂芬言论传播思想引发的时代争论

冯桂芬写完《校邠庐抗议》,虽未刻板印刷,但多抄录副本寄呈朋僚,遂在师友之中流传开来。陈诗采风是儒家理想的政治传播秩序,去塞求通亦是清代经世知识分子孜孜以求的政治目标,二者本是儒家政治言论的原则与实践主张。然而,冯桂芬复陈诗的思想却不仅在晚清经世知识分子群体内引发了广泛的对话,还引起激烈的争鸣,一时众说纷纭。相对于冯氏的师辈魏源等人主张学习西方的著作出版后,"举世讳言之",见者亦不为重的尴尬局面③,冯桂芬的言论思想所引发的时代争论,已经表明中国思想界在道咸年间的深刻变化和显著进步。

对冯桂芬所有改革措施完全赞赏者有之,如冯桂芬的挚友吴云认为,"此通儒之学,抑亦王佐之才也。苟能上达朝廷,见之行事,举当世之秕政,斟酌而变通之,拯溺扶衰,洵非小补"④。

认为冯桂芬复陈诗等改革措施陈义过高,不切实际者有之。如曾国藩的幕僚张文虎说,冯氏"所论时务诸篇,皆中肯要,至其救弊之术则有万不能行者。即使其得位行道,权自我操,恐未必一一能酬,故立言难"⑤。曾国藩本人亦认为:"粗读十数篇,虽多难见之施行,然自是名儒之论。"⑥

针对复陈诗激烈批评者,亦有之。曾国藩幕僚赵烈文指出,复陈诗"此论纰缪,断不可

① 冯桂芬:《复陈诗议》,冯桂芬著、戴扬本评注:《校邠庐抗议》,郑州:中州古籍出版社,1998 年,第 162 页。
② 相关详细讨论可参见张仲礼:《中国绅士研究》,上海:上海人民出版社,2008 年。
③ 吴剑杰:《中国近代思潮及其演进》,武汉:武汉大学出版社,1989 年,第 52 页。
④ 吴云:《致冯林一宫允》,《两罍轩尺牍》卷二,第 2 页,转引自熊月之:《冯桂芬评传》,南京:南京大学出版社,2004 年,第 191—192 页。
⑤ 张文虎著、陈大康整理:《张文虎日记》,上海:上海书店出版社,2001 年,第 137 页。
⑥ 转引自熊月之:《冯桂芬评传》,南京:南京大学出版社,2004 年,第 186 页。

行。按古之采风，以知民之风俗耳，不闻使之干政也"①。如果说冯桂芬复陈诗的变法主张只是中国陈诗采风传统的继承和重申，可能不会引起赵烈文如此强烈的反应。赵烈文敏锐地意识到中国古代采风制度与冯氏的复陈诗制度存在本质差异。他指出，古代的采风制度只是统治者了解社会风土人情、习俗礼仪的途径，与政治无涉；而冯氏提出的复陈诗是民众议政参政的重要机制。是否参与政治活动，能否影响政治决策是两者的根本区别。所以，赵烈文认为复陈诗，"此夷法也"②。正是在时人激烈批评的框架和逻辑中冯桂芬言论思想的独特时代价值真正凸显出来，即冯桂芬复陈诗的变法主张超出中国传统陈诗采风观念，隐寓着强烈的现代言论自由色彩。

赵烈文反对知识分子陈诗议政的理由是：

> 一开此端，所好颂扬，所恶排挤，盗憎主人，民恶其上，语言文字之狱，将不可止，大乱之道也。且是天下是非何常之有！就使作者皆无私心，而好恶不明，观听不实，一犬吠影，群犬吠声，若采听行之，此室彼庚，不触即背，将使何以为政？天下有道则庶人不议，观其后文，不使诸生上书之说，亦悉此意，而前言之不思，则好古好高之过。③

赵烈文认为，其一，由于人们往往出于自私动机，根据主观好恶，随意发表言论，党同伐异，甚至导致强盗诬蔑主人，民众诋毁政府，这必然促使政府大兴文字狱以压制社会言论，从而给社会带来极大的动乱。其二，在世间常常很难区别是非、断定真假、辨别正误。即使人们抛开偏见，本于公心发表言论，但由于观察失实，判断失误，也会形成谎言谬论。其三，绝大多数的人毫无主见，追随谎言谬论，人云亦云，从而造成充满偏见的、误导性的社会舆论，据此制定的政治政策，必然给社会带来灾害性的后果。立足于人性自私自利的根本立场，出于对认知困难的基本判断，以及由此引发的社会盲从和社会混乱的强烈担忧，赵烈文为言禁提供了全面而又坚实的依据。赵烈文这里的论政逻辑和思维方式，典型地反映出恩格斯所说的"认为自由就是为所欲为因而完全沉浸在中世纪野蛮境地的国家"的人们普遍对言论自由的偏见④。赵烈文的观点也典型地反映出当时大多知识分子对言论的普遍认识。恰如当时张芾向咸丰奏请公开发行邸报即遭斥责，"识见错谬，不知政体，可笑之至"，咸丰认为公开发行邸报"不但无此体制，且恐别滋弊端"⑤。其实，无论对冯桂芬复陈诗思想的誉者、毁者、毁誉参半者，都是当时开明的洋务知识分子。即使激烈反对者赵烈文，其见识和思想在当时亦远迈时流，曾国藩称赞他"博览群书，留心时事"⑥。他

---

① 赵烈文：《能静居日记》，台北：学生书局，1964 年，转引自熊月之：《冯桂芬评传》，南京：南京大学出版社，2004 年，第 262 页。

② 同上。

③ 同上。

④ 《马克思恩格斯全集》（第一卷），北京：人民出版社，1956 年，第 547 页。

⑤ 戈公振：《中国报学史》，上海：上海书店出版社，2013 年，第 38 页。

⑥ 成晓军：《曾国藩的幕僚们》，上海：东方出版中心，2000 年，第 426—427 页。

收藏有全套的《遐迩贯珍》,并将它作为了解西学的知识读物借给他的朋友们①。而《遐迩贯珍》的言论思想在当时的保守知识分子看来,"杂识时事,语含刺讽,……尤为狂悖"②。尽管赵烈文彻底否定了冯桂芬复陈诗的主张,但对冯氏提出的系统改革观点也多有肯定,他认为冯氏采西学的主张为"当今切务",制洋器的思想是"精论不刊"。即使开明者如赵烈文等都对知识分子人人皆可陈诗言事持激烈的批评态度,其他知识分子,特别是保守知识分子的态度更可以想见了。

　　是名儒之论还是西夷之法,围绕冯桂芬言论思想展开的争论恰恰反映出当时思想语境的巨大变化。中国知识分子开始在中西信息、观念、思想交汇下求知、思考和创获,他们面对西方思想无论是敞开襟怀,还是深闭固拒,西方思想都构成了他们思考的知识背景。他们在研习中国传统典籍时,无论是固守成规,还是追求循序渐进的改良,都是中西思想碰撞交融的思考和主张。这种中西交汇的思想观念产物,自开明者看来是名儒之论,自保守者言之是西夷之法,究竟是名儒之论还是西夷之法,端赖论者的立场而定。其实,冯桂芬既是借鉴西夷之法提出复陈诗的具体言论制度,又努力将其纳入"以中国之伦常名教为原本"的名儒之论当中,他倾向调和名儒之论与西夷之法,并最终在晚清知识分子中首次确立起"中体西用"的哲学主张。冯桂芬亦是首次在中体西用的框架下来系统阐释言论思想的晚清知识分子。从冯氏开始直至康、梁提出维新变法思想,绝大多数的开明中国知识分子和近代报刊基本都是在中体西用的哲学基础上来阐释其言论观念、新闻思想和传播理念的。正是从这个意义上说,冯桂芬是中国新闻与传播思想史上无法绕开的历史丰碑。

　　然而,1860 年代初,顽固守旧的思想潮流和舆论气候依然笼罩着整个社会。正如冯桂芬在上海结识的忘年交王韬所说,"咸丰初元,国家方讳言洋务,若于官场言及之,必以为其人非丧心病狂不至是"③。作为官场中人,冯氏痛苦而无奈地接受了挚友吴云的建议,以《校邠庐抗议》"或触时忌,恐致格于上陈,转负作者苦心"④,而未出版。冯桂芬的言论思想仅限于在洋务知识分子群体中流传,所以冯氏对中国传统言论思想冲击最激烈的部分,都未能公开传播并及时转化为推动时代演进的思想资源,而只是部分知识分子内部争辩的话题和潜在思考的问题。直至 1876 年冯氏去世两年后,冯桂芬文集《显志堂稿》出版时,他的学生还是剔除了集中反映冯氏言论思想的《复陈诗议》等多篇政论文章,认为其"言辞激烈""不合时宜"⑤。当然,由此可以看出在晚清官僚知识分子阶层中私人话语与公共话语的断裂。冯氏"言辞激烈""不合时宜"的言论思想只能以私人话语形式存在,只

---

①　熊月之:《西学东渐与晚清社会》,上海:上海人民出版社,1994 年,第 146 页。

②　转引自范文澜:《中国近代史》(上册),北京:人民出版社,1955 年,第 196 页。

③　王韬:《弢园文新编》,北京:生活·读书·新知三联书店,1998 年,第 80 页。

④　吴云:《致冯林一宫允》,《两罍轩尺牍》卷二,第 2 页,转引自熊月之:《冯桂芬评传》,南京:南京大学出版社,2004 年,第 192 页。

⑤　有关《校邠庐抗议》稿本、抄本以及出版情况的详细讨论,参见熊月之:《冯桂芬评传》,南京:南京大学出版社,2004 年,第 182—195 页。

能以潜在的方式影响公共话语的思考或构成公共话语思考的背景，而无法直接在公共领域公开表达。这种私人话语只能静静等待时机或逐步渗透，随着洋务运动的深入发展和中西交流的不断加强，最终转变为官僚知识分子中公开的讨论。

抗战时期粤北出版述评

赵　泓[①]

摘　要： 本文旨在分析 1939 年初广东省会迁往曲江县城韶关至 1945 年日本投降这一时期粤北的出版情况及特征。粤北出版主要服务于战时动员和战时经济建设，它与国内政治、军事形势密切相关，同时也受到广东政局变动和粤北战役进程的影响。

关键词： 广东；粤北；出版

抗战期间，因战备需要，恩施、沅陵、金家寨、云和、永安、曲江、洛阳等地分别成为湖北、湖南、安徽、浙江、福建、广东、河南省的临时省会，而广东曲江不仅成为广东省党部、省政府、第四战区司令部所在地，而且国立中山大学、岭南大学等 13 所大中专院校辗转迁至粤北，形成广东新的政治、文化中心。相比较其他临时省会，由于政治、文化资源更加集中，粤北曲江出版业更显突出，也更具典型意义。

自 1939 年初广东省会迁至曲江县城所在地韶关，曲江（韶关）作为临时省会一直到 1945 年 1 月沦陷之时。自广州弃守到 1939 年 12 月第一次粤北会战期间，韶关只有零星的出版。第一次粤北会战后，局势稍安，陆续有一些报刊问世。1940 年 5 月第二次粤北会战后，粤北进入相对稳定时期，出版业逐渐兴盛。大批文化人的涌入，大大推动了当地文化出版业的发展。1944 年 11 月第三次粤北会战，日军打通粤汉铁路，曲江沦于敌手，广东省府被迫向西部山区迁移，出版业又遭到严重破坏。抗战胜利后，随着省府的南迁，曲江作为全省出版中心的地位不复存在。本文对抗战时期粤北的出版概况及特点进行述评，以期作为民国出版史的一点补充。

一、以官办为主的出版机构

粤北时期的出版发行机构多为官办，民间所办刊物极少，根本原因是经费困难，而且社会动荡影响民间投资。"该时期广东出版的刊物 80% 以上是官办或官方资助的，民间

---

① 赵泓，华南理工大学新闻与传播学院教授。

出版物为数极少,这是战争的特殊环境造成的。"①

　　战时韶关的出版机构大都是广东省军政机关为了推动抗日宣传所创办的,有很多文化人参与,经费则得到了政府资助。中心出版社是成立较早的一家出版机构,由广东省国民党党部于 1939 年 1 月创办,主编梁紫邱,出版《新年代》月刊和《民族画报》及《三民主义哲学选集》《广东政治新阶段》等小册子,宣传三民主义,鼓吹抗战。1939 年 3 月 8 日,广东省新生活运动促进会妇女工作委员会在韶关成立,该委员会下设新生活图书合作社,同年 8 月出版会刊《新妇女》(1940 年初改名《广东妇女》)半月刊,并经销其他书刊。第七战区司令长官部是当时广东最高军事机构,张发奎、余汉谋分任正副司令,驻地曲江。第七战区司令长官部编纂委员会(以下简称"第七战区编纂委员会")于 1939 年 10 月 1 日成立,由民主人士、中山大学校长许崇清担任主任。该会创办不久,即遇粤北第一次会战,曾一度迁往连县,1940 年 1 月返迁曲江。最初以翻印孙中山、蒋介石著作为主,后出版了《新建设》和《阵中文汇》杂志。1941 年 5 月成立的新建设出版社是第七战区编纂委员会下属机构,位于曲江风度南路,由编纂委员会出版部主任干事陈荡担任经理。该社有一批共产党派去的干部和进步人士,发行过生活书店、新知书店宣传马列主义或含有革命思想的图书。1941 年 1 月,国民党广东省党部成立广东文化运动委员会,与文化界关系密切的省政府主席李汉魂担任主任,该委员会在曲江抗日西路成立民族文化出版社,并办有《民族文化》月刊,由中大教育研究院院长崔载阳主编,内容以宣传三民主义、评析战时政治与经济为主,兼及文艺作品。广东省政府秘书处编译室迁至曲江后出版了不少反映战时广东经济、政治、卫生、教育等方面的图书。以上是主要的官方出版机构。民营出版机构则寥寥无几,影响力也十分有限。这些机构主要有设在曲江的大道文化事业公司,1943 年开业,仅出版《工作方法与修养》《"中国之命运"研究》《"中国之命运"回答》等图书数种,内容以宣传反共为主。该社主要从事图书、期刊的发行工作,设有发行所和印刷厂,并在重庆和美国纽约设有办事处。此外还有大时代书局,经理魏志澄曾在广东省教育厅任科长。商务印书馆曲江分馆编印半公开的文艺周刊《星火》,刊名为郭沫若所书,每期刊一篇延安通讯。

　　高等院校是政府出版之外最主要的出版力量。中山大学 1940 年秋从云南澄江迁至乐昌坪石后,成为高等院校的出版主力,成立了出版组,由罗时宪担任主任。在粤北乐昌期间,该校出版的图书相较在广州时大为减少,但也出版了不少有价值的学术著作。除了校报校刊外,一些学院办有专业杂志。岭南大学、广东省立文理学院、勷勤商学院、广东省立仲恺农校、私立广州大学等也办有报刊。

二、粤北时期的报刊和图书出版

　　粤北时期官方出版物,除了宣传刊物占主要地位外,"经济建设类的刊物占了突出地

---

①　广东省新闻出版局、《广东出版史料》编辑部:《广东出版史料》(第二辑),1991 年,第 132 页。

位，这是战时经济建设需要所决定的"①。如以研究、指导广东省经济状况为宗旨的《广东省银行季刊》是当时最重要的期刊之一，每期达数百页，最多有500余页。还有一些指导农业生产的刊物，如《广东合作通讯》《农贷消息》《战时农业通讯》等。另一类是行政指导和干部训练的刊物，主要有《地方行政》《行政干部》等。

（1）图书出版主要服务于抗战救亡和战时经济，学术出版也占有一席之地。据不完全统计，从1938年底至1945年初，曲江计有出版机构约34家，图书约574种②。这一时期，不仅原有的出版机构出书，很多机关、团体、学校、军队也成立出版机构或直接以单位名义出书。如国民党第七战区编纂委员会主管的新建设出版社在1941年至1942年间出版了汪洪法的《中国经济社会概论》、何汝津的《辩证法与中国革命》、王亚南的《世界战争与世界经济》、丘斌存的《广东沙田》等反映战时经济、军事的图书23种。广东文化运动委员会主管的民族文化出版社于1941年至1942年出版了"民族文化丛书"，内分"学术丛书""青年丛书"，有朱谦之的《中国思想方法问题》、黄尊生的《岭南民性与岭南文化》、陈安仁的《中华民族抗战史》、刘耀燊的《养民经济论》、吴君曼的《总裁言论纲要》、黄公安的《中国土地问题》等17种。广东省国民党党部主管的中心出版社在1942年至1943年间共出版图书16种，有陈松光的《战时中国经济研究》、严明的《三民主义的道理》、郑钟仁的《新中国》等。广东省政府秘书处编译室在1940年至1943年间出版了《广东粮食问题研究》《广东赈济》《战时法令别编》等图书31种，其中以"广东省政丛书"影响最大，丛书包括《广东民政》《广东财政》《广东教育》等15种。另有"政治常识小丛书"4种。广东省地方行政干部训练团在1940年至1943年间出版了《刑事警察学》《土地政策讲义》《人口统计学》等图书21种。广东省银行经济研究室在1941年至1943年间出版了颇具史料价值的《广东经济年鉴》（1940年度）、《广东经济年鉴续编》（1941年度）等26种图书，其中有一批著名经济学家的著作，如千家驹的《战后经济建设诸问题》、王亚南的《中国资本总论》、郭大力的《论银行资本的运用》、漆琪生的《当前金融之病态与战后金融之复员》等。"该室出版战时经济研究图书，数量多，质量高，在战时粤北出版业中首屈一指。"③广东省银行在1942年至1943年间出版了《广东经济发展史》《广东经济问题解剖》等8种图书。这一时期的图书内容主要集中在宣传抗战，研究战时经济。"有关抗日救亡的时事政治读物及探讨战时经济，尤其是广东战时经济的读物占据重要的位置。"④

另外，国立中山大学迁至粤北后，学术出版在艰苦条件下得以延续，出版了不少重要著作，如国立中山大学出版组出版的朱谦之《文化社会学》、杨成志《粤北乳源瑶人调查报告》、薛祀光《民法债编各论》、蒋英《衡山植物分布初稿》、陈焕镛《中国经济植物学》、土壤

---

① 广东省新闻出版局、《广东出版史料》编辑部：《广东出版史料》（第二辑），1991年，第132页。
② 广东省地方史志编纂委员会：《广东省志·出版志》，广州：广东人民出版社，1997年，第103页。
③ 同上书，第104页。
④ 倪俊明：《民国时期广东图书出版史述略》，《广东史志》1994年第3期。

调查所编《云南澂江县土壤调查》、农林植物学部编《广东植物志》《海南植物志》、医学院细菌研究所编《细菌学图谱》等数十种高水平学术著作。

（2）报纸体现了战时及地方特色，但存在时间大多较短。抗战全面爆发前，韶关报刊只有《曲江民国日报》《七一新报》《三师周刊》和《岭南民国日报》（南雄）这几种①。整个抗战时期，韶关存在的报纸先后有十几份，主要有《北江日报》《中山日报》《大光报》《阵中日报》《建国日报》《时报》《新报》《明星报》《晨报》《中国报》《西南日报》《粤华报》《前锋报》《建国晚报》《时间报》等。

1939年1月，国民党广东省党部书记余森文委托潘允中在韶关出版《北江日报》，宣传抗战。出版三四个月后，因《中山日报》迁来韶关，遂停止出版。在抗日战争胜利前夕，粤北山区阳山县知名人士刘平创办了同名的《北江日报》，1945年5月9日创刊，综合报道国内外形势，积极宣传抗战，报道粤北地方新闻，同时关注民生。该报于当年9月30日停刊。国民党省党部机关报《中山日报》原在广州出版，广州沦陷后迁往韶关，于1939年5月5日复刊。社长李伯鸣，总编辑陈淦。该报发表过一些团结抗战的文章，发行约三千份，订户多为机关、学校。《大光日报》（原名《大光报》），原在香港出版，1939年7月7日在韶关出版。社长陈锡余在广东省政府任职，因而被外界误以为是省政府机关报，实为民营报纸。该报言论较温和，但也经常发表反共言论。香港沦陷后，该报罗致了不少香港报人。销售约四五千份。《阵中日报》由原第四战区司令长官部主办，主要供士兵阅读（每个战区出版一份报纸），1940年2月第四战区司令长官部（司令长官张发奎）迁至广西柳州后，广东另成立第七战区（司令长官余汉谋）。第十二集团军政治部又在韶关主办《阵中日报》，社长谢寿南。该报立场反共，销售约两千份，部分赠阅。《建国日报》是第七战区政治部于1942年创办的报纸，它利用《阵中日报》在韶关的印刷器材印报，在军内发行。报头为《阵中日报》，对外公开发行则称为《建国日报》。社长李育培（第七战区政治部主任李煦寰之侄），编辑记者中有进步人士。抗战后期曾设兴宁版。1945年9月上旬在广州光复中路复刊。《时报》《新报》《明星报》《晨报》为同一报纸的先后名称。1941年1月7日原《南洋商报》特派记者梁若尘以《中央日报》驻粤记者名义创办《时报》，因言论有忤当局，更换报名为《新报》，出版两个月便被吊销登记证而停刊。之后梁若尘与第七战区司令长官部新闻发布咨议钟坚合办《明星报》，出版仅一个月又被停刊。梁若尘遂与因资金、人力等条件所限而停刊的《晨报》负责人潘中时商量，将《晨报》出版权转让给梁，由梁接办原已存在的《晨报》，继续宣传抗战，同时以经济版为特色吸引读者。该报自1943年6月1日出版新1号起至1945年1月21日韶关沦陷之日止。《晨报》以报道韶关和粤北地方新闻为主，又推出经济版，形成了自己的特色。《中国报》系四开小型日报，社长黄以民时任广东省立医院院长。广州光复后该报在广州复刊。《西南日报》系四开小型报，社长宋郁文，该报以副刊小

---

① 广东省新闻出版局、《广东出版史料》编辑部：《广东出版史料》（第二辑），1991年，第136页。

说招徕读者,骨干是《大光报》的编辑、记者陈子俊、陈子多、潘落霞等,宋郁文曾任《大光报》粤南版副主任兼总经理。1945年《西南日报》曾改为对开版日报,原香港《星岛日报》记者毛子明为社长,出版至韶关临沦陷时止。《粤华报》是一份四开小型日报,1943年前后在韶关出版,时间不长,主要刊登小说和文娱新闻等。主办人李金石、任护花和梁锋。《前锋报》为四开小型报,1944年前后出版,由《大公报》记者云实诚创办。出版时间很短。《建国晚报》于1944年前后出版,是《建国日报》的第二报纸,负责人李少华。《时间报》于1942年2月由农工民主党在韶关创办,社长梁伯彦,总编辑郑衡,为四开小型报,以宣传抗战和民主政治为宗旨。后因受到打压转至乐昌出版,同年8月被迫停刊。《风采楼》是《大光报》宋郁文主办的三日刊,后由潘中时接办,出版时间不长。《雄风日报》由国民党军队于1945年8月在南雄创办,同年移至韶关,12月停刊。此外,1940年6月成立的由中共曲江中心县委领导的曲江妇委会创办了《妇女报》,宣传抗战。

粤北高校以刊载校讯为主的校报则主要有《国立中山大学日报》《岭南大学校报》和《广大之声》等,前两报均创刊于1927年,中山大学和岭南大学先后迁至乐昌坪石和曲江仙人庙大村办学后,继续出版,内容以校务与省内外教育消息为主。私立广州大学的《广州大学校刊》创办于1938年6月,1942年4月在韶关复刊,改为《广大之声》。

(3)期刊出版种类较多,内容也较为丰富。但合刊多,出版周期长。当时"仅有几种报道消息和指导工作的通讯类刊物是周刊,但这些刊物大都出版时间不长,篇幅较小。半月刊也很少,如《农贷消息》《广东合作通讯》一类,是为强化生产、解决饥馑的需要而发。其余即使是党政军的主要刊物也基本上是月刊。至于一般单位的刊物则不定期为多"①。抗战时期在韶关出版的期刊主要有《新建设》、《阵中文汇》、《满地红》、《广东民众》、《新妇女》(《广东妇女》)、《新军》、《新华南》等。

《新建设》是国民党第七战区编纂委员会主办的综合性学术月刊,1939年创刊,许崇清担任主编,撰稿人多为中山大学教授,中共地下党员张铁生、黄秋耘参与编辑(黄秋耘1949年参加了《南方日报》的创刊)。主要栏目有专论、报告、工作指导、文艺、附录等。所发表的译作亦有较高质量。《阵中文汇》也是第七战区编纂委员会主办的月刊,1941年1月创刊,它以国民党下层军官和士兵为主要读者对象。该刊旨在满足战区党务、政治、军事、经济和文化需求,宣传抗战,1944年5月停刊。《满地红》由国民党广东省党部于1939年7月15日在广东曲江创刊,刘伟森等主编,1943年6月1日停刊,共67期。该刊系半月刊,后改为月刊,属于综合性刊物,主要栏目有社论、短评、文艺、十日讲座、杂俎、小钢炮等。该刊探讨战时经济、军事、教育、文艺等问题,宣传三民主义,探讨宪政的实施,宣扬国家、民族至上的理论,同时关注国际形势。另外,该刊特别关注战时的地方政治建设问题。《广东民众》由国民党广东省党部于1939年创办,主编魏中天、邓达明等。该刊登载了不

---

① 广东省新闻出版局、《广东出版史料》编辑部:《广东出版史料》(第二辑),1991年,第134页。

少主张团结抗战的文章,销售一千份左右。1940 年春因内部派系争斗,一些人相继去职。该刊出版至第七期停刊。《新军》系半月刊,创刊于 1939 年 8 月,主编钟天心,编辑有方天白、钟敬文、左恭、叶兆南、缪培基等知名人士,其中左恭、叶兆南为中共党员。内容以时政、文化为主,尤以时事分析见长。《新军》虽为国民党文化人创办,但进步色彩浓厚,体现了国共合作、团结抗战的精神,销售约一千至一千五百份。1939 年 8 月出版的广东省新生活运动促进会妇女工作委员会会刊《新妇女》半月刊,主要作者有吴菊芳、丘斌存、谌小岑等知名人士。该刊初期一度受到广东省新生活运动促进会妇女工作委员会中中共地下党员的影响,登载了不少有利于抗战的言论和文章,但国内掀起第二次反共高潮后,该刊原编辑人员被替换,内容日趋保守,逐渐沦为国民党当局的喉舌。1942 年在曲江县黄田坝建国路四号出版的《朝报》原由中共地下党员张琛和徐梓才创办,初为五日刊,后改为半月刊,1942 年 5 月出版了新三、四号合刊之后休刊。1943 年 4 月,转入农工民主党编辑出版,萧怀德任总编辑,发行人仍为徐梓材,刊期则由半月刊改为月刊。编辑有梅日新等人。内容以形势教育、知识传播和宣传“三个坚持”(坚持抗战、坚持团结、坚持进步)为主,颇受青年读者欢迎。《新华南》是中共广东省委机关刊物,1939 年 4 月 1 日创办于韶关,编委会主任尚仲衣,他与任毕明、何家槐、石辟澜任编辑委员。该刊是在中国共产党领导下,经国民党广东地方当局注册登记,以统一战线名义由民主党派和各界人士创刊,邀请多方人士担任发起人、赞助人、特约撰稿人和编委等,其中有共产党员、国民党第四战区司令长官部文武官员、进步文化人士、无党派人士。编委中的尚仲衣、何家槐、石辟澜三人是共产党员,在社会上均有显赫的公开身份作掩护。尚仲衣时任中山大学教授,是著名教育家,国民党第四战区政治部第三组上校组长。何家槐是国民党第四战区司令长官张发奎的秘书。石辟澜亦是国民党第四战区政治部第三组的成员(并任该组中共地下支部书记)。任毕明则是进步的民主人士。《新华南》出版 3 期后,尚仲衣遇车祸罹难,石辟澜接任编委会主任。该刊发表了大量宣传抗日统一战线的文章。稿件有不少还出自国民党第四战区政治部和国民党军政要员之笔,这也是《新华南》最显著的特点之一①。1941 年春,国民党掀起第二次反共高潮。2 月 24 日,国民党广东当局勒令《新华南》停刊。《新华南》在两年时间内,共出 50 多期。粤北时期,中共创办的刊物还有数种,如中共曲江中心县委曾油印出版了党内宣传刊物《点滴》,前后出版了 4 期,内容着重宣传党的方针政策,经常转载《新华日报》的重要社论。此外,中共曲江中心县委先后派出党员到国民党第七战区编纂委员会,帮助编辑《新建设》《阵中文汇》《学园》等刊物②。

粤北时期,一些进步文化团体也创办刊物,如国际反侵略协会曲江分会的《国际反侵略》、中苏文化协会广东分会的《中苏友好》等。一批进步的美术家开展抗战版画运动,出版了一批宣传抗战的画报、杂志,如在曲江有 1939 年刘仑、梁永泰等编辑出版的以版画为

---

① 中共广东省委党史资料征集委员会等:《广东革命报刊研究》(第一辑),1987 年,第 148 页。

② 叶文益:《广东革命报刊史(1919—1949)》,北京:中共党史出版社,2001 年,第 251 页。

主的《抗战画报》（半月刊），以及蔡迪支负责编辑的《建军画报》。

这一时期高校学术期刊出版也有一定影响力。1941 年 11 月，《中大学报》创刊，系文理综合性学术期刊，至 1944 年共出版 2 卷 13 期，刊物由中山大学各学院及各研究院轮流主编，先后出版有文学院专号、地质学专号、理学院专号、医学专号等。经济学系教授王亚南主编《经济科学》杂志，1942 年至 1944 年共出了 6 期。刊物强调经济科学应结合国情，体现学科的实践性和应用性。1942 年 11 月，《国立中山大学师范学院季刊》创刊，由中大师范学院季刊编辑委员会编辑发行。1944 年底因学校迁徙停刊。1942 年 12 月，中大师范学院与广东省教育厅联合主办《中等教育》杂志，直至 1944 年下半年因战事停刊。1943 年 1 月，又创办院刊《师院季刊》。1943 年 6 月，中大师范学院文学会创办《国文评论》杂志。这些刊物分寄各校以促进各中学教师的进修和研究。在粤北办学期间，中大农学院的《农声》、Sunyatsenia 杂志继续刊行。《农声》由中大农声社编辑，1940 年下半年在坪石复刊。为保证刊物质量，要求每位教授、副教授每学期必须为《农声》撰写一篇论文。此外，农学院还与湖南蚕丝改良场共同主编《湘蚕》杂志①。《现代史学》创刊于 1933 年 1 月，由时任中大历史系主任朱谦之创办，1941 年朱谦之接任文学院院长职务后，继续在坪石出版《现代史学》。《大同》杂志由中山大学训导处创办于 1943 年 3 月，由陈邵南教授任主编。《文科研究所集刊》创办于 1943 年 10 月，由中大研究院创办。中大文学院教授钟敬文在坪石期间，曾兼任《艺文集刊》和《民俗》季刊主编。《艺文集刊》是在坪石创刊的文学刊物，目前所知共出版 2 辑。《民俗》季刊共出版 8 期，在坪石出版了 3 期。

岭南大学的《岭南农刊》创刊于 1934 年 12 月，由岭南大学农学院农学会编辑。抗战爆发后一度停刊。1942 年 1 月，在乐昌坪石复刊。该刊为季刊，以登载农学院研究成果为主。不久又告停刊。1940 年，广东省立文理学院《文理月刊》在粤北连县创刊，主编由时任院长林砺儒担任。内容为各类学术成果的推介，供广东省中小学教师教学参考。1943 年 5 月更名为《文理院刊》，为不定期刊物，出版至 1946 年 11 月学院迁回广州②。1941 年从宜信县水口村迁至韶关桂头村的勷勤商学院出版《商学季刊》，介绍最新研究成果。1943 年 10 月，广东省立仲恺农校的《仲恺通讯》月刊在粤北乐昌创刊，主要报道学校近况和校友消息。

中山大学还办了联络校友和沟通青年的报刊。1942 年 1 月，中山大学出版组编辑出版《国立中山大学校友通讯》半月刊，以报道学校动态、学术活动为主。1944 年 6 月中大迁离乐昌坪石一度停刊，抗战胜利后中大迁返广州后复刊，至 1946 年底停刊。中山大学还出版《民族青年》，旨在指导学生树立正确的人生观，工学院院长陈宗南、文学院院长陈安仁等纷纷撰文，1942 年 12 月出版的第一卷刊登的陈宗南教授的文章题为《怎样成为一个完善的工程师》。中山大学学生成立的青年生活社，出版《青年生活》《民

---

① 韶关学院：《国立中山大学在坪石》（内部刊印稿），2020 年，第 31 页。
② 韶关学院：《粤北华南教育历史研学资料辑刊》（第 4 期），2020 年，第 40 页。

众壁报》，积极宣传抗战。1945 年初，由于日寇逼近韶关，部分中大师生迁往连县，学校成立连县分教处。进步学生关照禧等人创办了以中学生为主要对象的《时代学生》杂志，当地进步人士龙贤关创办了《青年文化》杂志，中大一些著名教授都为这两份刊物写稿。

三、粤北时期的出版管理

1934 年 4 月，南京成立中央宣传委员会图书杂志审查委员会，同时颁布《地方图书杂志审查委员会组织通则》，要求各地迅速建立市县级图书杂志审查委员会。1938 年 2 月，广东省图书杂志审查委员会结合广东具体情况，制定《广东省战时杂志刊物检查办法》六项，交省党政军联席会议议决，由当时广州市市长曾养甫、社会局局长刘石心签发通过，转饬各报馆、通讯社和杂志社遵照执行。1938 年 7 月，国民党第五届中央常委会第八次会议通过了《战时图书杂志原稿审查办法》和《修正抗战时期图书杂志审查标准》，将抨击国民党的言论视作"反动言论"加以追究。同年 7 月，又正式成立国民党中央图书杂志审查委员会，以"采取原稿审查办法，处理一切图书杂志之审查事宜"[1]，各省市也随之成立相对应的机构。广东省图书杂志审查委员会由国民党特务机关 CC 派控制，负责人是张振鹏。所有报刊必须经过新闻检查处审查，加盖"检查讫"的戳记后才能发表。

1939 年 2 月，广东省府迁到韶关，第四战区司令长官部、国民党省党部、省军区司令部及各党政机关、团体、学校先后聚集韶关，韶关遂成为全省战时政治、经济和文教中心。中共广东省委和八路军驻粤办事处也撤退至粤北，于 1939 年初进入韶关。

1939 年 6 月 1 日，国民党中央常委会通过《战时新闻检查局组织大纲》。1940 年 5 月，中央执行委员会通过《修正战时图书杂志原稿审查办法》及《中央图书杂志审查委员会组织大纲》，规定各省市图书杂志审查处应受各省市党部之指导。

1939 年 8 月 15 日，广东省政府发布公告称："自战时图书杂志原稿审查办法施行后，所有出版品中之图书杂志，除应遵照战时图书杂志原稿审查办法，将原稿送请中央或地方图书杂志审查委员会审查许可出版外，仍应于发行时以一份寄送本部。此为法定出版程序，不容忽视。乃近查各地图书杂志之发行人，有仅将原稿送请审查，而发行时并不寄送本部，殊不知原稿送请审查与发行时寄送本部二者系各为一事，自不得因原稿已送审查，而省略寄送本部程序，亟应再行通饬切实遵办，以重法令。"[2]

曲江县城韶关成为广东省战时省会之后，广东执政当局为争取民心以巩固统治，对于媒体管制相对较为宽松。中共广东省委和四战区中共特支通过统战工作获得当时主

① 叶文益：《广东革命报刊史（1919—1949）》，北京：中共党史出版社，2001 年，第 256 页。
② 赵泓、陆欣：《民国广东出版管理资料汇编》（上），贵阳：贵州人民出版社，2015 年，第 192 页。

持军政的张发奎、余汉谋的支持,从而在抗日宣传战线上取得了主动。虽然 1938 年 12 月国民党中央重新修正了新闻出版审查条例,但广东尚处于动乱之际,对进步刊物的压制不很严重,这时宣传抗战救亡和统一战线的期刊虽不如在广州时多,却依然相当活跃,新创刊的统一战线刊物《新军》《新建设》,中共广东省委刊物《新华南》均能正常出版,且拥有大量读者。国民党广东地方当局对共产党人和进步抗日团体采取了较为宽容的态度,如 1939 年 9 月 6 日广东省政府教育厅下令对中国出版社出版的《斯大林言论选集》解禁。"在当时抗日形势的推动下,国民党广东省、广州市党政军中的一些主张抗日的人物,如国民党广东省党部书记谌小岑、四路军政治部主任李煦寰、国民党广东省党部特派员钟天心等也显示出进步的姿态,发表进步言论,公开表示赞成抗日民族统一战线。他们为了扩展自己的势力,甚至还亲自出面积极倡导组织或支持'救亡呼声社''抗战教育实践社''广东文化界救亡协会''青年群社''广州学生抗敌救亡会''广州妇女抗敌后援会'等群众抗日救亡团体和组织,并且还以这些团体和组织的名义,创办了各种进步的报纸和刊物。"①中共广东党组织也利用各种渠道派人参与这些组织或报刊编辑部的工作。由于这些团体或报刊多属"官办"或"半官办"性质,得到了国民党广东当局一些上层人士的支持,因此粤北时期广东抗日救亡报刊的出版活动一度出现繁荣局面。学术出版和民众教育读物也受到当局的重视。1940 年 1 月,《广东省政府公报》发布《一年来广东省政动态》,指出:"自广州失陷后,本省各地书籍杂志,异常缺乏,尤其在民众读物,几付阙如,而值此抗战转入第二阶段,全国实行精神总动员之际,适宜之民众读物,尤感需要,因特延聘对于民众教育有研究者及各科专家多人,组织民众读物编审委员会,分设计、审查、出版三组,从事有系统之编辑,举凡政治、经济、社会卫生、科学、艺术、军事等方面,将分期分类,进行编辑,供给各地民众阅读,以利民众教育之推行,而激发民众一致奋起,参加抗建工作。"②

但这一状况持续时间不长,自粤北政局安定之后,广东党政军当局开始加强对进步力量的打压。1941 年初皖南事变后,国共两党摩擦和冲突加剧,出版管制越来越严厉,一些进步报刊受到了打压甚至被取缔。1941 年 1 月,国民党当局通过"整理党务"决议,并通过《限制异党活动办法》,确定了"溶共、防共、限共、反共"方针,各省市加紧实施。同年 2 月 27 日,国民党签署通过《省市图书杂志审查处组织通则》及《县市图书杂志审查分处组织通则》,广东随即成立省市图书杂志审查处及县市图书杂志审查分处,办理图书审查、制发图书审查证、监督省市书店和印刷厂等事宜,借此扼杀进步的新闻出版事业。此外,战区政治部第三组被改组,共产党人和进步人士被排斥,广东三青团的势力迅速扩大,原先有共产党人和进步人士参与编辑的刊物如《阵中文汇》等,在舆论上发生了转向。第七战区编纂委员会成立后,更加强了对新闻出版的钳制,对进步刊物的审查日趋严厉,并且从

---

① 叶文益:《广东革命报刊史(1919—1949)》,北京:中共党史出版社,2001 年,第 249 页。
② 赵泓、陆欣:《民国广东出版管理资料汇编》(下),贵阳:贵州人民出版社,2015 年,第 732 页。

经费、印刷、发行等方面设置障碍，使之被迫停刊或改组。由许崇清任社长、林砺儒任主编的以中学师生为读者对象的著名刊物《教育新时代》也因为曾得到中共党员的支持，难逃厄运。1941 年 4 月 1 日，广东新闻检查所在韶关成立，后改为新闻检查处，日本投降后撤销。1941 年 8 月 6 日，广东省政府颁布《广东省检查外地报纸内销暂行办法》，加强对销售的外地报纸的内容审查，甚至对于外来邮寄刊物也先行检查。1942 年 2 月，广东社会处成立，负责图书杂志社报社立案登记及戏剧检查。根据广东社会处同年 11 月 23 日的工作报告，截至 11 月，完成了 70 余县的清查登记工作。1944 年 2 月，广东省政府通过《刊物发行保证暂行办法》，要求刊物的发行必须有保证人，保证人须缴纳现款国币 5 000 元或在本市领有 2 万元以上之营业税证之商店才能作保。

《新华南》在国民党广东当局的打压中首当其冲，创刊 3 个月后韶关所有印刷厂便接到国民党指令，禁止印刷《新华南》，于是只能送到衡阳、赣州印刷。过了一年多，在新西兰友人路易·艾黎和美国著名记者斯诺的帮助下，报社在韶关成立印刷社，这才解决印刷问题。皖南事变后，广东舆论钳制更加厉害，《新华南》的稿件常被国民党当局扣压，就改用摘录或全文转载办法。"本来，这些文章在各出版省市已受审查，'广东审查委员会'照理不应扣留的，但他们节外生枝，照样扣留。"[1]由于《新华南》须提前十天半月送审，加之印刷条件限制，《新华南》只好由旬刊改为半月刊。由于送审被删文字甚多，有的被整篇抽掉，编辑部遂用注明"被删多少字""被删一段""略"等形式，甚至用"开天窗"的方法让读者心领神会[2]。1941 年 2 月，"韶关警备司令部奉令查封推销违禁书刊书店，计有生活、南岭、光明等三间。广东省图书杂志审查委员会奉令取消言论反动之《新华南》及《青年知识》两杂志出版登记证。"[3]《新华南》终于被国民党当局封杀。《晨报》编辑在与新闻检查处斗智斗勇的过程中积累了不少经验，用拐弯抹角、托古讽今等手段来对付。如 1943 年冬国民党在英德逮捕了 15 位从事抗日救国活动的爱国青年，被强加"贼匪"的罪名枪毙了，若写成新闻报道肯定过不了关，于是抄录张贴布告的全文，用了"枪毙十五个青年"这个平常的标题瞒过了新闻检查关。事后新闻检查处只是提出了警告[4]。

1944 年 11 月，日军发动第三次粤北会战，打通了粤汉铁路。1945 年 1 月，韶关沦陷，广东省国民政府随之向西部山区迁移，粤北出版顿时冷清下来。据广东图书杂志审查机构 1945 年 1 月的工作报告，"自去年六月间湘粤战局紧张，韶关实行疏散后，出版事业已多受打击"，"本月内计经审查准印图书原稿二种，修正后准印图书原稿一种，准予发售图书二种，核准备查图书二种，审查准印杂志原稿四种，许可发售杂志四种，核准

① 中共广东省委党史资料征集委员会等：《广东革命报刊研究》（第一辑），1987 年，第 148 页。
② 同上书，第 152 页。
③ 赵泓、陆欣：《民国广东出版管理资料汇编》（上），贵阳：贵州人民出版社，2015 年，第 415 页。
④ 中共广东省委党史资料征集委员会等：《广东革命报刊研究》（第一辑），1987 年，第 220 页。

备查杂志五种而已"①。抗战胜利后粤北省府机构迁回广州,当地的出版业便又沉寂下来。

　　纵观粤北时期的出版,它跟国内抗战形势的变化和出版管理息息相关,同时也具有广东地方特点,在民国出版史上写下了重要的一页。

---

① 赵泓、陆欣:《民国广东出版管理资料汇编》(下),贵阳:贵州人民出版社,2015 年,第 733 页。

弄巧成拙：国民党对 1944 年
西北参观团宣传的失败

张辉甜①

摘　要：1944 年 2 月，国民党在多方压力下被迫同意外国记者前往延安。为在国际舆论中占据主动，国民党不断拖延出发时间，布置反共宣传，其中包括干预记者团人选、统一采访说辞、安插特务陪同等等。然而国民党的安排过于刻意，且宣传内容与记者亲眼所见所闻严重脱节，不仅未能达到宣传效果，反而让国民党失去信誉。此次宣传失败反映出国民党对待中共问题的矛盾，一方面害怕中共的宣传，另一方面又将外国记者对中共的认可完全归功于中共的宣传。同时也暴露出国民党在国际宣传上的困境，严苛的战时新闻统制加剧了外国记者与国民党的紧张关系，外国记者对延安之行的热情在某种程度也可视为国民党多年对中共新闻封锁的一次反弹。

关键词：国际宣传；外国记者；延安；西北参观团

1944 年 5 月，中外记者西北参观团从重庆出发，经宝鸡、西安、潼关、克难坡等地，于 6 月 9 日正式进入延安。外国记者在延安及敌后战场停留 4 个月有余，向外界发出大量关于中国共产党施政纲领、军事力量、民主建设以及根据地生活的报道。西北参观团的到访打破了国民党自 1939 年起对中共的新闻封锁，使国际舆论对中共形成新的认知。中共更是将外国记者与之后美军观察组的到来视为"外交工作的开始"②，可见此次延安之行的重要性。反之，因外国记者对中共的积极态度，国民党在短暂放开后于 1944 年 9 月再次下令，一律不准外国记者前往延安，重新实施新闻封锁③。

现有研究对参观团的参访经过、西北见闻等已有较为丰富的论述④，也有学者关注到

---

① 张辉甜，复旦大学新闻学院博士后。
② 中央档案馆：《中共中央文件选集》（第 14 册），北京：中共中央党校出版社，1992 年，第 314 页。
③ 武燕军、徐以文、柳长：《抗战时期在渝外国记者活动纪事》；中国人民政治协商会议四川省重庆市委员会文史资料研究委员会：《重庆文史资料》（第 30 辑），重庆：西南师范大学出版社，1989 年，第 209 页。
④ 张克明：《中外记者团的延安之行与国民党政府的阻挠》，《复旦学报》（社会科学版）1985 年第 4 期；刘景修：《外国记者何时提出赴延安采访》，《近代史研究》1989 年第 4 期；王自成：《中外记者西北参观团访问延安记述》，《历史档案》1994 年第 2 期。

国共围绕此次西北之行进行的舆论宣传交锋①。整体而言,中国共产党为争取记者访问延安做了不少工作,并在有限时间内赢得外国记者对中共的认可。而国民党为削弱中共宣传的影响,在记者人选、访问路线、采访问题等方面也做了大量准备,但最终仍未能达到预期效果。本文试图在已有研究基础上利用更多未刊史料,还原国民党对此次西北参观团的反共宣传布置,并挖掘其宣传失败背后的因素。

一、中外记者访问延安的背景

太平洋战争爆发后,国际局势的发展使国际社会逐渐认识到中共在中国抗战及整个盟国作战战略中的重要性②。同时,中共为向全世界宣传自身的方针政策与敌后抗日根据地的真实面貌,不断联系、争取外国人士进入延安③,并表示西方新闻人士在延安将受到欢迎,并且能在那里自由地进行调查和活动④。这显然是国民党人不愿见到的。国民政府压制国统区关于中国共产党的话题讨论,外国记者前往延安的申请也以各种理由被搁置。直到1943年末,事情迎来转机。

1943年10月,梁寒操接任张道藩,成为国民党中央宣传部部长。他在第一次记者招待会上就打破以往约定俗成的禁区,主动谈论中国共产党的问题。在福尔曼提问能否前往延安时,梁寒操给出肯定的答案。英美记者从他的态度中似乎看到对中共"解禁"的倾向,于是蜂拥而去采访中共在重庆的代表们,拍发国共冲突的报道,也不断向国民政府要求延安之行⑤。1944年2月22日的一次记者招待会上,英美记者多次提出中共相关问题:

"对共产党地区的封锁是否仍在进行?"

"自1940年以来,有多少批医疗用品被允许运输过去?"

"十八集团军的地位如何? 它像其他军队一样,也是国家军队的一个组成部分吗?"

"如果中国政府用大批军队对别的中国军队进行封锁,它怎么能够全力以赴地抗日?"

"请问,是否能允许我们去共产党地区?"

……⑥

① 王晓岚:《抗战时期国共双方围绕中外记者团的斗争》,《北京党史研究》1997年第4期;卢毅:《1944年中外记者团访问延安风波》,《广东社会科学》2015年第1期;吴志娟:《一九四四年中外记者西北参观团与国共舆论宣传战》,《中共党史研究》2016年第5期。

② 侯中军:《美军延安观察组与中共对美外交的转变》,《中共党史研究》2022年第2期。

③ 吕彤邻:《抗日战争中期西方民间人士与中共对外信息传播》,《中共党史研究》2015年第7期。

④ "The Ambassador in China (Gauss) to the Secretary of State (February 23, 1944)," U.S. Department of State, *Foreign Relations of the United States*, 1944, Volume VI, China, Washington D.C.: U.S. Government Printing Office, 1967, pp.352-353, 408.

⑤ Tong H.H., *Dateline: China*, New York: Rockport Press, 1950, pp.242-243.

⑥ 伊斯雷尔·爱泼斯坦:《见证中国:爱泼斯坦回忆录》,沈苏儒等译,北京:新星出版社,2015年,第196—199页。

　　会议最后，《纽约时报》爱金生拿出一封外国记者联名信①，要求重庆政府允许他们前往延安，最终于 2 月 23 日获得蒋介石的批准。

　　对国民党而言，同意外国记者进入延安不仅是对新闻统制的放松，还意味着放开自1939 年以来对中共根据地的封锁。既然外国记者此前对延安的多次申请都被搁置，为何在这时获得准允？一方面，外国记者认为正是由于他们每周在记者招待会上锲而不舍地申请、质问，国民党不得不采取一些安抚措施。他们称国民党既然已多次否认对共产党地区的封锁，有机会前往延安的消息又已被大肆报道，国民党很难"体面"地拒绝这次出行②。另一方面，这时期美国国务院也考虑派遣观察组进入中共根据地，比起新闻界人士的争取，美国政府施加的压力可能是迫使蒋介石妥协的更直接原因。

　　抗战以来，中共多次尝试与美国政府建立直接联系。特别是太平洋战争爆发后，美国对日作战的军事战略部署以及对战后东亚政治秩序的设想都无法避开中国共产党。1942 年 5 月，周恩来向随美国军事代表团来渝的美国记者埃德加·斯诺（Edgar Snow）表示，希望美国军事代表团和美国记者到延安参观访问。1942 年 8 月，罗斯福总统特使居里第二次访华。由于中共此前并不知道此消息，周恩来只能通过美国驻华大使馆二等秘书戴维斯提出面见白宫来人的要求。但居里认为，此时与中国共产党会面并不合适。周恩来并不放弃，通过戴维斯两次专门致函居里，邀请美国官员到中共根据地访问。1943 年 1 月，周恩来告诉美国驻华使馆二等秘书庄莱德（Everett F. Drumright），国民党当局在经济和军事政策上态度消极，可能会在盟国之间引起误解。如果庄莱德愿意去陕北，可以安排他去延安③。与此同时，美国国务院远东司司长汉密尔顿（M. Hamilton）对国共关系更为关注，要求美国驻华大使高斯（C. E. Gauss）随时提交有关国共关系的报告。在 3 月 16 日与戴维斯的谈话中，周恩来再次提出，为真正进行合作，取得有效的日军情报，美方应该向中共抗日根据地派遣一个美军军官小组④。周恩来的邀请获得美国驻华外交官们的支持。戴维斯把这一建议向美国国务院、军部汇报。为促进美军观察组的派出，6 月 24 日，戴维斯提交了一份备忘录，强调美国不仅需要来自共产党区域的政治情报，也同样需要军事情报，应向国民党当局要求准许向中共根据地派出一个军事观察团，并设置领事⑤。1944 年 1 月 15 日，戴维斯再次提交一份秘密报告，认为派出观察组的时机已经成熟。报告称中共控制区"有大量有关敌国日本的情

---

　　① 共 10 名记者签名。包括《纽约时报》爱金生、《同盟劳工新闻》爱泼斯坦、伦敦《泰晤士报》福尔曼、伦敦《新闻纪事报》盖尔德、塔斯社普金科、《曼彻斯特卫报》及《基督教科学箴言报》斯坦因、《时代》与《生活》杂志白修德、美联社摩萨、合众社毛里斯、路透社格雷厄姆。

　　② U.S. Department of State, *Foreign Relations of the United States*, *1944*, *Volume VI*, *China*, Washington D.C.: U.S. Government Printing Office, 1967, p.366.

　　③ 王建朗：《中华民国时期外交文献汇编(1911—1949)》第 8 卷(下)，北京：中华书局，2015 年，第 982 页。

　　④ 吕彤邻：《戴维斯、谢伟思与实用外交》，上海：上海远东出版社，2017 年，第 239 页。

　　⑤ U.S. Department of State, *Foreign Relations of the United States*, *1943*, *China*, Washington D.C.: U.S. Government Printing Office, 1963, pp.258-266.

报,而在其他任何地方都无法获得这样多的情报","有中国唯一最大的与蒋介石政府相抗衡的力量","有俄国如果进攻日本将会进入的地区","有新中国与苏联恢复友好关系的基础"。戴维斯强调"中国共产党人已经反复表明他们欢迎美国观察员。但是,如果将来情况发生变化,可能会使他们改变态度"。因此,美国应该在仍然受欢迎时"立即派出一个军事政治观察组赴共产党中国"①。2月10日,罗斯福致信蒋介石,指出日本陆军主要集中于华北和东北,为了粉碎日军主力,应当尽早收集日本在华北和东北的情报,需要"立即派遣一美国观察团至陕北、山西以及华北其他必要之地区",希望蒋介石能协助支持②。在各方压力下,国民政府不得不先有限度地解除对中共根据地的新闻封锁,同意外国记者前往延安的要求。

二、"揭露罪行": 国民党的行前布置

对国民党而言,在目前形势下同意外国记者赴西北并非上策。既然木已成舟,当务之急是"揭露中共罪行",在国际舆论上争取主动③,故国民党不断拖延记者团出行时间,安排各方作反共宣传之准备。

(一)筛选成员

2月记者会后,除联名信上的10位成员外,又不断有外国记者提交赴延安申请④。国民党担忧"亲共"的记者太多,也开始着手安排熟悉的记者,希望他们撰写的报道能抵消那些"亲共"的文章。为国际宣传处工作的美国记者罗伊德·泰勒和莫里斯·武道成为他们的人选。不过前者拒绝了这个邀请,而武道对此十分积极⑤。

武道毕业于密苏里新闻学院,曾在上海圣约翰大学担任新闻系主任,1937年后加入国际宣传处,负责新闻检查工作。英国记者詹姆斯·贝特兰曾抱怨他在审查时"把所有批评国民党的文章都毙掉"⑥。武道最初以美联社记者的身份加入这个团体时,还引发一场抗议。其他外国记者认为武道长期为国民党工作,且与宋美龄、孔祥熙等人关系密切。而这场西北之行尤为要求报道的公正性,美联社不应该让一个"国民党走狗"担任代表。他们还指出如果美联社的美国负责人知道武道的身份背景,也不会同意这个选择。一位英

---

① 王建朗:《中华民国时期外交文献汇编(1911—1949)》第8卷(下),北京:中华书局,2016年,第985页。

② 同上书,第986页。

③ 张克明、刘景修:《抗战时期美国记者在华活动纪事(二)》,《民国档案》1988年第3期。

④ 详见刘景修:《外国记者何时提出赴延安采访》,《近代史研究》1989年第4期。

⑤ "The Ambassador in China (Gauss) to the Secretary of State (March 25, 1944)," U.S. Department of State, *Foreign Relations of the United States*, 1944, *Volume VI*, *China*, Washington D.C.: U.S. Government Printing Office, 1967, p.1127.

⑥ 〔美〕彼得·兰德:《走进中国——美国记者的冒险与磨难》,李辉、应红译,北京:文化艺术出版社,2001年,第213页。

国记者表示如果武道代表美联社出行，他会向外界揭露武道为国民党工作的身份。外国记者们还打探到路透社将派他们的中国雇员加入此次行程，这位记者也与国民党高层关系密切。在此情况下，若是武道再代表美联社，这几家最具影响力的通讯社的报道将呈现"严重的偏向性"。美国驻华大使高斯将此纷争向国务院报告，并慎重建议国务院将此问题通报给华盛顿的美联社负责人[①]。美联社驻华代表摩萨知道此事后，取消了武道代表美联社的资格[②]。但武道最后仍以《多伦多明星周刊》(*Toronto Star*)、《巴尔的摩太阳报》(*The Baltimore Sun*)代表的身份出访。

至 1944 年 4 月 13 日，外国记者西北考察团成员暂时达到 14 人，由英、美、苏、澳等各国记者组成[③]。但由于久久无法成行，战争形势给记者名单带来很大变化。5 月，盟军在滇西即将展开反攻，美方认为此次战斗对中美合作意义重大，遂命美军部注册记者集中前往昆明，采访战地消息。美国驻渝记者大多都在军部注册过，故此命令传出后，大部分美国记者无法参加西北之行。"实际参加之人数，较最初提议时减少达二分之一。"[④]在出行的最后阶段，国际宣传处又以旅途缺少女性卫生设备为由，将加拿大女记者邱茉莉(Elsie Fairfax-Cholmely)排除在外。邱茉莉是爱泼斯坦的妻子，她本来代表《伦敦每日电讯报》(*London Daily Telegraph*)以及加拿大的一部分媒体。外国记者们认为这是性别歧视，纷纷抗议。加拿大驻华大使也对此表示不满，称不让一个代表加拿大报界的记者参加这次活动"真是一个荒谬的规定"。邱茉莉还为此事找到国民党立法院孙科，孙科亲自打电话给宣传部部长梁寒操，要求取消这个禁令，但仍未成功[⑤]。一番动作之后，余下的外国记者仅包括斯坦因、爱泼斯坦、福尔曼、武道、普金科以及夏汉南神父。

国民党对此人员变动颇为满意，认为现有外国记者的重要性已经"大大减轻"。据国际宣传处处长曾虚白分析，塔斯社的普金科仅仅是例行公事，无须在意。斯坦因虽在外国记者中颇有地位，但对国共并无明确偏好，且此人长于经济评论，批评政治问题未必在行。爱泼斯坦虽为左倾记者，但原先只为人尽皆知的左倾刊物供稿，不甚重要。这次《时代》周刊、《纽约时报》等虽都委托他发稿，但所发电稿是否会被采用并不一定。福尔曼仅为一"三四等脚色"，来华多年都并未获得世界重要报刊之正式职位，所发电讯仅为零星投稿性质，"无足重视"。另外，曾虚白认为武道与夏汉南神父"熟悉我国情，了解共党内幕，并与本处有密切接触"，他们在记者团中实则有利于国民党。"综观记者之分野，至少可得均势，我方实已尽最大之努力也。"[⑥]

---

　　① U.S. Department of State，*Foreign Relations of the United States*，*1944*，Volume VI，*China*，Washington D.C.：U.S. Government Printing Office，1967，pp.389-391.

　　② Ibid.，p.395.

　　③《中央宣传部致委员长侍从室》，1944 年 4 月 13 日，档案号：718(4)-225，中国第二历史档案馆藏。

　　④《曾虚白致叶方鹤信》，1944 年 5 月 20 日，档案号：718(5)-88，中国第二历史档案馆藏。

　　⑤ 伊斯雷尔·爱泼斯坦：《见证中国：爱泼斯坦回忆录》，沈苏儒等译，北京：新星出版社，2015 年，第 203—204 页。

　　⑥《曾虚白致叶方鹤信》，1944 年 5 月 20 日，档案号：718(5)-88，中国第二历史档案馆藏。

　　5月14日,国民党为加强对成员的掌控,把外国记者团改为"中外记者西北参观团",加入中央通讯社、《大公报》、《中央日报》、《扫荡报》、《国民公报》、《时事新报》、《商务日报》等中文报刊记者,并规定中外记者都必须在领队、副领队的领导下统一行动①。同时再次引用女性禁令,将两位中国女记者也排除在外,她们是《大公报》彭子冈与《新民报》浦熙修,两人都主张国共全面合作、共同抗日②。至此,中外记者西北参观团的成员全部确定(表1)。

表1　1944年5月中外记者西北参观团成员名单

姓　名	身份、代表机构
谢葆樵	领队,国民党外事局副局长
邓友德	国民党新闻检查局副局长
哈里森·福尔曼(Harrison Forman)	合众社(The United Press),《泰晤士报》(Times),《纽约先驱论坛报》(The New York Herald Tribune)
冈瑟·斯坦因(Guenther Stein)	美联社(The Associated Press),《曼彻斯特卫报》(The Manchester Guardian),《基督教科学箴言报》(The Christian Science Monitor)
伊斯雷尔·爱泼斯坦(Israel Epstein)	《同盟劳工新闻》(Allied Labor News),《纽约时报》(New York Times),《时代》周刊(Times)
毛里斯·武道(Maurice Votaw)	路透社(Reuters),《多伦多明星周刊》(Toronto Star),《巴尔的摩太阳报》(The Baltimore Sun)
科马克·夏汉南(Cormac Shanahan)(Father Cormac Shanahan)	《天主教月刊》(The Catholic Monthly),《中国通讯》
普金科(N. Protsenko)	塔斯社(Tass)
孔昭恺	《大公报》
张文伯	《中央日报》
谢爽秋	《扫荡报》
周本渊	《国民公报》
周炳烺	《时事新报》
金东平	《商务日报》

---

　　①　武燕军、徐以文、柳长:《抗战时期在渝外国记者活动纪事》,中国人民政治协商会议四川省重庆市委员会文史资料研究委员会:《重庆文史资料》(第30辑),重庆:西南师范大学出版社,1989年,第202页。
　　②　伊斯雷尔·爱泼斯坦:《见证中国:爱泼斯坦回忆录》,沈苏儒等译,北京:新星出版社,2015年,第203—204页。

续　表

姓　名	身份、代表机构
赵超构	《新民报》
徐兆镛	中央通讯社
杨家勇	中央通讯社
魏景蒙	国际宣传处，负责外籍记者新闻审查
陶启湘	国际宣传处，魏景蒙助手
张湖生	国际宣传处，新闻业务工作
杨西琨	国际宣传处，党务工作

资料来源：据各记者回忆录以及 *Dateline: China* 整理而成。

（二）制定对策

　　1944 年 2 月 24、25 日，蒋介石命军令部、宣传部、外交部与办公厅四机关针对外国记者赴延安制定具体对策（表 2）。蒋介石对此事的布置十分上心，时常研究共产党方面的情况，多次审核、修正反共宣传稿，还亲自撰写针对"共党宣传封锁原因之辩正文稿"①。各部门也可谓劳心劳力，诚惶诚恐，"又是几晚不能睡眠"②。

表 2　国民党对记者西北之行的布置

陪同人选	1. 深知外国记者心理而能运用者。	
	2. 深悉共产党方面的情况。	
	3. 领导指挥之人选最好在党政双方皆不居先要地位。	
任务	1. 共党宣传其优点应如何不使外国记者受其诱惑。	此项任务极难完成。
	2. 尽量揭露共党措施之缺点（此项任务一入共党区域即无法施展）。	（1）撰文说明英美舆论对国共问题"有所误会"，将《驳斥董必武谈话声明》《对共案总报告》《延安内幕》《中共在苏北》等反共宣传英文稿交外国记者拍发，或寄交纽约办事处，令其设法在美宣传。要求今后有关中共的事实应随时交宣传部发表。

---

① 《蒋中正事略稿本 56》，第 367—369、371、378 页。
② 唐纵：《在蒋介石身边八年——待从室高级幕僚唐纵日记》，北京：群众出版社，1991 年，第 417 页。

续　表

任务	2. 尽量揭露共党措施之缺点(此项任务一入共党区域即无法施展)。	(2) 建议在外国记者未启程前,请三民主义研究会详细搜集在延安及中共区域内活动最昭著之地点、机构及事实,到时由陪同人员引导前往,设法使外国记者亲自证明本党所言事实。
		(3) 建议记者团分成小队,由不同路线、不同时间进入中共区域,沿途路线应提前规定,且仅仅提前一天告知记者出发时间,减少他们与中共党人联系的机会。
		(4) 安排外国记者前往西安青年劳动营,并嘱咐各学生与记者自由谈话。
		(5) 要求外国记者在延安必须停留三个月。外国记者若不久留,"所见……决非真相"。
		(6) 建议外国记者同时赴绥远、宁夏西北各前线后方以得全面之印象,不集中共党区域。
目的	造成团结之印象	此应在政治上取得共党之合作。
招待	应嘱地方军政当局勿庸招待,即招待应简单。	
外国记者赴延安拟采访要点	1. 中共是否有民主政府组织。	
	2. 中共对全面战争之贡献如何。	
	3. 中共之军队实力。	
	4. 中共势力所及之区域及人口。	
	5. 有否种植鸦片事实。	
	6. 与中央军是否对峙,有否冲突。	
	7. 访问在中共势力区内之外人。	
	8. 中共与苏联之关系。	
	9. 所谓封锁边区之真相。	
	10. 边区人民对中共之感想,其生活是否进步。	
	11. 中共自给自足之财政计划如何。	

资料来源:国民党宣传部档案,档案号:718(5)-86,718(4)-219等,中国第二历史档案馆藏。

　　由此布置看出,国民党一方面希望在国际舆论上淡化中共的重要性,"不必估计共产党实力过高,使外国不加重视"①。因此,国民党计划选取非位居高位之人作为领队,规划

---

① 唐纵:《在蒋介石身边八年——侍从室高级幕僚唐纵日记》,北京:群众出版社,1991年,第417页。

不限于中共区域的参观路线，嘱咐地方军政官员招待从简等等。另一方面，国民党又十分担忧中共的宣传，认为记者一旦进入中共区域必将被"迷惑"，故花大力气在行前和沿途布置反共宣传，试图在外国记者进入延安前加深他们对中共"罪行"的认识。据中共情报，蒋介石拨款五百万作为此次反共宣传的经费，其中五分之三用于特务布置。同意记者访问延安后，蒋介石立即派戴笠飞往陕西与胡宗南商议具体对策。包括：起草"谈话大纲"，凡与记者谈话之官员都必须按此大纲历数中共的过失；训练特务充当翻译、向导、车夫、人民代表等，监视与控制记者的活动，尤其注意记者与中共的谈话内容及所获取材料；向记者提供有关共产党过失的资料等等①。

（三）新闻检查

"让我感到不安的并不是延安之行本身，而是不可避免的新闻审查风波。"②早在延安行之前，外国记者与国民政府就新闻检查问题已发生多次摩擦。以往记者关于中共的新闻基本会被扣下，但此次行程的重点便是访问中共，相关新闻该如何审查成为国民党需慎重考虑的问题。

常年与外国记者打交道的董显光认为国民政府若想获得任何积极效果，唯一的办法是完全不检查外国记者对延安的报道。无论记者所写是"亲共"或"反共"，都必须原封不动地保留。否则，国民政府只会站在外国记者的对立面，坐实中共关于重庆压制真相的指控。然而，完全不检查并不现实。5 月 15 日，蒋介石同意宣传部所拟《外国记者在西北拍发新闻电讯的检查办法》。表面上，外国记者只需遵守两点要求：一是不能泄露军事机密，二是不能发表任何可能阻碍国共两党通过政治手段和平谈判的消息③。实际上，从西北发出的电讯不仅需要接受国际宣传处的检查，还将根据文稿所涉具体内容，送往何应钦、王世杰、陈布雷、徐恩曾等人，或是直接呈送蒋介石，经他们一一审定后决定扣放④。外国记者针对此次出行要求免除对中国共产党与日本的军事行动相关新闻的审查（除非涉及不利于当前行动的细节），同时还要求放行中共关于国家政策或当地机构的声明。但梁寒操回应外国记者仍需遵守现有新闻检查条例，除非记者对延安发表的政策声明附有反驳意见，才可能被允许发布⑤。

国民政府通过筛选参观团成员、制定对策、拟定新闻检查条例等行前准备，试图尽量揭露中共措施之缺点，降低延安之行的国际关注度。然而，这一系列布置并未取得理想的效果。

---

① Harrison Forman, *Report from Red China*, New York: Henry Holt and Company, 1945, pp.5-7.
② Tong H.H., *Dateline: China*, New York: Rockport Press, 1950, p.242.
③ Ibid., pp.242-244.
④ 1944 年 5 月 29 日，档案号：718(5)-86，中国第二历史档案馆藏。
⑤ "Censor to be at Yenan", *New York Times*, May 17, 1944.

三、事与愿违：宣传布置的反效果

首先，国民政府认为"无足轻重"的几位外国记者自延安拍发的报道得到国际知名报刊的青睐。仅《纽约时报》在这期间刊登的中共报道已达 30 余篇，另有《基督教科学箴言报》《泰晤士报》《纽约先驱论坛报》等主流报刊不断报道中共根据地。据国际宣传处统计，1944 年 6 月至 8 月，西北参观团的外国记者分别拍发电讯 35 件、34 件、35 件①，且文稿中对中共不乏称赞，甚至被国民党视为"己方"的武道对中共根据地的状况也多有肯定之意。武道在《大美晚报》上发文称陕甘宁边区施教方针以适应抗战为基础，全区抗战情绪浓烈，抗战精神令人神往。边区土地革命政策已于 1937 年停止，正在酝酿新的减租减息措施，军民已达足衣足食，无饥荒流亡之痛苦。武道还介绍了中共的"三三制"原则，认为边区言论自由，但卫生设施不足，急需医药等等。武道被赋予的任务本应为制造抵消"亲共"之舆论，如今却发出如此文章，自然引起国民党不满。国民党特务部门要求董显光查清武道其意为何，并对他的行为进行追责②。

其次，国民党的宣传与外国记者对中共的观察有着明显冲突，提前准备的反共宣传话语不仅未起作用，反而破坏了自身信誉。从武汉撤至重庆后不久，国民党对共产党政策发生转变，即由寄望"溶合"转为强调"防制"③。"抢占国土""侵袭国军""破坏抗战""压迫人民"等是国民党对中共的定性，这次也不例外。西行途中，无论是胡宗南军部的参谋，还是陕西省主席都向外国记者强调"过去六年，共产党没有和日本人打过一次仗"，"共产党攻击正在与日军作战的中央军"等等④。但外国记者进入延安后，发现处处都是战斗痕迹，包括根据地中的日军俘虏、士兵佩戴的日军装备，军队模仿日本防御工程建立了堡垒以供训练，甚至还有俘获的日本军队营养标准表供八路军参照使用⑤。与士兵的交谈中，记者也感受到八路军对战事并非泛泛之谈，"而皆依据过去现在日军之所为及将来之可能行动者，为其立言之张本"⑥。外国记者还随八路军去往晋西北前线，目睹八路军和地方游击队夜袭日军战略据点汾阳的战斗。这是六年来第一次有外国记者来到中国的敌后战场，看到"军队在战斗，人民在战斗，军队和人民互相合作，互相扶持"⑦。此外，国民党还指控中共压迫人民，残害 24 名文化领袖。但爱泼斯坦发现延安的文化领袖均健在，甚至还与

① 武燕军、徐以文、柳长：《抗战时期在渝外国记者活动纪事》，中国人民政治协商会议四川省重庆市委员会文史资料研究委员会：《重庆文史资料》(第 30 辑)，重庆：西南师范大学出版社，1989 年，第 206—208 页。
② 《郑忠华致董显光》，1944 年 6 月 12 日，档案号：718(4)-144，中国第二历史档案馆藏。
③ 汪朝光：《中国抗日战争史　第三卷　战时政治》，北京：社会科学文献出版社，2019 年，第 353 页。
④ Harrison Forman, *Report from Red China*, New York: Henry Holt and Company, 1945, pp.8-10.
⑤ "Communist Army in China is Strong," *New York Times*, Jul.1, 1944.
⑥ 《史坦因七月廿八日自延安拟发伦敦新闻纪事报电》，1944 年 7 月 28 日，档案号：718(5)-91，中国第二历史档案馆藏。
⑦ ［美］福尔曼：《北行漫记》，陶岱译，北京：新华出版社，1988 年，第 234 页。

参观团中的中国记者熟识，并当面打招呼。文化领袖们也亲自向外国记者说明他们与中共的合作没有任何问题①。记者们显然更愿意相信自己的亲身经历，而对国民党的宣传愈发不信任。

最后，国民党规定外国记者在延安停留时间不得少于三个月，本以为能戳破中共暂时的"伪装"，没想到却给了外国记者更为全面考察中共的机会。抵达延安一个月后，国民党陪同人员便发现继续停留对自己毫无益处，反而可能使中国记者也受到中共影响。7 月 12 日，陪同人员带中国记者与夏汉南神父一同返渝，其他外国记者则继续留在中共根据地。福尔曼等人更是跟随八路军前往晋绥前线，不断向国际社会报道中国的敌后战场。国民党宣传部认为这些内容尽为"片面之宣传"，主张敦促外国记者早日返渝，否则"贻患无穷"②。但外国记者均以停留三个月的规定为由而拒绝。直到 10 月，斯坦因、爱泼斯坦、福尔曼以及武道四名记者才陆续从延安返渝③。

为抵消外国记者对中共的积极报道，国民政府在参观团第一批成员返渝后也采取了一系列措施。其中包括要求陪同人员于两周内收集、整理出外国记者的"歪曲报道"，提出具体对策，并根据对策让中国记者向国内外发表"忠实报道"，同时动员各学校各团体请人演讲，扩大影响力④。但仍留在中共根据地的外国记者们持续不断地发出报道，且《纽约时报》的爱金生、《时代》周刊的白修德等国际知名报刊记者也于 9、10 月陆续前往延安，增加了中共在国际社会上的曝光度。

四、结语

针对西北参观团的一系列宣传布置反映出国民党在对待中共问题上的矛盾。一方面，国民党害怕中共宣传的力量，认为外国记者一旦进入中共区域将无法再向其揭露中共的缺点，而保证记者不受中共宣传"诱惑"的任务更是"极难完成"⑤，因而在陪同人员、行程安排、反共材料等方面大做文章。但由于安排太过刻意，且宣传内容与事实脱节，很容易被外国记者拆穿。反观中共，周恩来在参观团赴延安之前指示"宣传工作，要实事求是"，"只有提出具体材料，说明具体事实，才能取信于人"⑥。记者到达根据地后认识中国共产党的途径主要有二：一是中共领导人的讲演与访谈，自上而下地展示中共在施政、抗

---

① 《史坦因七月廿八日自延安拟发伦敦新闻纪事报电》，1944 年 7 月 28 日，档案号：718(5)-91，中国第二历史档案馆藏。

② 武燕军、徐以文、柳长：《抗战时期在渝外国记者活动纪事》，中国人民政治协商会议四川省重庆市委员会文史资料研究委员会：《重庆文史资料》(第 30 辑)，重庆：西南师范大学出版社，1989 年，第 207 页。

③ 张克明、刘景修：《抗战时期外国记者在华活动纪事(二)》，《民国档案》1988 年第 3 期。

④ 1944 年 7 月，档案号 718(4)-144，中国第二历史档案馆藏。

⑤ 1944 年 4 月，档案号 718(4)-219，中国第二历史档案馆藏。

⑥ 金城：《记中外记者参观团访问延安》，中国人民政治协商会议四川省重庆市委员会文史资料研究委员会：《重庆文史资料》(第 26 辑)，重庆：西南师范大学出版社，1986 年，第 94 页。

战等方面的理念、政策以及主要成绩;二是记者在几个月内对边区生产、生活和前线战事的观察。当这两者具有一定的内在统一性,外国记者已然在国共双方迥异的话语争论中倾向相信在延安看到的事实。另一方面,国民党又将外国记者对中共的积极态度完全归功于中共宣传。党内仍有一部分人根据情报人员的报告,坚信延安根据地的实际情况十分糟糕,只是因埃德加·斯诺等人的不实宣传才在国际舆论中收获良好形象。若外国记者前往延安,定能如实描绘中共根据地破绽百出之景象,因而才有"必须停留三个月"的规定。批评者认为,正是因为情报人员不敢报告有利于中共的信息,国民党高层才对中共做出错误判断。此种情况下外国记者前往延安,国民党的宣传布置自然难以获得成功,因为他们面对的"不是一个埃德加·斯诺,而是十一个"①。

此次宣传失败还反映出国民党在国际宣传上的困境。自 1943 年起,美国多家颇具影响力的报刊开始披露国民党统治下中国政治、经济、军事等方面的负面情形。国民党多次抗议美国新闻界对它的批评,同时进一步加强新闻统制,引发驻渝外国记者们的不满。他们专门成立外国记者俱乐部,以组织的形式与国民政府沟通,要求简化新闻检查流程、放宽检查标准等。但屡次交涉并未使双方达成共识,反而加剧了外国记者与国民党的紧张关系。压制得越狠,外国记者的抗争意识也越发强烈。记者对延安之行的热情在某种程度也可视为国民党多年对中共新闻封锁的一次反弹。不难想象,记者从"不允许在报道中说一句共产党"的重庆来到中共根据地,面对全新的环境、人物与思想时,他们的报道热情很容易被激发出来。外国记者对中共的肯定也使国民党感到威胁,1944 年 8 月,蒋介石嘱咐国际宣传处拟定计划,"改善盟邦驻渝记者对我之感情,及时补救国际对我舆论逆转之影响"。计划特别强调中央部门负责人应经常与记者交流、谈话②,这与以往严格管控外国记者与官员接触的做法形成鲜明对比。但此类改变大多浅尝辄止,蒋介石仍无法忍受国际舆论对国民党统治的批评。1944 年后期,蒋介石与外国记者之间爆发几次冲突,并再次禁止外国记者访问中共根据地。

---

① "The Ambassador in China (Gauss) to the Secretary of State (February 29, 1944)," U.S. Department of State, *Foreign Relations of the United States*, *1944*, *Volume VI*, *China*, Washington D.C.: U.S. Government Printing Office, 1967, pp.366-367.

② 武燕军、徐以文、柳长:《抗战时期在渝外国记者活动纪事》,中国人民政治协商会议四川省重庆市委员会文史资料研究委员会:《重庆文史资料》(第 30 辑),重庆:西南师范大学出版社,1989 年,第 208 页。

图书在版编目(CIP)数据

新闻传播史论丛. 第 2 辑/蒋建国主编. --上海：
复旦大学出版社,2025.8. -- ISBN 978-7-309-18161-6

Ⅰ. G219.29-53

中国国家版本馆 CIP 数据核字第 2025CB1811 号

新闻传播史论丛 第二辑

XINWEN CHUANBO SHI LUNCONG

蒋建国 主编

责任编辑/李 婷

复旦大学出版社有限公司出版发行

上海市国权路 579 号 邮编：200433

网址：fupnet@ fudanpress.com http://www.fudanpress.com

门市零售：86-21-65102580 团体订购：86-21-65104505

出版部电话：86-21-65642845

江苏凤凰数码印务有限公司

开本 787 毫米×1092 毫米 1/16 印张 18.25 字数 388 千字

2025 年 8 月第 1 版

2025 年 8 月第 1 版第 1 次印刷

ISBN 978-7-309-18161-6/G · 2745

定价：78.00 元